문화의 중력

문화의 FOR THE CULTURE

우리의 소비, 행동,
동경에 숨어 있는
강력한 힘에 대하여

중력

문화는 어떻게 사람을 끌어당기는가?

마커스 콜린스 지음 ★ 이상미 옮김

시그마북스
Sigma Books

문화의 중력

발행일 2024년 1월 19일 초판 1쇄 발행
지은이 마커스 콜린스
옮긴이 이상미
발행인 강학경
발행처 시그마북스
마케팅 정제용
에디터 양수진, 최연정, 최윤정
디자인 강경희, 김문배

등록번호 제10-965호
주소 서울특별시 영등포구 양평로 22길 21 선유도코오롱디지털타워 A402호
전자우편 sigmabooks@spress.co.kr
홈페이지 http://www.sigmabooks.co.kr
전화 (02) 2062-5288~9
팩시밀리 (02) 323-4197
ISBN 979-11-6862-199-2 (03320)

조지아와 아이비에게,

너희들이 나보다 세상을 더 생생하게 바라보며,
나보다 이 세상에 더 많은 영향을 미치는
사람이 되기를 기도할게. 사랑한다.

이 책을 향한 찬사

이 책은 문화가 타인의 행동에 어떻게 영향을 주는지에 대해 이해하고 싶은 모든 이들을 위한 새로운 성경과도 같다. 오늘날의 인간에 대한, 그리고 우리가 세상을 어떻게 보는지에 대한 독특하고 흥미로운 해석을 훌륭한 사례와 이야기를 통해 생생하게 전달한다.

- 로레인 투힐, 구글 마케팅 총괄 책임자

돈과 관련된 어떤 일이든 더 잘하게 만들어줄 흥미진진한 책. 경고: 이 책을 읽느라 밤을 새울 수도 있음.

- 스콧 갤러웨이, 뉴욕대학교 스턴경영대학원 마케팅 교수, 『표류하는 세계』 저자

마커스 콜린스는 가치, 이념, 규범, 트렌드 등 인간을 행동하게 만드는 강력한 원동력을 식별하는 것 이상의 일을 하고 있다. 설득력 있는 글과 생생한 이야기를 통해 문화라는 개념에서 그 공통된 원천을 찾는다. 마치 숙련된 외과 의사처럼 독자들을 위해 문화의 개념을 아름답게 해부하고 다시 짜 맞추는 것 같다.

- 로버트 치알디니, 『설득의 심리학』 저자

문화가 어떻게 우리 주변 세계와 인간관계를 형성하는 복잡하게 얽힌 요소들에 강력한 영향을 미치는지 이해하려는 리더, 마케터뿐만 아니라 사실 모든 사람에게 꼭 필요한 책이다.

- 가디즈 리베라, 디즈니 미디어 & 엔터테인먼트 총괄 마케팅 부사장

우리는 모두 문화가 영향력을 행사하는 수단이 될 수 있다는 사실을 알고 있다. 콜린스는 『문화의 중력』에서 그 방법을 우리에게 알려준다. 문화 공동체의 힘을 흥미롭고 깊게 파고들어서 문화의 힘을 이용해 마음을 움직이고 행동을 고취하는 방법을 보여준다.

- 조나 버거, 『컨테이저스: 전략적 입소문』 저자

이 책은 통찰력 있고, 계몽적이며, 세상과 소통하는 것과 관련된 선입견에 확실한 이의를 제기한다. 설득력 있게 잘 이야기하고, 말한 것을 실천하라. 문화를 위해 항상 그렇게 하라.
- 제이 노먼, 스포티파이 음악 마케팅 글로벌 책임자

직관적으로 '문화를 이해'하는 사람들이 있지만, 대부분은 그렇지 않다. 콜린스는 이해하지 못하는 사람들을 위해 문화에 대해 명확하게 설명하며, 단순한 이해가 아니라 실제로 어떻게 문화에 참여하고 영향을 미칠 수 있는지에 대한 방법을 알려준다.
- 스티브 허프먼, 레딧 공동 설립자 겸 최고경영자

콜린스는 정체성과 문화의 힘을 활용해 브랜드에 대한 사랑을 구축하고 행동에 영감을 주는 청사진을 제공한다. 콜린스가 잘 가공한 보석을 읽고 나면 당신은 절대 예전과 같은 방식으로 마케팅, 광고, 커뮤니티 구축을 하지 않게 될 것이다.
- 케니 미첼, 스냅 마케팅 총괄 책임자

고객과 만나는 브랜드를 문화와 상업의 교차점에 만드는 것은 고객과 더 진정성 있고 의미 있는 방식으로 연결되게 해주는 열쇠이다. 『문화의 중력』은 기업이 더 깊은 차원에서 시장에 반향을 일으키는 브랜드를 만들고, 고객평생가치를 위한 투쟁에서 비즈니스에 보상을 줄 수 있는 강력한 정서적 연결을 만드는 법을 보여준다.
- 타리크 하산, 북미 맥도날드 마케팅 및 고객 경험 총괄 책임자

이 책을 향한 찬사   6
들어가며   10

Chapter ① 문화에 대해 쉽게 풀어보기 31

Chapter ② 회중을 찾아서 75

Chapter ③ 복음을 전하다 129

Chapter ④ 의미 만들기 171

Chapter ⑤ 코드 누락 215

Chapter ⑥ 문화의 속도 251

Chapter ⑦ 문화적 산물의 의미 301

감사의 말   338
참고문헌   342

들어가며

이 일을 하는 건 내 문화를 위해서다.
- 제이지

1960년대는 사회가 급격하게 변화한 시기였다. 시민 인권 운동, 히스패닉 운동에서부터 제2의 페미니즘 물결에 이르기까지 미국은 10년 동안 문화 충격을 겪었다. 이러한 변화는 새로운 아이디어와 정체성을 가져왔고, 이는 다시 새로운 행동과 규범으로 이어졌다. 예를 들어, 그때보다 10년 앞선 '비트 세대*'에서 탄생한 반문화 집단 '히피'의 등장을 살펴보자. 비트족과 마찬가지로 히피족도 현상 유지 관습에 반기를 들었다. 그들은 평등주의와 자유사상을 옹호하는 자본주의와 전통적 규범에 도전하는 보헤미안적 관점을 취했다. 히피족이 지닌 문화적 특성은 분명했고 그들의 신념에 동의하는 사람들은 그 문화를 대거 받아들였다. 긴 머리에 홀치기염색을 한 옷을 입고 맨발을 한 채 자유로운 사랑을 노래하면서도 반체제 전통을 고수했다. 시간이 지나면서 이들의 생활 방식은 미국 전역으로 퍼져나갔고,

---

* 기성세대의 질서를 거부하고 자유를 주창하던 1920년대 후반부터 1939년까지 이어진 세계적 대공황 기간에 태어난 세대

새로운 공동체 구성원들이 엄청나게 늘어났다.

1965년 캘리포니아주 샌프란시스코의 해이트와 애시버리 거리에는 최소 1,000명 이상의 히피족이 살고 있었다. 1966년 그 수는 1만 5,000명으로 급증했다. 1967년 샌프란시스코에서 열린 사랑의 여름 페스티벌에는 10만 명이 참여했고, 1969년 우드스톡 뮤직 페스티벌에는 50만 명이 참여했다. 얼마 지나지 않아 수백만 명의 사람들이 히피 문화의 특징을 받아들였다. 곧 저항 문화가 주류 문화로 자리 잡았지만, 10년이 채 되지 않아 히피 세대의 매력은 희미해졌고, 40년이 조금 지난 후에야 21세기 도시 힙스터로 다시 태어났다.

히피족처럼 힙스터들도 자본주의의 이상에 도전했고 평등주의 신념을 받아들였다. 하지만 힙스터들은 이전 세대들이 입었던 홀치기염색 옷과 맨발 대신 멜빵에 격자무늬 셔츠, '아이러니'해 보이는 수염, 짙은 테의 안경을 착용했다. 힙스터들이 택한 음료는 무엇일까? 바로 PBR이라고도 알려진 팹스트 블루 리본 맥주다. 힙스터 커뮤니티의 사랑을 받은 이 술에 그다지 특별한 것은 없었다. 독자적인 양조 여과 시스템이라거나 독특한 맛을 내는 특별한 홉이 있는 것도 아니었다. PBR 맥주 그 자체에는 도시 힙스터들을 끌어당기는 원인이 될 만한 게 전혀 들어 있다고 볼 수 없었다. 즉, 캔 안에는 아무것도 없었지만, 중요한 건 맥주캔 그 자체였다. 그냥 브랜드 때문이었다.

브랜드로서 PBR은 자율성과 표현의 자유라는 이미지를 상징했는데, 이 둘 다 힙스터들이 공유하는 신념과 이념의 핵심 신조였다. 막대한 마케팅 예산을 가진 다른 맥주 브랜드들이 화려한 TV 광고를 통해 대중에게 다가가는 동안, PBR은 별로 많지 않은 자원으로 오리건주 포틀랜드 같은 힙스터들의 안식처에서 자전거 배달원들의 로데오 경기를 후원하고 예술 갤러리를 여는 등 별난 전술을 전략적으로 사용했다. PBR은 연예인을 활용한 광고를 하지 않았고 슈퍼볼 기간 광고 내보내기를 거부했다. 이런 전략들이 저항 문화의 신념과 맞지 않는 것처럼 보였기 때문이다. 브랜드가 주류 감성을 의도적으로 거부하는 것은 마케팅 커뮤니케이션이라기보다는 사회적 항의처럼 느껴졌고, 이런 자세는 힙스터들의 반항심에 딱 들어맞았다. PBR은 자신의 브랜드가 멋지다는 점을 소비자들에게 확신시키기 위해 마케팅 자원을 사용하지 않았다. 대신 전통적인 경쟁사의 규범에서 벗어난 아웃사이더 브랜드로서의 신념을 적극적으로 실행했다. 이 전략으로 인해 주류 미국의 아웃사이더인 힙스터들은 PBR이 멋지다고 생각했다. 히피족이나 비트족과 매우 비슷했다. 게다가 PBR은 힙스터들에게 '마케팅'을 하지 않았다. 브랜드에 대한 반대 성향을 공유하는 힙스터들에게 '선택'받았다. 그리고 이런 반대 성향의 동료들은 저항의 상징으로 PBR을 소비했다.

힙스터 공동체에게 PBR은 단순한 맥주 그 이상이었다. 정체성의 상징이자 반대와 자율의 생활양식인 힙스터덤을 받아들이는 것으로 제품의 기능적 효용을 초월해 힙스터 문화 유물로 격상되었다. 그 결과 이 정체성에 동의하는 사람들은 자연스럽게 PBR을 마셨고, 이는 같은 생각을 가진 다른 공동체에도 퍼져나갔다. 5년 동안 PBR 소비는 약 2억 리터에 달했다. 버드 라이트와 부쉬 같은 대표 맥주들의 판매가 감소하는 동안 PBR은 엄청난 성장을 경험하고 있었다. 150년의 역사를 지닌 이 회사는 힙스터 공동체와 그 문화적 소비 덕분에 4년이라는 짧은 시간 안에 10억 달러 규모의 기업으로 성장할 수 있었다.

우리는 어디에서나 이런 관계를 볼 수 있다. 슈프림의 스케이트 선수들, 엘에이 레이더스의 초기 힙합, 폭스 뉴스의 공화당원처럼 사람들은 자신의 정체성과 그에 상응하는 신념을 대표하는 존재에게 끌린다. 우리는 패션(이지 스니커즈), 음악(카디비), 자동차(테슬라), 흡연(말보로), 다이어트(앳킨스), 정치적 성향(MAGA*)의 수용과 채택에서 이런 현상이 나타나는 것을 봐왔다. 이는 할리 데이비드슨 소유주 모임(Harley-Davidson Owners Group을 줄인 H.O.G.s 라는 애칭으로 알려짐), 애플 광신도, 파타고니아 충성고객, 하이프비스트, 큐어넌** 추종자, 버니 샌더스***의 열혈 지지층인 버니 브로스 같은 집단으로 나타난다. 이런 집단에 속한 사람들의 행동은 공유하는 소비 행동에 전념하거나 해당 정당이나 정치인에 대한 충성을 훨씬 뛰어넘는다. 그들의 정체성이 이 브랜드에 의도적으로 반영되고 투영되기 때문에 브랜드, 제품이나 조직은 그 해당 범주의 분류표를 초월해 문화적 관행의 일부가 된다.

20세기 이전에 찍은 사진을 보면 사진 속 누구도 웃지 않고 있을 확률이 99.99%이다(내 안에 있는 학문적인 요인 때문에 최소한 0.01%의 오차한계를 허용해야 한다. 왜냐하면… 과학이기 때문이다). 왜 그럴까? 연역적으로 추론하면 이 현상은 당시 기술의 한계 때문이라고 말할 수도 있다. 처음 이 질문에 대해 곰곰이 생각했을 때, 나는 왕족, 고위 관리, 명망 높은 가문의 가족들이 그려진 초

---

* 　미국을 다시 위대하게 만들자(Make America Great Again)는 구호의 약어

** 　미국의 극우 음모론 단체

*** 미국 버몬트주 상원의원이자 2016년 대선 후보

상화에 마음이 쏠렸다. 화가가 이 인물들을 그리는 데는 꽤 오랜 시간이 걸렸을 것이다. 화가가 초상화를 완성할 때까지 여러 번에 걸쳐 혼자 몇 시간씩 앉아 있었을 수도 있다. 이렇게 오랜 시간 동안 미소를 유지하는 것은 포즈를 취하는 모델의 얼굴 근육에 엄청난 부담을 줬을 것이다. 그래서 이 그림 속 주인공들은 엄숙한 표정을 짓게 되고, 웃음을 찾아볼 수 없는 그림이 나온다.

그림의 경우는 그렇지만, 초상사진 같은 경우에는 피사체가 노력을 많이 할 필요가 없었다. 사람들이 사진을 찍을 때 왜 웃지 않았는지를 설명할 때 앞서 말한 것처럼 힘들어서 그랬다는 가설은 설득력이 없다. 최초의 인물 사진으로 추정되는 사진은 1938년 사진 애호가인 루이 다게르가 프랑스 파리의 텅 빈 거리 사진을 촬영할 때 우연히 찍힌 것이었다. 기사에 따르면 다게르도 모르는 사이 그의 사진에 신발을 닦는 정체불명의 남자가 담겼는데, 이는 사진을 찍는 데 그렇게 긴 시간이 걸리지 않았다는 사실을 알려준다. 또한 내가 곰곰이 생각했던 '얼굴 근육 탓'이라는 주장이 틀렸다는 사실을 보여준다. 흥미롭게도 그 1년 후 아마추어 화학자인 로버트 코넬리우스가 첫 번째 자화상을 촬영했다. 그는 카메라를 설치하고, 렌즈 뚜껑을 제거한 후 셔터가 작동하는 동안 프레임 안으로 뛰어 들어갔다. 코넬리우스는 최초의 '셀카'라고 불리는 작품을 연출하기 전 1분 정도 카메라 앞에 앉아 있었다고 한다. 다시 말해 사진 찍는 데 그렇게 큰 노력이 필요하지 않았다. 그렇다면 도대체 왜 그런 걸까? 왜 사람들은 사진 속에서 웃는 것을 그렇게 싫어했을까?

코네티컷주 브리지포트의 알프레드 폰스 박사가 가설을 세웠으나 1913

년까지 증명되지 않았던 치아 위생과 관련한 사례가 있다. 그전에는 치아 관리에 소홀했기 때문에 사람들이 사진에서 자신의 진주같이 하얀 치아를 보여줄 만한 자신감이 없었다. 치위생사를 위한 디지털 미디어 출판사 투데이스 알디에이치에 따르면, 부분적으로 민권법 덕분에 1950년대와 1960년대가 되어서야 미국인들이 선진 구강 관리에 더 광범위하게 접근할 수 있었다고 한다. 그러나 캘리포니아대학교, 버클리대학교, 브라운대학교 연구팀의 연구에서 입증된 바와 같이 사진 속 사람들이 무표정한 얼굴에서 웃는 얼굴로 바뀐 것은 이 시점보다 수십 년 전에 시작되었다. 이 연구에서는 1905년부터 2013년까지 촬영된 고등학교 졸업앨범 사진 3만 8,000장을 조사했다. 사람들이 웃을 때 얼굴의 광대근으로 인해 입술 곡률이 달라지는데, 이 연구에서는 사진 속 사람들의 입술 곡률을 측정했다. 연구 결과에 따르면 사진에 찍힌 미소는 미국 26대 대통령 시어도어 루즈벨트가 처음으로 웃는 사진을 찍은 지 약 20년 후이자 미국 6대 대통령 존 퀸시 애덤스가 첫 사진을 찍은 지 거의 100년이 지난 1920년대쯤에 증가했다. 물론 사진 속 애덤스는 웃지 않고 있었다.

이 미스터리와 관련해 내가 알게 된 것은 이 현상이 카메라 기술이나 치과학의 발전과는 거의 관련 없고 모두 문화와 관련이 있다는 사실이다. 당시 미술가들은 웃는 것은 농부, 얼간이, 술주정뱅이와 어린아이들이나 하는 관습이라고 여겼다. 사진 속에서 웃고 있다는 것은 당신이 낮은 계층에 속한다는 것을 뜻하기 때문에 사람들은 자신이 원하는 사회적 지위를 투영하기 위한 전략으로 사진을 찍을 때 웃지 않았을 것이다. 이렇게 모두가 공유하고 있는 믿음은 당시 사회 어디서나 볼 수 있는 문화적 규범을 강화했으며, 아마추어 영화 시장을 지배했던 뉴욕에 본사를 둔 회사 이스트먼코닥은 매우 당황했다. 당시 사진은 예술적인 표현과 기록 보관에 주로 사용하는 진지한 노력으로 여겨졌기 때문에 사람들은 사진을 많이 찍지 않았다. 이러한 어려움에 대응하기 위해 코닥은 사진 촬영을 '즐거운 순간을 포착하는 방법'으로 다시 포지셔닝*하는 데에 자원과 에너지를 투자했다.

그에 걸맞게, 코닥 광고에 등장하는 사람들은 모두 행복해 보였고 물론 미소도 짓고 있었다. 얼마 지나지 않아 사람들은 얼굴에 웃음기를 줄이기 위해 사진 찍기 전에 '자두'라고 말하는 대신 미소를 극대화하기 위해 '치즈'라고 말하게 되었다. 이러한 결론은 고등학교 졸업앨범 연구 결과에서도 입증되었다.

사진에 대한 사람들의 생각이 바뀌었고 결과적으로 사람들의 행동도 체계적이고 예측할 수 있는 방식으로 바뀌었다. 코닥이 마케팅 노력을 통해 소비의 흐름을 바꿀 수 있었던 것은 어떤 특정 제품이 개선되어서가 아니라 문화를 잘 이해했기 때문이었다. 코닥은 수십 년 후 수십억 달러 규모의 기업으로 성장했지만, 이상하게도 2000년대 후반에 맞닥뜨린 또 다른 문화적 변화, 즉 관계적 화폐(Relationship currency)로서 사진을 통해 사람들을 연결하는 수단인 디지털 미디어를 놓쳐 파산에 직면하게 된다. 회사의 경영진은 문화적 신호를 잘못 읽었고, 한때 이 분야를 대표하는 기업이

---

* 마케팅 목표를 효과적으로 달성하기 위해 제품, 기업 이미지, 브랜드 등의 마케팅 대상이 잠재 고객들에게 긍정적으로 인식되도록 만드는 일

었던 코닥은 결국 2012년 파산 신청을 해야만 했다.

이것이 바로 문화의 힘이다. 문화는 전염성이 있으며, 사람들이 예측할 수 있는 방식으로 움직이도록 영향을 미친다. 우리가 이를 알아채든 알아채지 못하든, 이러한 영향력은 항상 우리 주변에서 일어나고 있다. 그리고 문화의 역동성을 이해하는 사람들은 영향력을 가질 가능성이 더 높지만, 이해하지 못하는 사람들은 문화를 이해하는 사람으로부터 영향을 받게 된다. 당신이 가진 제품이 더 좋은지 또는 당신의 목적이 더 고귀한지는 중요하지 않다. 문화를 선도하는 사람, 즉 공동체의 문화적 특성에 기여하는 사람이 유행을 따르는 사람보다 더 성공하는 경향이 있다.

수년 동안 보스는 오디오 전자 분야에서 신뢰받는 리더였다. 그러나 2011년 비츠 바이 드레가 시장에 출시되면서 보스의 입지를 빠르게 앞질렀다. 비츠가 보스보다 더 좋은 제품이었을까? 경험에 비춰봤을 때 음향적 측면에서 말하자면, 그렇지 않았다. 하지만 비츠는 단순히 음악을 감상하기 위한 장치 그 이상이었다. 당신이 누구인지를, 어쩌면 당신이 아닌 전혀 다른 사람이라는 것을 세상에 알리는 상징이었다. 사람들은 비츠 헤드폰을 음악을 틀어주는 문화적 유물인 액세서리처럼 목에 걸고 돌아다녔다. 문화학자 더글러스 홀트가 말했듯이 "문화는 전통적인 가치 제안, 기능적 또는 범주적인 장점, 인지도 소비자 마케팅을 보조한다." 문화는 가장 날카로운 면도날, 가장 빠른 자동차, 가장 오래 지속되는 배터리를 갖춘 브랜드를 뛰어넘는다. 문화는 제품이 무엇인지를 중심으로 돌아가지 않으므로 이런 모든 제품 차별화 요소를 대체한다. 문화는 우리가 누구인가에 중점을 둔다.

이 모든 게 일련의 질문을 요구한다. 문화란 정확히 무엇일까? 문화가 사람들에게 그토록 강력한 영향을 미치는 이유는 무엇일까? 마지막으로 마케팅 담당자, 관리자, 리더 또는 기업가는 어떻게 문화의 힘을 활용해서 집단행동에 영향을 미치고 사람들이 움직이도록 고무시킬 수 있을까? 그게 바로 이 책에서 다루고자 하는 목표다. 자, 이제 시작해보자.

문화는 우리가 자주 사용하지만 좀처럼 이해하지 못하는 단어 중 하나이다. 우리는 문화가 무엇인지 안다고 생각하지만, 사실 거의 알지 못한다. 문화가 지닌 무형성과 일상생활에서 문화라는 단어를 아무렇게나 사용한다는 점을 고려하면 이는 크게 놀라운 일이 아니다. 역설적인 점은 문화가 **우리의 일상**이라는 사실이다. 문화는 '우리가 여기서 일을 하는 방식'이며, 우리 삶에 보편적으로 존재하기 때문에 이해하기 매우 어렵고, 결과적으로 정의하기도 어렵다. 마치 물고기에게 물이 무엇인지 설명하는 것과 비슷하다. 우리는 문화 안에 살고 있고 그 안을 탐색하며, 문화는 우리 주변의 모든 것을 둘러싸고 있다. 나와 공동작업을 자주 하며 함께 생각을 나누는 동료이자 미시간대학교 로스 경영대학원 마케팅 교수인 존 브랜치는 문화가 일상생활을 위한 프로그램이라고 말한다. 탐색할 수 있는 사용자 경험을 제공하고, 애플리케이션을 실행하는 운영 체제를 구성하는 프로그래밍 코드처럼 문화는 일상생활의 거의 모든 측면에서 우리가 어디로 가는지, 무엇을 하는지, 어떻게 하는지 알려주는 프로그래밍 코드이다.

예를 들어, 오늘 아침 식사로 무엇을 먹었는지 생각해보자. 미국인의 아침 식사는 달걀, 빵, 시리얼, 우유나 커피로 구성되었을 가능성이 높다. 그러나 중국에서는 아침 식사로 만두, 국수 또는 쌀로 만든 요리나 음료를 주로 먹는다. 한편 사우디아라비아의 아침 식사는 대추야자, 빵, 치즈, 요구르트, 커피로 구성될 수 있다. 각 사회는 일상생활을 위한 자체 프로그램, 즉 정상으로 여겨지는 코드를 가지고 있다. 우리는 다른 나라를 방문할 때 이를 직관적으로 알아서 사람들의 일상생활을 구성하는 음식, 옷, 음악, 관습 및 그들의 문화를 구성하는 특징 같은 다양한 다른 코드에 대해 물어본다.

문화를 프로그래밍 코드에 비유한 것은 뒤르켐이 문화를 바라보는 관점과 잘 들어맞는다. 1800년대 사회학의 창시자 중 한 명으로 잘 알려진 에밀 뒤르켐은 문화를 규범과 역할을 확립하기 위해 집단이 사용하는 상징, 신념, 가치 체계라고 말했다. 뒤르켐은 사람들의 집단을 정의하는 '체계'로서 문화의 복잡성을 강조하는 동시에 체계를 집합적으로 구성하는 몇 가지 기본 코드도 강조했다. 이 기본 코드에는 의식(전통, 사회적 규범), 유물(상징, 옷, 장식, 도구)은 물론 언어(사투리, 어휘, 노래, 시)도 포함된다. 뒤르켐은 이러한 기본 코드를 '사회적 사실', 즉 사회 전반에 의해 구성되는 사고, 감정, 행동 방식이라고 불렀다. 이렇듯 사회적 사실은 특정 집단 사람들이 가진 사회적 행동의 집단적 표현이다.

비록 이런 사회적 사실은 개인을 넘어선 외부 문제지만, 우리 각자에게 특정하고 예측할 수 있는 방식으로 행동하도록 압력을 가한다. 예를 들어 미국에서는 누군가가 인사할 때 손을 내밀면, 그 동작을 따라 해 몇 초 동안 서로 손을 맞잡는 것이 관례다. 왜 그럴까? 미국에서 악수는 한국에서 머리를 숙여 인사하고 프랑스에서 볼에 허공 키스하는 것과 마찬가지로 사회적 사실이기 때문이다. 이 시나리오와 다르게 행동하는 경우 사회적으로 이상하게 여겨질 수 있으며 최악의 경우 범죄로 간주된다. 따라서 특정 사회의 구성원은 이러한 규범을 잘 준수하기 때문에 그렇게 행동하지 않을 때 뒤따르는 사회적 결과를 경험하지 않는다. 질서 있는 생활을 유지하는 건 사회적 본능이며, 사회적 사실을 준수하는 것은 이를 달성하려는 방법의 많은 부분을 차지한다.

완전히 새로운 세계

사회적 사실, 뒤르켐, 행동 수용에 관한 이 모든 이야기가 많은 사람들에게 생소할 수도 있다. 적어도 나에게는 생소했다. 난 학부 시절 재료공학을 전공했는데, 1학년 때 수강한 인문학 과목은 사회학 개론이 전부였다. 나는 인간 행동과 사회과학 세계에 늦게 발을 디뎠다. 사실 나는 이 세상에 알려지기까지, 더 정확하게는 이 분야에 뛰어들기 전까지 10년 넘게 다른 직업에서 경력을 쌓았다. 스티브 스타우트와 제이지가 공동 설립한 최첨단 광고대행사인 트랜슬레이션에 새로 채용된 임원으로서 나는 회사의 소셜 미디어 마케팅 실무를 구축하고 이끄는 책임을 맡았다. 그러나 '사회'에 대한 내 이해도는 주로 기술 중심이었다. 나는 페이스북, 유튜브, 트위터, 포스퀘어 등 당시 지배적이었던 소셜 네트워크 플랫폼에 대해 다양한 지식을 가지고 있었다. 하지만 나는 사람을 이해하지 못했는데 그게 문제였다. '사회'는 바로 사람이기 때문이다.

잠깐 생각해보자. '사회사업', '사회활동', '사회복지'의 공통점은 무엇일까? 모두 사람과 관련이 있다. '사회사업'은 사람들이 더 나은 삶을 살게 하려는 실행이고, '사회활동'은 사람들의 역량 강화와 발전을 위해 노력하는 것이며, '사회복지'는 사람들을 돕는 것과 관련이 있다. '사회'는 모두 사람에 관한 것이며, 문화는 사람을 지배하는 운영 체제다. 애플에서 소셜 미디어 캠페인을 진행하고, 비욘세의 디지털 전략을 실행하고, 퓨어 플레이* 소셜 미디어 에이전시에서 소수의 계정을 이끌었던 경험이 있음에도 불구하고 나는 사람에 대해 잘 몰랐기 때문에 그 당시에는 문화에 대해 잘 알지 못했다. 이런 지식의 부족함을 메우기 위해 나는 사회과학을 연구하기 시작했고, 사람에 대해 더 많이 알고 그 결과 문화에 대해 더 많이 배우고 싶어서 손에 닿는 모든 것을 읽었다.

댄 애리얼리의 『상식 밖의 경제학』부터 시작했는데, 다시는 전으로 돌아갈 수 없다는 소리가 내 안에서 들렸다. 그 탐험이 매우 재미있다는 것을 알았고 그 책을 두 번 읽었다. 그다음 가장 흥미롭다고 생각되는 연구와 연구자에 밑줄을 긋고 그들의 연구를 파고들기 시작했다. 애리얼리는 나를 뢰벤슈타인에게로, 뢰벤슈타인은 나를 카네만에게로 인도했다. 나는 맥루한에게 우회했다가 버거에게 다가갔다. 버거는 나를 와츠와 탈러에게 데려갔고, 나는 곧 애쉬와 밀그램에게 갔다. 내 호기심은 끝이 없었기 때문에 폭넓고 깊게 읽었다. 얼마 지나지 않아 내가 했던 자기 주도적 연구 결과가 내가 하는 작업으로 나타나기 시작했고, 나는 내 일을 정말 잘하기 시작했다.

나는 '사회'라는 새로운 관점으로 전통적 광고의 오랜 관습에 도전하

---

* 특정 제품 라인이나 비즈니스를 생산하는 회사 유형

고, 새로 습득한 학문적 이론 레퍼토리를 브랜드 마케팅에 적용하기 시작했다. 고객이 인플루언서 프로그램 제작에 관심을 보이면 나는 영향력 확산의 역학을 알려주는 네트워크 이론을 활용해 내 접근 방식을 알려주었다. 다른 고객이 사람들이 새로운 행동을 취하도록 만드는 방법에 대해 문의하면, 넛지* 역할을 하기 위해 환경 설계에 기본값을 만드는 게 중요하다고 이야기했다. 사회과학 이론을 마케팅 실무에 적용할수록 더 좋은 결과를 얻었다. 이는 보험 회사 스테이트팜의 클리프 폴 캠페인을 구상하고 시작하는 데 도움을 준 내 연구에서 확연하게 입증되었다. 여기서 나는 뢰벤슈타인의 '지식 격차' 이론을 활용했다. 마찬가지로, 내가 뉴저지 네츠를 뉴욕으로 옮겨 브루클린 네츠가 되도록 도왔을 때 나는 버네이스의 선전 이론을 참고했다. 12년여 전 이 탐구를 시작한 이후 나는 사람들 그리고 우리의 집단행동에 영향을 미치는 지배적 운영 체제인 문화를 더 잘 이해하기 위해 학문의 세계를 받아들였다. 아, 내가 학계를 받아들인 적이 있던가. 뉴욕대학교, 보스턴대학교, 미시간대학교에서 학생들을 가르치기 시작했을 뿐 아니라 문화적 전염을 연구하고 템플대학교에서 마케팅 박사학위를 받았다.

학문과 실무를 결합한 건 내 경력에서 가장 큰 치트 키였다. 사람들을 움직이게 하고 싶다면, 문화보다 더 강력하고 영향력 있는 수단은 없다(더 이상 말할 필요가 없다)는 명백한 진실을 밝혀냈기 때문이다. 이유가 뭘까? 제

---

* 강제적 규제나 명령 없이 큰 비용을 들이지 않고 약간의 부드러운 개입만으로 바람직한 선택을 끌어낼 수 있다는 '선택 설계' 개념

품, 아이디어, 행동, 제도가 공동체의 문화적 관행에 도입되면 사람들은 행동을 취할 뿐 아니라 자신과 비슷한 사람들과 이를 공유하기 때문이다. 그리고 그 사람들은 다른 사람들에게 또 말할 것이고, 결국 문화적 관행으로 그 제품, 아이디어, 행동, 제도를 채택한다. 이는 단지 마케팅이나 기술, 범주, 비즈니스 모델에 관한 것이 아니다. 이는 모두 우리가 무엇을 하고 누구와 그것을 하는지 알려주는 사람과 지배적인 운영 체제에 관한 것이다. 나는 이것을 구글 같은 기술 회사, 스프린트 같은 통신 회사, 포드 같은 자동차 회사, 맥도날드 같은 패스트푸드 레스토랑, 켈로그의 에고(Eggo) 같은 소비재 생산업체, 챔스 스포츠 같은 소매업체, 카이저 퍼머넌트 같은 의료 서비스 제공업체, 고어텍스 같은 의류 업체, 비욘세 같은 아티스트, 하버드 같은 교육 기관, 빅브라더스 빅시스터즈 오브 아메리카 같은 비영리 단체와 함께 일하면서 볼 수 있었다. 이 진리는 범주에 구애받지 않으며, 기업이나 조직의 비즈니스 모델에 의존하지 않는다. 기업 대 기업(B2B)이든 기업 대 소비자(B2C)든 모두 개인 대 개인(P2P)이기 때문에 큰 차이가 없다. 문화만큼 지속해서 사람들에게 영향을 미치는 힘은 없다.

이 깨달음을 얻는 데 평생이 걸린 것처럼 느껴졌다. 나에게 그런 영향을 준 것은 문화에 대해 단순히 아는 것이 아니었다. 실제로 영향을 미치는 데 필요한 구체적인 수준으로 문화의 뉘앙스를 이해한 것이 변화를 가져왔다. 요즘 나는 실무자이자 학자로 일하고 있다. 세계에서 가장 큰 독립 광고대행사(아마도 가장 유명한 광고대행사이기도 한) 와이든앤케네디 뉴욕에서 전략 책임자로 일하고 있다. 여기서 나는 '블루칩' 브랜드가 문화의 영향력을 활용하여 사람들이 행동을 취하도록 만들기 위해 아이디어를 세상에 내놓는 작업을 돕는다.

또한 미시간대학교 로스 경영대학원에서 마케팅 교수로 재직하면서, 세계에서 가장 뛰어난 인재들이 문화에 대한 지식을 이용하여 비즈니스를 더 나은 사회를 위해 활용할 수 있도록 돕는다. 이러한 이원성은 내 관점과 마케팅 담당자로서의 내 업무도 독특하게 형성해왔다. 하지만 그것만으로는 충분하지 않다. 집단행동을 형성하는 메커니즘과 관련해 수년간 내가 해온 연구는 학문으로서의 '마케팅'을 훨씬 뛰어넘는다. 오히려 당신이 '마케팅'이라는 직무를 하고 있든 아니든 사람들을 뚜렷하게 움직이게 하려는 야망에 더 가깝다. 전통적 제품이든, 비영리 단체든, 정치적 열망이든, 내가 하는 일의 목표는 사람들을 움직이게 하는 것이다.

문화와 마케팅

그렇다면 마케팅이란 무엇일까? 미국 마케팅 협회는, "조직과 이해관계자에게 이익이 되는 방식으로 고객 가치를 창출하고 소통하고 전달하며 고객과의 관계를 관리하기 위한 조직의 기능과 일련의 과정"이라고 마케팅을 정의한다. 뭐라고? 분명 내 전문 분야인데 나조차도 이 정의를 해석하기 어렵다. 이보다 더 애매할 수 있을까?(난 지금 시트콤 「프렌즈」의 챈들러 빙 같은 표정을 짓고 있다.) 더 나은 정의를 찾아보려 했지만, 그 과정 곳곳에서, 심지어 마케팅 관련 책을 쓴 필립 코틀러에게서조차 답답하고 추상적인 정의만 발견했을 뿐이다. 관용적 표현으로 한 말이 아니다. 대학교에서 마케팅 과목을 수강한 적이 있다면, 필립 코틀러가 쓴 책이 지정 교과서였을 가능성이 높다. 그는 바로 마케팅 전문가다. 코틀러는 마케팅에 대해 이렇게 말했다. "목표 시장의 요구를 만족시켜 이익을 얻기 위해 가치를 탐구하고, 창조하고, 전달하는 과학이자 예술. 마케팅은 충족되지 못한 필요와 욕구를 파악한다. 이는 식별된 시장의 규모와 잠재적 수익을 정의하고 측정하며 수치화한다. 회사가 최상의 서비스를 제공할 수 있는 부문을 정확하게 찾아내고 적절한 제품과 서비스를 설계하고 홍보한다." 도대체 무슨 일이 벌어지고 있는 걸까? 마치 5살짜리 아이에게 설명하는 것처럼 마케팅을 정의할 수 있는 사람은 없을까? 제발 누구라도! 알고 보니 누군가 할 수 있었고, 실제로 그렇게 했다. 600년 전에 말이다.

1455년 『옥스퍼드 영어 사전』에 '마케팅'이라는 단어의 최초 사례 중하나가 나와 있다. 여기서는 마케팅을 '시장에 내놓기 위해'라고 정의했다. 드디어 찾았다! 약간 단순하지만. 마케팅이 '시장에 내놓기 위한 것'이라면이런 질문이 제기된다. 시장이란 무엇일까?

얼핏 생각하면 대부분이 시장을 '사람들이 상품과 서비스를 교환하는 장소'라고 생각할 것이다. 사람들이 옷, 과일, 공예품 등을 사는 농산물 시장이나 튀르키예 상점가를 상상할지도 모른다. 그러나 경제학자들은 시장을 물리적 위치라기보다는 추상적 개념으로 생각한다. 경제학자들에게 '시장'은 제품 생산자, 중개자, 소비자, 기관, 이해관계자의 결정과 행동을 의미한다. 이것은 지리적 위치 그 이상이다. 반면 사업가들은 '시장'을 사람, 기관, 조직 간의 역동성이라고 말한다.

두 경우에서 모두 '시장'을 상업적 거래가 이루어지는 영역 그 이상을 뜻한다는 사실을 알 수 있다. 시장은 교환을 추구하기 위해 상호작용하는 일련의 플레이어들을 의미한다. 이는 회사에서 일하고 이해관계자를 대신해 의사결정을 하는 사람들, 조직과 기관을 대표하는 사람들, 기능적·감정적·사회적인 특정 요구를 충족시키는 해결책을 찾고자 하는 사람들로 구성된다. 다음과 같은 지적 활동을 고려해보자. 조금 전 위에서 당신이 떠올린 그 농산물 시장에 과일이나 공예품을 파는 사람도 없고, 그것을 살 사람도 없다면, 그곳은 여전히 시장일까? 당연히 아니다. 물론 사람들이 뭔가를 사고팔기 위해 나타나기 전까지 그곳은 단지 지리적 장소, 무가치한 열린 공간일 뿐이다.

핵심을 말하자면 시장을 구성하는 건 사람이다. 우리가 바로 시장이다. 시장 수요나 시장 행동에 관해 이야기할 때 그것은 사람들의 수요와 사람들의 행동을 의미한다. '시장의 반응'은 '사람들의 반응'을 의미한다. 시장은 사람이고 시장은 사람들이 교환하러 가는 곳이다. 브랜치 교수가 말했듯이 마케팅은 시장에 나가는 행위, 즉 사람들에게로 가는 행동이다.

그렇지만 이것은 더 큰 의문을 불러일으킨다. **시장에 나가는 핵심 목적은 무엇일까?** 잠깐 생각해보자. 왜 우리는 사람들을 끌어들일까? 마케팅 담당자의 목적은 무엇일까? 내가 위젯을 판매하는 회사에서 마케팅을 한다면, 위젯을 돈으로 교환하기 위해 시장에 나갈 가능성이 높다. 하지만 내가 미시간주 디트로이트 시장 선거에 출마하는 정치인 후보라면 어떨까? 내가 돈을 벌려는 걸까? 뭐, 그럴 수도 있지만 무엇을 위해 선거에 나갈까? 나는 재정 기부를 통해 시장이 되려는 게 아니라 표가 필요하다. 그래서 사람들이 나에게 투표하도록 격려하기 위해 후보자로서 시장에 나간다. 아니면 새로운 회사 웹사이트를 홍보하고 싶다고 가정해보자. 내 마케팅 활동의 목적은 무엇일까? 웹사이트 방문자들을 확보하고 내 콘텐츠에 클릭하도록 동기를 부여하는 것이다.

이러한 사고방식은 마케팅을 이해하는 경로를 매우 명확하게 해준다. 마케팅 담당자로서 우리는 **행동에 영향을 미치기 위해** 시장에 간다. "저거 말고 이거 사세요, 저기로 가지 마시고 여기로 오세요, 저거 마시지 말고 이거를 마셔보세요, 그 남자 말고 이 여자를 지지하세요, 그거 말고 여기에 참여하세요, 다른 기술 말고 이 기술을 사용하세요" 같은 우리가 하는 모든 일은 이 꼭 해야 할 일을 위한 것이다. 우리는 행동 채택 사업을 하는 것이다. 이것이 모든 마케팅 활동의 목적이다. 광고, 후원 등의 캠페인 전략은 단지 그곳에 도달하기 위한 다양한 경로일 뿐이며, 인간 행동에 영향을 미치는 데 있어 문화보다 더 강력한 수단은 없다.

자, 당신이 동의한다면 손잡이를 꽉 잡아라. 왜냐하면 상황은 더 좋아질 것이기 때문이다. 우리는 모두 다른 사람이 행동을 취하도록 영향을 미치기 위해 시장에 나간다. 팀에 동기를 부여하고 싶은 관리자든, 시위를 하는 활동가든, 사람들에게 정책을 채택하게 하려는 기관이든, 학생들이 시험공부를 하게 만들려는 선생님이든, 딸에게 완두콩 한 입만이라도 먹이려고 설득하려는 아버지든(조지아, 제발 한 입만 먹어봐! 이거 먹는다고 죽지 않거든), 우리는 모두 마케팅 담당자다. 매일 우리 모두는 사람들이 어떤 행동을 취하게 하려고 노력한다. 이것이 바로 마케팅의 핵심 목적이며, 이 책에서 중점을 두는 부분이다.

하지만 이것은 마케팅 책이 아니다. 비슷한 세계관을 공유하는 사람들이 활발하게 기능하면 어떤 일이 일어나는지, 아이디어나 제품, 명분을 가진 사람들이 어떻게 문화의 영향력을 활용해서 이런 사람들이 함께 행동할 수 있게 영감을 주는지 탐구하는, 사람에 관한 책이다. 응용사회과학에 10년간 쏟아부은 투자의 집합체로, 훨씬 더 일찍 내가 경력 초기에 읽었더라면 좋았을 만한 책이다. 그동안 배운 모든 지식과 내 경력 전반에 걸쳐 해온 모든 일을 바탕으로 학계의 엄격함과 일할 때의 실용주의를 연결한 책이다.

그에 걸맞게 집단행동 변화를 불러일으킬 수 있는 능력을 부여하는 동시에 많은 것을 가르쳐주기 위해 이 책을 썼다. 관점 부분, 가이드 부분으로 구성해서 업무와 일상생활 모두에서 이런 교훈을 활용하는 데 필요한 도구를 제공한다. 각 장을 '관점'과 '가이드' 이원 구조로 구성했다. 각각의 장은 문화의 영향과 관련된 이론적 토대를 제시해 사물이 왜 그런 방식으로 돌아가는지에 대한 근본적인 사회 물리학을 이해하는 데 도움을 준다. 그리고 '원리'와 '노하우'를 제공해 이론을 적용하는 방법에 대한 요점을 결론으로 각 장을 마무리한다.

문화가 왜 대규모 행동에 영향을 미치는 가장 예측할 수 있는 수단인지에 대한 탐구로 이 책을 시작할 것이다. 우리는 문화의 기원과 더불어 우리가 하는 일과 그 일을 하는 이유에 문화가 그토록 강력한 영향력을 가지는 이유에 대해 알아볼 것이다. 그런 다음, 문화의 힘을 활용해 사람들을 움직이게 하는 방법을 알아본다. 마지막으로 행동을 촉구하는 것으로 이 책을 마무리하겠다. 오늘날 기술은 사람들이 행동을 취하도록 문화의 힘을 더 잘 관찰하고, 이해하고, 활용할 엄청난 기회를 제공한다. 그러나 독자들과 리더들은 문화가 자신을 위해 무엇을 할 수 있는지뿐만 아니라 자신이 문화를 위해 무엇을 할 수 있는지도 고려해야 한다.

이 책을 쓰기에 지금보다 더 좋은 때는 없다고 생각한다. 코로나19 팬데믹은 우리에게 많은 변화를 가져왔다. 특히 비즈니스, 교육, 정치, 종교, 기술 및 삶의 거의 모든 측면에서 사람들과 소통하는 방식을 완전히 다시 생각하게 했다. 이에 따라 우리는 어떻게 사람들이 소비하고, 공부하고, 예배하고, 투표하고, 마스크를 쓰고, 재활용하는지 그리고 그 사이사이 모든 것을 설득할 수 있는지 재고하게 되었다. 간단히 말해서 코로나 팬데믹은 우리를 다시 생각하게끔 했다. 우리는 어떻게 사람들이 행동하게 만들 수 있을까?

이 책은 지난 한 세기 동안의 자료에 근거한 깊이 있는 시각과 오늘날의 초연결 세계에 대한 예리한 통찰력을 바탕으로 이 질문을 정면으로 다룰 것이다. 그러나 그 이상의 효과가 있을 것이다. 즉, 이 책을 읽는 독자들에게 공동체의 힘 그리고 함께 행동하는 사람들이 휘두르는 파급력을 상기시켜줄 것이다. 사회적 거리 두기, 화상회의, 자택 격리 명령, 여행 금지 조치를 겪은 이후, 우리는 개인의 삶과 직업적 삶에서 공동체 의식을 완전히 잃기 전에 이를 필사적으로 회복해야 한다. 위대한 재즈 색소폰 연주자인 故 찰리 파커는 "지금이 바로 그때다"라고 말했다. 자, 그럼 시작해보자.

제1장

문화에 대해 쉽게 풀어보기

1999년으로 시간을 되돌려보자. 찰스 스톤 3세는 장편 영화 제작을 열망하는 뮤직비디오 감독이었다. 찰스의 작업은 힙합계에서 가장 두드러졌는데, 90년대 초 트라이브 콜드 퀘스트 및 퍼블릭 에너미 같은 아티스트의 뮤직비디오를 찍었다. 당시는 힙합 초기 시기로 뮤직비디오 예산이 10년 뒤만큼 크지 않아서 스톤의 뮤직비디오 제작 예산도 적었다. 하지만 스톤은 더 큰 야망을 품고 있었다. 그는 뮤직비디오가 아닌 영화를 만들고 싶었지만, 주요 영화사에 발을 들여놓을 수 없었다. 그래서 1999년 스스로 문제를 해결하기로 결심했다. 1,000달러의 예산으로 자기 고향인 필라델피아에서 가장 친한 친구들을 출연자로 영입해 「트루」라는 제목의 3분짜리 단편 영화 데뷔작을 촬영했다.

「트루」에 대화가 많지 않다고 말하는 것은 상당히 절제된 표현이다. 이 단편 영화는 스톤과 그의 친구인 케빈 로프턴, 프레드 토머스 주니어, 폴 윌리엄스, 테리 윌리엄스 사이의 일련의 대화를 담고 있는데, "왓츠업(잘 지내?)"의 구어체인 "와썹"이라는 한 단어로 요약할 수 있다. 이는 도시의 젊은 거주자, 특히 흑인 공동체에서 매우 흔한 인사였다. "와썹"은 마틴 로렌스의 TV쇼 「마틴」의 엄청난 성공 덕분에 1990년대에 훨씬 더 많은 관객을 확보했다. 이 쇼의 스타이자 그 당시 가장 유명한 스탠드업 코미디언 중 한 명이었던 로렌스는 가상의 라디오 방송국에서 일하는 디트로이트 라디오 방송인을 연기했고, "와썹"이라고 발음되는 호출 문자인 WZUP를 사용했다. 그의 대표적 유행어인 방송 중 인사는 "와썹"을 고음으로 반복한 것이었는데, 이는 마틴쇼의 유행어 중 하나가 되었다. 그러나 이것은 이후 일어난 일로 인해 무색해졌다.

전설에 따르면 광고대행사 DDB시카고의 광고 총책임자는 스톤의 단편 영화를 보고 자신의 고객 중 하나인 버드와이저에 완벽하게 들어맞는다고 생각했다. 단순히 광고 담당자에게 광고하는 느낌이 아니었다. 뭔가 완전히 다른 것 같은 느낌이 들었다. 이 단편은 한 20대 청년이 소파에 앉아 스포츠 경기를 보는 모습으로 시작한다. 전화벨이 울린다. 전화를 건 친구가 "야, 뭐 하냐?(Yo, what's up?)"라고 묻는다. 전화를 받은 친구가 "그냥, 뒹굴거리고 있어"라고 대답하자, 전화를 건 친구가 '그런 것 같다'고 말하듯 "그래(True)"라고 대답한다. 그때 청년의 또 다른 친구가 아파트에 들어오며 매우 과장되게 길게 늘여 말하면서 "뭐 하냐!(Wassup!)"라고 묻는다. 이에 통화를 하고 있던 두 친구가 자신들만의 과장된 감탄사로 "넌 뭐 하냐?(Wassup?)"라고 말하며 친절하게 화답한다. 조금 후 이들의 "와썹" 교류에 두 명의 친구가 추가로 합류한다. 이 짧은 영화는 시작했던 것과 비슷한 방식으로 끝이 난다. 처음 전화를 걸었던 친구가 소파에 앉아 있던 청년에게 "무슨 일이야?(What's up with you?)"라고 묻는다. 청년은 "그냥 뭐, 뒹

굴뚱굴하고 있지"라고 대답하자 친구가 "그래(True)"라고 대답한다.

광고 총책임자의 직감은 정확히 맞아떨어졌다. 당시 버드와이저는 "버드는 당신 옆에 있습니다"라는 역사적인 태그라인에서 알 수 있듯이 가까운 친구 사이의 사회적 윤활유인 동지애 챔피언으로 자리매김했다. 1950년대 전성기부터 수십 년에 걸쳐 버드와이저는 인기 쇼와 스포츠 행사를 후원하며 미국 문화의 대명사로 자리 잡았다. 그러나 1990년부터는 이런 것이 문화적 시대정신을 대표하는 것이 아니었기 때문에 그 중요성이 줄어들기 시작했다. 하지만 「트루」는 현대 우정의 본질을 포착했다. 진짜 친한 친구들과 대화할 때는 많은 말이 필요하지 않다. 친구들끼리는 자신들만의 부호로 이야기하고, 그걸 이해하는 모든 사람은 그저 "안다". 스톤과 그의 '친구들(buds)'은 영화에서 이것을 완벽하게 보여주었다. 그래서 DDB는 버드와이저 캠페인을 위해 원래 출연진과 내용으로 「트루」를 재현했다. 버드와이저의 '와썹' 광고는 그해 말 방송되었고, 모두가 알다시피 역사가 되었다. 몇 달 만에 토크쇼 진행자들과 라디오 방송인들이 '와썹'을 따라 하기 시작했고, 이는 영화에서 패러디되었으며, 인터넷 초창기 온라인 콘텐츠 제작자들이 밈을 만들어 확산했고 대중문화 어휘집에도 채택되었다. 미국은 새로운 유행어를 얻었고, 버드와이저는 다시 한번 문화 관련 브랜드라는 명성을 얻으며 수백만 개의 맥주를 판매했다. 스톤은 수많은 광고상을 받았을 뿐만 아니라 대작 영화를 찍을 수 있게 되었다.

버드와이저의 '와썹' 광고는 광고 그 이상이었다. 이 광고는 문화를 이해했기 때문에 문화의 일부가 되었다. 사람들이 마치 자기 모습을 보는 듯이 공감할 수 있는 사회생활의 규범을 보여주는 시트콤이나 영화처럼, '와

'썹' 광고는 사람들, 특히 젊은 흑인들의 일상생활에서 벌어지는 일의 미묘한 차이를 정확하게 묘사했다. 그리고 광고를 보면서 우리는 그 광고 속에 있는 내 모습을 보았다. 버드와이저가 캠페인에 이 문구를 활용하기 몇 년 전부터 이미 사람들은 '와썹'을 인사말로 쓰고 있었다. '와썹'은 직원이나 상사 혹은 부모님이나 교수님 같은 권위 있는 인물에게가 아니라 동료들 사이에서 일상적으로 사용하는 문구라는 맥락이 이미 형성되어 있었다. '와썹'은 우리가 지닌 사회적 사실 중 하나였다. 버드와이저는 이 문구를 캠페인에 사용함으로써, 일반적으로 우리에게 이야기하는 데 사용되는 것(광고)을 우리가 서로 이야기하며 개인으로나 집단으로 우리가 누구인지 표현하는 데 도움을 주는 것으로 바꿨다. 그 후 우리는 이 캠페인을 우리의 정체성을 투영하고 우리와 같은 사람들과 연결하는 방법으로 사용했다. 이런 식으로 이 30초짜리 영상은 일반적으로 광고라고 생각되는 것을 학자들이 문화적 산물이라고 부르는 것, 즉 한 집단의 공통된 관점을 반영하는 유형 또는 무형의 창작물로 변형시켰다. 문화는 접촉하는 거의 모든 것에 이러한 변화를 가져온다. 따라서 문화의 근본적인 물리학과 그것이 인간 행동에 미치는 영향을 이해하면 리더, 관리자, 마케팅 담당자, 기업가는 앞서 버드와이저가 했던 것처럼 문화의 영향력을 활용할 수 있다.

　문화학자 레이먼드 윌리엄스는 문화에 대해 유용하고 현대적인 관점을 제시해서 우리가 전보다 문화의 개념을 더 잘 이해하는 데 도움을 주었다. 윌리엄스는 문화 연구 창시자 중 한 명으로 여겨지며, 그가 한 연구는 이론가들이 문화라고 생각하는 것을 구성하는 방법과 문화가 사회와 어떤 관련이 있는지에 대한 시야를 넓혀주었다. 윌리엄스는 '문화'라는 용어의 계보와 그와 연관된 의미를 도표화했는데, 이것을 통해 나는 문화의 영향력과 문화가 집단행동을 촉진하고 사람들이 행동하도록 만드는 데 어떻게 사용될 수 있는지를 완전히 파악할 수 있었다.

문화는 양육하는 방식으로 무언가를 돌본다는 뜻을 가진 라틴어 '콜러(colere)'에서 유래했다. 지금의 '문화(culture)'라는 단어는 초기에 균일한 작물을 기르기 위해 토양을 경작하는 것을 의미하는 '농업(agriculture)'이라는 단어에서 파생했다. 농업과 농작물 재배는 수천 년 동안 지속된 농업사회의 경제활동이었다. 18세기 산업혁명은 사회의 경제적 지형을 수확에서 기계로 바꿔놓았을 뿐만 아니라 '문화'라는 단어의 맥락과 사용법도 변화시켰다. 여전히 라틴어의 뿌리를 유지하면서, 이 단어의 의미는 산업 사회에서 아이들의 지적, 도덕적, 정서적 발달을 포함하는 것으로 확장되었다. 수 세기 전에 농부들이 작물이 잘 자라도록 돌보고 최적의 번영을 균일하게 유지했던 것처럼, 문화는 부모가 자녀의 성장을 돌보며 이 새로운 사회 안에서 자녀 양육의 예측 가능성을 보장하는 수단이 되었다. 뒤르켐과 마찬가지로 윌리엄스는 문화가 일상생활의 신념과 행동을 지배하는 미묘하고 명백한 사회적 힘을 내포하고 있다고 주장했다.

윌리엄스는 문화를 실현된 의미화 체계, 즉 우리가 세상을 해석하고 이해하는 체계로 정의했다. 윌리엄스의 주장처럼 이 체계는 사람들의 생활방식 전체, 즉 일상생활을 위한 프로그램이다. 이 체계를 통해 우리는 일상 경험을 번역해서 그것이 의미하는 바에 따라 반응하는 법을 알게 된다. 문화는 실현된 의미 형성 체계이다. 더 정확하게 말하면 이는 서로에게 정보를 제공하는 상호의존적 원칙과 메커니즘의 집합 체계로 우리가 누구인지에, 그리고 우리가 세상을 보는 방식에 따라 우리가 하는 모든 일에 실질적으로 영향을 미친다.

그러므로 우리의 문화적 소속은 우리가 어떻게 자신의 정체성을 수립하는지, 즉 우리가 누구인지 사람들에게 알리고 다른 사람들이 누구인지에 따라 그들과 관계를 맺기 위해 우리가 사용하는 분류표에 따라 결정된다. 이런 분류표는 지리적 특성(예: 출신 지역)에서 기관(졸업한 대학), 활동(스포츠), 소비 행동(애니메이션 애호가) 및 우리 정체성을 구성하는 수많은 명칭까지 매우 다양하다. 정체성은 문화의 초석이다. 일단 우리가 선택하거나 타고나서 어떤 정체성 표지를 취하게 되면, 의미 생성 체계의 상호작용을 통해 공동체의 문화적 특성을 암묵적으로 계승하게 된다. 이 체계를 파헤쳐 보면서 의미 형성 체계의 내용을 더 자세히 알아보자.

첫 번째 체계: 세상을 보는 방식

우리가 누구인지 이해하고자 하는 것은 인간의 기본적인 경향이다. 이러한 명칭, 즉 우리 정체성은 우리가 세상을 보는 방식을 안내하는 나침반 역할을 한다. 정체성 관련 개념에 대한 70년 이상의 연구는 우리에게 정체성이 한 집단에 속한 사람들이 공유하는 태도, 가치, 생각을 형성하는 데 중요한 역할을 한다는 사실을 알려주었다. 이것은 다시 그들이 어떻게 의미를 형성하며 일상생활을 수행하는지를 알려준다. 우리의 정체성은 사회적으로 구성된 기준(예: 가족에서 '어머니'의 역할), 개인적 기준(팝스타나 멘토 등 우리가 본받고 싶어 하는 사람), 소속 그룹(종교), 또는 이 모든 조합을 바탕으로 같은 정체성을 따르는 사람들이 공유하는 신념을 기반으로 세상을 바라보는 관점을 제공하는 데 도움을 준다. 예를 들어 당신이 기독교인이라면 세상을 어떠한 방식으로 바라볼 것이고, 힌두교인이라면 기독교인과는 또 다른 방식으로 세상을 바라볼 것이다. 무신론자라면 세상을 완전히 다른 방식으로 바라보게 되며, 이는 결과적으로 당신이 하루하루 살아가는 방식에 영향을 미친다.

정체성, 세계관, 행동의 관계를 설명하기 위해 종교를 예로 든 건 우연이 아니다. 종교는 알려진 모든 인간 사회에 존재하는 제도다. 종교는 집단적 신념을 형성하고 사회적 조정을 강화한다. 종교적 정체성을 가진 신도들은 한 사회 안에서 그들을 하나로 묶는 공동 의식을 갖게 된다. 이런 힘 때문에 종교는 문화의 역학을 이해하는 데 매우 유용한 대용 요소가 된다. 사실 사회학이라는 학문 자체가 종교에 관한 연구에서 출발한 것도 바로 이런 이유 때문이다. 뒤르켐은 부분적으로 종교의 사회적 결속으로 인한 전염 행동을 연구했다. 사회학의 또 다른 창시자인 막스 베버는 종교가 경제와 정치 같은 제도에 미치는 영향력과 역할을 분석했고, 칼 마르크스는 종교가 사회계급에 미치는 억압을 비판했다. 문화를 이해하기 위한 수단으로써의 종교 연구는 그 이후에도 계속되는 프로젝트였다. 심지어 현대 학자들은 종교의 영역을 사이비, 팬덤, 소비까지 포괄하도록 확장했다. 학문적 관점에서 종교와 문화는 불가분의 관계에 있다.

당신이 '종교적'인 사람이든 아니든 당신은 종교가 사람들을 끌어당기는 중력을 이해하게 되며, 이는 종교를 문화의 힘을 설명하는 데 유용한 도구로 만든다. 이 책 전체에 걸쳐 개념과 요점을 설명하기 위해 종교적 참고 자료를 사용하는 것을 여기저기서 볼 수 있을 것이다.

공유된 신념은 겉으로 보기에는 꽤 간단해 보인다. 공유된 신념은 진실에 대한 집단적 수용, 실재에 대한 공동 견해이다. 신은 존재하는가? 은하계 곳곳에 다른 생명체가 있을까? 달 착륙은 속임수였을까? 교회와 국가는 분리되어야 하는가? 모든 인간은 평등한가? 스포츠에 정치가 설 자리는 없는가? 이렇게 우리가 붙들고 있는 신념은 우리의 감각으로부터 뇌로 전달되는 끝없는 양의 정보를 짜 맞추고, 세상의 의미를 부여하고, 그 안에서 작동하는 방법을 알 수 있게 도와준다. 소설가 아나이스 닌은 "우리는 사물을 있는 그대로 보지 않고 우리의 방식대로 본다"라고 말한 것으로 유명하다. 다시 말해 진실은 우리가 믿고 싶어 하는 것만큼 객관적이지 않다. 진실은 문화가 중개하고, 사회적으로 타협이 이뤄지며, 현실에 대해 우리가 지닌 공통 견해, 즉 우리의 신념에 기초하여 구성된다.

공유된 신념과 이념은 가장 눈에 띄지 않는 문화 체계지만 다른 모든 체계보다 우선하기 때문에 사실 제일 중요하다고 볼 수 있다. 물론, 논란의 여지가 있을 것이다. 어떤 행동을 하는 것은 우리가 어떤 깊고 감정적인 신념을 가지고 있기 때문이지 그 반대가 아니다. 우리의 신념과 이념은 쉽게 볼 수 없지만, 우리가 하는 모든 일에 반영되어 있다. 인류학자이자 문화학자인 그랜트 맥크래켄은 우리의 일상 경험이 옳고 그름, 정당함과 부당함, 받아들일 수 있는 것과 달갑지 않은 것에 대한 우리의 신념과 가정에 의해 문화적으로 구성되고, 형성되며, 중재되는 방식에 관해 썼다. '적절'해 보이는 것과 '부적절'해 보이는 것을 결정하는 것은 공유된 신념과 이념 체계다. 따라서 무엇을 취하고 취하지 않을지를 결정하는 것도 바로 이 체계다. 그래서 누군가의 신념과 이념에 호소하면 그들의 행동에 실질적인 영향을 미칠 수 있다. 그리고 공유된 신념에 더 많이 세뇌되어 있을수록 그 호소는 더 큰 영향력을 가질 수 있다.

마지막 줄을 읽고 뭔가 심각한 '사이비 종교' 같은 느낌을 받았을 것 같다. 그렇지 않은가? 새삼스럽지 않다. 문화와 사이비 종교는 많은 공통점을 가진다. 사이비 종교는 어떤 사상이나 사람에게 광적으로 헌신하는 사람들이 조직화한 집단이다. 예배를 의미하는 프랑스어 '퀼트(culte)'에서 파생된 '컬트'는 한 집단의 사람들이 그 집단을 지배하는 공유된 사회적 사실과 그들이 가르침 받은 세계관에 대해 겉으로는 종교에 헌신하는 것처럼 보이는 것을 포착한 은유적 표현이다.

나는 인민사원, 천국의 문, 넥시엄 같은 사이비 종교 연구에 심취했다. 조직과 그 조직의 사상에 완전히 사로잡힌 사람들에 관한 이야기를 읽고, 다큐멘터리를 봤다. 대부분이 그렇듯이 나도 이런 경고성 이야기를 들으면 "어떻게 그렇게 쉽게 속을 수 있지?"라고 자신에게 묻게 된다. 사람들이 그렇게 완전히 '미친' 일에 휩쓸리기가 얼마나 쉬워 보이는지에 놀랐다. 하지만 정말 얼마나 미친 짓인지 이상하게 여겨야 한다. 자신이 사이비 종교에 빠졌다는 걸 알면서 가담한 사람은 아무도 없었다. 시간이 지나 고개를 들어보니 그들 자신이 그 안에 굳건하게 자리 잡고 있음을 발견한 것이다. 이러한 현상은 프랑스 철학자 루이 알튀세르가 말하는 '호명 이론'으로 일부 설명할 수 있다. 호명이란 강력한 아이디어가 반복되고 삶에 엮여 들어오면서 내 것처럼 느껴지기 시작하는 과정이다.

알튀세르에 따르면 우리는 태어날 때부터 가족이 지닌 신념 체계의 일부로 가족 구성원 간에 공유되는 사상과 가치를 가지고 성장한다. 아주 어린 시절부터 청소년기에 이르기까지 우리는 이런 틀을 통해 세상을 바라보고 그에 따라 행동하도록 길들여진다. 당연히 이는 국적, 종교, 직업 등 가족이 스스로 정체성을 갖는 더 넓은 사회적 신념 체계의 일부이다. 예를 들어 당신 가족이 보수적인 교회 신자라면 당신은 자신의 신념으로 보수적인 사상을 받아들이며 자랐을 가능성이 높다. 이것은 바로 신념이 완전히 주입된다는 것을 뜻한다. 우리는 호명받는다. 사이비 종교의 계략에 희생된 사람들을 '미친 사람'이라고 치부하는 것이 편하긴 하지만, 우리 역시 자신이라는 사이비 종교에 세뇌당해왔다. 우리는 그것을 다른 이름, 즉 문화라고 부른다.

2008년 여름, 미시간대학교에서 MBA 과정을 마친 후 나는 캘리포니아주 쿠퍼티노에 있는 애플 본사에서 인턴 기회를 얻었다. 애플의 온라인 음악 플랫폼인 아이튠즈의 파트너 마케팅 그룹에서 일하면서 나이키 스포츠 뮤직과의 파트너십 및 내가 활동했던 주요 대학의 마케팅 계획을 관리했다. 그해 여름이 끝날 무렵, 인턴십은 고용으로 바뀌었다. 그 순간 나는 공식적으로 애플이라는 공동체의 일원이 된 것 같은 느낌을 받았다. 적어도 내 마음속에서 나는 '애플맨'이었다. 나는 이 호칭을 내 정체성으로 삼았고, 그 호칭을 자랑스럽게 여겼다. 회사 내에서 흔히 볼 수 있었던 아이디어("우리가 사랑하는 한 가지에 '네'라고 말할 수 있도록 우리가 좋아하는 수천 가지에 '아니오'라고 말한다" 또는 "그건 사용자 친화적이지 않잖아")를 마치 내 아이디어인 것처럼 옹호하는 나 자신을 발견했다. 그리고 발표하기 위해 무대에 설 때마다 무의식적으로 스티브 잡스를 흉내 내곤 했다. 나는 애플 **문화**에 성공적으로 호명되었다. 물론 나뿐만 아니라 애플 직원들과 애플 팬보이* 모두 그랬다. 우리의 정체성은 애플에 의해 정의되었고, 세계관 역시 애플에 의해 형성되었다. 애플, 구글, 나이키, 테슬라 같은 회사가 '광신도' 같은 추종자 팬들을 많이 가지고 있다는 건 그다지 놀랄 일이 아니다. 그들이 공유하는 신념과 이념 체계는 그들이 동일시하는 사람들 사이에서 두드러지고, 그들이 행동하는 방식으로 표현되며, 이는 우리를 두 번째 체계인 공유된 삶의 방식으로 이끈다.

두 번째 체계: 공유된 삶의 방식

문화의 두 번째 체계는 공유된 삶의 방식이다. 이는 어떤 집단에 속한 사람들이 공유한 신념과 이념에 따라 생활하는 방식을 의미한다. 예를 들어 공유된 신념과 애국심을 생각해보자. 둘 다 이를 장착하고 있는 사람들의 삶의 방식에 영향을 미치는 고정된 가치관과 아이디어를 가지고 있다. 기독교인들은 예수 그리스도가 하나님의 아들이라고 믿으며, 그분의 가르침대로 삶을 살아간다. 하지만 예수의 가르침이 내면화되고 발휘되는 방식은 기독교인의 유형에 따라 다르다.

　예수 그리스도가 죽은 이후, 당시 그의 가장 열렬한 추종자였던 그의 제자들은 예수의 가르침인 기독교의 믿음과 이념을 이어받아 먼 나라의 더 많은 사람에게 이러한 사상을 전파하기 시작했다. 서기 325년, 기독교

---

* 　애플사 제품을 무조건 좋아하며 필요 이상으로 사들이는 사람

성직자 회의는 예수 자체의 본질에 대해 점점 커지는 의문과 이견을 다루기 위해 에큐메니컬 평의회로 모였다. 예수는 사람이었을까, 신의 아들이었을까? 둘 다였을까? 합의에 도달했지만, 의문은 여전히 남아 있었다. 그로부터 100년 후 교회는 분열되기 시작했고 일부 집단은 기독교에 대한 그들만의 이해를 실천하기 위해 분열되었으며 공유된 믿음 체계와 그에 상응하는 규범, 유물, 언어를 사용했다. 이것은 기독교 신앙과 이슬람교 같은 새로운 종교 전체에 종파주의를 탄생시켰다. 1504년 교회는 대분열을 겪었고, 각각 고유한 신앙 체계와 그에 상응하는 문화적 관습이나 생활 방식을 지닌 로마 가톨릭교회와 동방 정교회를 설립했다. 몇 세기 후 마르틴 루터라는 이름의 독일 신부는 교회에 항의하며 이념적 문제를 제기하고 사람들을 모집해 프로테스탄트(라틴어 어원은 '프로테스타리[protestari]' 또는 시위자), 즉 개신교로 알려진 완전히 새로운 기독교 종파를 만들었다. 그러나 개신교도들조차 그 이념적 견해에 완전히 동의할 수 없어서, 그들 역시 루터교와 칼뱅주의처럼 각자의 고유한 신앙 체계와 삶의 방식을 가진 다른 종파들로 분열되었다.

기독교 역사에서 볼 수 있듯이 믿음의 변화는 사람들이 세상을 보는 방식과 궁극적으로 세상에서 행동하는 방식에 영향을 미친다. 당신이 정통파 유대교라는 정체성을 가지고 있다면 개심파 유대인이나 하시딤 유대인과는 다른 방식으로 세상을 보고, 따라서 다르게 행동하게 된다. 우리 정체성과 그에 상응하는 신념 체계는 우리가 세상의 의미를 찾을 수 있도록 도와주며, 우리 삶의 방식은 우리가 그러한 신념을 실현하는 방법이다. 우리의 신념은 우리가 사용하는 유물, 우리가 표준화한 행동, 우리가 사용하는 언어, 그리고 일상생활에 포함된 기타 모든 형태의 문화적 관행에 의해 적용된다.

미국의 애국심에 관한 생각을 살펴보자. 미국인이 공유하는 신념은 '자유로운 자들의 땅이자 용감한 자들의 고향'이라는 자유라는 개념을 중심으로 전개되는 경향이 있다. 자유는 미국의 이념적 구조에서 상당한 부분을 차지하고 있다. 비록 국가가 모든 국민에게 동일한 자유를 제공하는 데 계속해서 부족함을 보이지만 말이다. 이런 불평등은 미국 건국 초기부터 노예 제도를 거쳐 오늘날 범산복합체*에 이르기까지 다양한 부문에서 입증되었다. 그런데도 자유는 여전히 미국이라는 국가 신앙 체계의 기반으로 여겨지며, 언론의 자유부터 무기 소지 권리에 이르기까지 미국인의 삶의 방식에서 행사되고 있다. 어떤 형태의 규칙이나 법률이라도 많은 사람에게 그들의 자유를 침해하는 것으로 인식될 수 있으며, 이는 큰 반대에 부딪히게 된다. 전 세계에 코로나19가 퍼져나가면서 미국의 각 주에서 자국민들에게 마스크 착용 의무를 부과하기 시작했을 때 많은 미국인이 반발한 것은 전혀 놀라운 일이 아니었다. 많은 사람이 자유를 포기하느니 차라리 죽는 편이 낫다고 말했다. 왜 그럴까? 그게 바로 미국식 방식이기 때문이다. 우리가 지닌 이념은 우리 삶의 방식을 알려준다.

물론 이것이 미국의 모든 사람에게 해당하는 것은 아니다. 많은 미국인이 팬데믹 기간에 의무적으로 마스크를 착용했으며, 그것이 옳은 일이라고 믿었기 때문에 보건 당국이 정한 규칙을 준수했다. 두 집단 모두 자신

---

* 교도소에 사용되는 수감자 관리 비용을 낮추기 위해 수감자를 고용해 일을 시키는 것

을 '미국인'으로 구별하고 '자유'에 대해 동일한 친밀함을 공유한다. 그러나 '자유'에 대한 해석이 달라서 자유를 행사하는 방식도 다르다. 모든 사람이 같은 방식으로 의미를 부여하는 것은 아니기 때문에 우리는 비슷한 세계관을 공유하는 사람에게 끌리는 경향이 있고 집단으로 그들과 자기 동일시하는 경향이 있다. 세상을 우리처럼 해석하는 사람들을 '우리 같은 사람'이라고 부르고, 그렇지 않은 사람들은 '미쳤다'고 말한다. 이러한 해석의 차이는 '우리가 여기서 하는 일'을 매우 이질적으로 만드는, 미국 문화에서 나타나는 많은 균열의 축소판을 보여준다. 마스크 착용의 경우, 이런 균열을 진보와 보수의 차이라고 보는 사람들도 있다. 다른 사람들은 이를 '연안' 대 '내륙' 또는 '아메리카' 대 '메리카*'로 보기도 한다. 뭐라고 이름을 붙이든, 이는 모두 삶의 방식을 통해 나타나는 세상에 대한 특정한 해석, 즉 일련의 신념을 가지고 있는 사람들에게 정체성을 부여하는 데 도움을 준다. 우리가 사용하는 유물, 우리가 채택하는 행동, 우리가 사용하는 부호화된 언어는 우리가 지닌 세계관을 겉으로 보여준다.

우리가 공유하는 신념 체계와 공유하는 삶의 방식 사이의 관계는 우리가 지닌 유전자가 신체적 외모를 구성하는 방식과 대략 비슷하다. 키, 피부색, 얼굴 생김새를 결정하는 유전자는 바로 우리 안에 있다. 마찬가지로 우리 마음속에 있는 신념이 우리의 현재 모습과 우리가 하는 일을 보여준다. 유물, 행동, 언어와 관련된 의미를 깊이 이해하면 정보를 제공하고 마케

---

* 미국인들의 지나친 애국심 심취를 비꼴 때 주로 쓰는 용어. 미국인들이 미국을 찬양하면서 '아메리카'를 외칠 때 'A' 발음을 안 하거나 짧게 발음해 '메리카(Merica)'로 들린다고 해서 만들어진 신조어다.

팅 담당자와 리더가 사람들에게 영향을 미칠 수 있도록 해주는 신념에 대해 많은 것을 밝힐 수 있다. 먼저 유물에 대해 알아보자.

유물은 사람이 만든 것으로 자신의 문화적 소속감을 나타내기 위해 사용하는 물건이다. 이런 물건은 옷, 도구, 장식, 상징 등 다양한 형태를 취하지만, 모두 사람들이 가지고 있는 신념과 세상에 대한 이념을 행사하는 방법으로 사용된다. 당신이 독실한 가톨릭 신자라면, 믿음을 보여주기 위해 묵주(기도 횟수를 세기 위한 구슬 줄로 나무나 금속 십자가가 달려 있음)를 착용할 수도 있다. 하지만 이슬람 신앙에서 여성은 자신의 신앙을 보여주는 방법으로 히잡을 착용한다. 히잡은 이슬람 여성들이 머리를 가리기 위해 착용하는 머리덮개로 잘 알려져 있지만, 사실 '히잡'이라는 용어는 겸손함을 보여주기 위한 행위로 머리카락, 머리, 얼굴, 다리, 몸 등을 가리는 것을 말한다. 이슬람 신앙의 믿음과 이념은 이슬람교도가 사용하고 착용하는 의미 있는 유물에 의해 드러난다. 이게 바로 유물의 힘이다. 그것은 우리가 속한 문화 안에서 갖고 있는 추상적인 신념과 이념을 더욱 실체화함으로써 우리가 문화적 소재를 만드는 데 도움을 준다. 나아가 유물은 우리의 문화적 정체성을 세상에 알릴 수 있도록 해서 세상에서 우리의 자리를 구분하고 '우리 같은 사람들'을 식별할 수 있게 해준다.

유물은 무형의 것을 유형화하고 "이게 바로 나다"라는 신호를 세상에 보낸다. 또한 공동체 구성원들이 공동체의 믿음과 이념에 따라 삶을 살아갈 수 있도록 돕는 연상부호 역할도 한다. 내 어머니가 "네가 그 부분을 보게 되면, 그 행동을 하게 될 거야"라고 말했던 것처럼 말이다. 우리가 착용하고 사용하는 복장, 상징, 장식품은 우리가 속한 문화의 허용 범위 안에 머무르는 데 도움이 되는 단서 역할을 한다. 이런 단서는 유물과 연관된 의미로 인해 사람들의 행동 방식에 큰 영향을 미칠 수 있다. 이에 대해서는 5장에서 자세히 다룰 예정이다. 한편, 원하는 행동 결과를 이끈 유물의 중요성을 잘 보여주는 사례로 전쟁으로 피폐해진 아프가니스탄을 한 번 생각해보자.

아프가니스탄은 세계 최악의 영아 사망률을 기록하고 있다. 그 가운데 많은 부분은 이 지역 의사들이 어린이의 예방접종에 관한 정확한 기록을 보존하는 데 어려움을 겪고 있기 때문이었다. 이런 과거 예방접종 기록은 의사가 특정 아동에게 어떤 예방주사를 놔야 하는지, 해당 예방주사를 언제 놔야 하는지를 알 수 있게 도와주는데, 이 기록이 없으면 의사들은 아이를 살리기 위해 필요한 약이 무엇인지 알지 못한다. 이 문제를 해결하기 위해 아프가니스탄 의사들은 문맹률이 높고 예방접종을 의심하는 지역사회에 봉사하고 있다. 이슬람 원리주의자들은 백신을 이슬람 사람들이 아이를 갖지 못하게 해서 이슬람의 신 알라의 뜻을 전복시키려는 미국의 계략으로 포지셔닝해서 지역 내에서 백신에 대한 저항을 초래했다. 이 같은 장애물을 극복하기 위해 아프가니스탄 공중보건부는 문화 유물로 눈을 돌렸다.

아프가니스탄에서는 아기가 태어나면 악령으로부터 신생아를 보호하기 위해 부적 역할을 하는 구슬 팔찌를 손목에 묶어주는 전통이 있다. 광고 대행사 맥캔헬스인디아의 도움으로 아프가니스탄 공중보건부는 이 유물을 면역 부적으로 사용하기 위해 재가공했다. 팔찌에 색으로 구분한 구슬을 배치해 아이가 어떤 예방주사를 맞았는지 의사들이 서로 소통할 수 있게 한 것이다. 노란색 구슬은 B형 간염 백신, 파란색은 독감 백신 등 각 색의 구슬은 각각 다른 예방접종을 의미했다. 백신을 맞을 때마다 의사는 그에 해당하는 구슬을 아이 팔찌에 부적처럼 추가해 문화 유물을 의료 기록으로 만들었다. 아프가니스탄 부모들은 그들의 행동 자체를 바꾸지 않았다. 그저 나쁜 영혼으로부터 자신의 아이를 보호하기 위한 부적을 사용해 그들의 신념과 이념을 행사했을 뿐이다. 하지만 유아들이 계획대로 예방접종을 했기 때문에 공중보건부는 수천 명에 달하는 어린아이의 생명을 구할 수 있었다.

우리 삶의 방식을 구성하는 세 가지 요소(유물, 행동, 언어) 중에서 유물은 눈에 잘 띄기 때문에 가장 쉽게 식별할 수 있다. 여러 종류의 상징, 문양, 핀, 단추, 모자, 옷, 도구, 기술은 인간이 만들어낸 다양한 형태의 창작물로 그것을 사용하는 사람들의 가치관과 관습에 대한 정보를 알려준다. 우리가 고대 문명에 대해 알고 있는 것은 고고학자들이 발견한 과거의 유물들이 고대 문명에 대한 정보를 알려주기 때문이다. 이런 과거 유물은 오늘날 우리가 사용하는 유물과 마찬가지로 기능적, 사회적 욕구를 모두 충족시키기 위해 당시 사회 구성원들이 내재된 의미로 변형한 물질세계의 잔재다. 예를 들어 교정기를 생각해보자. 전국의 수많은 10대들이 고르지 않은 치아를 교정하기 위해 교정기를 착용한다. 교정기는 실질적 기능을 제공하는 동시에 사회의 미적 기준과 그 기준을 달성하려는 사람들의 노력에 대한 정보를 알려준다. 반 친구들의 절반 이상이 그랬던 것처럼 나 역시 3년 동안 교정기를 착용했다. 유물도 교정기와 마찬가지로 단지 물질 그 이상이다. 아프가니스탄의 구슬 팔찌에서 살펴봤듯이 개념적이기도 하다.

미국의 심리학자이자 철학자인 존 듀이는 유물을 인간의 참여를 위해 재구성하고 재가공한 자연적인 것으로 묘사했다. 실용적 기능과 사회적 기능을 수행하며, 각각은 사회 구성원을 위한 별도의 그리고 연관된 효용을 가지고 있다. 유물은 의미를 부여하는 능력을 통해 사회라는 세계의 관념을 탐색하며, 인간의 한계를 확장하는 능력을 통해 물리적 세계의 가능성을 관리하는 데 도움을 준다. 우리가 신는 운동화, 사용하는 컴퓨터, 심지어 우리가 사는 수저와 포크까지 모두 기능과 의미라는 두 가지 목적을 가진 유물이다. 따라서 특정 공동체에 대해 이러한 목적을 가장 잘 충족시키는 제품은 공유된 행동으로 공동체의 문화적 관행에 소비되고 채택될 가능성이 높다.

행동은 공동체 구성원이 참여하는 일련의 행동, 예절, 의식, 전통, 격식을 말한다. 생일 축하 행사, 졸업식, 세례식, 결혼식, 장례식, 청혼, 베이비 샤워, 경기 시작 전 애국가 부르기, 기타 수많은 사회적 행동이 공동체에서 기대하는 문화적 행동을 구성하는 의식을 만든다. 통과의례, 의식 및 일상적인 행동 양식(예: "안녕" 하고 서로 손을 흔들며 인사하는 것)과 마찬가지로 이런 행동은 문화의 근본적 신념과 이념을 행사하기 위해 의도적인 상징적 의미를 내포하고 있다.

기독교인들은 예수 그리스도를 그들의 주인이자 구원자로 받아들이는 내적 믿음의 상징적인 외적 몸짓(물속에 몸을 담그는 것)으로 교구민들에게 세례를 한다. 유대인들은 바르 미츠바(남자아이)와 배트 미츠바(여자아이)라는 통과의례를 통해 젊은 공동체 구성원들의 성년을 기념하는데, 이는 영적으로 성인이 되는 순간을 뜻한다. 우리가 참여하는 의식에는 모두 의미가 담겨 있으며 시간이 지남에 따라 지역사회 구성원이 기대하는 행동이 된다. 즉 이런 의식은 사회적 규범, 다시 말해 공동체 구성원이 이해하고 기대하는 수행 규칙 및 기준이 된다. 이러한 규범은 매우 다양한 형태로 존재한다. 일부는 풍습(악수 또는 입을 다물고 음식을 씹는 것과 같은 관습이나 행동) 또는 그 이상(외도 문제처럼 '옳다' 또는 '그르다'라고 인식되는 도덕규범)이며, 일부는 법률(일부다처제와 같이 암묵적 규칙에서 특정 결과를 가져오는 공식적 규칙으로 변모한 사회적 규범)이다. 이 규범은 다른 사람들이 특정한 행동들을 승인하거나 비난할 것이라고 기대할 때 나타나며, 그 결과는 각각 사회적 결속이나 사회적 처벌로 이어질 수 있다.

마케팅 교수가 되고 나서 좋은 점 중 하나는 세계를 여행하고, 많은 사람을 만나고, 다양한 문화를 경험할 수 있다는 것이다. 잠시나마 그들의 삶의 방식에 참여하고 그들 사회의 일원이 된다는 게 어떤 것인지 느낄 수 있다. 지난 몇 년간 나는 다양한 문화권의 데이트와 구애를 둘러싼 전통과 사회적 규범에 매료되었다. 왜냐하면 그게 사람들의 신념에 대해 매우 많은 부분을 보여주기 때문이다. 남자가 먼저 적극적으로 다가가는가? 낯선 사람과도 데이트하는가? 첫 데이트 때 키스까지 하는가? 이 모든 눈에 보이지 않는 규칙들은 사람들의 정체성과 그로 인해 자리 잡은 신념에 의해 문화적으로 조정되고 고정된다. 그래서 나는 외국에 도착해서 짐을 찾고 세관을 통과한 후 호텔로 이동하기 위해 택시에 타면 택시 운전사와 잡담을 나누며 조사를 시작한다. "여기에서는 어떤 식으로 데이트를 하나요?"라고 물으면 상대방은 거의 늘 경직된 웃음을 보인다. 내 손가락에 낀 결혼반지 때문에 상대방은 내가 여행하는 동안 방탕하게 지내려 한다고 생각할 수도 있다. 아니면 너무 개인적인 질문이라 당황스러워서 그럴 수도 있다. 어쨌든 대개 몇 번의 "음"과 어색한 침묵 후 내 질문에 기꺼이 대답해준다. 내가 방문했던 모든 장소와 만났던 모든 택시 운전사들을 수소문해봤을 때 가장 흥미로운 데이트 문화는 스웨덴의 데이트 문화였다. 스웨덴에서 데이트하는 것은 안무가 정해진 춤과도 같다. 겉으로 봤을 때는 누군가에게 직접 데이트하자고 말하지 않는다. 대신 스웨덴에서는 '피카(fika)'하자고 말한다.

스웨덴어 '피카'에 대한 직접적인 번역어는 없지만, 가장 비슷한 문구는 '커피 마시며 쉬는 시간' 정도일 것이다. 1746년 구스타프 3세는 커피와 차를 지나치게 많이 마시면 건강 문제를 일으킬 수 있다고 우려했다. 그래서 커피와 차 소비를 줄이기 위해 여기에 세금을 많이 부과했다. 이 법령이 해제되자 커피를 마시는 것은 스웨덴 사람들의 삶에서 빼놓을 수 없는 문화적 필수 요소가 되었고, 스웨덴 사람들은 친구, 가족, 동료와 함께 달콤한 디저트를 곁들여 커피와 차를 마시는 '피카'라는 전통을 만들었다. 스웨덴에서 피카는 단순히 커피를 마시는 것 그 이상의 의미를 가진다. 아는 사람과 하든, 친해지고 싶은 사람과 하든 스웨덴 사람들이 진지하게 생각하는 사회적인 유대 행사이다. 그래서 데이트를 신청할 때 "데이트하자"라고 말하지 않는다. '피카'에 누군가를 초대하면, 그 첫 번째 피카가 첫 데이트가 된다. 미국에서는 커피를 마시는 게 업무로 여겨지기 때문에, 커피를 마시는 데이트는 저녁 식사 데이트만큼 의미 있게 생각하지 않는다. 누군가와 저녁 식사를 하는 것이 그만큼 시간을 더 투자하기 때문이다. 그러나 스웨덴에서는 커피를 함께 마시는 것이 의미가 있다. 그러므로 데이트

생활도 커피를 중심으로 이뤄진다. 스웨덴에서 데이트에 대한 이런 사회적 기대에 어긋나는 방식으로 행동하는 것은 사회가 암묵적으로 동의해온 '이곳에서 생활하는 일반적 방식'에 대한 사회적 규칙을 어기는 것과 같다. 이 규칙을 위반하면 사회적 처벌을 받거나 때로는 소외될 수 있다. 더 자세한 내용은 4장에서 다루겠다.

사회적 규범은 우리의 수행 근육 기억에 너무나 널리 퍼져 있고 깊이 박혀 있어서 우리는 별생각조차 하지 않은 채 으레 규범에 참여한다. 누군가 우리에게 인사하고 "잘 지내세요?"라고 물으면, 우리는 "네, 그럼요", "잘 지내요", "그럭저럭요" 같은 말과 함께 자동으로 그리고 종종 긍정적으로 대답하는 경향이 있다. "오늘 정말 힘들었어요. 직장에서 정리해고 얘기가 나와서 걱정되네요"라고 말할 수도 있지만, 이렇게 대답하는 사람은 거의 없다. 누군가와 인사할 때 이 정도로 솔직하게 반응하는 것은 대체로 사회적으로 어색한 반응으로 인식된다. 특정 공동체나 사회 안에서 사회적 규범 목록은 공동체 구성원이 집단의 확고한 신념과 이념을 기반으로 수용할 수 있는 행동이 무엇인지를 협상함에 따라 계속 증가하며 변하고 있다. 이 과정에서 공동체 구성원에 대한 기대를 확립하기 위해 새로운 규칙을 수립하고 시행한다. 사회적 규범은 쉽게 '좋은 행동'을 실천하는 것으로 전락할 수 있지만, 사실 그 이상이다. 사회적 규범은 사회적 결속을 이루는 수단이다. 질서 있는 삶이 사회적 규범에 달려 있다. 그리고 우리는 매일 주변 세계에 참여하면서 이런 규칙과 이와 유사한 수천 가지 규칙을 탐색한다.

1989년 7월 5일은 지금까지 방영된 TV 시트콤 중 가장 많은 사랑을 받았으며 가장 영향력 있는 시트콤이 처음 방영된 날이다. 이 시트콤은 코미디 작가 래리 데이비드와 스탠드업 코미디언 제리 사인펠드가 제작한 「사인펠드」다. 「사인펠드」는 '그 무엇에 관한 것도 아닌 쇼'로 유명했는데, 전혀 사실이 아니었다. 사회 규범과 이런 규범을 위반했을 때 생기는 사회적 결과에 대한 쇼였다. 매주 제리, 일레인, 조지, 크레이머라는 네 친구의 삶을 통해 우리 삶을 지배하는 많은 규범과 의식, 문화적 기대를 뒤집는 데서 오는 사회적 거부를 자세히 보여주었다. 과자를 먹을 때 소스를 두 번 이상 찍지 마라, 샤워 중에 소변을 보지 마라, 말할 때 너무 가까이 서 있지 마라…. 우리가 좋은 예절이라고 생각하는 것은 사실 공동체의 구성원들에게 문화적으로 허용되는 행동이 무엇인지를 규정하는 사회적 규범이다. 9년 동안 방영된 180개의 에피소드를 통해 「사인펠드」는 지배적인 미국 문화와 그 근본적 신념 및 이념을 행사하는 의식에 대해 깊이 있게 보여주었다. 공동체의 구성원으로서 우리는 집단 내 사회적 연대를 촉진하기 위해 이런 문화 의식을 수행한다. 낯선 문화를 가진 새로운 장소를 방문할 때도 우리는 불쾌감을 주거나 원치 않는 사회적 결과를 초래하지 않도록 어느 정도 충실하게 그들의 의식을 받아들인다. "로마에 가면 로마법을 따르라"라는 속담은 사회적으로 관습화된 풍습을 통해 문화가 집단에 미치는 영향을 잘 보여준다.

제2차 세계대전 참전용사 지미 파루지아는 사업 자금을 모으기 위한 생계 수단으로 트럭을 운전했다. 1954년 지미는 일리노이주 시카고 서쪽에 핫도그 가판대인 지미스 레드 핫스를 열면서 그 목표를 달성했다. 그러나 지미가 도시에 기여한 바는 빵에 담긴 소시지 그 이상일 것이다. 전해지는 바에 따르면 지미는 케첩을 단호하게 반대하는 사람이었다. 핫도그에 곁들이는 소스로 케첩과 겨자소스 조합이 매우 널리 퍼져 있다는 사실을 생각하면 어리둥절할 수 있다. 하지만 지미는 케첩을 상한 고기의 썩은 맛을 감추기 위해 사용한다고 생각했다. 자신이 만든 핫도그가 신선하다는 것을 증명하기 위해 지미는 핫도그에 절대 케첩 양념을 사용하지 않았다. 식당 벽에는 "물어보지도 마요!"라고 적힌 팻말이 걸려 있었다. 여기에 케첩이 시카고 스타일 핫도그에 이미 존재했던 맛(겨자소스, 달콤한 다진 피클, 양파, 토마토, 길쭉한 통 피클, 고추 피클, 약간의 소금)과 시카고 핫도그와 관련된 정체성 소유권을 따라 했다는 생각이 결합되면, 당신은 시카고 사람들의 오랜 규범, 즉 아무도 핫도그에 케첩을 바르지 않는다는 것을 받아들이게 된다.

이런 규범은 와이든앤케네디의 고객사였던 하인즈의 사업에 그다지 좋지 않았다. 케첩에 대한 이러한 저항에 맞서기 위해 하인즈는 사회적 실험을 하기로 결정했다. 핫도그에 케첩을 바르는 것에 대한 사회적 금기를 없앤다면 시카고 사람들이 케첩을 좋아할까? 와이든앤케네디가 하인즈와 제휴하기 전인 2017년 전국 핫도그의 날에 하인즈는 '시카고 도그 소스'를 선보였다. 이 소스는 케첩을 포장만 다르게 한 것으로, 한마디로 다른 이름의 케첩이었다. 시카고 핫도그 가판대에 핫도그를 먹으러 온 현지 고객들은 새로운 소스를 먹어보라는 권유를 받았고, 몰래카메라가 그들의 반응을 촬영했다. 손님들은 반신반의하면서도 가게 직원의 권유에 따라 이 새로운 소스를 맛봤다. 펌프를 누르고 소스가 나오자, 어떤 고객은 "핫도그에 이렇게 빨간 게 들어 있는 건 처음 먹어본다"라고 말했다. 한입 한입 베어 물 때마다 '시카고 도그 소스'에 대한 칭찬이 늘어갔다. 하지만 새로운 소스가 케첩이었다는 사실이 밝혀지자, 칭찬은 즉시 경멸로 바뀌었다. 누군가는 "이걸 다 먹을 수 있을지 모르겠네요"라고 말했고, 다른 고객들은 훨씬 더 다채로운 반응을 보였다. 이 캠페인은 시장에서 케첩 소비를 늘리지는 못했지만, 아무리 더 뛰어난 대안이 있다고 해도 사람들의 의식을 깨기는 어렵다는 매우 강력한 진리를 보여주었다. 이 실험에 참여한 또 다른 고객은 이렇게 말했다. "당신은 여기 사람들의 정체성에 도전하고 있어요. 이건 위험합니다." 실제로 우리가 받아들인 문화로 인해 형성된 우리 정체성은 공동체 구성원으로서 우리에게 기대되는 행동을 통해 나타나는 일련의 신념과 이념을 확립한다. 현재 의식을 활용하거나 새로운 의식을 받아들이도록 촉진하는 것은 사람들을 움직이게 하는 데 큰 영향력을 미칠 수 있다.

지금까지 문화의 두 번째 체계의 요소인 유물과 행동 두 가지를 깊이 있게 살펴보았다. 이제 우리가 공유하는 삶의 방식을 구성하는 세 번째 요소, 언어를 분석해보자. 성경은 노아의 대홍수 이후 세상에 하나의 언어와 하나의 공통된 말투가 존재했던 시대의 이야기를 들려준다. 사람들은 다시 땅에 정착하자 또 다른 홍수가 일어날 가능성에 대비해 하늘에 닿을 만큼 높은 탑을 쌓기로 했다. 성경에 따르면 하나님은 이를 백성들이 인간이 만든 구조물을 위해 믿음을 저버리는 신성 모독으로 보았다. 여호와께서는 "이 무리가 한 족속이요 언어도 하나이므로 이같이 시작하였으니, 이후로는 그 하고자 하는 일을 막을 수 없으리로다"라고 말씀하셨다. 언어는 개인들이 서로 협력할 수 있게 해준다. 그래서 하나님은 그들의 언어를 혼잡하게 하고, 다양한 언어를 주어 서로 알아듣지 못하게 만들고 탑을 완성하지 못하게 했다. 창세기에서는 이곳을 '바벨'이라고 부르는데, 오늘날 바벨이란 아기 말소리처럼 혼란스러운 소음을 뜻한다. 일반적으로 알려진 바와 같이 바벨탑 이야기는 구성원 간 협력할 수 있게 하는 방법과 관련해 공동체의 어휘가 수행하는 역할을 보여준다.

어휘는 어떤 집단에 속한 사람들 사이에서 사용되는 단어, 언어 또는 방언이다. 언어학자들은 어휘를 기술적 전문 용어든 구어체든 의미를 전달하는 데 사용하는 단어의 집합이라고 부른다. 예를 들어, 디트로이트에서 자란 사람들은 종종 "유 스트레이트(You straight)"라는 말을 사용하곤 하는데, 이 문장은 매우 다양한 의미를 지닌다. "유 스트레이트"는 "괜찮아?"를 의미할 수 있다. 또한 "괜찮아, 내가 알아서 할게"와 같이 "너 괜찮을 거야"라는 의미이기도 하다. 또 "어떻게 지냈어?"라는 뜻일 수도 있지만, "충분히 먹었어?"라는 뜻일 수도 있다. "유 스트레이트"는 "나한테 말 걸지 마"처럼 논쟁을 벌이며 대화를 끝내는 방법일 수도 있고, "천만에"라고 말하는 방법일 수도 있다. "미안하다고 말할 필요 없어"처럼 사람들에게 필요한 것이 있는지 물어보는 방법이나 분쟁을 끝내는 방법이 될 수도 있다. 이렇듯 같은 문구지만 다양한 의미를 내포하고 있다. 이는 부정적인 것('좋지 않다'라는 의미의 'bad')과 긍정적인 것(마이클 잭슨의 노래 〈bad〉*)을 모두 의미하는 '배드'라는 단어와 다를 바 없다. 그러나 좀 더 구체적인 문화적 맥락 안에서 어떤 집단에 속한 사람들이 사용하는 어휘와 관련된 의미의 음영은 "유 스트레이트"나 "와썹"의 경우와 같이 매우 미묘한 차이를 가져올 수

---

* 이 노래 가사에서는 '배드'에 반폭력 메시지를 담아 '나쁘다'는 의미가 아닌 '진짜 멋지다'라는 뜻으로 사용했다.

있다. 겉으로 보기엔 이 말들이 하나의 보편적인 해석을 담고 있는 것처럼 보이지만, 그 이면에는 공동체 구성원들이 담론을 통해 주고받는 풍부하게 엮인 문화적 의미가 담겨 있다.

공동체 구성원들은 유물이나 행동과 마찬가지로 어휘를 사용해 자신의 문화적 소속을 표현하고 그와 관련한 신념과 이념을 행사한다. 구성원들은 이 언어를 사용할 뿐만 아니라 이 언어가 사용되는 맥락에 따른 미묘한 의미도 이해할 수 있을 것이다. 가족, 종교, 친목회, 클럽, 학교, 회사는 모두 그들만의 어휘를 사용하고 이해함으로써 구성원임을 보여주는 부호화된 언어를 가지고 있다. 코스프레 문화에서 공동체 구성원들은 이야기 속 특정 시점에 등장인물이 입었던 의상을 정확하게 재현한 의상을 설명하기 위해 '캐논'이라는 용어를 사용한다. 게이머 문화에서 구성원들은 FPS라는 용어를 사용하는데, 이는 게임 방식을 설명해주는 '1인칭 슈팅게임(First-person shooter)'의 약자이다. 또한 KD* 라는 용어도 사용하는데 이는 사용자 '킬 데스(kill-death)' 비율의 축약어로, 플레이어의 기술을 평가하기 위한 측정 단위를 뜻한다. 전자 음악 문화에서 공동체 구성원들은 '평화, 사랑, 연합, 존중'의 약자인 'PLUR'라는 용어를 사용해서 그들을 하나로 묶는 공유 신념을 전달한다. 만약 여러분이 이러한 공동체의 일원이 아니라면 이런 용어들이 다른 나라 말처럼 낯설게 느껴질 수 있다. 왜냐하면 실제로 그렇기 때문이다.

우리가 멈춰서서 자신의 독특한 특성을 고려하기 전까지는 다른 공동

---

* 목숨당 처치한 적들의 수를 가리키는 용어

체의 언어를 '이상하다'라고 치부하기 쉽다. 예를 들어, 미국 기업에서 사용되는 비즈니스 전문 용어를 생각해보자. 비즈니스 세계에 종사하지 않는 사람에게는 이 어휘가 완전히 낯설게 보일 수 있다. "그 점에 대해선 다시 생각해봅시다. 최대한 빨리(ASAP) 알려드리겠습니다만, 오늘 퇴근 전(EOD)까지는 안 될 것 같네요. 그쪽 생각(POV)도 궁금하니 기회가 되면 연락을 주세요. 또한 고정관념에서 벗어난 가장 쉬운 작업에 관한 주제를 더블 클릭하고 싶어요. 물론, 당신이 그 일을 수행할 여력이 있다는 가정하에 말이죠. 실질적으로(net-net), 글로컬*을 생각함으로써 얻을 수 있는 시너지 효과가 회사에 윈윈이 될 거라고 생각합니다. 다운로드를 제공할 수 있길 기대합니다." 뭐라고? 이 공동체 밖에 있는 누군가에게는 차라리 클링곤어**로 말하는 게 나을 수도 있다.

문화 작가이자 언어학자인 아만다 몬텔은 언어를 사람들이 동일한 이념적 입장에 서게 하며 그들이 그 집단에 속해 있다고 느끼게 만드는 방법이라고 말한다. 부호화된 언어 안에 숨겨진 의미를 아는 것은 공동체 안에서 어느 정도 친밀감을 나타내는 것이며, '우리 중 하나'임을 증명하는 방법이다. 공동체에서 통용되는 어휘를 사용하고 이해하는 것은 공동체 일원임과 친밀감을 의미할 뿐만 아니라 공동체 구성원이 사회적 결속 행위로 교환할 수 있는 사상 등을 용인하는 것이기도 하다. 유인원이 공동체를 육성하기 위해 다른 유인원의 털을 물리적으로 손질하는 것처럼, 우리도

---

* '글로벌(global)'과 '지역(local)'의 합성어
** 「스타트렉」에 나오는 공격적인 외계인족의 언어

언어 교환을 활용한 모방 행위를 통해 사회적 유대감을 촉진한다. 우리는 다른 사람과 대화할 때 형식을 벗어나는 것을 조정하고 동일한 단어와 유사한 문법 구조를 사용하기 시작한다. 이것들은 모두 공동체 구축의 수단이며, 그 집단에서 사용하는 어휘는 이런 구축 행위에서 큰 역할을 담당한다.

세 번째 체계: 문화적 산물

세 번째이자 마지막 문화 체계는 문화적 산물이다. 문화적 산물이란 공동체가 공유하는 창의적 결과물로 세상에 대한 공동체의 관점을 반영한다. 여기에는 예술, 건축, 영화, 텔레비전, 만화책, 팟캐스트, 이야기, 음악, 악기, 춤, 문학, 패션, 머리 모양, 음식, 시, 장난감, 브랜드 제품이 포함될 수 있다. 공동체 구성원들은 이러한 제작물을 자기 삶의 방식에 통합되는(때로는 의무화되는) 신념과 이념을 외부로 표현하거나 정당화하기 위해 사용한다.

문화적 산물은 또한 우리가 공동체의 일원이 되는 것이 무엇을 의미하는지에 대한 기대와 공동체 안에서 의미를 만드는 데 참여하는 방법을 배울 수 있는 길을 제공한다. 예술가, 언론인, 작가 및 기타 문화 제작자는 공동체가 공유하는 신념을 반영하거나 이에 도전하는 주제 또는 사회적 상황에 대한 관점을 제공하기 위해 글을 쓰고 자료를 만든다. 미국의 총기 폭력에 대한 소비를 비판하는 아티스트 도널드 글로버의 〈디스 이즈 아메리카〉 같은 노래나 미국의 인종 갈등을 다루는 스파이크 리의 영화 「똑바로 살아라」 같은 제작물은 공동체가 세상을 보는 방식을 통해 세상에 대한 관점을 제공한다. 글로버나 리 같은 제작자의 창작물은 공동체가 '우리 같은 사람들'을 반영하는지를 결정하기 위해 논의하고 협상하는 문화 정보의 그릇 역할을 한다. 그럴 때 우리는 이런 제작물을 문화적 관행에 포함한다. 책 전반에 걸쳐 이에 대해 더 논의하겠지만, 일단은 힙합이라는 관점을 통해 문화적 산물을 살펴보자.

힙합은 일반적으로 음악 스타일의 하나로 여겨지지만, 사실 그 이상이다. 신념과 이념, 삶의 방식, 문화적 산물이 있는 완전한 문화이다. 랩 음악은 힙합 문화의 문화적 산물이다. 힙합은 1970년대 후반 뉴욕 사우스 브롱크스에서 시작되었다. 그곳 주민들은 빈곤, 범죄, 인종차별에 직면해 있었으며, 이 문제들로 인해 마약이 만연하고 길거리 범죄가 난무했다. 또한 도시 기반 시설은 붕괴되었고, 미국 도시의 탈산업화로 인한 부작용으로 가득했다. 이런 상황은 주민들에게 뭔가 더 큰 것에 대한 열망을 불러일으켰다. 힙합은 이런 상황에 대한 대응으로 등장했고 브롱크스의 소외된 젊은이들에게 자신을 표현할 수 있는 길이자 정치적 목소리를 내는 창의적인 문화적 힘이 되었다. 1980년대에 이르러 힙합 문화를 받아들인 사람 대부분은 엠씨잉(음악을 틀어놓고 말하는 것), 디제잉(음반 표면을 긁거나 여러 음악을 섞는 것), 브레이킹(브레이크 댄스), 태깅(그라피티) 같은 힙합의 문화적 산물을 제작하거나 그에 참여하고 있었다. 얼마 지나지 않아 힙합은 주 경계를 넘어서까지 반향을 일으켰고 사우스 브롱크스가 지닌 사회적 긴장과 비슷한 문제를 지닌 도시에 본거지를 마련했다. 미국 전역에 있는 젊은 흑인과 히스패닉계 미국인들은 탈출하고, 저항하며, 사회적 지위를 높이는 수단으로 힙합에 매달렸다. 힙합의 이야기꾼 엠씨들은 그들의 예술 형식을 사용하여 관객들과 관련 있는 이야기의 형태로 사회적 화폐*로써 그들이 처한 환경의 현실을 설명했는데 그중 상당수는 비슷한 환경에서 나왔다.

미국 힙합 문화의 중력은 전 세계에 비슷한 영향을 미쳤다. 사우스 브롱크스와 환경은 다르지만, 가난, 범죄, 인종차별 등 사우스 브롱크스 거리에서 느껴졌던 것과 동일한 박탈감은 남아프리카공화국 거리에서도 느낄 수 있었다. 힙합 음악에서 읊조리는 이야기, 즉 랩 음악은 보편적 경험에 관한 이야기를 담고 있으며 인터넷은 해외 청중에게 힙합 문화를 소개하고 힙합 소비자들을 연결해주었다. 힙합 연구자 할리푸 오수마레가 '소외 계층 연결'이라고 말하는 이런 보편적 경험은 힙합을 굉장히 매력적으로 만드는 이유 중 하나이다. 이는 전 세계적으로 공유되는 억압에 대한 소외감, 좌절감, 반항심을 보여준다.

시간이 지나면서 힙합 문화는 도심을 넘어 교외로 확산하여 대중문화로 스며들었고 주변 시장에도 영향을 미쳤다. 힙합 저널리스트인 제프 창은 자신의 저서 『힙합의 역사: 멈출 수 없는 질주』에서 이렇게 설명했다. "흑인과 히스패닉계 청년들에 의해 발전된 예술 형식의 보편성은 사회적으로 소외된 것이 종종 문화의 중심이 된다는 이론적 관찰을 잘 보여준다." 미국 건국의 아버지 알렉산더 해밀턴의 일대기를 담은 브로드웨이 뮤지컬 「해밀턴」의 엄청난 성공은 힙합이 지배적 문화에 스며든 좋은 사례이다. 2시간 45분 동안의 전체 공연은 랩 스타일의 리듬으로 진행된다. 「해밀턴」은 2015년 첫선을 보인 이후 전국적으로 연일 매진 행렬을 이어가고 있

---

* 사회 관계적 자산을 쌓고 늘리는 데 도움이 되는 모든 것을 의미한다.

다. 최근에는 브레이크 댄스가 2024년 파리 올림픽의 정식 종목으로 잠정 승인되었다.

문화적 산물로서의 힙합은 공감대를 형성하며 접근하기 쉽다. 주로 샘플링 기법을 바탕으로 하며, 음악 구성요소는 다른 아티스트의 곡에서 따오거나, 반복하고 말하는 것이다. 대부분 형태의 음악에는 악기가 필요한데, 악기는 비싸서 소외되거나 빈곤한 집단에서 감당하기 어렵다. 대조적으로 힙합은 완전히 민주화되어 어떤 경우에는 사람의 목소리 외에 아무것도 필요 없으므로 진입 장벽이 낮다. 음악 예술 형태에 참여하는 데 필요한 악기나 장비가 없어도 되며, 말 그대로 누구나 문화에 기여할 수 있다. 브레이크 댄스와 그라피티도 마찬가지다. 이렇게 쉽게 진입할 수 있기 때문에 힙합 집단에 들어갈 수 있는 넓은 문을 만들어낸다. 진입이 쉬워서 창작과 소비를 동시에 견인하므로 힙합 정신을 따르는 사람이라면 누구나 공동체 유물에 기여하고 힙합의 문화적 특성에 영향을 미칠 수 있다.

오늘날 힙합 문화의 문화적 산물인 랩 음악은 미국에서 가장 많이 소비되는 음악 장르이며, 미국 전역과 전 세계에서 힙합 패션, 용어, 보디랭귀지 등이 유행하고 있다. 예술 형식은 기존 작업을 가져와 새로운 의미 체계를 통해 재작업하거나 리믹스하는 경우가 많다. 랩 음악 확산으로 인해 인종, 언어, 지리적 경계를 넘어 힙합 문화가 전 세계로 확산되었다. 사람들은 그 문화적 산물을 경험하고 그 결과물을 알려주는 이념에 동의하기 때문에 힙합 음악에 내재된 의미와 연대감을 느낀다.

문화의 세 가지 체계

이것이 문화를 구성하는 세 가지 체계이다. 우리가 지닌 신념과 이념은 우리와 가장 가까운 영역이다. 이 영역은 우리가 세상의 의미를 파악하고 현실을 구성하는 데 도움을 준다. 내가 속한 공동체가 공유하는 신념은 우리가 살아가는 방식을 통해 실현되고 발휘된다. 공동체가 공유하는 신념은 우리 공동체에서 결정하고 구축한 사회적 사실을 바탕으로 수용할 수 있는 것이 무엇인지 규정한다. 이런 체감은 우리 삶의 방식에서 발휘될 뿐만 아니라 문화적 산물로 표현되고 재가공된다. 이런 운영 체계, 즉 문화와 그 문화의 사회적 사실은 공동체의 불문율과 공동체에서 좋은 위치를 점하는 구성원이 된다는 게 무엇을 의미하는지에 대한 사회적 기대를 모두 제공한다.

이런 기본적 문화 코드는 세상을 이해하는 공유된 방식을 만들고, 그 속에서 질서 있게 행동하는 방식, 즉 일상생활을 지배하는 운영 체제를 구축한다. 뒤르켐은 특정 문화를 지지하는 구성원들은 그 구성원들 사이의 사회적 연대를 촉진하기 위해 공동으로 행동하는 경향이 있다고 주장했다. 그는 이 현상을 '집단적 열광'이라고 불렀다. 이 개념은 우리가 믿는 것, 우리가 하는 것, 우리가 세상에서 의미를 만드는 법, 의사소통하는 법이 모두 우리가 속해 있는 문화 운영 체계의 부산물임을 시사하기 때문에 매우 강력하다. 이 체계는 우리의 집단행동을 촉진한다. 우리가 무엇을 사고, 무엇을 운전하고, 어떻게 자신을 꾸미고, 어떻게 사업을 하고, 무엇을 먹고, 무엇을 말하는지, 어디서 일하는지, 어디에서 휴가를 보내고, 어떤 방식으로 예배를 드리는지, 어떻게 결혼하고, 누구와 결혼하기로 하는지,

생일을 어떻게 축하하는지, 죽은 사람에 대한 장례를 어떻게 치르는지, 어떤 학교에 가고, 어떻게 투표하는지, 우리가 무엇을 보고, 누구를 지지하는지에 영향을 미친다. 그리고 우리 사회생활의 대부분 측면이 모두 문화적 행위이다.

이로 인해 문화는 마케터뿐만 아니라 정치인, 관리자, 콘텐츠 제작자, 활동가, 성직자 등 사람들을 움직이게 하는 데 관심이 있는 모든 사람에게 집단행동을 촉진하는 매우 매력적인 수단이 된다. 문화의 중력은 무의식적으로 우리 삶에 영향을 미치며, 그 불가항력에 맞서는 우리는 상대적으로 무방비 상태다. 그렇다. 당신 역시 무방비 상태다. 왜냐고? 우리 인류는 그런 식으로 연결되어 있기 때문이다.

버드와이저의 '와썹' 캠페인이 성공을 거둔 이유도 바로 여기에 있다. 스톤과 그 친구들의 묘사는 1990년대 후반 '브로*' 문화에서 흔히 볼 수 있었던 사교적 형식을 반영했다. 현대적 의미에서 이 집단 사람들과 관련된 행동을 설명하기 위해서는 '브로이**'라는 용어를 사용했을 것이다. 버드와이저의 '와썹' 광고는 친구들이 일상에서 상호작용하는 동안 그들 사이에서 나타나는 빠른 언어적 교류의 용이성과 이런 상호작용에 더 많은 '브로'가 참여할 때 발생하는 코미디를 완벽하게 요약했다. 스톤은 자신의 단편 영화 「트루」에서 이를 완전하게 구현했다. 이 영화는 우정의 본질을 포착하고, 맥주를 친구들이 함께 모였을 때 즐기는 이상적인 보완물로 포

---

* 형제를 뜻하는 '브라더'의 줄임말로 친한 사람 사이에서 연대를 표현할 때 사용하는 말. 큰 의미 없이 여러 상황에서 감탄사, 추임새로도 사용한다.

** 브로를 연상시키거나, 브로와 관련 있는 것

지셔닝해 버드와이저를 완벽하게 만들어주었다.

그러나 스톤의 일격은 문화의 한 측면을 묘사하는 데 있어서 그의 목표를 뛰어넘었다. '와썹'이라는 언어의 기여는 광고를 믿을 수 없을 정도로 실감 나게 만들어 '브로' 문화가 구성원들 사이에서 사회적 화폐로 사용되도록 하고, 그들을 연결하는 관계 유대를 강화시켰다. '와썹'은 단순히 눈길을 끄는 문구 그 이상이었다. '우리는 친구입니다'라는 신호를 보내는 약식 부호였다. 족히 3개월 동안 내 친한 친구 스티븐 스니드는 나한테 전화할 때마다 스톤과 그의 친구들을 그대로 따라 하면서 "와썹"이라고 인사했다. 게다가 스티브는 기숙사 방에서 나에게 전화를 걸곤 했는데, 내 아파트 전화기에 그 기숙사의 발신자 번호가 등록되지 않아서 나는 누구로부터 전화가 왔는지 알지 못한 채 전화를 받았다. 그래서 "와썹"이라고 말하는 스티브의 목소리를 알아채자마자 나는 바로 마음이 편안해지는 것을 느꼈다.

중요한 점은 '와썹'을 받아들이는 데 회의나 의회 절차가 필요하지 않았다는 사실이다. 이 현상은 무의식적으로 일어났는데 그 이유는 주로 광고가 시청자의 눈앞에서, 광고를 볼 때마다 문화 체계를 입증했기 때문이다. 시청자들은 광고를 보면서 자기 자신을 보았다. 친구들과의 대화에서 '와썹'을 사용하는 사람들이 많아질수록 다른 사람들도 '와썹'을 사용하기 시작했다. 버드와이저 브랜드는 문화적 시대정신에 젖어 있었고, 문화 안에서의 정당성은 맥주 판매 증가로 이어졌다. 그러나 그들이 말했듯이 모든 좋은 것에는 끝이 있다.

메이드 인 아메리카

'와썹' 광고가 나온 지 10년이 더 지난 2011년쯤 브로 사이에서 버드와이저의 인기는 시들해졌다. 한때 그들의 문화 체계를 반영했던 브랜드는 더이상 그들과 관련이 없거나 그들을 반영하지 않는 것처럼 보였다. 브랜드자체가 어려움에 직면했을 뿐만 아니라 프리미엄 맥주들은 당시 유행하던 IPA와 수제 맥주의 공격을 받고 있었다. 버드와이저는 곤경에 처했다. 그래서 방향을 바로잡기 위해 내가 당시 일했던 뉴욕에 있는 광고대행사 트랜슬레이션에 도움을 요청했다.

트랜슬레이션은 야심 찬 브랜드들이 현대 문화에서 성공할 수 있도록 도와주는 브랜드 컨설팅을 시작했다. 이 회사는 음악계 거물에서 광고주로 변신한 스티브 스타우트가 그의 묵묵한 파트너인 전설적 음반 제작자 지미 아이오빈, 힙합계 슈퍼스타 제이지와 함께 설립했다. 트랜슬레이션은 세계 최대 브랜드의 미디어 수단으로 유명 인사와 가수를 영입하는 특별한 솜씨를 갖춘 멋진 대행사라는 평판을 가지고 있었다. 2010년 스타우트를 만났는데 그는 내게 대행사에 합류해서 소셜 미디어 마케팅 업무를 구축해달라고 요청했다. 9개월간의 구애 끝에 나는 사회 전략가, 유통 및 파트너십 관리자, 데이터 분석가, 콘텐츠 제작자로 구성된 팀을 개발하고 이끄는 사회 참여 이사로 트랜슬레이션에 합류했다. 그곳에서 첫 번째로 내게 주어진 임무는 뭐였을까? 바로 버드와이저 브랜드가 문화적 가치를 되찾을 수 있도록 돕는 것이었다.

버드와이저 브랜드는 미국의 아이콘이다. 문제는 버드와이저가 '어제'의 미국을 대표했다는 사실이다. 이것은 미국을 향한 911 테러 공격에 대한 대응으로 지난 10년 동안 애국심이 높아진 결과 깃발을 흔들고 군대에 경의를 표하며 "나는 미국인인 게 자랑스럽다"라고 미국식으로 외치는 것이 아니었다. 이것은 바로 "새로운 미국적인 것(이후 아메리카나[Americana])과 우리는 마리화나를 피운다"라는 식의 애국심이었다. 이 아메리카나는 깃발을 흔들지 않고 아이러니하게도 티셔츠에 깃발을 달았다. 이 미국인들은 '자유의 땅, 용감한 자들의 고향'은 믿지 않았지만, 아메리칸드림은 믿었다. 어디에서 왔든 이곳에서는 스스로 무언가를 만들 수 있다. 버드와이저의 귀환을 이끈 것은 바로 이러한 문화적 사실이었다. 하지만 그곳에 도달하는 것은 쉽지 않았다.

스타우트는 그 해결책을 일찌감치 파악했다. 세계에서 가장 유명한 음반 제작자이자 연예계 거물들의 신뢰를 받는 그는 음악과 관련된 문화적 기회를 파악하는 데 예리한 감각을 가지고 있었다. 스타우트는 버드와이저가 매년 개최하는 블록버스터 여름 콘서트인 버드와이저 슈퍼페스트라는 활동을 통해 소비자와 소통하는 수단으로 음악에 계속해서 투자해왔다는 사실을 알고 있었다. 1980년 7월 19일에 열린 첫 번째 슈퍼페스트에는 릭 제임스, 애쉬포드 앤 심슨, 테디 펜더그래스 같은 당시의 유명 가수들이 출연했다. 이후에는 스티비 원더, 아레사 프랭클린, 휘트니 휴스턴이 슈퍼페스트 무대를 화려하게 장식했고 매년 여름 매진 행렬을 기록하며 여러 도시의 축구 경기장을 가득 메운 관객에게 공연을 펼쳤다. 그러나 2011년 버드와이저가 우리 회사를 찾아왔을 때 슈퍼페스트의 인기는 시들해졌고 관중 규모도 눈에 띄게 줄어들었다. 이를 알고 있는 스타우트는 음악이 소비자와의 관계 형성에 미치는 영향을 고려하여 현대 음악 팬을 염두에 둔 접근법으로 슈퍼페스트를 재구성하자고 제안했다. 그래서 첫 슈퍼페스트가 시작된 지 31년이 지난 2011년 7월 저녁, 나는 동료 세 명과 함께 꼭두새벽까지 세인트루이스 웨스틴 호텔 방에 진을 치면서 다음 날 아침 버드와이저에 관한 엄청난 발표를 준비했다. 제이지와의 파트너십, 전설적 영화감독인 론 하워드의 다큐멘터리, 그리고 당시 미국 대통령이었던 버락 오바마의 감사 인사로 이어지는 일련의 사건의 시작이었다.

원래 슈퍼페스트는 여러 도시에서 주로 리듬 앤드 블루스(이후 R&B) 음악계의 슈퍼스타들이 노래하는 공연이었다. 그러나 시대가 변했다. R&B는 더 지배적인 음악 장르 중 하나인 힙합에 자리를 빼앗겼을 뿐만 아니라, 음악 산업은 코첼라, 본나루, 롤라팔루자와 같은 음악 페스티벌에 대한 선호도가 높아지면서 전통적인 콘서트 형식에서 벗어나기 시작했다. 불황을 겪으면서 음악 애호가들은 비슷한 표 가격으로 같은 장르의 공연 몇몇 개를 보는 대신 장르 전반에 걸쳐 자신이 좋아하는 아티스트를 모두 볼 수 있는 방법을 원했다. 이런 욕구는 사람들이 음악을 듣는 방식에도 영향을 받았다. 앨범을 사서 앨범 수록곡을 처음부터 끝까지 전부 다 듣던 시절은 오래전 지나갔다. 대신 애플의 아이튠즈나 아이팟 같은 디지털 음악 플랫폼과 기기의 등장으로 인해 사람들은 음악을 셔플*로 듣게 되었고, 이에 따라 사용자들이 음악 라이브러리를 통합하고 다양한 아티스트와 다양한 장르의 노래를 한 번에 연속해서 듣는 게 가능해졌다. 음악 축제는 본질적으로 셔플로 음악을 듣는 방식을 물리적으로 표현한 것이다. 팬들

---

* 같은 노래가 반복 재생되지 않는 선에서 노래가 무작위 재생되는 방식

은 표 한 장 가격으로 라디오헤드, 카니예 웨스트, 잭 존슨, 콜드플레이, 레이지 어게인스트 더 머신을 모두 볼 수 있었다. 슈퍼페스트를 여러 도시에서 하는 공연에서 여러 날에 걸친 축제로 바꾸는 것이 합리적인 선택으로 보였다. 다음 단계는 버드와이저에 적합한 페스티벌 포지셔닝을 파악하는 것이었다.

버드와이저 브랜드가 미국을 연상시키므로 우리는 '새로운 아메리카나'라는 렌즈를 통해 페스티벌을 바라보기로 했다. 이 아메리카나는 이 나라에서 무언가를 만들고 세상에 아이디어를 내놓는 사람들이 아메리칸드림을 이룰 수 있다는 믿음에 바탕을 두고 있다. 당신이 누구든, 어디서 왔든, 아이디어만 있다면 스스로 무언가를 만들 수 있다. 또는 우리가 주장한 대로 새로운 아메리카나의 문화는 우리가 '메이커스'라고 부르는 새로운 부족이 주도했다. '메이커스'는 자기표현이 삶의 방식이며, 당신이 입는 것은 당신이 만든 당신의 표현이 될 수 있다고, 그리고 반드시 그렇게 되어야 한다고 믿는다. 창조는 당신이 무엇을 하는지가 아니라 당신이 누구인지를 믿는 사람들의 집단이다.

이것이 버드와이저가 슈퍼페스트를 메이커 음악 축제로 재구상하는 각도가 될 것이다. 이는 단지 음악 행사가 아니라 새로운 아메리카나에 활력을 불어넣고 대중문화를 대중화하며 이 나라를 그토록 위대하게 만든 요소를 대표하는 음악, 예술, 패션을 창조한 메이커들을 기념하는 행사로 탈바꿈할 것이다. 아메리칸드림을 추구하며 살아가는 사람들. 그리고 제이지만큼 이런 이념을 대표하는 사람은 없었다.

제이지는 브루클린의 마시 프로젝트에서 범죄, 마약, 길거리 생활을 하며 자랐다. 한때 마약상이었던 그는 범죄자의 삶을 래퍼로 사는 삶으로 바꾸었고 음악가, 음반 제작자, 사업가로서 최고의 경지에 올랐다. 그는 아메리칸드림의 의인화이자 현대판 자수성가를 한 사람이며 우리의 새로운 음악 축제 아이디어에 딱 들어맞는 사람이었다. 트랜슬레이션의 파트너였고 스타우트의 절친한 친구였다는 점도 나쁘지 않았다. 하지만 그 외에도 그는 메이커 공동체의 문화적 특성과 완벽하게 조화를 이뤘다.

스타우트는 제이지에게 아이디어를 제안했고, 제이지는 바로 그 아이디어에 합류했다. 제이지와 함께 우리는 버드와이저의 미국적인 상징성을 가져왔고 필라델피아의 벤자민 프랭클린 파크웨이 중심부에서 노동절 주말 이틀간 열린 음악 축제 '버드와이저 메이드 인 아메리카 페스티벌'을 만들어 미국의 더 현대적인 문화 체계를 대표하도록 브랜드를 업데이트했다. 버드와이저가 더 미국적인 색을 입었을까?

파트너로서 제이지는 전문적 식견을 가지고 축제 무대 위에 설 아티스트를 미국 태피스트리*와 유사한 다양성을 지닌 여러 사람으로 철저하게 선별했다. 디 안젤로부터 런-DMC, 더하이브스부터 펄잼까지 메이드 인 아메리카는 세대, 인종, 장르를 넘나들었다. 2012년 노동절 주말에 우리는 음악계 거물들의 공연을 배경 삼아 9만 명의 참석자를 환영하며 이틀 동안 진행된 버드와이저 샘플링 이벤트(버드와이저가 축제에서 즐길 수 있는 유일한 맥주였다) 축제를 시작했다. 축제가 정당성을 인정받으면서, 버드와이저 브랜드는 새로운 아메리카나와 그 문화 구성원들을 지배하는 신념과 행동 체

---

* 여러 가지 색실로 그림을 짜 넣은 직물

계를 대표하는 상징적 유물이 되었다. 이 글을 쓰는 지금 메이드 인 아메리카 축제는 시작된 지 10주년을 맞이했다. 미국 5대 음악 축제 중 하나로 손꼽히며 메이커 공동체의 문화 체계 안에서 버드와이저에 새로운 발판을 제공하고 있다. 버드와이저는 10년 전 '와썹'으로 성공을 거둔 것과 마찬가지로 (우리의 도움으로) 문화, 특히 메이커 공동체의 공유된 신념, 생활 방식, 문화적 산물 등의 영향력을 활용하여 집단행동을 촉진했다.

버드와이저는 한 가지 예에 불과할 뿐 다양한 산업, 상황, 대상을 포괄하는 더 많은 것들이 있다. 사례마다 다양하지만, 각 사례를 관통하는 점은 동일하다. 문화의 영향력이 우리 일상생활에 강력한 영향을 미치고 있다는 사실이다. 문화는 우리가 소비하는 방식, 상호작용하는 방식, 일하는 방식, 투표하는 방식, 자신을 표현하는 방식 및 우리가 생각할 수 있는 인류의 거의 모든 측면에 영향을 미친다. 문화보다 인간 행동에 더 큰 영향을 미치는 수단은 없다. 이제 문화가 무엇인지 가늠해봤으니, 문화가 사람들을 움직이게 하는 데 그렇게 강력하고 예측할 수 있는 결과를 보이는 이유에 대해 알아보자.

원리와 노하우

문화는 추상적 특성을 가지고 있기 때문에 문화를 사람들이 행동을 채택하도록 하는 방법으로 설명하기 어렵고 활용하기는 더 어렵다. 따라서 문화가 무엇인지 이야기할 수 있는 어휘와 문화가 어떻게 작용하는지 설명할 수 있는 실질적인 관점을 가지는 것이 중요하다. 그래야 모호함을 넘어서 활용하고 적용할 수 있는 것으로 나아갈 수 있다. 누군가 "우리 생각을 문화에 접목하고 싶어"라고 말할 때 그 말은 실제로 무엇을 의미할까? 어떤 문화에? 어느 정도로? 이를 자세히 서술하기 위해서는 먼저 지금 당신이 이해를 잘 하고 있어야 한다.

문화는 우리 정체성(우리가 누구인지)에 뿌리를 두고 있으며, 우리가 세상을 보는 방식, 공유된 삶의 방식, 공유된 표현의 창조라는 세 가지 요소로 구성된 실현된 의미 형성 체계이다. 아래 그림 1은 정체성과 세 요소 사이의 관계를 보여준다. 이것이 문화를 구성하는 시스템의 체계이다. 공동체의 사회적 사실인 이러한 요소들이 모여 그 공동체 구성원들이 세상을 보는 방식과 세상에 드러나는 방식을 알려준다. 그리고 우리가 이런 사회적 사실을 이해할 수 있다면, 그 영향력을 이용해서 사람들이 움직이도록 자극할 수 있다.

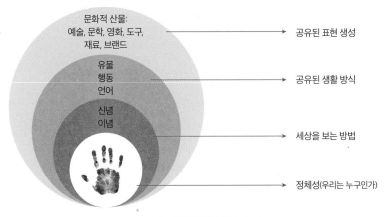

그림 1. 문화를 구성하는 체계

제 2 장

회중을 찾아서

이본 쉬나드는 청소년기부터 야외 활동에 항상 열정적이었다. 쉬나드는 하이킹, 서핑, 플라이 낚시에도 열심이었지만 가장 좋아하는 건 등산이었다. 그는 1960년대 가장 유명한 등산가 중 한 명이었다. 산에 올라가고 내려가는 동안 쉬나드는 등반 실력을 늘리는 방법에 대한 아이디어를 가지고 돌아오곤 했다. 그는 당시에는 '조잡했던' 등반용 하드웨어에 대해 다시 생각하게 되었다. 등산가들은 등반을 돕기 위해 금속 물체를 바위 속으로 밀어넣곤 했다. 시간이 지나고 더 많은 등산가가 그렇게 할수록 바위 표면과 원래 상태에 상당한 영향을 미치게 된다. 쉬나드는 그렇게 하는 것을 잘 받아들일 수 없었다.

그는 환경에 대해 강한 신념이 있었다. 자연은 즐기되 그대로 내버려두어야 하며, 인간은 자연에 어떤 것도 남기지 말아야 한다고 생각했다. 그는 말했다. "여기 딱 맞는 단어가 있다. 바로 '깨끗한'이다. 보호를 위해 너트[*]

---

[*]   쐐기 모양의 금속 확보물

와 러너*만 가지고 오르는 것이 깨끗한 등산이다. 지나가는 등산객이 바위를 그대로 놔두면 깨끗한 상태로 남는다. 바위에 상처가 남으면 다음 등산가의 경험이 자연스럽지 못하게 되므로, 망치로 바위에 아무것도 박지 않는다면 그것을 마구 빼내도 되지 않아서 깨끗하게 남는다. 등산객들의 보호로 등반 흔적이 거의 남지 않기 때문에 깨끗하다. 깨끗함은 자연인을 위한 유기농 등반에 한 걸음 더 다가가는 것, 즉 바위를 어떤 식으로도 바꾸지 않고 등반하는 것이다."

이러한 확고한 신념을 바탕으로 쉬나드는 대장장이 일을 배우기 시작했으며 뜨거운 금속 조각들을 솜씨 있게 만들어서 깨끗한 등산 장비를 만들었다. 등산을 더 잘하기 위해 본인 마음속에 떠오른 각각의 새로운 아이디어를 기반으로 등산 장비를 만들어서 다른 등산가들에게 팔곤 했다. 그는 회사를 세우려는 의도가 전혀 없었다. 그는 사업에 이끌린 것이 아니라, 깨끗한 등산에 대한 애착과 환경을 보존하려는 신념에 이끌렸다. 이렇게 직접 조립하고 만들며 취미로 시작한 것은, 오늘날 의류, 운동 기구, 배낭, 캠핑 장비를 파는 아웃도어 소매업체 '파타고니아'라는 수십억 달러 규모의 사업이 되었다.

파타고니아를 사업이라고 말하는 것은 상당히 절제된 표현이다. 이 회사는 상업적 존재라기보다는 활동가 같은 존재에 가깝다. 그렇다. 상업적 이익을 위해 제품을 판매하지만, 환경을 보호하기 위해 사업을 하고 있다. 파타고니아는 이 신념을 굳건하게 고수하면서 회사의 신념과 맞지 않는

---

* 추락거리를 최소화하기 위해 설치한 중간 확보물

수익성 좋은 기회들을 외면했다. 예를 들어 파타고니아의 사업 분야 중 하나는 고급 기업 고객에게 회사 의류를 제공하는 것이다. 가슴 부분에 파타고니아 로고가 새겨진 기업 조끼와 플리스 자켓은 월스트리트 은행가와 실리콘밸리 기술자들에게 일종의 비공식 교복이 되었다. 파타고니아는 프리미엄 가격대 의류로 파타고니아 로고와 모건스탠리, 페이스북 및 다른 거대 기업들의 로고를 각각 양쪽에 박아 넣은 조끼를 만들었다. 이것은 회사에 중요한 수익원이었지만, 파타고니아는 일부 기업 고객이 지구를 우선하지 않는 벤처 사업을 하고 있다는 사실을 깨달았다. 이 사실을 인지한 파타고니아는 회사의 신념에 맞지 않는 회사와 거래를 중단하기로 했다. 수익 손실은 신념을 저버릴 만한 가치가 없었다.

신념에 대한 파타고니아의 헌신은 매우 깊다. 2011년 파타고니아는 「뉴욕타임스」에 재킷을 사지 말라고 알리는 전면 광고를 실었다. 회사가 제품을 덜 팔기 위해 광고비를 쓰는 이유가 뭘까? 파타고니아는 과도한 소비가 환경에 좋지 않다고 생각했기 때문에 사람들에게 새 재킷을 사는 대신 오래된 재킷을 수선하라고 장려했다. 회사는 파타고니아 제품의 모든 부품을 무기한 수리해주겠다고 약속했을 뿐만 아니라 파타고니아 제품이 아닌 것도 수리해주는 서비스를 만들었다. 색상에 싫증 나거나 살이 조금 찌더라도 다른 사람에게 제품을 판매할 수 있도록 회사에서 도와준다. 제품을 완전히 사용할 수 없게 되면 고객에게 매장 크레딧*을 주고 파타고니아가 해당 제품을 가져가 재활용한다. 파타고니아 회사 제품은 평생 보증이

---

*　나중에 해당 점수만큼의 물건을 살 수 있도록 해주는 제도

되는데, 이 계획의 목적은 사람들에게 물건을 버릴 필요가 없으며, 회사가 그 물건들을 수리할 수 있고, 그렇게 하는 게 환경에 더 좋다는 사실을 가르치는 것이다.

흥미롭게도 파타고니아가 사람들에게 제품을 더 이상 사지 말라고 말하는 것처럼 이론적으로 사업에 해를 끼치는 결정을 내릴수록 사업은 더 번창했다. 사람들은 계속해서 파타고니아 제품을 사고 있다. 최고의 소재를 사용하거나 경쟁사 제품보다 디자인이 매우 훌륭해서가 아니다. 실제로 아웃도어 의류 회사인 노스페이스나 컬럼비아에서 만든 코트 옆에 파타고니아 코트를 놔두고 로고를 없애면 구분이 잘 안 될 가능성이 크다. 파타고니아를 해당 산업 분야의 다른 경쟁업체와 차별화시킨 것은 제품이 아니었다. 사람들이 물건을 사게끔 만든 것은 브랜드의 신념, 즉 깨끗한 등반에 내한 신념이었다. 파타고니아는 물건을 사줄 사람들을 찾으러 다니지 않았다. 대신 신념을 공유하는 회중을 찾았고, 그 사람들이 직접 행동에 나섰다.

'회중'이라는 말은 보통 종교적 예배를 위해 함께 모이는 사람들의 집단을 뜻한다. 그러나 회중은 또한 사람들이 공동체를 찾고, 사회봉사 같은 시민의 의무를 수행하며, 집단 정체성과 개인 정체성을 확립하는 사회적 수단이기도 하다. '회중'이라는 단어는 성경에서 '한 무리의 사람들'을 가리키는 말로 350번 이상 등장하며, 나중에 신약성경에서는 '교회'로 묘사된다. 여기서 사도 바울은 많은 회중에게 공동체의 일원이 된다는 게 무엇을 뜻하는지에 관해 편지를 썼다. 예수 그리스도의 가르침을 표현한 이 편지들은 집단이 공유하는 신념, 특정 유물의 의미, 회중 구성원에게 기대되는 행동, 일상생활에서 허용할 수 있는 언어 사용에 대한 이해를 확립했다. 회중은 사람들에게 세상에 자신을 드러내는 방식과 자신의 정체성을 투영하는 방식을 알려주는 공유된 이념을 실천하는 사람이자 만드는 사람이다.

회중 구성원들이 상호작용하는 상황은 종교적 역량을 넘어 확장된다. 여느 사회 집단과 마찬가지로 회중도 깊고 의미 있는 사회적 관계를 형성하고 있다. 벤처 비즈니스와 마찬가지로 부동산 구매나 건설 프로젝트 같은 상업적인 활동을 하는 경우가 많다. 회중이 예술 기관은 아니지만 그 구성원들은 음악과 연극 공연을 만들고 공유한다. 회중은 학교는 아니지만 교회학교처럼 교육 프로그램을 진행한다. 종교적 소속에서 벗어난 회중은 본질적으로 같은 세계관을 공유하는 사람들의 집단이며, 이는 그들의 공유된 생활 방식, 외적 표현, 의견 교환 및 집단 소비에 감히 종교적인 방식으로 영향을 미친다. 회중은 우리가 움직이고자 하는 잠재 고객, 유권자, 기부자의 완벽한 집단을 대표하기 때문에, 나는 회중에 대한 이러한 사고방식이 행동에 영향을 미치려는 기업과 리더들에게 특히 유용하다는 사실을 알게 되었다.

대부분의 회사는 제품이 가진 기능과 장점 때문에 그 제품을 구매할 가능성이 가장 높다고 여겨지는 선별된 집단인 목표 고객들의 관심을 끄는 데 노력을 쏟는다. 당신이 직접 메시지를 전달하는 사람들과 당신이 만든 제품을 고려해라. 이게 바로 당신의 목표 고객이다. 이런 청중은 제품이 무엇인지에 따라 구매하는 성향이 있다. 반면 회중들은 자신이 누구인지에 따라 제품을 구매하는 성향이 있으며, 그 차이는 상당히 크다. 아웃도어 의류 브랜드들이 코트가 따뜻하다는 점을 바탕으로 청중에게 소비를 강요하는 것을 목표로 하는 반면, 파타고니아는 회중들이 공유하는 신념을 바탕으로 회중이 움직이도록 영감을 준다. 이때 소비는 단순히 제품의 효용 때문에 제품을 사는 것이 아니라 회중(깨끗한 등반을 믿는 사람들)을 위한 문화적 행위가 된다. 청중은 기능 때문에 제품을 구매한다. 회중은 자신이 가진 신념의 증거로 제품을 구매한다.

대체로 회중은 사회과학자들이 부족이라고 부르는 작은 집단들의 집합체, 즉 거주 지역이나 가족관계, 이념적 유사성으로 묶인 개인들로 구성된 사회 내의 사회적 집단으로 구성된다. 예를 들어 자원 보호론자, 환경 보호론자, 재활용가 등 파타고니아 회중의 세계관을 공유하는 수많은 부족이 있다. 이들은 모두 '깨끗한 등반'을 믿는다. 그러나 그들만의 독특하고 미묘한 방식으로 자신을 행사한다. 이는 민수당을 구성하는 '자유주의자', '진보주의자', '중도주의자'부터 코스프레 회중을 구성하는 '기진카*', '크로스플레이어', '기구루미**' 등 미디어 소비에 이르기까지 거의 모든 분야에서 나타난다. 이런 집단의 구성원들은 공통된 신념을 공유하고, 특정 유물로 자신을 꾸미고, 일련의 규범을 준수하며 공동으로 만든 통용어로 소통한다. 부족 집단은 구성원 간의 사회적 결속을 확립하고 집단이 번영하는 데 필요한 사회적 협력을 가능하게 하는 문화적 특성 체계를 중심으로 조직되고 통제된다. 부족 구성원은 집단 내 개인이 어떻게 행동해야 하

---

*   인간이 아닌 동식물, 무생물, 개념 등을 의인화하는 것을 지칭하는 용어
**   만화나 게임에 나오는 캐릭터를 자신이 만든 캐릭터 탈로 제작하여 재현하는 코스프레의 일종

는지 알려주는 지정된 역할, 즉 노동 역할, 성 역할, 사회적 역할을 만든다.
이어서 구성원은 자신의 역할을 수행하고 집단의 문화적 특성을 준수하
여 공동체 내에서 좋은 위치를 유지한다.

부족은 인류의 시작부터 전 세계 그리고 사회 전반에 걸쳐 존재해왔
다. 그러나 산업화의 영향은 부족에 대한 우리의 전통적인 이해를 변화시
켰다. 산업혁명이 발생하면서 한때는 지리적으로 구별되던 것이 뿌리 뽑혔
고, 이로 인해 사람들은 경제적 기회를 얻기 위해 인구가 밀집한 대도시로
오면서 작은 마을을 떠날 수밖에 없었다. 서구 세계의 제조업이 호황기를
맞으면서 런던, 파리, 베를린, 그리고 곧이어 뉴욕, 필라델피아 같은 도시로
일자리를 찾는 사람들이 모여들었다.

각계각층의 사람들이 도시로 모여들면서 다양한 이념과 규범, 문화적
특성을 가져왔고 이 새로운 도시 거주자들에게 발견의 안식처를 제공했
다. 문화 교류 과정을 통해 사람들은 새로운 사상과 관점을 접하게 되었다.
이것은 전통 부족의 붕괴를 가져왔고, 새로운 신념과 관습을 만드는 새로
운 문화 특성의 구축으로 이어졌다. 마치 고등학교를 갓 졸업한 18세 청년
이 대학교에 호명되고 가정에 순응해야 한다는 사회적 압력 없이 처음으
로 스스로 삶을 경험하게 되는 것과 비슷하다. 대학 신입생들은 캠퍼스에
도착하자마자 다양한 집단, 즉 다른 지역에서 왔고, 다른 신념을 가지고
있고, 다른 규범을 실행하며, 다른 언어를 사용하고, 새로운 종류의 옷을
입고, 다른 음악을 듣고 다른 영화를 보고 다양한 종류의 제품을 사는 사
람들을 만나게 된다. 모든 게 다르다. 그리고 바로 여기 대학교에서, 청년들
은 학업을 통해 세상에 대해 배우는 것처럼, 사회적 상호작용을 통해 자신

에 대해 배우게 된다. 이것은 산업혁명 당시에는 부족들을 위한 것이었다. 사람들은 일자리를 찾기 위해 작은 마을을 떠나 대도시로 왔고, 동시에 바다만큼 큰 사회에서 자신의 새로운 모습을 발견했다.

그러나 대부분의 인류학자가 증명했듯이 인간은 대중 사회가 아닌 엄선된 집단 속에서 살아가게 되어 있다. 그래서 사람들은 자신이 속한 '장소'를 찾기 위해 더 큰 사회 안에서 새로운 부족을 형성했다. 프랑스 사회학자 미셸 마페솔리는 이 새로운 부족을 '신(新)부족'이라고 불렀다. 이런 새로운 부족 안에서의 행동 방식은 1장에서 논의한 뒤르켐의 '집합적 열광' 개념, 즉 공동체가 모여 같은 행동에 집단으로 참여하는 것과 유사하게 작동한다. 새로운 부족 안에서 용인되며 타당하다고 여겨지는 정당성은 암묵적으로나 명시적으로 구성원들이 협상하고 구성하며, 이는 정치적 도그마, 소비 습관, 기술 채택, 사회 집단 구성원 사이의 비속어를 낳는다.

신약성경에 나오는 성경적 회중과 마찬가지로 우리 현대 부족들도 일상생활을 지배하는 공유된 신념과 이념에 얽매인 사회적 집단이다. 우리는 모두 어떤 부족의 일원이다. 그리고 우리는 종교적 방식으로 부족의 문화적 특성을 고수한다. 문제는 우리가 부족에 속해 있는지가 아니라 어떤 부족에 속해 있으며, 어떻게 자신의 정체성을 규정하는가이다.

정체성과 세계관

부족 회원의 자격은 선택권을 행사하는 것이다. 근본적인 부족인 가족 부족을 제외하면 우리는 자신의 의지로 어떤 부족에 합류한다. 세계관을 공유하는 사람들의 집단을 선택하며, 그들도 우리를 선택한다. 매년 가을 한 무리의 젊은 여대생들이 자신이 선택한 여학생 클럽의 후보자로 자신을 소개하며 그 클럽이 자신을 현재 '자매' 명단에 잘 들어맞는 사람으로 여기기를 바란다. 자매들은 이런 개인들이 조직의 가치를 반영하는 특성을 구현하는 정도를 기준으로 자기 조직에 합류할 잠재적 구성원들을 평가한다. 만약 그 여학생이 '우리와 같은' 사람이라면 우리가 어울리고 싶은 사람이다. 마찬가지로 조직은 자신의 정체성을 적절하게 확장하는지에 따라 잠재적 구성원들에게 평가받는다. 같은 생각을 가진 집단을 찾는 개인과 같은 생각을 가진 구성원을 찾는 집단 양쪽 모두에서 일치를 추구한다.

조직의 새 구성원을 모집하거나 브랜드의 새 소비자를 모을 때 이 점을 염두에 둘 필요가 있다. 당신과 함께할 사람들을 찾는 것만큼이나 사람들도 무언가의 일부가 되기를 원한다. 그냥 당신과 딱 맞는 회중을 찾으면 된다. 때로는 파타고니아나 '깨끗한 등반가' 모임의 경우처럼 그런 사람들을 발견하게 될 것이다. 그리고 때로는 우리가 힙스터와 PBR에서 본 것처럼 당신이 표현한 신념 때문에 그들이 당신을 찾을 것이다. 이에 대해서는 4장에서 자세히 설명하겠다.

우리는 모두 학교, 직장, 도시, 온라인에서 공동체를 찾고 있다. 아리스토텔레스는 "인간은 본래 사회적 동물이다"라고 가정했다. 우리는 "이 사람들이 나와 비슷한 사람들인가?", "우리는 세상을 비슷하게 바라보는가?", "내 정체성이 그들과 연결되기를 원하는가?"라고 자문하면서 사회적 세계를 횡단한다. 이런 질문들은 무의식이든 또는 다른 방식이든 더 큰 회중을 대표하는 특정 부족 내에서 회원 자격을 평가할 때 우리가 고민하는 질문들이다. 우리는 어느 정도 일치해야 회원 지위를 추구하는 경향이 있다. 어긋나는 부분이 있을 때는 다른 곳을 살펴본다. 브랜드에서도 이 과정은 동일하다. 브랜드가 지닌 신념이 내가 가진 신념과 일치할 때 우리는 그 브랜드에 끌릴 뿐만 아니라 비슷하게 행동하는 사람들 사이에서 공동체를 찾을 수도 있다. 그러나 브랜드의 신념이 우리 신념과 상충하면 그 브랜드를 거부하는 경향이 있다.

정체성과 세계관은 조화가 필요하다. 이러한 관계는 사회생활과 부족 구성원 자격의 초석이 된다. 새 집단에 가입하거나 집단에 머물기로 할 때도 적용된다. "저녁 식사 자리에서 돈, 종교, 정치에 관해 이야기하지 말라"라는 말이 있다. 왜일까? 이 주제는 사람들의 신념과 이념을 드러내기 때문에, '우리와 같은 사람들'이 세상을 우리와 같은 방식으로 보지 않는다는 사실을 알게 되면 우리는 "이 사람들이 정말 **내** 사람들일까?"라고 자문하게 된다. 우리는 캐런 이모의 사회적 견해를 알고 있기 때문에 평화를 위해 저녁 식사에서 가급적 종교나 정치 얘기는 꺼내지 않을 것이다. 하지만 우리가 자유 의지로 참여하는 집단에서는 그렇게 할 가능성이 적다.

종교가 더 이상 우리가 세상을 보는 방식과 일치하지 않아서 종교의 신념과 이념에 의문이 생긴다면 우리는 교회를 떠나거나 심지어는 그 종교를 완전히 떠날 수도 있다. 부족의 세계관이 더 이상 우리의 세계관과 일치하지 않을 때 우리는 집단을 떠난다. 지난 몇 번의 선거 주기 동안 공화당에서 이런 현상이 나타나는 것을 보았다. 2000년대 후반 티파티*의 등

---

* 미국의 강경 성향 보수주의 단체

장과 함께 공화당의 이념이 급진적으로 발전하고, 2016년 도널드 트럼프가 대통령으로 당선되면서, 공화당을 자처하던 많은 공화당원은 그들의 신념이 더 이상 공화당의 신념과 일치하지 않는다는 이유로 공화당 지지를 철회했다. 신념과 이념적 조화의 결여는 정체성 불일치를 초래했다. 그들의 세계관이 더 이상 일치하지 않았기 때문에 사람들은 자신의 정체성이 당과 연관되는 것을 원하지 않았고, 그래서 그들은 자신의 정체성에 더 잘 맞는 새로운 부족을 만들기 위해 떠났다. 마찬가지로 개인의 세계관이 더 이상 당의 새로운 세계관과 일치하지 않는 공화당원, 예를 들어 리즈 체니*는 집단에서 제외될 수 있다. 이러한 평가 과정은 세계관의 발현으로 우리가 살아가는 방식의 유사점과 차이점을 바탕으로 하여 집단과 개인 사이에서 동시에 발생한다.

　정체성과 신념과 이념은 서로 불가분의 관계에 있다. 신념은 우리가 세상에 대해 갖고 있는 진실이다. 신념은 사물이 왜 현재의 모습인지를 설명하는 데 도움이 된다. 이념은 이러한 진실을 바탕으로 세상에 대해 자신에게 말하는 이야기이다. 정체성은 우리가 세상에 적응하는 방식을 규정하는 이야기에서 우리 자신에게 부여하는 성격이다. 정체성, 신념, 이념은 함께 세상의 무작위성 가운데에서 틀을 잡고 우리가 관찰하고 경험하는 것에 의미를 부여한다. 우리는 정체성과 일치하는 특정한 신념을 가지고 있으며 성, 직함, 조직, 종교 같은 특정한 이름으로 자신을 식별하기 때문에 이러한 범주적 분류표와 관련된 세계관을 채택하려는 경향이 있다. 이 관

---

*　미국 제46대 부통령인 딕 체니의 자녀이자 현재 와이오밍주 광역구의 연방 하원의원

계는 우리가 사회 세계를 탐색하는 방법의 기초가 되며, 회중과 그것을 구성하는 많은 부족의 집단행동에 직접적인 영향을 미친다. 우리의 정체성과 세계관의 일치는 우리가 가입한 부족에 절대적으로 필요한 조건으로 작용하며, 조합원의 자격은 유물, 행동, 언어 같은 집단의 문화적 특성에 의해 결정된다.

　당신은 아마도 미식축구, 즉 아메리칸 풋볼이 야구를 제치고 미국인들이 가장 좋아하는 오락거리가 되었다고 주장할 수 있다. 지역 고등학교 팀이 금요일 밤 조명 아래에서 경기하는 것을 보기 위해 마을 사람들이 모였고, 이 도시에서 축구의 과열된 경험을 기록하기 위해 영화와 TV쇼가 제작되었다. 그러나 토요일 오후 역시 NCAA 미식축구라는 또 다른 야수를 위해 예약되어 있다. 수많은 팬과 관중이 전국 각지의 경기장, 거실, 맨케이브*, 술집, 뒷마당에 모여 소속된 학교에 대한 충성을 맹세한다. 성말 장관이다. 학생들은 보디페인팅을 하고 최고급 학교 용품으로 장식된 스탠드로 몰려든다. 전국 각지에서 동문들이 찾아와 옛 추억을 되새기고 유서 깊은 미식축구 테일게이팅** 전통에 함께 참여한다. 도시는 밀려드는 사람들을 수용하기 위해 사실상 폐쇄된다. 많은 지역 상점은 이 토요일이 대목이기 때문에 만반의 준비를 한다. 나는 미시간주 앤아버에 살고 있다. 이곳에서는 토요일마다 10만 7,000명이 넘는 사람들이 넓은 공간에 모여 미시간 울버린대학교의 경기를 관람한다. 가자 블루! 어떤 토요일에는 전국

---

* 남자들이 가족들한테서 떨어져 휴식이나 취미 활동을 할 수 있는 공간
** 시합 전후 경기장 밖에서 가지는 야외 파티

에서 가장 많은 사람이 모여들었다.

이 광적인 팬덤은 내셔널 풋볼 리그 팀이 경기를 펼치는 일요일에 절정에 달한다. 너무 널리 퍼져 있어서 교구민들이 경기 시간에 맞춰 집에 갈수 있도록 일요일 아침 교회 예배가 일찍 끝나는 것을 본 적도 있다. 진짜다. 그리고 그것은 "나를 야구장으로 데리고 가줘*"라는 원래 감성을 더욱부각하면서 미국 문화의 새로운 의식이 되었다. 그러나 어느 운명적인 일요일이 잠재적으로 이 모든 것을 위협했다.

미국의 프로미식축구팀 샌프란시스코 포티나이너스의 2016년 프리시즌 경기에서, 선발 쿼터백 콜린 캐퍼닉은 경기 시작 전 애국가가 연주되는동안 자리에 앉기로 마음먹었다. 그가 보인 행동은 정치와 사법제도의 체계적 문제로 인해 많은 유색인종이 직면하고 있는 인종적 불평등에 대한항의였다. 캐퍼닉은 우리가 국가와 국기 게양에서 표현하는 국가의 이상에 따라 살기로 결정하기 전까지는 이를 존중할 수 없다는 것을 보여주고싶었다. 그의 행동은 눈에 확 띄었다. 그 프리시즌 경기 내내 앉아 있었을뿐만 아니라 시즌 내내 국가가 연주되는 동안 무릎을 꿇었다. 이것은 미국안에서 엄청난 논란을 불러일으켰다. 이 문제에 대한 의견은 인쇄물, 온라인, 모든 뉴스 방송국, 라디오 쇼, 스포츠 매체에서 논의되고 토론되었다.다들 의견을 가지고 있었다. 심지어 도널드 트럼프 전 대통령도 이 문제에무게를 두었다. 전혀 높은 기준은 아니었다. 캐퍼닉은 나중에 팀에서 제외되어 논란과 음모의 불길을 더욱 부채질하고 미국 미식축구리그를 상대로

---

* 미국 메이저리그에서 7회가 끝나면 경기장에서 흘러나오는 노래의 후렴구

세간의 이목을 끄는 소송을 제기했다. 사람들은 미국 미식축구리그를 보이콧했다. 유명 인사들이 경기를 관람하지 않겠다고 목소리를 높였다. 미국 최대 규모의 초대형 이벤트인 슈퍼볼 공연 초대를 거절한 가수들은 모두 "캡을 지지한다"라는 뜻으로 연대했다.

캐퍼닉이 처음으로 무릎을 꿇는 퍼포먼스를 한 지 2년 뒤, 와이든앤케네디의 창립 고객사인 나이키는 캐퍼닉의 얼굴에 "모든 걸 희생해야 하더라도 신념을 가져라"라는 단순하지만 도발적인 문구를 담아 기피당한 선수의 흑백 사진이 담긴 인쇄 광고를 선보였다. 수십 년간 "그냥 해(저스트 두 잇. 와이든앤케네디가 만든 또 다른 캠페인)"를 외쳐온 사랑받는 운동 브랜드 나이키가 정말로 그냥 해버린 것이다. 브랜드의 성명을 통해 사람들은 나이키 브랜드가 해당 논쟁의 어느 편에 섰는지를 알 수 있었고, 결과적으로 소셜 웹 전반에 걸쳐 여론이라는 벌집을 쑤셨다. 많은 사람이 나이키의 행동에 분노를 표하고 다시는 그 브랜드 제품을 사지 않겠다고 다짐했다. 불만을 강하게 표출하기 위해 나이키 의류를 공개적으로 불태우는 사람도 있었다. 비슷한 종류의 동영상 수백 개가 인터넷에 올라왔다.

사람들은 왜 이런 일을 할까? 왜 나이키 광고 때문에 힘들게 번 돈을 쓰고 자기 물건을 파괴하려 할까? 왜 그런지 말해주겠다. 나이키 광고는 단순한 광고가 아닌, 나이키의 신념과 이념, 즉 관점을 표현하는 브랜드였기 때문이다. 나이키 제품을 구매했지만, 캐퍼닉 사태에 대해 나이키와 같은 견해를 가지지 않았던 사람들은 이것을 배신이라고 또는 최소한 이념이 엇갈린다고 여겼다. 나이키가 캐퍼닉의 항의가 정당하다고 생각한다면, 나는 나이키 제품을 착용함으로써 암묵적으로 그 믿음을 지지해야 할까? 사회학에서는 이를 자기일치라고 하며, 개인이 자신이 구매한 브랜드 및 제품과의 일치 여부를 기준으로 개인의 자아개념(자신을 어떻게 보고 다른 사람에게 어떻게 보이기를 바라는지)을 평가할 때 발생한다. 브랜드의 신념과 예측이 개인의 신념과 예측과 일치하지 않으면 불일치가 발생하고 그에 따른 인지적 불이익이 생긴다. 따라서 우리는 소비자로서 우리가 구매하는 제품과 브랜드에 대해 자기일치 또는 일치를 목표로 한다. 이 브랜드와 내 세계관은 일치하는가? 일치한다면 당신은 앞으로 나아간다. 일치하지 않는다면 우리는 즉시 그 브랜드를 버린다.

'캡을 지지하지 않는' 나이키 소비자에게 이런 일이 벌어지고 있었다. 그들의 세계관은 나이키의 세계관과 맞지 않았다. 그래서 그들은 다시는 나이키에서 물건을 사고 싶어 하지 않았다. 게다가 나이키 의류를 입고 있는 모습은 다른 사람들에게 그들 역시 캡을 지지한다는 잘못된 신호를 보낼 수도 있다. 그래서 그들은 이념에 반대하는 행위로 나이키 신발을 불태우고 나이키 옷을 버리기로 한 것이다. 그들은 나이키의 의견에 동의하지 않았고, 이미 구매한 제품을 파괴하더라도 그 사실을 세상에 알리고 싶어 했다.

반면 캐퍼닉의 항의를 지지한 대규모 부족 집단한테 나이키의 캐퍼닉 광고는 정반대 효과를 가져왔다. 실제로 이 사람들은 인종 문제에 대해 나이키, 캐퍼닉과 같은 견해를 가졌을 뿐만 아니라, 그들의 이념이 일치한다는 사실을 보여주기 위해 더 많은 나이키 제품을 구매했으며, 그 결과 나이키의 매출은 31% 증가했다. 이것이 공유된 세계관의 힘이다. 그 힘은 우리가 누구인지 때문에 우리를 움직이게끔 자극한다. 이를 정체성 주도 효과라고 하며, 사람들은 자신과 관련된 자극에 더 많은 관심을 기울이는 경향이 있다. 자극이 우리가 누구인지와, 그리고 우리가 세상을 보는 방식과 일치할 때, 우리는 그것을 더 주목하고, 선호하며, 자극을 투사하는 미디어를 선택하고, 그것과 관련된 행동을 채택하는 경향이 있다. 이 효과로 인해 소비자들은 나이키 제품을 자랑스럽게 착용하게 되었고 나이키 제품 판매는 60억 달러 증가했다.

같은 세계관을 공유하는 사람들은 브랜드나 정치인을 '사랑'하기 때문이 아니라 브랜드나 정치인이 자신의 연장선상이기 때문에 다른 구성원과 협력하여 행동하는 경향이 더 크다. 이러한 브랜드, 리더, 조직은 우리가 누구인지를 보여주는 영수증이자 정체성의 상징 역할을 한다. 우리는 문화적 세계로부터 의미를 전달하고, 그것을 제품과 정치적 소속으로 만들고, 우리의 성체성으로 의식화한다. 나이키 같은 브랜드는 회중 사이에서 토템(성스러운 유물) 역할을 하며, 회중 구성원들 사이에서 토템 지위를 얻은 기업, 조직, 리더는 그들의 문화적 관행에 채택된 것이다. 우리는 브랜딩을 이념적 탐구가 아닌 실행 활동, 즉 로고, 색상, 이름으로 생각하는 경향이 있는데, 그 이유는 브랜딩에 대한 우리의 관점이 너무 좁기 때문이다. 브랜드는 회사, 제품, 실체에 관한 생각과 감정을 불러일으키는 상징이며, 리더와 집단의 이념이 같으면 집단행동을 촉진할 기회를 열어줄 수 있다.

원래 '브랜드'의 목적은 농부들이 소유의 표시로 가축을 식별하고 구별하기 위해 사용하는 낙인(branding iron)처럼 불태우거나 영구적으로 표시를 남기기 위함이었다. 기록에 남아 있는 초기 브랜드 중 하나로 1770년대 후반에 설립된 웨지우드라는 도자기 회사가 있다. 상인들이 자신이 만든 제품을 교환하기 위해 시장에 가져올 때, 창업자인 조시아 웨지우드는 자기가 만든 제품을 비슷한 가격을 가진 다른 제품들과 구별할 방법이 필요했다. 그래서 그는 다른 상인들의 제품과 자신의 제품을 구별할 수 있도록 회사 이름을 제품에 붙였다. 이 경우 브랜드는 어떤 상품이 어떤 회사의 법적 소유물인지를 알 수 있게 해주는 '법적 마크'로 사용되었다.

사람들이 특정한 법적 마크를 가진 회사로부터 계속 구매함에 따라 시간이 지나면서 신뢰가 형성되기 시작했다. 그 결과 브랜드는 '법적 마크'에서 '신뢰 마크'로 진화했다. "IBM을 샀다는 이유로 해고된 사람은 아무도 없다"라는 말과 같다. 왜 그런 걸까? 적어도 이런 속담이 있을 정도로 IBM은 신뢰할 수 있기 때문에 지난 수년간 IBM의 사업에 확실히 도움이 되었다. 신뢰가 관건이다. 그리고 신뢰가 있는 곳에서 사랑이 싹튼다. 이것이 '신뢰 마크'에서 '러브 마크'로 가는 브랜드의 다음 단계 진화로 사람들은 브랜드에 대한 깊은 감정을 느끼고 관계를 형성했다. 그리고 이는 종종 브랜드 제품의 비합리적인 소비로 이어졌다. 사람들은 이 회사를 사랑하기 때문에 계속해서 이 회사 제품을 구매했고, 브랜드 제품을 시장에 출시하는 마케팅 담당자로서는 정점에 도달한 것이었다.

사랑은 확실히 사람들이 행동하게끔 강요할 수 있다. 하지만 정체성은 훨씬 더 큰 매력을 가지고 있으며 오늘날 가장 강력하고 인기 있는 브랜드는 정체성 주도 효과의 혜택을 받는다. 이러한 브랜드는 '러브 마크'에서 사람들이 자신이 누구인지, 어떤 회중에 속해 있는지를 세상에 알리기 위해 사용하는 '정체성 마크'로 진화했다. 콜린 캐퍼닉과 나이키의 사례에서 보았듯이 사랑받던 브랜드라도 신념과 이념 불일치로 인해 사람들의 정체성과 맞지 않게 되면 사람들은 소비하지 않는다. 그러나 그들의 정체성과 세계관이 브랜드와 일치하면, 사람들이 움직일 가능성이 훨씬 높다. 이는 브랜드 제품 자체의 기능 때문이 아니다. 오히려 브랜드가 우리에 대해 말하는 것 때문이다.

이 현상은 사회학에서 역할론으로 설명된다. 역할 이론은 우리의 일상 활동이 그저 사회라는 세계에서 우리가 수행하는 역할일 뿐이라고 주장하는 개념이다. 윌리엄 셰익스피어는 자신의 희곡 『뜻대로 하세요』에서 이렇게 썼다. "모든 세상은 무대이고, 모든 남자와 여자는 단지 배우일 뿐이다. 출구와 입구도 있다." 실제로 우리는 모두 우리가 제시하기로 선택한 정체성 프로젝트를 바탕으로 연기할 캐릭터를 선택한 사회적 배우이다. 만약 당신이 자신을 스케이트 선수라고 정체화하면 당신은 특정한 방식으로 행동하고, 그 역할에 적절한 의상을 입고, 스케이트 선수에게 기대되는 대본에 따라 당신도 '우리 중 한 명'이라는 신호를 보내기 위해 말할 것이다. 결국 이것은 우리가 속한 집단 구성원이 된다는 게 무엇을 의미하는지를 만들어내는 사회적 진실이다.

이 집단의 사회적 행위자로서 우리는 공적 이미지를 통제하고 관리하기 위해 외부에서 자신을 바라보는 모습을 기획하고, 우리 자신을 보는 방식과 다른 사람에게 어떻게 보이고 싶은지에 기초하여 행동한다. 말하자면, 의사가 흰 가운을 착용하고 건설 노동자가 칼하트*를 입는 것처럼 우리가 선택한 역할에 맞는 의상을 고른다. 우리가 자신을 꾸미는 브랜드,

---

* 노동 현장에서 입는 작업복이나 그에 기반한 의류를 생산하는 미국 의류 브랜드

우리가 다니는 대학, 우리가 취업을 원하는 회사, 우리가 참여하는 조직은 우리의 사회적 성격에 맞는 정체성의 상징 역할을 한다. 결과적으로 정체성은 우리가 무엇을 사고, 어디로 가고, 어떻게 세상에 나타나는지, 누구와 함께 모이기로 하는지에 영향을 미친다. 당신이 가진 브랜드가 당신에 대해 무엇을 말해주는지 한번 생각해보자. 아마도 브랜드는 부호화된 언어를 사용해서 정체성을 전달하는 미묘한 연상 신호일 수 있다. 내가 속한 파이 베타 시그마 모임의 창립 연도인 '1914'가 간단히 그려진 스웨터처럼 말이다. 내가 거리에서 스쳐 지나가는 대부분의 사람은 그 의미를 잘 모르지만, 아는 사람들이 있는데, 특히 그 집단에 속한 다른 구성원들이 그렇다. 아니면 힐러리 클린턴의 2016년 대선 출마를 지지한다는 사실을 분명하게 알리는 내 아내가 입은 '아임 위드 허(I'm with her)' 티셔츠처럼 더 노골적일 수도 있다. 그 신호가 얼마나 주제넘지 않은가에 관계없이, 이 브랜드들은 우리가 사회에서 배우로서 연기하기로 선택한 인물을 기반으로 우리가 누구인지를 전달한다.

일치와 영향력

우리가 지닌 신념과 이념은 우리가 누구인지를 결정하고, 우리는 그 신념과 이념에 따라 부족을 선택한다. 부족을 특별하게 만드는 건 사람들이 사회적 동물로서 연결되는 성향을 보인다는 사실뿐만 아니라 우리를 하나로 모으는 연결이 우리가 집단으로 행동하는 방식에 영향을 미치기 때문이다. 우리는 직장에서 친구들과 함께 어떠한 방식으로 행동하지만, 고향

친구들과 있을 때는 다른 방식으로 행동한다. 대학 시절 친구들과 함께 있을 때는 거리낌 없이 욕할 수도 있지만, 부모님 앞에서는 욕설을 삼가는 경향이 있다. 왜 그럴까? '우리 같은 사람들'이 받아들일 수 있는 행동이라고 간주한 것을 채택하기 때문이다. 따라서 우리는 집단으로 확립한 사회적 사실을 토대로 부족에서 '정상'이라고 여겨지는 행동을 한다. 이 영향력은 항상 명확하지는 않지만 상당하다. 우리는 부족에 소속되어 있기 때문에 특정한 방식으로 이야기한다. 특정한 방식으로 행동하고 특정한 방식으로 옷을 입는다. 그리고 우리 의견과 신념은 네트워크 이념 및 문화적 운영 체계와 일치하는 것을 반영해서 형성된다.

이 역학은 우리가 속한 모든 부족에 존재한다. 내 가족을 예로 들어보겠다. 난 마커스 콜린스고, **콜린스 가족**이라는 부족에 속해 있다. 우리 가족은 가정과 교회가 먼저라고 믿고 있어서 매주 일요일 아침 교회 예배당에서 나를 볼 수 있다. 내가 교회에 가지 않았다면 일요일 오후 어머니로부터 "마커스, 오전에 뭐 하면서 보냈니?"라는 수동적인 전화 공격을 받았을 것이다. 이것은 부족의 문화적 규범과 단계에 맞지 않는 방식으로 행동할 때 나타나는 사회적 결과이다. 여기서 일요일마다 반드시 교회에 가기로 약속하는 계약서를 썼다거나 석조 명패에 서명하지는 않았다는 사실에 주목해야 한다. 미국에서의 사회적 기준, 즉 국가의 문화적 특성을 구성하는 이념을 고려할 때 말도 안 되는 일이다. 하지만 나는 매주 일요일 아침 교회에 가는데, 그래야 해서가 아니라 나 같은 사람들이 하는 일이라고 생각하기 때문이다. 이게 콜린스가 하는 일이며, 내가 그렇게 생각하기 때문에 나는 교회에 간다.

콜린스인 사촌들이 있지만 그들은 우리처럼 교회에 다니지는 않는다. 그들은 여전히 우리 가족의 일원이지만, 완전히 '우리 중 하나'라고 느껴지지는 않는다. 아마 사촌들 역시 부족에 상당 부분 속해 있다고 느끼기보다는 부족의 부속물처럼 느낄 거라고 확신한다. 졸업식 같은 특별한 행사에 참여하고, 휴일에는 서로의 집에 방문한다. 하지만 우리를 묶는 가족적 유대감은 의식과 향수 정도로 밀려난다. 우리가 서로를 덜 좋아한다고 생각하지는 않지만, 우리는 분명히 세상을 비슷하게 바라보지 않으므로 서로 비슷하게 행동하지 않는다.

미시간대학교 교수이자 이 학교를 두 번 졸업한 사람으로서 나는 나를 미시간 울버린 회중이라고 여긴다. 특히 각각 학사와 석사 학위를 취득한 공대와 경영대 부족임을 자칭한다. 회중으로서 우리는 미시간이 최고 학교라고 믿는 경향이 있다. 논쟁의 여지가 있다고 생각하지만, 오랫동안 지켜온 믿음이다. 실제로 우리는 자랑스러운 무리다. 이 믿음이 객관적 사실인지와는 별개로, 반론의 여지가 없는 진실이 있는데 바로 미시간 울버린 회중들 사이에 뿌리 깊이 박힌 오하이오주립대학교에 대한 경멸이다. 이는 단순한 경쟁 그 이상이다. 미시간 울버린 회중은 수도 콜럼버스에 오하이오주립대학이 있다는 이유만으로 오하이오에 대해 악감정을 가진다. 그러나 거의 200년 전으로 거슬러 올라가는 이 불화의 기원은 정반대였다. 미시간주가 1835년 미합중국에 가입할 준비를 하고 있을 때 미시간주와 인접한 오하이오주를 경계로 하는 땅덩어리인 톨레도 지역을 포함하기 위해 캠페인을 벌였다. 역사에서 알 수 있듯이, 오하이오주가 이 움직임을 먼저 시작했고, 오하이오주는 톨레도를, 미시간주는 어퍼 반도(가칭 U.P.)를 가져가기로 합의했지만, 이 거래는 당시 큰 동요를 일으켰다. 1987년 미시간대학교 미식축구팀이 오하이오주립대학교 팀과 맞붙자, 각 주 역사에 내재한 긴장감이 경기장에서도 드러났다. 그리고 지금까지도 미시간 울버린은 오하이오주립대 미식축구팀인 버크아이스를 질색하며, 내가 알기로는 버크아이스도 울버린을 질색하기는 마찬가지다.

그건 그렇고, 이건 과장이 아니다. 미시간대학에 입학하기 전에 나는 오하이오주립대에 전혀 관심이 없었다. 하지만 입학하자마자 나 역시 그 학교에 대한 경멸을 받아들였다. 미시간대학에서 온 입학허가서에 서명할 때 앞으로 오하이오주를 싫어할 거라는 점에 동의하라는 체크 박스는 없었다. 내가 입학할 때 이 두 라이벌 학교 사이의 불화에 대해 충성을 맹세하지는 않았지만, 비유적으로 말하자면 미시간대 학생이라는 정체성을 받아들인 후에는 가상 확실하게 충성을 맹세했다. 그렇게 하는 게 인지적으로도 쉽고 적합하다고 느꼈다. 나는 미시간 울버린이었고, 이것이 나 같은 사람들이 한 일이었다. 그것은 암묵적인 기대였고, 그래서 나는 그 기대를 받아들였다. 이상하게도 내 정체성이 '미시간대 학생'에서 '미시간대 교수'로 바뀌자, 오하이오주립대에 대한 경멸도 바뀌었다.

이 연관성을 설명하기 위해 나는 학생들(학위 과정 학생들과 경영진 모두)에게 내가 속한 부족을 소개한 다음 학생들에게 (1) 부족의 이름, (2) 부족이 공유하는 신념, (3) 그 집단의 암묵적 규칙, (4) 집단 고유의 공통된 문구를 확인해서 자신이 속한 부족을 설명해달라고 요청했다. 이 지침을 설명한 후 나는 똑같은 항목으로 내 부족 중 하나를 이렇게 설명한다. "(1) 콜린스 가족, (2) 가족과 교회가 우선이다, (3) 일요일에는 교회에 간다, (4) 아멘!" 우리 집에서는 동의한다는 표시로 "아멘"이라고 말하는데, "오늘 저녁은 치즈버거 먹자!" "아멘", "우리 계획 다 취소하고 밤에 그냥 집에서 영화나 보는 게 어때?" "아멘"이라고 말하는 식이다. 종교와는 전혀 관련 없는 상황일 수도 있다. 그 말이 문화적이고 우리의 종교적 신념을 반영하기는 하지만, 그냥 우리가 말하는 방식일 뿐이다.

(1) 미시간 울버린이라는 부족이 있는데, (2) 우리 학교가 역대 최고 학교라고 생각한다. 논란의 여지가 있을 수 있지만, 우리는 모두 (3) 오하이오주립대학교를 싫어하고 캠퍼스 밖에서 마주치는 미시간대 옷을 입은 사람들에게 (4) "가자, 블루!"라고 말한다. 사실 나는 해외든 국내든 여행할 때 일부러 미시간대학 야구 모자를 쓴다. 어김없이 누군가가 그것을 보고 "가자, 블루!"라고 말할 것이기 때문이다. 그리고 그럴 때 나는 혼자가 아니라는 사실을 즉시 느낀다. 마치 내 부족이 내가 없을 때도 나와 함께 있는 것처럼 말이다. 우리는 결국 사회적 동물이며, 우리 부족에 소속된다는 것은 이전에는 완전히 남이었던 사람들과 연결될 수 있도록 도와준다.

내가 속한 부족 사람들을 묘사한 후, 학생들에게 네 가지 질문으로 구성된 기준표를 사용해 가능한 많은 부족을 찾고 설명할 수 있도록 시간을 준다. 일단 학생들이 이것을 곰곰이 생각하고 문서로 기록할 시간을 갖게 한 뒤, 학생들에게 서로 짝을 이뤄 자신이 속한 집단을 공유하면서 유사점과 차이점을 정확히 찾아내보라고 말한다. 몇 분간 대화를 나누게 한 뒤 나는 학생들을 모두 다시 모아 그들이 발견한 내용을 가지고 토론한다. 전세계 어디에서 이 활동을 하든 결과는 항상 똑같다. 어떤 사람들은 자기 가족, 대학 동창, 친한 친구 집단, 직장 동료, 자신이 속한 스포츠 클럽, 밴드 또는 다른 특별한 관심사를 가진 사회 집단의 이름을 지명한다. 수년에 걸쳐 많은 것을 들었다. 어떤 집단이든 간에 그들은 보편적인 점(많은 사람이 다른 사람들의 부족과 유사한 특성을 공유한다는 사실)과 미묘한 점(부족 내에서 일이 진행되는 방식이 매우 구체적이라는 사실)을 모두 발견한다. 놀랍게도 나는 들어가는 문은 넓지만, 소속될 수 있는 길은 좁다는 것을 발견했다. 소속감에는 친밀함과 특정 집단 안에서 얼마나 광범위한 신념이 발휘되는지에 대한 코드를 아는 것이 필요하다. 자유가 중요하다는 사실에는 모두가 동의할 수 있지만, 자유의 의미와 그것이 어떻게 발현되는지는 그 부족의 사회적 사실에 따라 달라진다.

"부족의 암묵적인 규칙을 어기면 어떻게 되나요?"라고 질문하면서 이 활동을 이어간다. 대답은 늘 "쫓겨나게 되죠"로 똑같다. 부족의 사회적 기준에서 벗어나면 그 부속에서 파문당하게 된다. 자신들을 '와인 클럽'이라고 부르는 브라질 상파울루의 미혼 여성 모임은 구성원들이 서로의 전 남자친구와 데이트하지 않는다는 불문율을 가지고 있었다. 인디애나주 사우스벤드에 있는 공화당원 집단의 암묵적인 규칙은 회원들이 공개적으로 다른 공화당원의 의견에 반대하지 않는다는 것이었다. 대학 시절 교내 축구를 하고 어른이 되어서도 여가 활동으로 축구를 했던 친구의 암묵적 규칙은 경기에 참석하지 못하게 되면 최소 48시간 전에 미리 알려주어야 하며, 합당한 핑계 없이는 경기에 빠지지 않는 것이었다(그런데 미국 최초의 교내 스포츠 학과는 1913년 미시간대학교와 오하이오주립대학교 캠퍼스에 설립되었다. 두 학교는 실제로 경쟁이 치열하다). 이런 불문율을 지키지 않을 경우 집단에서 제명될 수 있으므로 사람들은 규율을 준수한다. 이것이 바로 내가 속한 집단 사람들의 영향이다. 운동화 수집광 부족이든 스케이트보드를 타는 부족이든 어떤 집단인지와 관계없이, 공동체의 구성원이 된다는 것이 무엇을 의미하는지를 결정하는 일련의 문화적 특성, 즉 일련의 공유된 신념, 의미가 가득한 지정된 유물, 규범적 행동들, 우리가 사용하는 부호화된 언어 등이 있다. 따라서 우리는 공동체의 좋은 구성원으로 남기 위해 이런 문화적 특성을 고수한다. 이런 특성은 부족 공동체 구성원으로서 우리의 일상생활을 지배하고, 다른 구성원과 우리를 연결하는 유대감을 강화하는 데 도움이 된다. 이 활동을 직접 해보고 우리가 속한 부족 소속을 고려할 때 어떤 점을 발견할 수 있는지 알아보라.

나는 항상 이미 답을 알고 있는 "집단에서 쫓겨나는 게 왜 문제가 되나요?"라는 간단해 보이는 질문으로 이 활동을 마무리한다. 이걸 알아내려고 박사학위가 필요하지는 않다. 우리 부족 사람들은 우리 삶에서 가장 중요한 사람들이다. 그들은 우리가 경험하는 세상의 틀을 잡는 데 도움을 주고, 이 집단을 통해 우리는 세상에서 우리가 누구인지를 정의한다. 이것은 사회적 결속력만의 문제가 아니다. 우리 정체성에 관한 문제다. 이 사람들과 단절되는 것은 사회적 소외와 정체성 포기를 의미한다. 그래서 우리는 그들을 지배하는 문화적 특성을 고수하면서 이 부족들을 단단히 붙잡는다. 어떤 경우 부족 생활 방식의 정당성에 의문을 제기하는 것은 우리 자신의 정체성에 의문을 제기하는 것이기 때문에 문화적 특성의 장점에 의문이 들 때도 이런 문화적 특성을 옹호하기도 한다. 그러므로 부족들은 종교적 회중들이 자신들의 영적 소속감을 실천하고 보호하는 것처럼 자신의 문화적 특성을 실천하고 보호한다. 나는 내가 속한 부족이며, 그 부족이 바로 나다.

부족의 모든 사람이 똑같이 행동할까? 물론 그렇지 않다. 사람에게는 늘 가변성이 있다. 규칙을 어기는 사람들이 있는 반면, 규칙을 엄격히 준수하는 사람이 있다. 그러나 평균적으로 사람들은 '정상'이어야 한다는 사회적 압력이 가해지기 때문에 부족의 기준에 적합하다고 생각하는 것을 따르는 경향이 있다. 이러한 압력은 사람들이 집단이 수용할 수 있다고 생각하는 방식으로 행동하고, 자신을 표현하도록 보장하는 부족의 문화적 기대이다.

이러한 문화적 기대는 한 집단 안에서 중심성을 측정하는 척도이다. 우리가 부족의 문화적 특성에 더 잘 부합할수록 우리는 더 '정상'이다. 부족의 일원으로서 우리의 목표는 부족과 좋은 관계를 유지하는 것이므로 우리는 줄을 서서 규칙을 따른다. 부족의 문화에 맞춰 행동한다. 물론 부족에 존재하면서도 자기 일을 하는 사회적 행위자들은 항상 존재한다. 이들은 일부이긴 하지만 집단의 문화적 특성에서 벗어난다. 이것이 바로 하위문화가 일어나는 곳이다. 즉 문화 안에 있는 문화이다. 대부분의 '정상적인' 사람들처럼 그 집단의 일부 문화적 특성을 지지하지만, 전부는 아닌 사회 변두리에 있는 사람들은 자신이 누구인지, 세상을 어떻게 보는지를 가장 잘 식별하는 그들만의 하위문화를 창조하는 경향이 있다. 이는 종종 비트 세대, 히피, 힙스터와 같이 저항 문화라고 불렸다. 이 사회 집단은 하위문화가 새로운 표준, 즉 더 큰 부족의 지배적인 문화가 될 때까지 더 큰 인구 집단 안에서 생활하며 새로운 신념, 유물, 행동, 집단의 언어에 영향을 미친다.

우리 부족과 나 사이의 이러한 정체성 일치는 너무 깊어서 우리가 모르는 사이에 무의식적으로 우리의 일상 행동을 알려준다. 매일 우리는 그것이 우리 자신의 의지를 따른 것이라고 오해하면서 수많은 결정을 내린다. 실제로는 그 결정 대부분이 우리 부족의 문화적 특성을 반영하는 정신적 틀의 부산물이다. 틀은 간단하다. 나는 [부족 이름]의 구성원이다. 우리는 [부족의 공통된 신념]을 믿는다. 그러므로 나는 [행동규범]을 한다. 나는 콜린스 가문 사람이다. 우리는 가족과 교회가 최우선이라고 믿는다. 그러므로 매주 일요일 아침 교회 예배당에 간다. 우리는 모두 사회 세계에 어떻게 나타날지 결정하기 위해 하루에 수백 번씩 이 틀을 거친다. 부족 구성원들은 "나 같은 사람들도 이런 일을 하는 걸까?"라는 간단한 질문에 힘을 합쳐 행동한다. 대답이 "네"라면, 그렇게 한다. "아니요"라고 대답하면, 그렇게 하지 않는다. 그만큼 간단하다. 우리가 이 틀을 통해 작업하고 있다는 사실조차 모를 수도 있지만, 실수하지 마라. 우리 모두의 마음속에는 실제로 이런 틀이 작동하고 있다. 우리가 속한 많은 부족에 대해서 말이다. 철학에는 라틴어 원문인 "Cogito, ergo sum"에서 번역된 "나는 생각한다, 고로 존재한다"라는 유명한 말이 있지만, 부족이나 회중의 경우에는 "나는 존재한다. 고로 나는 한다"에 가깝다. 나는 콜린스다. 고로 나는 일요일 아침에 교회에 간다. 우리 모두, 그리고 우리의 신념과 이념이 일치하고, 우리의 정체성이 투영되는 모든 부족도 마찬가지이다. 이것은 사람들의 집단행동을 촉진하려는 마케팅 담당자, 기업가, 리더, 관리자에게 엄청난 기회를 만들어준다. 사람들은 자신이 속한 부족과 함께 움직이며, 부족은 집단의 세계관에 부합하는 문화적 특성을 채택한다. 따라서 브랜드, 기관, 운동의 신념과 이념이 부족의 집합체 또는 회중의 신념 및 이념과 부합할 때 부족 구성원은 이를 채택하려는 경향이 더 크다. 그들은 다른 누구보다 움직일 가능성이 더 크다. 잠시 시간을 내서 당신이 속한 조직이 믿는 것은 무엇인지 자문해보라. 당신의 브랜드가 세상을 보는 방식을 구성하는 이념은 무엇이며, 그 관점과 연관된 문화적 특성은 무엇인가? 브랜드 신념이 부족의 신념과 일치할 때 부족 구성원들은 브랜드를 이용해서 자신의 정체성을 세상에 알린다. 여기서 브랜드는 더 이상 단순한 소유의 표시가 아니라 정체성의 표시가 된다.

당신은 믿는가?

나는 금융위기가 절정에 달했던 2008년 경영대학원을 졸업했다. 그것은 비극이었다. 학자금 대출만 11만 6,000달러인 데다 백수였고 어디 취업할 수 있는 기미도 보이지 않았다. MBA 졸업생에게는 최악의 상황이었다. MBA 과정 마지막 학년에 애플에서 일했지만, 내가 근무했던 부서 안에 조직 변화가 생기면서 그해 말 계약이 종료되었다. 그래서 졸업 이후, 동부에서 내 운을 시험해보기 위해 가방 두 개를 챙겨 뉴욕으로 갔다. 다행히 애플에서 일할 당시 월급을 상당히 저축해놓아서 엄청나게 비싼 뉴욕 생활비가 주는 타격을 견뎌낼 수 있었다. 하지만 뉴욕에서 살아본 사람이라면 누구나 알다시피 그 돈으로는 오래 버틸 수 없었다.

뉴욕에 온 뒤 3개월 동안 수많은 좌절을 겪었다. 아내의 사촌 로렌이 비욘세 놀스의 아버지인 매튜 놀스에게 내 이력서를 첨부한 소개 이메일을 보냈다. 그때까지 나는 여전히 직장을 구하지 못했고 완전히 절망적인 상황이었다. 매튜는 데스티니스 차일드*의 급부상을 뛰어넘는 비즈니스 거장으로 데스티니스 차일드의 매니지먼트 회사이자 음반사인 뮤직월드엔터테인먼트의 CEO였다. 나는 그의 회사가 있는 휴스턴에서 매튜를 두 번 만났다. 이후 매튜는 내게 뮤직월드엔터테인먼트와 그 회사에 소속된 모든 아티스트를 위해 디지털 전략 업무를 운영해달라고 제안했다. 소속 아티스트 중에는 대성공을 거둔 슈퍼스타 비욘세도 있었다. 나는 너무 기뻐서 마치 구름 위를 걷는 것만 같았다.

내가 뮤직월드엔터테인먼트에 합류하기 1년 전인 2009년 비욘세는 세 번째 정규 앨범 《아이 엠 사샤 피어스》를 발표했다. 이 앨범에 수록된 히트곡 〈싱글 레이디〉가 여전히 엄청난 인기를 끌고 있을 때 그녀의 싱글 앨범 수록곡 〈할로〉도 막 인기를 얻기 시작했다. 비욘세는 〈싱글 레이디〉로 제52회 그래미상 시상식에서 올해의 노래상을 포함해 3관왕을 차지했을 뿐 아니라, 이 노래만큼이나 주목과 비평가들의 호평을 받은 뮤직비디오도 함께 선보였다. 이 노래에서 유행어가 된 "반지를 끼워줬어야지"라는 가사는 오랜 기간 연인 관계로만 머물러 있던 미혼 여성들의 만트라가 되었다. 〈싱글 레이디〉 뮤직비디오에는 이 유행어와 딱 맞는 손동작이 담겨 있어서 이 곡을 세계적인 문화 현상으로 만들었다. 비욘세는 논란의 여지 없이 당시 음악계 거물 중 한 명이었다. 곧 전 세계에서 가장 중요한 인물이 될 거라는 사실을 그녀 자신은 알지 못했지만 말이다. 비욘세 사업에 참여

---

* R&B 걸그룹으로 비욘세가 이 그룹의 리드 싱어로 데뷔했다.

하기에 더할 나위 없이 완벽한 시기였다. 물론 그 사업에 참여하기 나쁜 때란 없었다. 나는 그 쇼의 맨 앞줄 입장권과 여왕의 왕국에 기여할 기회를 얻었다.

뮤직월드엔터테인먼트에서 비욘세의 디지털 전략을 담당하는 동안 나는 그녀의 첫 향수인 히트의 출시를 도왔다. 이 향수는 메이시스 백화점에서 발매 첫날 완판되었다. 또한 싱글 앨범 《와이 돈 유 러브 미》의 뮤직비디오 감독 데뷔를 홍보했고 여러 프로젝트와 상품 지원을 포함한 라이브 콘서트 영화 개봉 업무를 담당했다. 하지만 비욘세와 함께 일하면서 가장 보람을 느꼈던 건 이런 성공과는 거의 관련 없는, 내 경력에서 가장 큰 교훈을 얻은 실패와 관련이 있다. 바로 '비욘투라지(Beyontourage)'였다.

비욘투라지는 비욘세의 매우 열성적인 팬을 지칭하기 위해 우리 회사에서 사용했던 용어로 비욘세의 별명인 '비'와 연예인의 스태프와 경호원, 친구 등으로 이루어진 팀을 지칭하는 단어인 '엔투라지(entourage)'를 합성해서 만들었다. 당시 HBO에서 「엔투라지」 쇼가 전성기를 누리고 있었기 때문에 우리는 이 이름을 정말 잘 지었다고 생각했다. 작명 방식은 제쳐두더라도, 우리가 저지른 실수는 이 팬들을 뭐라고 부르는지가 아니라 우리가 그들을 보는 관점이었다. 적어도 우리 마음속에서 비욘투라지는 디지털 팬클럽을 뜻했다. 이 글을 읽고 있는 독자들도 한때는 누군가의 팬클럽 회원이었을 것이다. 공식 팬클럽이 아니라 마음속으로만 좋아했을 수도 있다. 나는 보이즈 투 맨의 열렬한 팬이었다. 팬클럽은 음악 그 자체를 뛰어넘어 팬들과 가수가 소통하는 주요 통로였다. 팬들은 자신이 좋아하는 가수에게 편지를 썼고(아마 대부분 답장을 받지 못했을 것이다) 그들에 대한 변함없는 사랑과 음악에 대한 감사를 표현했다. 팬들은 그들이 음악을 통해 자신을 어떻게 보게 되었는지 또는 특정 노래가 삶의 힘든 시기를 극복하는 데 어떻게 도움을 주었는지를 묘사하면서 자신의 속마음을 글로 털어놓았다. 인터넷이 발달하기 전 이러한 교류는 주로 손 편지로 이뤄졌고 매우 일방적이었다. 나는 27년이 지난 지금도 보이즈 투 맨의 답장을 기다리고 있다. 그냥 그렇다는 거다.

인터넷 시대가 되면서 팬들은 아티스트로부터 직접 이야기를 듣거나 팬들끼리 서로 소통할 기회가 더 많아졌다. 좋아하는 가수를 향한 자신의 사랑을 공유하고 그 가수의 음악, 공연 등과 관련해 서로의 경험을 나눌 수 있게 된 것이다. 디지털 세계는 팬클럽을 덜 거래적으로 만들어주었고, 아티스트와 팬 모두에게 더 의미 있는 환경을 제공했다. 이러한 온라인 팬클럽 안에서 이루어진 대화는 팬들이 아티스트의 어떤 점을 좋아하고 싫어하는지와 관련한 풍부한 정보를 제공했으며, 여러 면에서 가수의 새로운 앨범과 활동 홍보에 도움을 주는 스트리트 팀* 역할을 톡톡히 했다. 비욘투라지는 비욘세가 지닌 엄청난 영향력을 중심으로 한, 온라인 팬클럽을 체계적으로 정리하려는 시도였다. 하지만 우리는 훨씬 더 많은 것을 얻을 수 있었다.

우리 회사에서 온라인 팬클럽을 만들기 위해 분주한 시간을 보내는 동안 비욘세의 팬들은 자신들만의 부족 네트워크를 구축하고 있었다. 우리는 비욘세의 팬들을 비욘투라지라고 불렀지만, 그들은 자신의 공동체를

---

* 제품이나 이벤트를 홍보하기 위해 거리를 돌아다니는 사람들을 지칭하는 마케팅 용어

비하이브*라고 불렀다. 우리는 비욘세를 중심으로 온라인 그룹을 만들었지만, 비욘세의 팬들은 서로를 중심으로 공동체를 만들었다. 우리 회사가 비욘세의 음악과 유명세를 중심으로 한 팬덤에 집중하는 동안 팬들은 비욘세의 신념 및 이념과 일치하는 문화를 구축해나갔다. 이것은 비욘세의 팬들 역시 비욘세와 같은 신념, 즉 여성의 권리와 역량 강화를 지지했기 때문이다.

비하이브는 그들만의 규범, 즉 하나의 '벌'은 결코 다른 '벌'을 공격해서는 안 되고 '벌'들끼리는 서로를 지켜줘야 하며, 늘 서로에게 친절해야 한다는 규범을 가지고 있었다. 비욘세에 관한 모든 뉴스를 언급하는 '꽃가루'라는 그들만의 용어도 만들었다. 비하이브는 서로 협력했고 여왕에 대한 어떠한 무례도 용납하지 않았다. 어떤 유명인이나 공인이 비욘세에 대해 좋지 않은 말을 하면, 비하이브는 무리를 지어 공격한다. 컨트리 가수이자 록 가수인 키드 락이 「롤링스톤」과의 인터뷰에서 "나는 비욘세가 하나도 매력적이라고 생각하지 않는다"라고 말하자, 비하이브는 분노를 터뜨렸다. 인터넷에서 수천 마리 벌들이 키드 락에게 수많은 부정적인 댓글을 남겼고 그의 SNS 채널은 비하이브를 상징하는 꿀벌 이모티콘으로 가득 찼다. 질려버린 키드 락은 자신의 인스타그램에 에프킬라 사진을 올리며 공격 책임자가 누구인지 알리는 것으로 응수했다. 당연하게도 비하이브는 이런 반응을 흔쾌히 받아들이지 않았고 집단행동을 계속했다. 이 공격은 키드 락의 첫 인터뷰 이후 3년이나 계속되었다.

---

* 벌집이라는 의미로, '여왕벌'이라는 의미를 지닌 비욘세의 별명 퀸비(Queen Bey)에서 따왔다.

비하이브가 주목받자, 비욘세 팬클럽의 전략은 완전히 바뀌었다. 그들은 더 이상 아티스트 비욘세를 중심으로 팬덤을 유지하는 것이 아니었다. 이제는 〈인디펜던트 위민 파트 원〉에서 〈서바이버〉 그리고 〈싱글 레이디〉에서 〈런 더 월드〉에 이르기까지 비욘세 음악에 항상 존재했던 신념과 이념인 공유된 세계관을 중심으로 공동체를 촉진하는 것으로 방향을 바꾸었다. 이것은 사람들이 음악을 넘어 문화적 차원에서 관심을 가지고 공유하는 것이었다. 비욘세의 음악은 한마디로 사람들이 공유하는 세계관을 전달하고 사회적 담론을 형성하기 위해 사용하는 문화적 산물이었다. 그렇게 함으로써 비하이브는 자신의 정체성을 투영하고 그들이 세상에서 어디에 적합한지 구별하는 데 도움이 되었다. 이렇게 문화적 정체성이라는 렌즈를 통해 우리가 참여하기로 선택한 부족 네트워크 안에서 관계를 형성하고, 이후에 협력하여 행동한다.

비하이브는 우리 회사가 팬클럽이 할 수 있을 거라고 상상한 바를 훨씬 더 뛰어넘었다. 우리가 잘못된 시각을 가졌던 것이다. 신자를 찾아야 할 때 우리는 팬을 찾고 있었다. 이 모든 게 완전히 무너지는 것을 보면서 사람들을 움직이게 하는 것에 대해 내가 생각했던 방식은 완전히 도전받았다. 믿지 않는 사람들을 설득하려고 하는 대신 이미 믿고 있는 사람들, 즉 자발적인 집단을 활성화하는 게 어떨까?

마케팅 담당자는 잠재 고객을 노린다. 정치인들은 잠재적 유권자를 쫓고, 모금 조달자들은 잠재적 기부자를 쫓는다. 그러나 비하이브의 부상(그에 따른 비욘투라지의 실패)은 세상을 당신과 같은 방식으로 보는 사람들이 있다는 사실을 나에게 가르쳐주었다. 그들은 본인의 행동 방식을 알려주는 유사한 신념과 이념을 마음속에 가지고 있다. 따라서 부족의 정체성과 세계관 일치에 대해 우리가 현재 알고 있는 사실을 바탕으로 주변에 공동체를 만들려고 노력하는 대신, 아마도 당신이 믿는 것을 이미 믿는 사람들을 찾아 그들을 연결하는 네트워크를 촉진하는 게 더 나을 것이다.

2018년 캘리포니아주 샌프란시스코 그레이스 대성당은 종교적 틀을 통해 인종과 성별 문제를 탐구하는 예배인 비욘세 미사로 교구민들이 예배드리는 것을 기꺼이 받아들였다. 이 예배는 비욘세를 숭배해야 할 신적 존재로 생각하지 않았다. 이곳은 여전히 성공회 교회였다. 그러나 보통 50명이 참석하는 교회에 900명 넘는 사람들이 예배에 참석하도록 영감을 준 것은 교회와 비욘세, 그리고 여성의 권한 부여에 관한 예배 참석자들 사이에 공유된 신념과 이념이었다. 사람들이 행동하도록 영감을 주고 싶다면, 가장 좋은 기회는 당신과 같은 방식으로 세상을 바라보는 사람들의 총체적인 부족인 당신의 회중을 찾는 것이다. 이 사람들은 자신의 정체성 때문에 합심하여 행동하고 종교적인 방식으로 행동하는 경향이 더 강하다. 음악이 더 좋다거나, 차가 더 빨리 간다거나, 배터리가 더 오래가는 것과 같은 제품의 가치 때문에 움직이는 것이 아니라 정체성과 문화를 채택했음을 표현하기 위해 움직인다. 그들은 신자이며, 다른 신자들이 하는 것처럼 행동할 것이다. 사회적 동물로서 우리는 이렇게 연결되어 있고, 이것이 부족 안 문화의 힘이다. 이는 우리가 사회적 연대와 소속감의 행위로서 부족의 다른 구성원들과 보조를 맞춰 움직이도록 영향을 미친다. 이러한 수준의 영향력을 얻으려면 먼저 우리가 무엇을 믿을지 결정한 다음 세상을 비슷하게 보는 사람들의 부족을 확인해야 한다.

당신은 당신이 무엇을 믿는지 알고 있다. 당신이 견지하는 일련의 이념과 신념을 알고 있다. 또 누가 당신과 같은 신념을 가지고 있으며, 같은 이념적 세계관을 공유할까? 마케팅에서는 이를 세분화와 표적화라고 부른다. 세분화는 모두가 다른, 다양한 이질적인 집단의 사람들을 각자 다른 사람보다는 더 닮은 비슷한 집단에 배치하는 행위이다. 우리는 사람들을 세분화해서, 다양한 선호도와 속성에 따라 집단으로 나누어 그들이 특정 행동을 취하도록 영향을 미치는 최고의 제품과 마케팅 메시지를 제공할 수 있다. 결국 마케팅의 핵심 기능은 사람들이 어떤 행동을 취하도록 영향을 미치는 것이다. 일단 사람들을 세분화하면 마케팅 담당자는 제품을 제공할 세분화된 부분을 선택한다. 이것이 바로 표적화 행위이다. 우리는 구매, 투표, 시청, 구독, 참석 등 원하는 행동을 채택할 가능성이 가장 높은 사람들로 구성된 세분화 집단(세그먼트)을 목표로 삼는다(선택한다). 우리 제품은 잠재적으로 '모든 사람'에게 유용할 수 있지만, 우리는 행동하는 성향이 가장 높은 사람들에게 노력을 집중한다. 문화가 우리 행동에 미치는 영향을 고려할 때, 부족의 사회적 압력과 정체성 일치 추구로 인해 부족은 자신을 표적화하기 가장 매력적인 세분화 집단으로 제시한다.

부족이 실재한다는 사실 외에 다른 이유가 없다면 이런 관점을 강력하게 고려해볼 수 있다. 부족은 실제 사람들로 구성되어 있으며, 사람들은 이걸 사용해서 자신이 누구인지 전달하고 그들이 세상에 어떻게 어울리는지를 규정한다. 반면, 세분화 집단은 실제가 아니다. 세분화 집단은 마케팅 담당자가 사람들을 느슨한 대리물을 기반으로 동질적인 집단에 배치하여 그들이 누구인지 식별하고, 어떻게 행동할 것인지 예측하는 데 도움이 되도록 만든 개념일 뿐이다. 세분화 집단은 깔끔하고 딱 맞아떨어진다. 하지만 실제 사람들은 복잡하고 골치가 아프다. 천체물리학자 닐 디그래스 타이슨은 트위터에 "과학에서 인간 행동을 방정식에 넣으면 상황은 비선형적으로 진행된다. 이것이 바로 물리학은 쉽고 사회학이 어려운 이유다"라고 글을 올린 적이 있다. 실제 사람들은 깔끔하고 작은 상자에 잘 들어가지 않음에도 불구하고 우리는 사람들을 그 안에 넣으려고 최선을 다한다.

마케팅 담당자만 이런 일을 저지르는 게 아니다. 우리 모두 그렇게 한다. 정확성이 아니라 효율성을 위해 세상의 복잡한 일들을 단순화해서 더 쉽게 이해할 수 있도록 사람들을 상자 안에 넣는다. 예를 한번 들어보자. 자, 여기 내 친구 데보라가 있다. 데보라는 미니밴을 끌고 다닌다. 그녀에게 아이가 있을까? 데보라의 아이들은 운동을 할까? 어떤 운동을 할까? 데보라는 어디에 살까? 이 질문들을 읽으면서 아마 꽤 빨리 답을 생각해냈을 것이다. 데보라가 미니밴을 운전하니까 아이도 있을 것이고, 그 아이들은 축구를 하며, 외진 곳에 살고 있다고 생각했을 것이다. 그럴싸하게 들리지 않는가? 글쎄, 중요한 건 이렇다. 데보라에 관해 작은 단 한 가지 정보를 줬는데, 당신은 데보라의 전체 인생에 대한 그림을 그렸다. 이게 바로 우리가 뛰어난 인지적 유동성을 가지고 하는 일이다. 우리는 사람들을 그 사람에게 정체성을 부여한 손쉬운 특성에 기초해 상자 안에 넣는다. 자, 이번에는 마이크를 만나보자. 마이크는 모히칸식 머리* 모양을 했다. 마이크는 어떤

---

* 닭벼슬처럼 가운데로 좁게 한 줄 남기고 나머지는 다 면도를 한 스타일

장르의 음악을 들을까? 무슨 옷을 입을까? 어떤 차를 운전할까? 마이크의 피부는 무슨 색인가? 나는 전 세계에서 이 활동을 하고 있는데, 반응은 거의 항상 똑같고 일반적으로 한결같은 대답이 나온다. 왜 그럴까? 미니밴 운전자와 모히칸식 머리를 한 사람에 대해 우리가 만든 상자가 있기 때문이다. 정확해서가 아니라 쉽기 때문에 우리는 이런 상자를 만들었다.

이런 상자들은 일반적으로 오랜 시간에 걸쳐 만들어진 사회화된 고정관념('모든 여자는 쇼핑을 좋아한다' 또는 '모든 남자는 다 늑대다')을 기반으로 형성된다. 이게 어디로 가는지 쉽게 알 수 있다. 이런 고정관념에는 심각한 결함이 있는데, 여성이라는 생물학적 구조 외에 '모든 여성'을 설명하는 게 아무것도 없기 때문이다. 성별은 너무나 유동적이어서 생물학조차도 '모든 여성'을 설명하는 데는 한계가 있다. 그럼에도 불구하고 쇼핑을 좋아하게 만드는 본질적 요소가 여성 안에 내재해 있는 것은 아니다. 여성에게 특정 성별 규범을 부과하는 사회적 세력이 있지만 이런 규범은 본질적으로 문화적이다. 즉, 우리 행동은 하드웨어에 의해 결정되는 것이 아니라 우리의 소프트웨어, 즉 문화적 특성에 의해 결정된다.

불행하게도 나이, 인종, 성별, 가계 소득, 지역 및 교육을 기반으로 사람들을 설명하기 위해 인구 통계에 의존하는 마케팅 담당자는 이런 설명을 놓치는 경우가 많다. 인구통계학은 사람들을 배치하고 세상을 깔끔하게 만드는 데 도움이 되는 별도의 상자를 제공한다. 그러나 여기서 중요한 점은 인구 통계가 사실이기는 하지만 어떤 사람인지 정확하게 설명하고 있지는 않다는 사실이다. 내 인구 통계를 예로 들어보자. 나는 아프리카계 미국인이다. 이 책을 쓸 당시 나이는 43살이었다. 미시간주 디트로이트 출신으로 그곳에서 태어나 자랐으며, 평생 공립학교에 다녔다. 마케팅 담당자가 내 나이, 인종, 출신 지역 등 나에 대한 설명을 관심 대상으로 본다면 자신의 마음속에 구축한 디트로이트에 사는 40대 흑인 남성에 대한 고정관념을 바탕으로 나를 상자 안에 구분해서 넣었을 것이다. 미니밴을 운전하는 데보라나 모히칸 머리를 한 마이크도 마찬가지다. 데보라는 아이가 있어야 하고, 교외에 살아야 하며, 그녀의 아이들은 축구를 해야 한다. 여자들은 모두 쇼핑을 좋아한다. 그리고 모든 흑인은 [   ]을 한다(빈칸: 인종차별적인 발언).

결함이 있을 수 있지만, 마케팅 담당자와 마케팅 담당자가 아닌 사람들 모두 매일같이 인지적 지름길의 희생양이 된다. 그렇다. 나는 43살이고 디트로이트 출신 흑인이며 평생 공립학교에 다녔지만, 이 중 어느 것도 내가 어렸을 때 재즈를 연주하며 사랐나는 사실이나 6살 때부터 고등학교 때까지 수영대회에 나갔으며 내 형 유진은 대학교에 다닐 때도 수영대회에 나갔다는 사실을 알려주지 않는다. 나는 20대에 생계를 위해 사랑 노래를 썼고 힙합 트리오인 트라이브 콜드 퀘스트를 좋아한 만큼 록밴드 몽키스도 좋아했다. 이런 경험들은 내가 세상을 보는 방식을 형성하는 데 도움을 주었고, 궁극적으로 내가 세상에서 어떻게 행동할지 알려준다. 인구 통계로는 결코 나를 진정한 나로 만드는 미묘한 차이를 포착할 수 없다. 그러나 내가 속한 부족은 그 차이를 포착할 수 있기 때문에 시장을 세분화하는 데 인구 통계보다 더 나은 수단이 된다. 게다가 사람들은 자신이 속한 부족을 기준으로 자신을 구분하고 부족, 더 광범위하게는 회중의 문화적 특성을 고수한다. 따라서 우리의 행동은 마케팅 담당자가 만들어내는 가상의 상자보다 우리와 비슷한 사람들의 행동을 예측할 가능성이 훨씬 더 높다.

이 관점을 통해 세분화와 표적화가 매우 명확해진다. 우리는 믿는 사람과 믿지 않는 사람이라는 두 부류로 시장을 나눈다. 그런 다음 더 행동하려는 경향이 있는 믿는 사람들을 표적으로 삼고, 믿지 않는 사람들을 지나친다. 그리고, 아, 그런데 아마 당신이 생각하는 것보다 믿는 사람들이 훨씬 더 많을 거다. 여러 부족이 모여서 회중을 만든다는 사실을 기억하라. 앞서 파타고니아와 깨끗한 등반을 믿는 회중에서 보았듯이, 환경친화적이고 생태적인 삶을 살려고 노력하는 사람들의 집단인 환경친화적 부족도 있는데 이들 또한 깨끗한 등반의 개념을 믿는다. 마찬가지로 스스로를 기후 변화를 되돌리기 위해 헌신하는 부족의 일원이라고 규정하는 사람들도 있다. 이들은 파타고니아 브랜드와 같은 세계관을 공유하는 서로 다른 두 부족이다. 비슷한 생각을 가진 다른 부족들과 함께 그들은 그들이 세상에 나타나는 방법과 자신의 정체성을 투영하는 방법을 알려주는 공유된 신념과 이념을 가진 집합체인 회중을 구성한다.

종교적인 회중조차도 많은 부족, 전형적으로 가족 부족으로 구성되어 있다. 로마인, 고린도인, 에베소인, 빌립보인이 모두 기독교의 회중을 구성하는 개별 부족이었던 것처럼 콜린스 가족, 헨튼 가족, 데이비스 가족, 심 가족, 핀리 가족, 토마스 가족, 에윙스 가족 및 기타 가족이 함께 회중을 구성한다. 이 부족들은 동일한 세계관을 가지고 있기 때문에 회중을 구성한다. 이스라엘 민족을 구성하는 12개 지파는 각각의 생활 방식을 가지고 있었다. 예를 들어 레위 지파의 구성원들은 제사장이었고, 유다 지파의 구성원들은 왕이었다. 그러나 그들은 모두 공통된 신앙과 이념을 가지고 있었다. 나이키, 캐퍼닉과 같은 세계관을 가진 부족이 있듯이 비욘세가 믿는 것을 믿는 부족도 많고 파타고니아가 믿는 것을 믿는 부족도 많다. 이 브랜드의 회중 각각은 이런 부족의 집합체로 구성된다. 그들은 우리와 같은 방식으로 세상을 보고, 종교적으로 협력하여 행동하는 사람들의 부족이다. 따라서 반응을 촉진하면 가장 쉽게 움직일 수 있다. 그래서 사람들을 움직이게 하려면 먼저 회중을 찾는 것부터 시작해야 한다.

네트워크로 얽혀 있는 부족들

미국 프로풋볼리그의 슈퍼볼은 미국에서 가장 높은 시청률을 기록하는 연례적인 대행사다. 미국 인구의 약 3분의 1이 프로풋볼리그를 구성하는 양대 콘퍼런스인 내셔널 풋볼 콘퍼런스(NFC)와 아메리칸 풋볼 콘퍼런스(AFC)의 결승팀이 챔피언십 타이틀을 놓고 겨루는 모습을 시청하기 위해 채널을 맞춘다. 슈퍼볼은 단순히 축구 경기 그 이상으로 미국의 문화적 순간 중 하나가 되었으며, 관중들이 모이는 것에서부터 닭 날개 소비, 슈퍼볼 광고에 이르기까지 시청자들이 매년 종교적으로 하는 수많은 의식과 행사를 함께 가져온다. 슈퍼볼에서 광고는 매우 중요한 부분을 차지하기 때문에 어느 브랜드가 최고의 광고를 게재했는지에 따라 종종 챔피언십 이후 경기에 대한 뉴스 내용을 덮어버리기도 한다. 그래서 광고주들은 이 중요한 경기 동안 사로잡힌 청중들에게 다가가기 위해 돈을 투자한다. 2022년 슈퍼볼 방송 중계 시 30초짜리 광고를 방송하는 데 드는 평균 비용은

560만 달러였다. 이는 많은 회사의 연간 전체 마케팅 커뮤니케이션 예산보다 더 큰 금액이다. 그럼에도 여러 브랜드가 가장 유명하고 스타들이 많이 출연하는 광고를 게임 중에 내보내려고 하는데, 이는 우리(사람들)가 광고를 시청하기 때문이다. 내 아내처럼 경기는 보지도 않으면서도 광고를 챙겨 보고 이야기를 나누는 사람도 많다.

25억 명 이상의 사용자를 보유한 소셜 네트워킹 플랫폼 거대 기업 페이스북(현재 메타)은 2018년 광고에 3억 8,200만 달러를 지출했지만, 처음으로 슈퍼볼에 광고를 내보낸 2020년 경기 이전까지 페이스북은 슈퍼볼 광고에 참여하지 않았다. 이 62초(1,120만 달러!)짜리 광고는 사람들이 공통 관심사를 공유하는 다른 사람들과 연결할 수 있게 해주는 페이스북의 그룹 기능을 강조했다. 기존 페이스북이 가진 기능과는 달리 그룹은 사용자가 모르는 사람이나 만난 적이 없는 사람들과 공동체를 구축할 수 있게 해준다. 이 광고는 80년대를 생각나게 하는 녹색 밴의 타이어가 삐걱거리는 소리로 시작된다. 광고 시작과 동시에 트위스트 시스터의 〈아이 워너 록〉이라는 곡이 나오기 때문에 호리호리한 긴 머리 청년이 친구 몇 명과 함께 밴의 뒷문에서 나올 때 이들이 록밴드라는 사실을 쉽게 추측할 수 있다. 하지만 우리는 곧 그것이 레드헤링*이라는 사실을 알아차린다. 그런 다음 카메라는 같은 남자와 그의 친구들이 호수 기슭을 따라 줄을 서서 돌을 던지며 물수제비를 뜨는 모습을 포착한다. 그런 다음 화면에 '테이블 록 호수 페이스북 그룹'이라는 문구와 함께 포즈를 취한 남자의 무리 모습이 나

---

* 혼란을 유도해 상대방을 속이는 것

온다. 그 후 카메라는 화면 전체에 '크래프트 칵테일 클럽 페이스북 그룹'이라는 문구와 함께 칵테일을 만드는 새로운 그룹 사람들을 비춘다. 다시 카메라는 암벽 등반을 하는 여러 사람을 담아내며 이 집단이 '모아브 암벽 등반가 페이스북 그룹'임을 알려준다. 광고는 운동으로 바위를 들어 올리는 '스타팅 스트롱맨 페이스북 그룹'으로 이어지며, 흔들의자에 함께 앉아 있는 '현관 베란다 페이스북 그룹', '락버기* 페이스북 그룹', '비전문가 로켓 실험 페이스북 그룹', '알카트라즈** 3종 경기 페이스북 그룹' 및 기타 여러 '록' 관련 페이스북 그룹을 보여준다. 이 광고는 영화 「록키」의 상징적 장면으로 유명한 필라델피아 미술관 계단에서 록키가 열심히 운동하는 장면을 패러디하며, "록키 발보아는 끝까지 하고야 마는 페이스북 그룹에 간다"라는 문구와 함께, 「록키」의 스타 실베스터 스탤론 대신 엉뚱하게 코미디언이자 배우인 크리스 록이 "누구를 기대했어?"라고 물어보는 장면을 보여주고, 마지막에 실베스터 스탤론이 등장하며 끝이 난다.

와이든앤케네디가 만든 이 광고는 단순히 페이스북 그룹 기능을 전달하는 것 이상의 의미가 있다. 우리는 모두 관심사와 소속을 통해 다른 사람들과 연결되어 있다는 사실 역시 상기시켜준다. 이러한 관심은 결코 일반적인 것이 아니다. 매우 미묘하며 의미가 있다. 그것들은 우리가 소중히 여기는 일련의 신념과 이념으로 구성되어 있으며, 우리가 세상에 어떻게 보이는지 알려주는 문화적 특성에 의해 지배된다. 페이스북은 이를 그룹

---

*   전동자동차
**   캘리포니아 샌프란시스코 앞바다 섬에 위치한 유명한 교도소

이라고 부르지만, 우리는 **부족**이라는 더 적절한 이름으로 지칭한다. 그리고 물론 이런 부족에 속한 개인은 모두 네트워크 구조를 통해 연결되어 있기 때문에 페이스북 같은 소셜 네트워킹 플랫폼에서 이런 부족을 활용할 수 있다.

우리 부족을 가상의 현미경으로 들여다본다면, 맨눈으로는 볼 수 없던 일련의 유대관계를 볼 수 있을 것이다. 이는 마치 거미줄 내부의 작용 방식처럼 우리와 우리가 속한 부족을 연결해주는 끈이다. 각각의 끈은 한 사람을 다른 사람과 연결하고, 여러 개의 끈이 우리 모두를 서로 연결한다. 우리는 이런 유대관계를 관계의 본질(남자친구나 여자친구, 가장 친한 친구, 팀 동료, 멘토 등)을 통해 지칭하는 경향이 있지만, 이들은 본질적으로 부족을 연결하는 네트워크를 구성하는 공유 결합이다.

이런 유대관계는 부족의 네트워크 연결, 즉 부족 네트워크를 구성하며 각각의 연결은 한 사람을 다른 사람과 연결해 부족 전체에 걸쳐 사람에게서 사람에게로 정보, 경험, 자원을 교환할 수 있게 한다. 이런 교류는 부족의 문화적 특성을 구성하는 신념과 이념이 사회화되고, 유물이 채택되고, 행동이 정상화되며, 새로운 언어가 생성되는 방식이다. 이것은 우연히 일어나지 않는다. 오히려 부족 구성원들을 하나로 묶는 네트워크화된 사회적 유대를 통해 구조적으로 발생한다. 따라서 우리가 집단행동을 촉진하려면 우리가 알고 있는 '부족'에서 '부족 네트워크'까지 고려 사항을 확장해야 한다.

우리 부족들은 네트워크로 연결되어 있어서 사회적 지능을 알리고 공동체를 육성하는 교류가 가능하다. 네트워크는 우리 삶 가운데 있는 사람들처럼 우리 주변 어디에나 있기 때문에 우리의 사회 집단을 볼 수 있는 유용한 수단을 제공한다. 우리의 수로는 네트워크로 연결되어 있어 하천과 강이 바다로 흘러들어 더 큰 생태계 안에서 한 수역을 다른 수역과 연결한다. 우리 뇌는 신경 정보 교환과 자원 교환을 극대화하기 위해 네트워크로 연결되어 있다. 이것이 우리 전력망이 더 큰 시스템을 극대화하기 위한 네트워크로 설계된 이유일 것이다. 우리가 사용하는 고속도로는 네트워크로 연결되어 있으며, 공항도 네트워크로 연결되어 있다. 휴대전화 기지국도 네트워크로 연결되어 있다. 마찬가지로 우리의 사회적 집단, 즉 부족들 역시 마찬가지다.

소셜 네트워크에 대한 연구는 사회 집단과 그 역학에 관해 선구적인 아이디어가 있던 1800년대 후반으로 거슬러 올라간다. 소셜 네트워크 탐구 초기 신구자 중 한 명은 게오르크 심멜이라는 독일 사회학자로, 사회적 집단의 역동성과 네트워크 구조 사이의 관계를 탐구했다. 세기가 바뀌고 연구가 많아지면서 네트워크 구조 간의 관계와 부족 구성원을 연결하는 유대를 통해 정보, 경험, 문화적 특성 같은 것들이 어떻게 흘러가는지와 관련해 더 많은 점이 밝혀졌다. 한 가지 아이디어는 방송 라디오와 텔레비전 업계의 전설적 리더인 데이비드 사노프에게서 나왔다. 사노프는 1919년 창립 직후부터 50년 넘게 미국 라디오 방송국(이후 RCA)을 이끌었다. RCA는 나중에 음악, 영화, 기기로 다양한 분야를 섭렵했지만, 세계에서 가장 큰 방송 네트워크 중 하나로 성장한 것은 사노프 재임 기간이었다. 이후 수십 년 동안 RCA는 록펠러 플라자 30번지에 NBC를 설립해 「새터데이 나이트 라이브」, 「사인펠드」, 「더 오피스」, 「프렌즈」, 「더 프레시 프린스 오브 벨 에어」, 「더 골든 걸스」, 「치어스」, 「범죄 전담반 23」, 「30 Rock」 등 수많은 프로그램을 만들었다. 사노프는 RCA 성장을 평가하면서 네트워크의 가치가 네트워크의 규모에 정비례한다고 가정했다. 즉 그의 쇼를 시청하는 사람이 많아질수록, RCA의 가치가 더 높아질 것이다. 사노프가 설명한 것은 하나의 교점(node)에 많은 교점이 연결되는 방송 네트워크의 구조였다. 이 경우 다수의 교점은 시청자들이고, 단일 교점은 RCA를 뜻했다. 라디오와 텔레비전 전파를 통한 프로그램 편성을 통해 RCA를 보고 듣는 사람이 많아질수록, RCA의 네트워크 가치는 더욱 높아질 것이다. 사노프의 법칙이라고 불리는 이 법칙은 네트워크의 가치는 중앙 교점에 연결된 교점의 수에 정비례한다고 설명한다.

RCA에서 사노프 임기가 끝나갈 무렵, 컴퓨터 과학을 전공하는 하버드 박사과정 학생이 미니컴퓨터를 서로 연결하여 로컬 네트워크를 형성하는 하드웨어를 구축하고 있었다. 그는 파트너인 데이비드 보그스와 함께 현재 사무실, 대학 캠퍼스, 심지어 가정까지 유선 연결 포트를 통해 연결하기 위해 사용하는 근거리 통신망인 이더넷을 개발했다. 이 남자의 이름은 오늘날 우리가 알고 있는 인터넷의 토대를 마련하는 데 큰 도움을 준 엔지니어이자 기업가인 로버트 메칼프다. 근거리 통신망에 관한 메칼프의 연구는 네트워크가 초점 교점에서 분산될 때 네트워크의 가치가 증가한다는 것을 보여주었다. 많은 교점이 하나에 연결되는 사노프의 방송 네트워크와 달리, 많은 교점이 서로 연결될 수 있는 메칼프식 구성에서는 각 교환을 통해 생성되는 효용이 증가하므로 네트워크의 가치는 기하급수적으로 커진다. 메칼프의 법칙이라고 불리는 이 법칙에서 분산형 네트워크의 가치는 교점의 수와 네트워크 안에서 각 교점의 연결에 비례한다고 설명한다.

메칼프의 법칙은 네트워크의 구조와 그 가치를 이해하는 데 엄청난 진전을 가져왔다. 그러나 이번에는 MIT 출신의 또 다른 컴퓨터 과학자가 컴퓨터 네트워크와 통신 네트워크에 지대한 공헌을 한 새로운 관점을 제시했다. 그 과학자의 이름은 데이비드 리드로, 그는 사노프의 방송망 네트워크에서 콘텐츠는 시청자가 관심을 가져야 연결된다고 주장했다. RCA는 시청자의 눈과 귀, 즉 네트워크 교점을 확보하기 위해 다른 방송사와 직접 경쟁하여 텔레비전 프로그램을 제작하고 방영했다. 더 많은 사람이 시청할수록 네트워크 가치는 더 높아지며, 이로써 시청자를 RCA에 연결하는 네트워크 연결을 통해 콘텐츠(여기에서는 텔레비전 프로그램)가 가장 중요한 대상이 된다. 리드는 분산형 메칼프 네트워크에서는 거래가 중심이 된다고 설명했다. 인터넷을 통해 다른 사람과 교류할 수 있는 능력은 콘텐츠(유튜브), 정보(블로그), 커뮤니케이션(트위터), 돈(페이팔), 서비스 흐름(파이버)을 가능하게 만들었다. 그러나 사람들이 같은 신념을 공유하고 세상을 비슷하게 바라보는 다른 사람들과 연결될 수 있는 분산형 네트워크에서 네트워크의 중심 역할은 교점을 묶는 네트워크 연결을 통해 흐르는 문화적 특성의 구축과 교류이다. 따라서 리드 네트워크는 양적, 질적으로 더 가치가 있다.

하버드에서 마케팅을 가르치는 질 에이버리 교수는 우리의 정체성, 즉 우리가 세상에서 어떤 존재인지 그리고 세상에 어떻게 나타나는지 설명하는 우리가 구성하고 협상하는 이야기가 사회적 상호작용을 통해 만들어지고 확인된다는 점을 입증했다. 그리고 이런 상호작용은 집단의 문화적 특성의 지배를 받는다. 이 현상은 사람들이 행동을 취하도록 하려는 사람들에게 상당히 가치가 있다. '마케팅 세분화'가 아니라 특정 신념과 이념을 따르는 실제 사람들이다. 우리는 분류표 모음이 아닌 사람으로 구성된 회중을 찾고 있다.

회중과 네트워크로 연결된 부족에 대한 개념을 고위급 리더에게 가르칠 때, "하지만 잠깐만요, 우리는 사람들이 누구고 어떻게 행동하는지 설명하기 위해 정말 많은 데이터를 사용해요"라는 의견을 자주 접한다. 마케팅에서는 이런 설명을 페르소나라고 부른다. 페르소나는 철저하고 상세한 것부터 일반적이고 일상적인 것까지 모든 영역을 다룬다. 예를 들어 페르소나는 다음과 같이 설명할 수 있다. "티파니는 일리노이주 시카고에 사는 25살의 미혼 여성이다. 스타트업에서 일하며 업무가 끝나면 달리기와 샤워를 한 후 틱톡과 인스타그램을 스크롤 한다. 넷플릭스에서 「처음 보는 날 결혼해요(Married at First Sight)」를 몰아서 보고 주말에는 친구들과 어울리며 도시의 새로 생긴 식당에 가서 식사한다." 정말 멋지지 않은가? 물론! 당신은 티파니가 누구인지 그리고 그녀를 어떤 상자에 분류할 것인지에 대해 머릿속으로 그림을 다 그렸을 것이다. 하지만 페르소나를 사용하는 데 있어 어려운 점은 페르소나가 누구인지 그리고 그녀가 세상을 어떻게 바라보는지 상상할 수 있기를 바라면서 전형적인 한 개인을 설명한다는 것이다. 그러나 우리는 이 세상의 전형적인 주체도, 개별적인 주체도 아니다. 우리는 대신 우리의 일상 행동에 영향을 미치는 문화적 특성에 지배받는, 즉 네트워크라고 부르는 복잡한 사회 시스템 속에서 살고 있다.

다른 경우 마케터가 한 집단을 대표하는 개인이 아닌 한 집단을 페르소나로 구성할 때 이러한 집단은 종종 야망가, 신중한 전통주의자, 편안한 진보주의자, 차별적 실용주의자같이 가상으로 지어낸 이름으로 언급된다. 앞서 언급한 이름은 모두 내 기존 고객이 세분화를 식별하기 위해 사용한 실제 명명 규칙이다. "우리는 신중한 전통주의자를 목표 고객으로 설정하고 있습니다"라고 말하는 마케터들로 가득 찬 방을 잠시 상상해보자. 음? 나는 '차별적 실용주의자'가 뭔지도 모른다. 하지만 한 가지 확실한 것은 거울을 보면서 자신에게 "나는 편안한 진보주의자야"라고 말하는 사람은 어디에도 없다는 것이다. 왜냐하면 그건 진짜가 아니기 때문이다. 아무도 이런 명명 규칙으로 자신의 정체성을 규정하지 않는다. 그리고 우리가 그렇게 규정하지 않기 때문에 이러한 사람들에게 규범적인 신념, 유물, 행동, 언어는 존재하지 않는다. 대신 우리는 거울을 보면서 "나는 콜린스 집안의 사람이야. 이게 내가 믿는 것이고 행동하는 방식이야"라고 말한다. 운동화 수집광인 사람도 있고, 채식주의자인 사람도 있고, 해커인 사람도 있고, 디자이너인 사람도 있고, 마라톤 선수인 사람도 있다. 이 집단들과 그들과 유사한 많은 집단이 모두 정체성 일치에 기반을 두고 있으며, 그들과 자신을 동일시하는 사람들은 부족의 일원이 된다는 것이 무엇을 의미하는지 지배하는 사회적 사실을 고수한다.

바로 이런 이유로 우리가 속한 사회 집단은 우리에게 매우 중요하다. 그들은 우리가 자기를 식별하고, 세상을 의미화하고, 세상에서 어떻게 행동할지 결정하도록 도와준다. 다른 구성원들이 같은 인구통계학적 구성을 공유하지 않더라도 우리가 그 집단을 더 높게 평가할수록 그 집단의 영향을 받을 가능성이 더 커진다. 흑인이 아니지만 '흑인의 생명도 소중하다 (Black Lives Matter)' 운동을 지지하는 사람들이 많다. 그들은 이념이 같아서 네트워크로 연결된 부족이다.

우리가 어떤 것에 이름을 붙였다고 해서 그게 진짜인 것은 아니다. 우리는 사람들에게 그들의 정체성이 아니라 우리가 지닌 편견을 기반으로 이름을 붙이고 특징을 부여한다. 밀레니얼 세대, 제트 세대 등 세대 주의를 예로 들어보자. 이것 역시 실제로 진짜 사람을 설명하지 않는 개념이다. 이런 세대 호칭은 인구통계적 기준, 즉 출생일을 기준으로 임의로 한 집단에 부여된다. 그리고 우리는 이 사람들이 누구인지에 대한 마음속 그림을 가지고 있다. 밀레니얼 세대는 자기 권리를 중요시하고 게으르다고들 한다. '일을 시작'하고 싶지는 않지만, 언제나 많은 것을 원한다. 맞는 것 같은가? 수많은 기사, 블로그 게시물, 해설 기사들이 밀레니얼 세대가 세상의 좋은 모든 것을 없앤다고 비난했다. 기사 헤드라인에 따르면, 브런치를 망친 데에도 밀레니얼 세대에 책임이 있다고 한다. 그들은 호텔 로열티 프로그램을 중단시켰고, 그것이 무엇을 의미하든 간에 한 손으로도 어떻게든 와인 코르크를 훼손한다. 하지만 미국에는 8,000만 명의 밀레니얼 세대가 있다. 일정한 기간 안에 태어났다고 해서 이들이 다 똑같다고 말할 수 있을까? 사람들은 인구 통계에 지배되지 않는다. 사람들은 그들이 속한 부족원 자격을 반영하는 자신이 받아들인 문화의 영향을 받는다. 이것은 인구 통계가 아닌 성향에 관한 것이다. 마케팅 담당자가 사람들을 움직이려고 할 때 많은 사람이 행동을 취하지 않는 게 지극히 당연하다. 마케팅 담당자는 실제 사람이 아닌 분류표를 목표로 한다.

그러나 부족들은 실재하며 그 구성원들은 그들 사이의 사회적 연대를 촉진하기 위해 함께 행동한다. 이 사실은 사람들이 행동을 취하도록 자극하는 것을 목표로 삼는 누구에게나 매우 강력하게 다가온다. 그렇게 하기를 열망하는 관리자, 리더, 활동가라면, 당신과 같은 방식으로 세상을 보는 다양한 부족 사람인 당신의 회중을 찾는 것이 당신이 추구하는 목표를 완전하게 만들어줄 것이다.

원리와 노하우

문화는 실현된 의미 형성 체계이다. 문화는 우리 정체성에 뿌리를 두고 있고 우리가 지닌 세계관에 의해 형성되며 우리가 무엇을 하고 어떻게 소비하는지에 영향을 미친다. 브랜드를 판매하거나, 후보자를 홍보하거나, 사람들을 대의에 동참하도록 격려하기 위해 문화의 힘을 활용하려면 먼저 내면을 들여다보고 "내 브랜드는 무엇을 믿는가?", "내 후보자는 세상을 어떻게 바라보는가?", "우리가 품은 대의의 이념은 무엇인가?"라고 스스로 질문해야 한다. 브랜드의 신념을 확인하는 것, 여기가 우리가 시작해야 하는 지점이다.

브랜드의 신념은 "우리는 진실함을 믿는다" 같은 허무맹랑한 진부함이나 공허한 표현이 아니라 무언가를 실질적으로 표현하는 것이어야 한다. 그것이 사실일 수도 있지만, 당신이 밝히고 싶은 것은 '브랜드의 진실성이 왜 중요한가?'이다. 당신과 당신 회사가 진실함을 유지하도록 이끄는 신념은 무엇인가? 앞서 이 장에서 살펴본 것처럼 파타고니아는 '깨끗한 등반'을 신념으로 하며, 이는 브랜드가 만드는 제품에서부터 제품을 광고하는 방법에 이르기까지 브랜드가 하는 모든 것에 대해 알려준다. 파타고니아는 '깨끗한 등반'에 매우 강한 확신을 가지고 있어서, 이본 쉬나드와 그의 가족은 30억 달러 규모의 이 회사를 상장하거나 최고 입찰자에게 매각하는 대신 기부하기로 결정했다. 2022년 9월 쉬나드는 성명을 통해 자신과 가족들이 가진 파타고니아의 소유권을 지구를 구하는 데 적극적으로 노력하는 사람들에게 자금을 지원할 신탁 및 비영리 조직에 양도하겠다고 발표했다. 자, 이게 바로 신념이다!

이런 식으로 신념 체계를 파악하는 것은 매우 중요하다. 당신이 목표로 하는 사람들, 즉 동일한 세계관을 가지고 있기 때문에 행동할 가능성이 가장 높은 사람들을 알려줄 신념 체계이기 때문이다. 당신의 브랜드가 인생이 모험이라고 생각하며 그렇게 살아야 한다고 믿는다면, 당신은 모험을 추구하는 사람들, 엑스-게임을 하는 사람들, 또는 아드레날린 중독자 같은 당신이 목표로 하는 사람들의 종류를 상상할 수 있다. 이들은 브랜드와 비슷하게 세상을 보는 사람들이며, 제품이 무엇인지가 아니라 이 사람들이 누구인지에 따라 다른 사람들보다 더 소비하는 경향이 있다. 브랜드의 신념을 파악할 때, 신념 체계를 공유하는 모든 다른 공동체의 목록을 작성해보라. 인구 통계에 의존하려는 충동을 자제하고, 대신 이미 존재하는 실제 집단에 대해 생각해라. 이 긴밀하게 얽힌 부족들이 회중을 구성할 것이다. 일단 회중을 찾았다면, 그다음에는 복음을 전할 시간이다.

제3장

복음을 전하다

미국 소매업자들에게 1년 중 가장 중요한 날은 블랙 프라이데이다. 실제로, 이 블랙 프라이데이라는 이름 자체가 추수감사절 이후에 일어나는 대량 소비에 기인한다. 많은 소매업자가 그해 처음으로 '적자'에서 '흑자'를 기록하며 이익을 내기 시작한다. 그리고 블랙 프라이데이는 하나의 문화 행사가 되었다. 미국 21개 주에서는 추수감사절 다음 날을 공휴일로 지키며, 공무원들에게 휴가가 주어지기도 한다. 추수감사절이 우리가 가진 모든 것을 곰곰이 생각하는 날이라면 블랙 프라이데이는 우리가 가진 게 충분하지 않다는 것을 깨닫게 되는 날이다. 누가 우릴 탓할 수 있겠는가? 블랙 프라이데이 기간의 판매량은 믿을 수 없을 정도다. 40인치 평면 텔레비전이 20달러인데 누가 거절할 수 있을까? 아니면 가게에 있는 모든 물건을 반값에 할인해주는 건? 나는 저항할 수가 없다. 내겐 그런 의지력이 없다. 월마트나 타깃 같은 대형 유통업체는 이 점을 너무나 잘 알고 있다. 블랙 프라이데이는 소매업체와 소비자 사이의 춤이 되었다. 사람들이 문 앞에서 줄을 서고, 소매업체는 쇼를 보여준다. 이 쇼는 한 해 가장 탐나는 품

목들의 가격을 많이 낮춰서 그냥 지나칠 수가 없게 만든다. 이 의식이 너무 널리 퍼진 나머지 일부 블랙 프라이데이 판매는 추수감사절 날까지 슬그머니 치고 들어왔고, 오후 6시부터 매장 문을 열면서 '폭탄 세일'을 한다. 칠면조를 일찌감치 해치운 후 할인판매를 하는 제품들이 사라지기 전에 얼른 사는 게 좋을 거다!

참여하지 않으면 '적자'라는 잠재적 위험에 처할 수 있기 때문에 블랙 프라이데이는 소매업체들이 서로 앞다투어 추월하고 경쟁하지 않을 수 없는 군비 경쟁이 되었다. 소매업체 사이의 재고 정리 판매는 단지 경쟁하기 위해 점점 더 터무니없어진다. 워싱턴주에 본사를 둔 아웃도어 소매업체인 REI(Recreational Equipment Inc.)의 경우 2015년 리더십 수련회에서 가진 평가 시간에 자신을 재검토할 수밖에 없었다.

REI는 방수 바람막이, 자전거, 등산화, 텐트 등 야외 레크리에이션 상점에서 기대할 수 있는 것을 정확하게 판매한다. 이 업체에서 파는 제품에는 특이한 점이 없다. 그러나 브랜드는 전혀 다른 이야기다. 소비자가 평생 회원권을 구매하고 회사 일부를 소유하기 위해 최소 구매비를 내는 협동조합인 REI는 '야외에서 활동하는 것이 잘 사는 삶'이라고 믿는다. 그러나 이것이 브랜드가 진정으로 믿는 가치라면, 리더들은 블랙 프라이데이 행사에 참여하는 데 의문을 제기할 수밖에 없었다. REI가 '야외 활동을 즐기는 것이 잘 사는 삶'이라고 생각한다면, 왜 온 나라의 많은 사람이 쉬는 날에 가게 문을 열었을까? 물론, 일반적인 통념으로는 "음, 우리가 '적자'에서 '흑자'로 갈 수 있는 날이거든요. 그래서 문을 열어요"라고 말할 것이다. 하지만 이제는 문화 스릴러가 "진정한 확신 행위는 반향에도 불구하고 자신의 신념을 고수하는 것이다"라고 응수할 때다. 이것이 바로 REI가 한 일이다. REI는 2015년 블랙 프라이데이에 142개 모든 매장의 문을 닫고 온라인 판매를 중단했으며, 직원들에게 외출하고 나가서 놀라고 휴가를 주었다. 매출을 늘릴 기회를 포기하는 것을 의미했지만, 이러한 조치가 브랜드의 신념과 직접적으로 일치했기 때문이다.

이 대담한 조치로 REI는 회사와 같은 신념을 공유하는 다른 모든 사람을 매장 통로에 몰려드는 대신 '야외 활동을 택하는 것(Opting outside)'에 동참하게끔 했다. 다음에 일어난 일은 믿을 수가 없었다. REI가 '옵트 아웃사이드' 계획을 발표한 후, 170개의 다른 기업과 단체가 이에 동참하고 매장 문을 닫았다. 보통 블랙 프라이데이에 문을 닫는 수백 개의 주립 공원이 이 캠페인에 부응해 사람들이 밖에 나가서 놀 수 있도록 무료로 문을 열었다. 무엇보다 인상적인 점은 전에는 대량 소비 의식에 세뇌되었던 140만 명의 사람도 밖으로 나가는 것을 선택했다는 사실이다. 더욱이 REI는 브랜드와 같은 신념, 즉 REI의 문화적 특징을 인정하고 "이게 내가 좋아하는 브랜드야"라고 말하는 사람들 덕분에 그 주말 역대 최대 블랙 프라이데이 매출을 기록했다.

무슨 일이 벌어진 걸까? REI는 재고 선정과 훌륭한 고객 서비스를 광고하는 대신 세계관을 공유하는 사람들에게 자신의 신념을 전달하기로 결정했고, 이는 사람들이 밖으로 나가 소비할 수 있도록 활성화했다. 간단히 말해서, REI는 자신의 브랜드와 같은 신념과 이념을 지지하는 긴밀하게 연결된 부족들의 집합체인 회중을 찾아 그들에게 복음을 전했고, 이는 집단 행동을 유발했다.

　나는 평생 교회의 일원으로 설교자들의 말씀을 들으며 살아왔다. 성가대에서 노래를 부르고, 여름방학을 교회 캠프에서 보내며, 1년 내내 전국 교회 집회에 참석하면서 자랐다. 나는 사람들이 말하는 '교회 소년'이자 수많은 설교자 가문 출신이다. 내 할아버지 조셉 토마스 주교는 설교자였고, 삼촌 헐리 콜린스 목사도 설교자였다. 사촌인 테런스 콜린스도 내가 지금 다니는 교회의 목사다. 그래서 내가 설교자들에 대해 좀 알고 있다고 말해도 괜찮을 것 같다. 종교적 의미에서 설교자는 신학 문제에 대해 공개적으로 말하고 영적인 관점을 통해 사회적 기대에 관한 담론을 이끌도록 임명되거나 서품되는 선언자다. 설교자의 주된 임무는 하나님의 말씀을 전달하고 복음, 즉 예수 그리스도의 가르침과 삶을 회중들이 살아야 할 일련의 원칙과 신념으로 선포하는 그릇 역할을 하는 것이다. 그러면 그 믿음을 받아들인 사람들은 회중 사이에서 굳건한 구성원으로서 행동하는 방법을 알게 된다. 일상 회화에서 '설교하다(preach)'라는 단어는 비슷한 의미를 가지고 있다. 이것 역시 선포한다는 뜻이다. 주제가 본질적으로 영적인 것이 아닐 수 있지만, 선언은 일반적으로 다른 사람들과 공유하는 일련의 원칙과 신념에 뿌리를 두고 있다. 누군가 어떤 문제에 대해 자신의 의견을 표현할 때 누군가가 자신이 이념적으로 동의한다는 것을 알리기 위해 '설교'라고 말하는 것을 종종 들을 수 있다. 우리는 심지어 누군가의 신념이나 이념적 입장에 동의한다는 뜻으로 '두말하면 잔소리다(preaching to the choir)'라는 표현을 사용하기도 한다. 물론 이는 말씀을 선포하는 설교자와 찬양의 지도자인 성가대가 예배 중에 협력하여 회중의 영적 결속을 촉진하는 '설교'라는 종교적 연합에서 비롯된다.

마찬가지로 '복음'이라는 단어는 기독교인들이 그리스도의 가르침과 삶을 '진리'로 여기는 것과 마찬가지로 '진리'를 가리키는 구어적 의미로 자주 사용된다. 그러므로 복음을 전하는 것은 사람들이 움직이도록 영감을 주고자 진리를 말하는 것이다. 구어적인 의미에서도 마찬가지다. 자신의 이념적 진리인 복음을 전파하는 마케팅 담당자, 활동가, 정치인 등은 세상을 비슷하게 보는 사람들, 즉 회중에게 복음을 전파할 때 여러 집단의 사람들이 행동을 취하도록 촉진할 수 있다. 복음을 전하는 것이 왜 우리에게 이런 영향을 미치는지 궁금한가? 글쎄, 뇌와 행동 채택 생물학을 보면 알 수 있다.

행동 채택의 생물학

고등학교 생물학에서 기억나는 것이 있다면 우리가 하는 모든 일은 뇌가 담당한다는 사실이다. 뇌는 보고, 느끼고, 냄새 맡고, 듣고, 맛보는 등 우리의 오감에서 수많은 정보를 수집하고, 이 수집한 데이터의 요점을 '만약 ~를 하면, 그다음엔'이라는 구문으로 종합하여 우리가 하는 행동을 초래한다. 우리 뇌는 장기 기억과 단기 기억 모두에 준비된 과거의 경험을 바탕으로 우리가 살아남도록 도와주는 예측 기계이다. 이러한 경험은 컴퓨터의 하드디스크 드라이브가 우리가 사용할 수 있도록 디지털 저상 시스템에서 파일을 복구하는 것과 매우 유사하다. 뇌는 기억의 깊은 곳에서 경험에 접근하므로 주어진 상황에서 생존 가능성을 높이기 위해 무엇을 해야 할지, 어떻게 대응해야 하는지를 알 수 있다. 이것이 우리를 살아 있게 하는 뇌의 역할이며, 그 역할을 수행하려면 복잡한 회로 시스템이 필요하다. 그러나 거시적 차원에서 뇌는 크게 세 가지 체계로 분류할 수 있다. 첫 번째는 '파충류의 뇌'다.

인간이 오늘날 우리가 알고 있는 인류로 발전하는 데 수백만 년이 걸렸다고 주장하는 진화인류학자에 따르면, '파충류의 뇌'는 뇌에서 가장 오래된 부분이다. 이것은 심장 박동수 조절, 호흡, 눈 깜빡임과 같이 우리가 당연하게 여기는 원시적인 신체 기능과 관련이 있다. 이 뇌 체계는 또한 무의식적으로 일어나는 '투쟁 또는 도피' 반응과도 연관이 있다.

두 번째 체계는 변연계이다. 이 부분은 사랑, 신뢰, 연결과 같은 감정과 연관되어 있다. 변연계 안에는 학습과 기억 형성에 중요한 역할을 하는 구조인 해마와 기억의 정서적 현출성을 담당하는 편도체와 같은 복잡한 구조가 있다. 이 두 구조는 변연계에서 함께 작용하여 기억과 감정을 연관시켜 우리가 세상의 자극에 반응하는 방법을 알 수 있게 한다. 편도체가 우리 장기 기억에 기록된 감정적 경험을 기반으로 한 '투쟁 또는 도피' 반응과 연결되어 있다는 것은 놀랍지 않다. 신경외과 의사이자 애틀랜타 에모리대학교 행동신경조절연구소 소장인 존 T. 윌리는 이렇게 말했다. "만약 당신이 감정적인 경험을 하면, 편도체는 그게 더 잘 기억되도록 기억을 연결하는 것 같다." 이것이 바로 우리가 살면서 그 노래를 많이 들었던 어떤 장소와 시간으로 돌아가게끔 만들어주는 특정한 노래를 들을 때 감정이 되살아나 우리 뇌가 풍부한 기억으로 넘쳐나는 이유일 것이다. 우리는 그 감정적 연결과 관련된 감정에 압도되어 그 경험을 다시 떠올리거나 떨쳐낸다. 변연계가 작동하기 때문이다.

변연계는 감정과 연관되어 있을 뿐만 아니라, 우리가 결정 내리는 방식의 일부이기도 하다. 즉, 우리 감정을 담당하는 뇌 부분은 우리가 무엇을 해야 할지 결정하는 방법과도 연관이 있다. 우리는 이를 직관적으로 알고 있으며 '직감(gut instinct)'이라고 부른다. 우리는 그것을 직감으로 느끼고 그에 따라 행동한다. 그러나 그 연관성은 우리 위장*과 관련이 없으며 변연계에서 일어나는 모든 활동과도 관련이 없다. '직감'에 관해서는 우리가 왜 그렇게 느끼는지를 딱히 설명하기 어려운 경우가 많다. 그냥 옳은 일이라고 느껴져서 그렇게 하거나, 잘못된 것 같아서 그렇게 행동하지 않을 뿐이다. 더 나쁜 것은 우리도 일반적으로 그걸 설명할 수 없다는 사실이다. 이러한 '직감'을 결정하는 근거는 말로 표현하기 어렵다. 누군가가 나에게 지금의 아내가 내가 결혼하고 싶은 여자인지를 어떻게 알았냐고 묻는다면, 나는 정확하게 대답하지 못할 것이다. 그냥 그걸 알고 있었다. 그 이유를 말로 표현할 수 없으며, 정확히 언제 그 사실을 알게 된 건지도 식별할 수 없다. 그냥 직감으로, 즉 변연계에서 느꼈고 그대로 시도했을 뿐이다. 명확한 표현과 '직감' 사이의 차이는 생물학적 요인이기도 하다. 왜냐하면 언어는 변연계와 관련이 없고 오히려 뇌의 세 번째 체계인 대뇌 신피질의 기능이기 때문이다.

신피질은 추상적 사고, 언어, 이성 같은 고차원적 인지 기능을 수행하는 뇌의 부분이다. 변연계와 신피질 사이에는 감정과 행동과 관련된 하나의 체계, 즉 변연계가 있고, 다른 체계는 언어와 합리성과 관련이 있다. 「스

---

* 'gut'은 내장이라는 뜻을 가지고 있다.

타트렉」의 커크 선장과 스팍을 생각해보자. 열정적이고 감정이 앞서는 커크는 "그냥 해봐"라고 말하는 반면, 이성적이고 데이터를 중심으로 사고하는 스팍은 "잠깐만, 좀 더 생각해보자"라고 말한다. 우리는 (특히 비즈니스 환경에 있다면) 자신을 스팍이라고 생각하고 싶어 하지만, 사실은 그와 거리가 멀다. 우리는 이성적인 인간이 아니다. 우리는 인간을 **합리화**하고 있다. 우리는 대부분의 결정을 연관 기억에 있는 연결된 감정을 통해 정보를 얻는 단축 휴리스틱을 기반으로 내린다. 단축 휴리스틱은 우리가 어떻게 느끼는지, 그리고 궁극적으로 우리가 무엇을 하는지를 알려준다.

문제의 진실은 우리가 자신의 감정에 따라 결정을 내리기 전에 어떤 결정을 내릴지 알고 있다는 사실이다. 그 후 자신의 감정을 뒷받침할 데이터를 선별한다. 심리학에서는 이런 현상을 텍사스 명사수의 오류라고 부른다. 우리 관점과 다른 정보를 무시하고 그것을 뒷받침하는 데이터를 선택하는 인지적 편향성이다. 이런 편견은 총잡이가 벽에 총을 쏜 후 가장 총알이 많이 박힌 부분을 중심으로 과녁판을 그리는 비유에 기반을 두고 있다. 우리의 '합리적 행동' 또는 합리성이 부족한 경우처럼 말이다. 우리 행동은 생물학적으로 우리의 감정, 즉 변연계와 연결되어 있다. 따라서 사람들을 움직이게 하고 싶다면 행동을 결정하는 뇌의 정서적 측면을 활성화하여 변연계에 호소하는 방법이 가장 좋다.

하지만 어떻게 변연계에 호소할 수 있을까? 리더는 행동을 촉진하는 뇌의 감정선을 어떻게 끌어당길 수 있을까? 마케터는 어떻게 사람들을 움직이게 하는 연결을 만들 수 있을까? 우리는 우리를 존재하게 만드는 것, 즉 우리의 정체성(문화의 닻)과 그에 따른 신념(문화를 채택하는 첫 번째 체계)에 대해 직접 말함으로써 그렇게 한다. 같은 이념적 관점을 가진 사람들에게 우리의 신념을 전할 때, 그것은 합리성을 넘어서 깊은 정서적 차원에서 울려 퍼지며, 사람들이 행동에 나서도록 영감을 준다. 이유가 뭘까? "나 같은 사람이 이런 일을 하기" 때문이다. 이게 핵심이다. 당신의 회중에게 복음을 전파하면 그들은 자신이 누구인지, 세상을 어떻게 보는지에 따라 움직일 것이다. 그리고 그들은 정체성을 일치시키고 사회적 연대를 촉진하기 위한 노력으로 그렇게 행동할 것이다. 다소 추상적으로 보일 수 있으므로 좀 더 실용적으로 이 부분을 자세히 살펴보자.

작가이자 교육자인 C.C.채프먼은 간단하게 이렇게 말했다. 감정적 연결을 시도할 때 우리가 하는 의사소통은 "영혼에서 시작해서 판매로 끝나야" 한다. 우리는 세상을 보는 방식에 따라 정보를 얻는 감정적 호소(변연계에 호소)로 시작해서 신피질에 호소하는 합리적 논증으로 끝을 맺는다. 이 접근 방식은 마케팅, 리더십, 정치 등 거의 모든 상황에 적용할 수 있다. 왜냐하면 이 방식은 우리 상황이 아닌 생물학에 기반을 두고 있기 때문이다. 맥스 랜먼이라는 사람의 예를 살펴보자. 광고 카피라이터인 맥스의 여자친구는 1996년식 혼다 어코드를 팔고 싶어 했다. 2018년 당시 이 차는 주행거리가 23만 km에 달하는 22년 된 차량이었다. 의심의 여지 없이 이 중고차 판매는 그다지 매력적인 제안은 아니었지만, 여느 야심에 찬 광고주처럼 맥스도 도전에 나섰다. 결국 맥스는 자동차의 가치를 전달하는 동영상을 만들기로 했다. 이 영상에는 라디오를 들으며 차를 운전하는 모습, 조수석의 커피포트(컵을 놔두는 곳이 고장 나서), 너저분한 차 안의 모습이 담겼다. 이 영상에 다음과 같은 설명이 깔렸다.

당신? 당신은 다르다. 당신은 당신 방식대로 일한다. 그게 당신을 특별한 존재로 만든다. 당신에게 물건은 필요 없다. 당신은 지금의 자신에게 만족한다. 당신은 돈에 관심이 없다. 당신이 원했던 모든 걸 가지고 있다. 겉모습 때문에 그것을 하는 게 아니다. 효과가 있어서 그렇게 하는 거다. 이거? 이건 자동차가 아니다. 이건 당신이다. 라이프 스타일이다. 선택. 당신의 선택. 1996년식 중고 혼다 어코드를 소개한다. 삶에 대한 계획이 있고 어딘가로 갈 방법이 필요한 사람들을 위한 차다. 사치는 마음가짐이다.

동영상을 완성하자 맥스는 이 자동차를 500달러 가격으로 이베이에 올렸고, 이 차는 15만 달러에 팔렸다. 이 차의 특징 때문이 아니라 이념적 일치 때문이었다. 이 차는 구매자의 정체성 프로젝트의 연장선에 있었으며, 이 차를 산다는 것은 "사치는 라이프 스타일이라고 생각하기 때문에 이 차를 운전한다"라고 말하는 것이다. 이 자동차는 구매자 자신이 누구인지, 무엇을 믿는지 전달하는 수단인 신원확인서가 되었다. 사회학자 이반 로스는 이런 현상을 자아 개념이라고 부르며, 우리의 구매와 브랜드 선호도는 우리 자신에 대한 개념, 즉 정체성에 영향을 받는다고 주장했다. 좀 더 구체적으로 로스는 "사람들은 자신이 갖고 있는 개념과 일치하거나, 그보다 낫거나, 어떤 식으로든 잘 맞는 경우에만 제품 또는 브랜드를 구매한다"라고 말했다. 감정 변연계에 가장 크게 호소력을 발휘하고 우리를 움직이게 만드는 것은 우리의 정체성, 그리고 정체성과 관련된 신념이다. 내가 가진 이념이 브랜드, 회사, 조직, 대의명분의 이념과 일치할 때, 합리적인 제안은 문화적 연관성만큼 중요하지 않다. 의사결정과 행동 채택의 생물학에서 알 수 있듯이 사람들은 이성에 따라 움직이지 않는다. 사람들은 감정에 따라 움직이며, 우리에게 '우리'보다 더 감정적인 것은 없다. 그래서 맥스 랜먼은 오래된 중고 혼다 어코드의 판매가격을 처음 생각했던 것보다 300배나 더 비싸게 책정할 수 있었다. 그는 영혼을 담아 시작해서 판매를 마쳤다.

우리가 구매하는 제품, 가입하는 조직, 자신을 꾸미기 위해 사용하는 것들은 기능과 거의 관련이 없다. 기능은 합리적 결과이다. 대신 그것들은 감정적 결과인 우리의 정체성과 더 관련이 있다. 작가이자 동기부여 연설가인 사이먼 사이넥은 이렇게 말했다. "사람들은 당신이 하는 일을 받아들이는 게 아니라 당신이 그 일을 하는 이유를 받아들이는 것이다." 나는 이 의견에 전적으로 동의한다. 문화가 수 세기 동안 우리에게 말해주었던 것, 즉 사람들이 자신의 정체성, 신념, 이념에 따라 움직이고 있다는 사실을 직접적으로 드러내주기 때문이다. 따라서 우리는 이런 행동이 문화를 받아들이는 것의 일부일 때 구매, 시청, 공유, 시식, 재활용, 참여 등과 같은 행동을 하려는 경향이 있다.

사이먼이 TED에서 인기를 끈 '나는 왜 이 일을 하는가'라는 주제의 강연을 한 이후, 회사나 조직이 존재하는 '이유'에 먼저 초점을 맞춘 다음 제품의 장점에 초점을 맞추라는 그의 아이디어는 상당한 회의론에 직면했다. 비즈니스 리더들은 "이봐요, 나는 돈을 벌러 왔다고요. 무슨 얘기를 하는 건가요? 이건 자선 활동이 아니에요"라고 말한다. 대부분의 경영대학원은 학생에게 이익을 최우선으로 생각하고 무엇보다 주주 가치를 높이라고 가르치기 때문에 그들이 그런 관점을 가지고 있다고 해서 비난하기는 어렵다. 그러나 돈을 버는 것은 당신이 하는 일의 부산물이지, 왜 그 일을 하는지에 대한 것이 아니다. 우리 몸이 살기 위해서는 백혈구를 만들어야 하지만 백혈구를 만드는 게 삶의 의미는 아닌 것과 마찬가지다. 우리는 더 큰 것을 위해 존재한다. 이것이 우리의 '이유'이다.

기업, 조직, 기관, 국민, 정치인들도 마찬가지다. 우리가 존재하는 이유는 무엇인가? 우리의 신념은 무엇인가? 우리는 세상을 어떻게 바라보는가? 우리가 하는 일, 즉 이성적인 일을 추진하는 것이 바로 이런 신념 체계이다. 스티브 잡스는 이렇게 표현했다. "비트와 바이트를 넘어서 애플이 상징하는 것은 무엇인가? 이 세상에서 우리는 어디에 속하는가? 우리가 하는 일은 사람들이 일을 완수할 수 있도록 상자를 만드는 것이 아니다. 비록 우리가 그 일을 잘하고 있지만 말이다." 우리가 하는 일은 우리가 그 일을 하는 이유의 부산물이며, 모든 게 우리의 신념에 따라 결정된다.

더군다나 우리는 특징, 장점, 스펙 같은 합리적인 것들을 이야기하지만, 신념이나 확신에 관해 이야기할 때 훨씬 더 열정적으로 하는 경향이 있다. 우리는 '무엇'을 말하지만 '왜'를, 즉 복음을 전한다. 사이넥이 언급했듯이 마틴 루터 킹 주니어 목사가 이를 보여주는 가장 좋은 예다. 1960년대 킹 목사가 인권 운동을 시작했을 때, 그는 사람들을 위해 싸우는 유일한 민권 운동가가 아니었다. 말콤 X, 마커스 가비, 메드가 에버스 같은 영향력 있고 훌륭한 웅변가들도 많이 있었다. 이들 모두 사람들의 더 나은 삶을 위해 자신과 가족의 삶을 희생했다. 그들은 사랑받았고 존경받았다. 그러나 마틴 루터 킹은 30년이 지난 지금까지도 민권의 대명사로 남아 있다.

왜 그럴까? 킹은 사람들이 지지하는 신념인 꿈을 가지고 있었기 때문이다. 사람들은 킹의 꿈, 즉 이 나라가 하나가 되고, 모든 소년과 소녀, 남자와 여자가 미국의 신조가 약속한 것과 같이 자유를 얻게 될 것이라는 그의 꿈, 다시 말해 신념 때문에 그를 시민 권리의 상징으로 세웠다. 그들 역시 킹의 꿈을 믿었다.

우리는 모두 마틴 루터 킹의 "나에게는 꿈이 있습니다"라는 연설을 들어봤다. 이 연설은 역대 최고 연설 중 하나로 꼽힌다. 하지만 "나에게는 꿈이 있습니다" 연설에 대한 흥미로운 점은, 킹 목사가 1963년 8월 28일 워싱턴DC에 있는 링컨 기념관 계단에서 열린 시민권과 동등한 임금을 위한 행진에서 했던 우리가 모두 알고 있는 그 유명한 연설을 하기 전에도 같은 연설을 여러 번 했다는 사실이다. 첫 연설을 했던 건 그로부터 9개월 전인 1962년 11월 노스캐롤라이나에서였다. 그는 연설문을 재구성하고, 덧붙이고, 줄이면서 여러 개의 초안을 작성하고 반복해서 수정했다.

1963년 8월 28일 킹 목사가 단상에 올랐을 때, 그는 원래 다른 연설을 하려고 했다. 킹 목사가 방향을 바꾸기로 결심한 건 전설적인 가스펠 가수 마할리아 잭슨의 요청 때문이었다. 그녀는 몇 달 전 디트로이트에서 킹 목사의 연설을 들은 후 "사람들에게 꿈에 대해 말해주세요, 마틴"이라고 말했고, 킹 목사는 역대 가장 유명한 연설을 했다. 그 순간 그 연설을 그토록 강력하게 만든 건 단지 그 연설의 메커니즘이 아니라 그의 말에 담긴 확신이었다. 세상을 비슷하게 바라보는 회중에게 복음을 전했고, 그것 때문에 회중들은 집단행동을 했다. 이는 기업가, 리더, 활동가들이 그냥 사람들이 아닌 당신의 회중을 움직일 수 있는 강력한 수단이 된다.

잡스가 전에 말했듯이…

지구 최고의 마케팅 담당자들은 그 누구보다 이 점을 더 잘 이해하고 있다. 그들은 모두 매우 명확하고 뚜렷한 신념을 가지고 있다. 영혼에서 시작해 판매로 끝나는 복음을 전하며 회중이 움직이도록 영감을 준다. 코카콜라를 예로 들어보자. 코카콜라는 낙관주의와 행복을 전하는 게 중요하다고 믿는다. "완벽한 화음으로 노래하는 법을 세상에 가르치고 싶어"라고 말한 이후로 우리는 이를 알고 있었다. 그래서 코카콜라가 꽤 오랫동안 슬로건으로 삼았던 "행복을 여세요"라는 말은 많은 의미가 통한다. 물론 코카콜라는 브랜드에 관한 모든 것이 행복에 흠뻑 젖도록 해주기 때문에 그렇게 말할 것이다. 내가 가장 좋아하는 사례는 2010년 '코카콜라 행복 자판기' 캠페인이다. 코카콜라는 세인트존스대학교 캠퍼스 구내식당에 특별한 코카콜라 사판기를 설치했다. 사판기를 이용하는 사용사에게 예상치 못한 놀라움을 선사하기 위해 코카콜라 한 캔 이상의 뭔가를 제공하는 자판기였다. 어떤 사람은 다른 사람들과 나눠 먹을 수 있도록 코카콜라를 여러 개 받았다. 하이 파이브, 꽃, 심지어 피자 한 판을 받은 사람도 있었다. 콜라를 뽑은 사람들과 구내식당에서 이를 구경하던 사람들의 얼굴에는 기쁨이 가득했다. 웃지 않으면서 이 광고를 보기는 힘들 것이다. 당시 코카콜라사의 통합 마케팅 커뮤니케이션 및 역량 담당 수석 부사장이었던 웬디 클라크는 "매우 간단하면서도 설득력 있는 개념이에요. 코카콜라의 궁극적 모습, 즉 삶의 단순한 즐거움 중 하나라는 점을 매우 정확하게 묘사하고 있죠"라고 설명했다. '왜'는 '무엇'으로 증명된다. 코카콜라는 일상과 행복 사이의 아주 작은 차이를 찾아 그 격차를 좁혔다. 콜라는 그저 탄산이 들어 있는 설탕물일 뿐이지만, 행복을 전파하기 위해 그렇게 하는 것이며, 이게 바로 콜라가 전하는 복음이다.

마찬가지로 나이키는 모든 사람의 몸이 운동선수라고 믿는 브랜드다. 덩치가 크든 작든, 키가 크든 작든, 몸이 좋든 장애가 있든 우리는 모두 운동선수 같은 사람이며 내면의 운동선수를 성취할 수 있다. 우리 모두 그렇다. 나이키는 우리에게 뭐라고 말하는가? "저스트 두 잇(Just do it)." 이것은 와이든앤케네디의 공동 창업자인 댄 와이든이 만든 문구로, 지금까지 40년 넘게 나이키 브랜드의 신조였다. 이것이 나이키가 전하는 복음이며, 브랜드로서 나이키는 사람들이 최고 운동선수의 자아를 실현할 수 있도록 돕기 위해 존재한다. 나이키는 이런 식으로 운동화, 운동복, 액세서리, 기술을 판매한다. 가죽의 품질이나 편안한 착용감 같은 제품의 특징과 장점을 자세히 설명하는 나이키 광고는 거의 본 적이 없을 것이다. 나이키 창립자인 필 나이트는 전통적 의미의 광고를 좋아하지 않았기 때문에 나이키는 이런 방식으로 광고하지 않는다.

광고는 마케팅 담당자들이 사람들에게 회사, 기관, 조직, 사람의 제품과 제안을 알리기 위해 공개적으로 소통하는 방식이다. 역사적으로 광고는 이념(영혼)보다는 제품에 초점을 두고 가치 제안(판매)이 주도했다. 하지만 필에게 그건 설득력이 없었다. 댄 와이든과 데이비드 케네디에게도 그다지 설득력이 없었다. 요즘 우리 에이전시에서 추구하는 원칙 중 하나가 "당신이 하려고 하는 일은 광고가 아닙니다. 신념을 전하는 것이라는 사실을 깨달아야 해요"인 이유다. 우리는 나이키에 관한 광고를 만들지 않는다. 모든 사람의 몸이 운동선수와 같다는 복음을 전한다. 회중에게 복음을 전하는 나이키의 접근 방식은 다른 회사들이 이러한 광고 수단을 채택하도록 영향을 주었는데, 아마 애플이 그중 가장 유명할 것이다.

스티브 잡스가 1997년 애플에 다시 합류했을 때, 그는 자신이 만든 회사에서 쫓겨난 이후 시장점유율과 위상이 떨어진 애플의 복귀를 알리는 새로운 마케팅 캠페인을 도입했다. 잡스는 새로운 캠페인을 공개하기에 앞서 "지금까지 전 세계가 본 마케팅의 가장 좋은 예는 나이키"라며 나이키 마케팅에 대한 감탄을 표했다. 잡스는 청중에게 나이키는 신발이라는 상품을 판매하지만, 나이키를 생각하면 단순한 신발 회사 그 이상이 떠오른다는 점을 상기시켰다. 실제로 나이키는 광고할 때 신발에 대해 거의 언급하지 않는다. 1980년대 후반 한 캠페인에서 마이클 조던과 스파이크 리는 이 신발이 조던의 탁월함과 아무런 관련이 없다고 선언했다. 스파이크 리가 "신발 넉분이 틀림없어"라고 말하자 조던은 "아니"라고 간단히 대답한다. 대신 나이키는 최고의 운동능력을 실현하기 위해 노력하는 운동선수에게 경의를 표한다. 나이키는 세계에서 가장 뛰어난 운동선수들에게 경의를 표하는 것으로 시작해, 몇 년 후에는 당신과 나 같은 일반인 운동선수에게도 존경을 표하기 시작했다. 왜냐하면 위대함은 드문 DNA 특징도 아니고, 선택받은 소수에게 주어지는 재능도 아니기 때문이다. 한 나이키 광고에서는 미국의 평지로 보이는 탁 트인 길에서 달리는 과체중 10대 소년을 보여주며, "위대함이란 숨 쉬는 것만큼이나 평범한 것이다"라고 단언한다. 그리고 광고가 끝나기 직전 소년은 느리지만 결연하게 계속 달리고 있으며, 내레이터는 이렇게 말한다. "그(위대함) 가능성은 우리 모두에게 있다. 우리 모두에게." 신발에 대해서는 한마디도 하지 않는다. 가죽을 어디

서 조달하는지, 운동화 밑창이 얼마나 충격을 잘 흡수하는지에 대해서는
아무 정보가 없다. 이성적 주장은 단 한마디도 없다. 순전히 신념, 이념만
있다. 애플이 자사의 복음을 전하는 데 도움이 된 캠페인 '다르게 생각하
라(Think Different)'를 만든 것도 바로 이런 계획에서 나왔다.

여기에 미친 사람들이 있습니다.

부적응자, 혁명가,

문제아,

사각형 구멍에 끼워진 동그란 마개처럼

사물을 다르게 보는 사람들.

그들은 정해진 규칙을 좋아하지 않습니다.

그리고 그들은 현상 유지도 원하지 않습니다.

당신은 그들의 이야기를 인용하거나

동의하지 않을 수 있으며,

그들을 추켜세우거나 비방할 수 있습니다.

하지만 여러분이 할 수 없는 유일한 것은 그들을 무시하는 것입니다.

왜냐하면 그들이 세상을 바꾸기 때문입니다.

그들은 인류를 앞으로 나아가게 합니다.

어떤 사람들은 그들이 미쳤다고 하지만,

우리는 그들에게서 천재성을 봅니다.

세상을 바꿀 수 있다고 생각할 정도로 미친 사람들이야말로

결국 세상을 바꾸는 이들이기 때문입니다.

브랜드로서 애플은 현상 유지에 도전해야 한다고 믿었고, 나이키가 위대한 운동선수들을 기리는 것처럼, 애플은 이 캠페인에서 스포츠 분야의 무하마드 알리부터 항공 분야의 아멜리아 에어하트, 예술 분야의 파블로 피카소, 엔터테인먼트 분야의 전설적인 인형극가 짐 헨슨에 이르기까지 다양한 장르에 걸쳐 가장 위대한 현상 유지 도전자들을 기렸다. 애플은 컴퓨터, 휴대전화, 태블릿, 시계, 음악, 영화 등을 판매한다. 그러나 애플의 신념은 현 상태에 도전하는 것이며, 이것이 바로 세상을 비슷하게 보는 사람들에게 애플이 전하는 복음이다. 애플 기기의 얼리어답터는 누구였는가? 초기에는 예술가와 창작자들이 애플 제품을 사용하는 모습을 흔히 볼 수 있었다. 세상을 다르게 보고 자신이 세상에 영향을 줄 수 있다고 믿는 사람들. 그들은 자신의 정체성을 증명하기 위해 애플 제품을 샀고, 자동차 범퍼나 그 밖의 여러 표면에 애플 스티커를 부착해 그들과 브랜드의 이념이 일치한다는 것을 공개적으로 드러냈다. 이것이 회중에게 복음을 전하는 힘이다. 이는 변연계를 활성화하고, 사람들이 행동하도록 자극한다.

2000년대 초반, 검정 전선을 가진 기기들이 가득한 뉴욕의 지하철에서 흰색 이어폰을 끼고 애플 아이팟 2세대를 듣던 기억이 난다. 이 시기는 아이팟이 나온 초창기였고 가장 열성적인 애플 팬만이 이 새로운 음악 플레이어를 가지고 있었다. 나는 검정 이어폰 사용자들이 넘쳐나는 가운데 얼리어답터이자 뉴욕에서 새로운 길을 찾으려는 신예 작곡가였다. 그런데 곁눈질로 보니 하얀 이어폰을 낀 또 다른 사람이 보였다. 그 사람도 나를 알아챘다. 그렇게 우리는 서로 "우리는 그렇죠"라는 듯한 표정을 지었다. 우리는 회중의 일부였고, 하얀 이어폰은 우리 소속을 나타내는 유물이었다.

이것이 바로 REI가 사람들이 움직이도록 영감을 준 방법이다. 그리고 킹 목사, 코카콜라, 나이키, 기타 많은 브랜드가 이 방식을 사용했다. 그들은 영혼으로 시작해 판매로 끝나는 방식으로 회중에게 복음을 전하고 그들을 움직이게 했다. 이는 정치에서도 볼 수 있는데, 가장 두드러지면서 최근에 나타난 것으로 도널드 트럼프의 등장을 꼽을 수 있다. 트럼프는 특정한 입법 아이디어나 정치 정책에 의존하지 않았다. 그는 변방 사회의 인종 약자들이 가지고 있던 일련의 신념을 이용했다. 트럼프는 이러한 신념을 전면에 내세웠고 그동안 무시당하고 과소평가받던 미국인들을 일깨웠다. 2000년대 후반 티파티가 정치계에 도입한 급진적 인종차별주의는 10여 년 후 트럼프가 가져온 정치 브랜드의 애피타이저에 불과했다. 트럼프가 설파한 복음은 킹 목사의 '나에게는 꿈이 있습니다'만큼 간단했지만, 트럼프의 신념 '미국을 다시 위대하게 만들자'는 킹 목사의 신념과 완전히 상반된 것이었다.

트럼프가 '다시'라고 언급한 기간이 언제인지 구체적으로 명시하지 않았지만, 2007년 대선 기간 그가 버락 오바마에게 했던 기이한 공격 때문에 버락 오바마 대통령이 재임했던 8년 전이 아니라는 사실은 확실히 알고 있다. 트럼프는 오바마가 케냐에서 태어났다고 주장하면서 오바마가 미국 시민권을 가진 것에 의문을 제기했고, 그 결과 우리가 지금 알고 있는 '버서게이트*'가 탄생했다. 트럼프가 다시 미국에 돌아오기를 바랐던 그

---

* 오바마 대통령이 미국에서 태어나지 않았기 때문에 선천적 시민권자가 아니라는 소문. 미국 헌법에서 대통령의 자격으로 규정하는 세 가지가 있는데, 대통령은 선천적 시민권자여야 한다는 게 그 요건 중 하나이다.

순간이 언제이든 간에, 도널드 트럼프의 재임 전, 재임 중, 그리고 재임 이후에도 유색인종, 이민자, 여성, 소외된 지역사회가 계속해서 트럼프의 공격을 받았기 때문에 이들은 그 시절을 좋아하지 않았을 것이다.

트럼프의 정치적 단검과 악의적 발언이 불쾌하다고 여기는 사람도 있었지만, 정치에서 목소리를 낼 수 없는 사람들을 위한 확성기라고 여기는 사람도 있었다. "미국을 다시 위대하게 만들자"라는 말은 트럼프처럼 세상을 바라보는 모든 사람에게는 강아지를 부르는 휘파람 같은 신호일 것이다. 처음에 공화당은 트럼프를 맹비난하며 그의 2016년 대선 출마를 국민적 조롱거리로 여겼지만, 트럼프의 이념을 지지하는 회중들이 결집하기 시작했다. 트럼프는 자신의 회중에게 복음을 전했고, 그 회중들은 수백만 명의 사람들을 움직여 2016년 그가 대통령이 되도록 만들었으며, 2021년 1월 6일 국회의사당을 습격해 치명적 반란을 일으키도록 선동했다. 이것이 문화의 근간인 정체성과 신념의 힘이다. 복음이 전파되면 비슷한 생각을 하는 사람들이 행동하게 된다.

좋은 놈, 나쁜 놈, 이상한 놈

행동주의든 일상 생활용품이든 운동화든 정치든 간에 복음을 전하는 게 사람들에게 미치는 영향은 상황에 구애받지 않을 뿐만 아니라 브랜드의 타당성과도 무관하다. 위워크의 예를 들어 생각해보자. 본질적으로 위워크는 장기 임대를 매입해서 조직, 스타트업, 기업가를 위한 공유 업무 공간을 단기로 빌려주는 현대적인 부동산 회사이다. 위워크는 자사의 상품에 기술적 측면이 전혀 없음에도 불구하고 자신을 현대적 기술회사로 소개했고, 사람들은 이를 받아들였다. 왜 그럴까? 위워크의 창립자인 아담 노이만이 "영혼에서 시작해서 판매로 끝난다"라는 복음을 전했기 때문이다. 이것이 위워크를 평범한 임대 사업에서 훨씬 더 큰 사업으로 바꾸었다.

위워크는 사람들이 모이면 가능성이 무궁무진하다는 '우리'의 힘을 믿는다. 이 회사는 위워크에 90억 달러를 투자한 소프트뱅크의 창업자 손정의를 포함해 회중의 모임을 통합할 수 있는 능력 덕분에 빠르게 성장했다. 수천 명의 직원이 회사를 매력적으로 여겼던 건 회사의 가치 제안도, 손정의 회장이 그토록 공격적으로 투자하게 만든 제품 차별화 요인도 아니었다. 사람들이 움직이도록 영감을 준 건 바로 노이만이 설파한 복음, 즉 기업의 이념이었다. 그 정신은 노동 문제, 경영진의 지나친 지출, 한때 상장을 시도했지만 실제로는 기술회사가 아니라는 사실 등 회사가 가진 수많은 결함을 숨겼지만, 불과 1년 후 더 이상 그 결함을 감출 수 없게 되면서 회사는 파산했다. 위워크는 진실이 밝혀지기 전까지는 회사를 위해 잘 작동한 좋은 설교로 이득을 본 나쁜 제품의 전형적 예로 볼 수 있다.

비슷하게, 엘리자베스 홈즈는 자신이 설립한 회사 테라노스 덕분에 기술계의 사랑을 받으며 거의 10억 달러에 달하는 벤처캐피탈의 수혜자가 되었다. 테라노스는 손가락 끝에서 혈액 몇 방울만 채취하면 대량의 데이터를 추출할 수 있는 혈액 기술을 약속했다. 이는 기존에는 과학적으로 불가능해 보였던 위대한 업적이었다. 스티브 잡스의 추종자였던 홈즈는 테라노스의 기술 사양에 대해서는 언급하지 않았다. 대신 홈즈는 정보의 가용성과 의료 서비스에 대한 민주적 접근을 통해 생명을 구할 수 있는 투명한 세상에 대한 복음을 전파했다. 이 19살의 스탠퍼드대학교 중퇴자는 제품 유통을 위해 테라노스와 협력하기로 합의한 월 그린스의 임원들, 헨리 키신저 전 미국 국무장관, 짐 매드독 전 국방부 장관, 언론재벌 루퍼트 머독, 월마트로 유명한 월든 가족, 채닝 로버트슨 스탠퍼드대학교 공학부 수석 부학장 등을 회사 기술에 대한 자료나 증거가 거의 없는 상태에서 투자하라고 설득할 수 있었다. 대신 홈즈는 그들에게 복음을 팔았고, 그들은 말 그대로 회사가 해체되고 법적 조치를 잔뜩 받기 전에 그 복음을 샀다.

이런 상황을 보며 "어떻게 저런 상황에 빠질 수 있지?"라고 말하기는 쉽다. 그러나 우리는 모두 무언가에 빠져들어 그에 따라 행동하곤 한다. 그 자체가 '진실'이기 때문이 아니라, 그것이 우리가 자신에게 세상에 대해 말하는 이야기(이념)와 우리가 세상에 적응하는 방법(정체성)과 일치하기 때문에 그것(문화)에 맞게 행동한다. 우리에게 필요한 것은 누군가 복음을 전해서 우리가 무엇을 하고 어떻게 해야 할지 아는 것뿐이다. 당신 회사가 사람들의 삶을 더 좋게 만들기 위해 하는 모든 놀라운 일과 당신 회사에서 만든 제품이 사람들의 일상생활을 풍요롭게 할 수 있는 다양한 방법을 생각해보라. 복음을 전함으로써 사람들이 수상한 제품이나 미심쩍은 회사를 사게 된다면, 좋은 제품과 정직한 회사를 위해 무엇을 할 수 있을지 상상해보라.

이 정도면 충분히 쉬운 것 같은데, 그렇지 않은가? 당신이 믿는 것이 무엇인지 파악하고, 회중을 찾고, 복음을 전파해서 그들 사이의 집단행동을 촉진하라. 이렇게 문화를 활용해서 사람들을 움직이게 하는 방법을 경영진에게 알려주면, "물론이죠", "정말 그렇고말고요", "100%죠"라고 대답하며 모두 고개를 힘차게 끄덕인다. 하지만 사무실로 돌아가자마자 평소와 다름없이 제품 성능과 혜택에 초점을 맞춘다. 오해하지 마라. 성능과 장점도 중요하다. 성능과 장점도 '판매(sale)'의 일부지만, 사람들을 움직이려면 먼저 '영혼(soul)'부터 시작해야 한다. 광고대행사 DDB의 공동 창업자인 빌 번백은 이렇게 말했다. "지성으로는 사람들을 설득할 수 없다. 그들이 지닌 열정으로 설득하는 것이다." 내가 음악에 대한 열정이나 독서에 대한 열정이 있는 것처럼 대부분의 사람이 '열정'을 보고 '관심사'를 생각하기 때문에 나는 항상 이 인용문을 좋아했다. 그러나 '열정'이라는 단어의 어원은 기독교 신학에서 유래한 것으로 '고통'을 의미한다. 번백이 궁극적으로 말하고자 하는 바는 우리가 이성적인 주장, 가치 제안, 이익, 즉 지성으로 사람들을 설득하지 않는다는 사실이다. 아니, 우리는 우리가 설교하는 복음, 우리가 갖고 있는 신념과 이념으로 고난을 감수하면서까지 사람들을 설득한다. 이것이 신념의 정의이다. 우리는 비록 혼자만 서 있을지라도 기꺼이 신념 위에 굳건히 선다.

여기서부터가 바로 어려운 부분이다. 우리는 이것을 직관적으로는 알고 있지만, 우리의 제품(상품 또는 서비스), 조직, 계획에 대해 전통적으로 소통해온 방식에 관하여 우리 몸이 기억하는 것을 버리기가 매우 어렵다. 나는 이걸 면도날 난제(razor-blade conundrum)라고 부르며, 경영진에게 이렇게 질문한다. 갈렙은 면도날이 3개인 남성용 면도기를 판매하고, 경쟁자인 앤드류는 면도날이 4개인 면도기를 판매한다고 가정해보자. 어떤 일이 일어날까? 한 경영진은 "면도날이 4개 있으면 3개보다 더 깔끔하게 면도할 수 있기 때문에 사람들은 앤드류가 파는 제품을 선택할 거예요. 갈렙이 앤드류와 경쟁하려면 날이 4개인 면도기를 만들어야 할 겁니다"라고 대답한다. 그렇다. 바로 이런 일이 생긴다. 갈렙은 날이 4개인 면도기를 만들고, 면도기 윗부분에 윤활 스트립을 추가해 더 매끄럽게 면도할 수 있는 제품을 만든다.

그러면 나는 "그다음엔 어떻게 될까요?"라고 다시 묻는다. 또 다른 경영진이 "이제 앤드류가 면도기에 더 많은 혁신적 기술을 도입해야겠죠"라고 대답한다. 다시 한번 얘기하지만, 그렇다. 앤드류는 또 다른 면도날(총 5개의 면도날)과 윤활 스트립을 추가하고 면도기 머리 부분이 진동하게 만들어 얼굴에 난 수염을 깎기 좋게 세울 것이다. 이제 어떻게 상상이 되는가? 그런 다음 갈렙은 날이 6개에 윤활 스트립이 추가되고 머리 부분은 진동하며, 면도하고 나서 자극을 줄이기 위해 알로에 베라 로션이 뿜어져 나오는 면도기를 만들 것이다. 머지않아 갈렙과 앤드류는 서로 앞다투어 면도할 때 말을 걸고 트윗을 읽어주는 음성 인식 인공지능 기반 기술을 갖춘 35개의 면도날이 달린 면도기를 만들어낼 것이다. 이건 미친 짓이다. 나는 경영진에게 이렇게 묻는다. "더 이상 면도기에 추가할 수 있는 기능이 남아 있지 않고 더 이상 '혁신'의 (물리적) 여지가 없을 때, 갈렙과 앤드류는 어떤 경쟁을 할 수 있을까요?" 잠시 침묵이 흐르고 멍하게 있다가, 누군가 손을 들고 "가격을 내리는 방법만 남은 것 같네요"라고 대답한다. 이것 역시 맞는 말이며, 이것이 바로 우리가 제공하는 제품(product)을 물품(commodity)으로 바꾸는 방법이다.

면도날을 더 날카롭게 하거나, 배터리 지속 시간을 늘리거나, 더 빨리 달리는 자동차를 만드는 것 같은 합리적인 제안을 내놓는 게 우리가 가치 제안을 우선으로 고려할 때 일어나는 일이다. 이는 거래 기반 관계로 이어진다. 물론 당신네 제품이 가장 빠르다면 사람들은 그것을 더 사고 싶어할 것이다. 당신 제품이 더 싸다면 경쟁사 제품보다 당신 제품을 선택하려는 경향이 더 높을 것이다. 그리고 다른 면도기에는 면도날이 7개 있는데, 당신이 면도날이 8개 달린 제품을 만들었다면 사람들은 당신 제품을 고를 것이다. 하지만 누군가 더 빠르거나, 더 싸거나, 날이 9개인 면도기를 내놓는다면, 게임 끝이다. 물품의 세계에 온 걸 환영한다! 이는 피자 산업에도 해당하는 이야기다. 내가 어렸을 때 토핑 하나를 얹은 대형 피자의 가격은 17달러 정도였다. 이는 리틀 시저스가 핫 앤 레디 피자(토핑 하나가 들어있는 대형 피자로 5달러면 먹을 수 있다)를 시장에 출시한 이후 오늘날엔 말도 안 되는 소리로 들린다. 이제 피자 산업 전체가 가치 제안에 기반을 두고 있다.

그러나 조직이나 브랜드의 신념에 초점을 맞추면 우리는 자기 동일시 방식에 따른 정체성에 기반한 관계를 구축하게 된다. 그 브랜드는 단순한 브랜드가 아니다. 그 티셔츠는 단순한 티셔츠가 아니다. 그 학교는 단순한 학교가 아니다. 그 기관은 단순한 기관이 아니다. 그것은 우리가 어떤 존재인지에 대한 확장판이다.

코로나19 팬데믹이 시작될 당시 미래는 불확실해 보였고 많은 기업과 직원의 재정 안정성은 장담할 수 없었다. 이런 상황에서 컬럼비아스포츠웨어의 CEO인 팀 보일은 회사 직원들이 정기적으로 급여를 받을 수 있도록 자신의 연봉을 330만 달러에서 1만 달러로 줄였다. 3,500명의 직원이 사회적 거리 두기에 따른 일시적인 업무 정지 상태로 인해 매장이 임시로 폐쇄되었음에도 여전히 급여를 받았다. 보일에게는 직원들이 자신에게 중요한 것들을 추구할 수 있는 능력과 안정감을 느끼는 게 중요했다. 이것은 활동적인 사람들과 그들의 열정을 연결하려는 컬럼비아스포츠의 신념과 일치한다. 보일의 임금 삭감은 본질적으로 불확실한 상황에 직면했음에도 직원들이 안정감을 느낄 수 있도록 보장해주었다. 말 그대로 사람들이 폭풍우를 헤쳐나갈 수 있도록 돕는 제품을 생산하는 브랜드로서 이 회사는 행동을 통해 자신의 신념을 보여주었다. 이 소식이 전해지자, 내 친구 헬렌은 "사랑해요! 컬럼비아 재킷을 더 좋아하게 됐어요!"라는 글과 함께 해당 기사를 게시했다. 그녀가 가진 컬럼비아 재킷은 기사를 읽기 전보다 더 따뜻해지지 않았다. 재킷은 이 기사가 발표되기 전에 비해 헬렌의 몸에 잘 맞지 않았지만, 행동을 통해 입증된 바와 같이 브랜드의 신념과 이념이 그녀의 세계관과 일치했기 때문에 재킷은 더 나은 정체성의 상징이 되었고, 헬렌은 컬럼비아와 감정적으로 더 연결되어 있다고 느꼈다.

「하버드 비즈니스 리뷰」에서 발표한 한 연구에 따르면 감정적 연결은 기능적 이점보다 더 중요하다. 사람들을 움직이게 하는 것은 가치 제안이 아니라 변연계의 활성화다. 그리고 사람들은 브랜드의 신념이 내 신념과 일치할 때 연결감을 느낀다. 결과적으로 브랜드는 우리가 누구인지, 그리고 사회라는 세계에서 어떻게 보이고 싶은지를 전달하는 데 도움이 되는 우리 정체성을 나타내는 영수증이 된다. 우리가 지닌 정체성과 우리가 동의하는 문화적 특성이 우리 행동의 가장 큰 원동력이다. 우리는 우리가 하는 행동과 신념 체계가 일치하는지 확인한다. 그렇지 않으면 우리는 인지 부조화로 인한 불편함과 씨름하게 된다.

당신의 회중에게 복음을 전한다는 생각이 브랜드가 특정한 목표 고객,

즉 특정 집단의 사람들에게 제품 기능을 전달하도록 지시하는 오랜 마케팅 커뮤니케이션 관행에 어긋난다는 사실은 의심의 여지가 없다. 청중 (audience)은 소극적이기 때문에 나는 '목표 고객(target audience)'이라는 용어를 좋아하지 않았다. 그들은 메시지가 그들에게 전달되기를 기다리는 사람들의 집단이며, 당신이 다음에 무엇을 할지 보기 위해 기다리는 포로 집단이다. 그러나 사람들, 실제 사람들은 전혀 수동적이지 않다. 사람들은 매일 해야 할 일이 100만 가지에 달하며 당신네 회사에서 최근 내놓은 치약에 얼마나 많은 불소를 첨가했는지는 전혀 생각하지 않는다. 대신 그들은 당신과 당신의 대의명분에 관해 생각하기 전에 자신이 잘하고 있는지, 제대로 하고 있는지, 아이들이 안전한지 등 가능한 모든 것에 대해 생각하고 있다. 물론 은연중에 당신의 대의와 브랜드의 대의가 같지 않은 경우라면 말이다. 그러나 이것은 사람들을 메시지를 받아들이고 돈을 낭비하는 기계가 아닌, 실제 인간으로 바라볼 것을 요구한다.

브랜드가 같은 신념을 가진 사람들, 즉 같은 이념을 가진 회중과 연결될 때, 그 사람들은 해당 브랜드에서 제품을 구매할 뿐만 아니라 브랜드를 사용해 자신의 정체성을 전달하고 자신과 똑같은 사람들과 이를 공유한다. 그리고 그 사람들은 자신과 똑같은 다른 사람들과 그것을 공유한다. 복음을 전한다는 개념은 당신의 가치 제안에 영향을 받을 수 있는 모든 사람에게 메시지를 보내는 것이 아니다. 그것은 동일한 신념 체계를 가진 사람들의 회중 안에서 네트워크 효과를 활성화하는 것이고, 그들이 당신을 대신해서 다른 사람에게 복음을 전파하도록 영감을 주는 것이다.

믿지 않는 사람을 개종시키는 일

마지막으로 본 새로운 프로그램, 마지막으로 방문한 새로운 레스토랑, 마지막으로 구매한 신제품을 선택한 건 직접적인 광고 때문이 아니었을 가능성이 높다. 어떤 경우에는 해당 프로그램에 대한 광고조차 보지 못했을 수도 있다. 대신, 당신은 아는 사람, 신뢰하는 사람으로부터 그것에 대해 들었다. 그들이 당신에게 대형 고양잇과를 포획하고 돌보는 다양한 집단의 사람들에 대한 프로그램을 추천하면 얼마 지나지 않아 넷플릭스에서 「타이거 킹」 에피소드 10개를 연달아 보는 자신을 발견하게 된다. 왜 그럴까? 그들이 당신에게 그렇게 하라고 말했기 때문이다. 누군가 그들에게 말했던 것처럼, 또 그 누군가에게 다른 사람이 말했던 것처럼 말이다. 이것은 회중의 네트워크 유대를 견고하게 유지하기 위해 공유된 신념과 문화적 특성을 전파하는 최상의 네트워크 효과이다.

겉으로 보기에 「타이거 킹」은 야생 동물 영역을 넘어서는 특정 회중을 위한 문화적 산물처럼 보이지 않을 수도 있지만, 이 다큐멘터리는 공동체 안 사람들이 공유하는 신념과 이념을 시연할 수 있는 수단 역할을 했다. 부족 구성원과 그들의 결집된 회중 사이에서 주고받은 이 다큐멘터리에 관한 의견과 담론은 그들과 비슷한 사람들이 무엇을 느끼고 어떻게 반응해야 하는지를 결정하고 구성하는 데 도움이 되었다. 이러한 교류는 모두 우리가 받아들인 문화에 의해 중재되며, 우리가 그 문화에 따라 행동하도록 영향을 준다.

2008년 미국 대통령 선거는 치열한 접전을 벌였다. 공화당에서는 참전 용사이자 네바다주 상원의원인 존 매케인이, 민주당에서는 전직 지역사회

리더였던 버락 오바마 일리노이주 상원의원이 나왔다. 창단 멤버 대 새로운 인물. 911 테러 이후 이슬람 혐오가 만연한 분위기였고 하와이에서 태어난 아프리카계 미국인 오바마가 이슬람교도가 아님에도 이슬람교도로 분류되었다는 사실로 인해 이 선거전은 더 치열해졌다. 항상 미국을 괴롭혀온 표준적인 인종차별을 넘어, 특히 선거에서 중요한 경합 주 플로리다에서 오바마에 대한 공격은 극에 달했다. 주 전역의 매케인 지지자들은 오바마에게 반미, 친이라크, 그리고 노년층 유대인 미국인 인구가 많은 주에서 가장 문제가 될 수 있는 반이스라엘 등 여러 불미스러운 딱지를 붙인 광고를 내보냈다. 이 광고의 전략은 오바마를 '나와는 다른' 사람, 즉 이 경우에는 '나와 반대되는(anti-me)' 사람으로 포지셔닝하는 것이었다. 물론 실제로는 그렇지 않았다.

이러한 정치적 광고에 맞서기 위해 유대인 교육연구센터는 대응해야 한다고 느꼈다. 반대 목소리보다 더 큰 소리로 진실을 외친다 해도 원하는 결과를 얻을 수 없다는 점을 깨닫고, 나이 많은 유대계 미국인에게 가장 영향력 있는 목소리인 그들의 손자를 활용하기로 했다. 유대인 교육연구센터는 유대계 미국인 코미디언인 사라 실버맨의 도움을 받아 젊은 유대계 미국인들이 플로리다로 여행을 가서 그들의 조부모가 버락 오바마에게 투표하도록 설득하라는 내용의 영상을 만들었다. 이 비디오는 '그레이트 슐렙*' 캠페인의 일부였다. 사라는 말했다. "여러분이 조부모를 방문함으로써 세상을 바꿀 수 있다는 걸 안다면, 그렇게 하실 건가요? 물론 그럴 거

---

* 위대한 고행

예요. 그렇게 하지 않으면 멍청이가 될 테니까요." 그러고 나서 사라는 "버락 오바마가 미국의 차기 대통령이 되지 않으면, 저는 유대인들을 비난할 거예요"라고 선언했다. 역사적으로 유대계 미국인들은 자유주의와 진보주의를 지지하는 것으로 알려졌지만, 사라가 말했듯이 "그렇지 않고 엄마, 아빠, 평범한 늙은 할아버지와 할머니라는 별명으로 통하는 유대인도 있다." 영상은 왜 오바마가 더 나은 후보인지, 왜 오바마의 정책 아이디어가 매케인의 정책보다 이스라엘에 더 유리한지에 대한 모든 이야기를 계속해서 담고 있다. 사라는 젊은 미국 유대인들에게 그레이트 슐렙 웹사이트에 등록하고, 플로리다행 비행기를 타고 가서, 조부모님을 개종시키라는 행동 촉구로 영상을 마무리했다.

사라는 영혼으로 시작해 판매로 끝나는 방식으로 기꺼이 회중에게 복음을 전했으며, 이에 따라 2만 4,000명이 넘는 미국 유대인은 그레이트 슐렙 사이트에 등록하고 플로리다로 떠나게끔 자극받았다. 이 캠페인은 젊은 유대계 미국인으로 구성된 특정 네트워크를 대상으로 했지만, 「뉴욕타임스」에서 BBC에 이르기까지 거의 모든 주요 뉴스 매체에서 이 이야기를 다뤘다. 더욱이 오바마는 플로리다주에서 인구가 가장 많은 세 개 카운티의 유대인 유권자들로부터 더 높은 표를 얻어 플로리다에서 이겼다. 「뉴욕타임스」의 프랭크 리치는 이렇게 썼다. "오바마는 전국적으로 더 높은 비율의 유대인 표를 끌어모았다. 마젤 토브("축하해"라는 뜻의 히브리어), 사라 실버맨! 플로리다에서는 이겼다." 사라는 그녀의 회중 안 네트워크를 활성화했고, 그들은 다른 사람들이 움직이도록 설득했다.

다시 말하지만, 이는 전통적인 마케팅 커뮤니케이션 방식에서 완전히 벗어난 것이다. 마케팅 담당자는 오랫동안 마케팅 퍼널*을 통해 소통과 설득에 접근해왔다. 마케팅 퍼널은 퍼널 상단에서 최대한 많은 사람에게 도달하고(인지), 바닥에 가까워질수록 모집단이 줄어든다(전환). 이 관점을 통해 마케팅 담당자들은 그들이 '서비스 가능한 가용 시장'이라고 부르는 이 집단의 일부를 확보하기 위해 가능한 한 많은 사람에게 메시지를 전달하는 데 막대한 자원을 투자한다. 전체 시장 규모가 어떻든 간에 마케팅 담당자는 다양한 미디어 수단을 활용해 가능한 한 많은 사람에게 다가가는 것을 목표로 한다. 그러나 실제로 도달한 비율은 일부에 불과하며(임의로 70%라고 가정하자), 이 사람들 중 20%만이 행동하라는 요구에 응답하고(예: 자세한 내용을 보고 싶으면 여기를 클릭하세요. 더 알고 싶다면 등록하세요), 최종적으로 무언가를 구매하는 인구는 0.02%에 불과하다. 마케팅 업계에서 수십 년 동안 현 상태를 유지해왔지만, 이는 상당히 낭비적인 시스템이다. 아마도 이제는 우리가 모두 '다르게 생각'해야 할 때다.

네트워크로 연결된 부족 집단을 목표로 삼으면 마법 같은 일이 일어난다. '그레이트 슐렙'의 경우처럼 회중을 가장 잘 표현하는 사람들, 즉 부족의 문화적 특성을 가장 잘 따르는 사람들에게 우리 노력을 집중하면 제품, 아이디어, 신념, 행동, 언어, 유물이 그 집단 내 개인에게서 개인에게로 퍼지는 단계적 확산을 촉진할 수 있다. 이 현상의 결과로 회중 내 도달 범위가 증가한다(다음 그림 2 참조). 이것은 이 아이디어를 '전파 계획'이라고 불렀던 故 그리핀 팔리의 탁월함이 가져온 도발이다. 당신이 도달할 수 있는

---

* 마케팅 깔대기

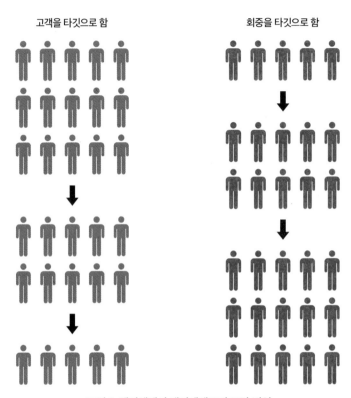

그림 2. 개인에게서 개인에게로의 도달 범위

사람들을 대상으로 하는 게 아니라, 그 사람들이 사회적으로 널리 알리는 것을 통해 도달하게 될 사람들을 대상으로 계획하는 것이다.

기존 마케팅 커뮤니케이션 방식과는 달리 여기서의 도달 범위는 단순히 사람들이 회사나 브랜드로부터 메시지를 듣는 것 그 이상이다. 사람들은 자신이 신뢰하는 사람, 자기와 비슷한 사람으로부터 이 소식을 듣게 되며, 이는 다른 사람에게도 전달할 가능성을 높여준다. 네트워크 과학자 니콜라스 크리스타키스와 제임스 파울러는 "소규모 집단의 사람들이 함께 행동하기 시작하면(비슷해 보이는 조짐이 눈에 보이기 시작하면) 전염성은 감정 전염을 통해 사회적 네트워크 연결을 따라 퍼지며, 대규모 집단의 경우 빠르게 감정적으로 동기화된다"라고 가정했다. 이것이 바로 세상을 당신과 비슷한 시각으로 보는 회중에게 복음을 전할 때 활성화되는 네트워크 효과다.

사람을 변화시키는 건 마케팅 커뮤니케이션이 아니라 사람이다. 마케팅 커뮤니케이션은 회중 안에서 네트워크로 연결된 부족의 시스템에 외생적 충격을 주며 부족의 구성원들은 집단으로 그것이 부족의 문화적 특성과 일치하는지를 결정한다(자세한 내용은 5장에서 다룬다). 이러한 깨달음은 내가 일하는 방식을 변화시켰고, 문화적 전염과 의미 형성에 관한 내 연구에 영감을 주었다. 나는 그 이후로 이 철학을 브랜드, NGO 기관, 개인에게 적용해왔다. 게다가 종교에서도 이런 유사점을 찾아볼 수 있다. 전단지를 보거나 교회가 바로 그 자리에 있어서 교회에 처음 출석하는 사람은 거의 없다. 대신 이미 교인인 누군가로부터 초대를 받아 처음으로 교회를 방문한다. 사람들은 교회나 사원에 다니면서 얼마나 좋았는지에 대해 이야기하면서 친구와 동료에게 참석을 권유한다.

종교 문헌과 마케팅 전문 용어 모두 이 사람들을 복음 전도자, 좋은 소식을 전하는 사람으로 지칭한다. 종교적 측면에서 '전도자'라는 용어는 사람들이 기독교인이 되도록 설득하기 위해 노력하는 사람을 묘사하는 데 사용된다. 마케팅 측면에서 '전도자'는 자신이 확신하는 제품을 다른 사람에게도 사용해보라고 설득하는 사람들이다. 또한 우리는 각자의 문화적 특성에 맞게 전도한다. 사람들에게 이것을 시도해보라고, 어떤 것을 특정한 방식으로 보라고, 또는 '우리와 비슷한 사람들'이 하는 일에 근거하여 특정한 일을 하지 말라고 말한다. 회중에게 복음을 전할 때, 복음 전도자들에게 불신자들, 즉 냉담한 사람들이나 반대하는 사람들, 믿지 않는 사람들을 개종시킬 수 있는 권한을 부여한다. 찬송가에서 "전에는 눈이 멀었으나, 이제 광명을 얻었다"라고 선포한 것처럼, 새롭게 눈을 뜬 사람들은 어디를 가든 복음을 전해야 한다는 강박감을 느낀다. 그들 역시 믿기 때문에 당신을 대신해서 복음을 전한다. 이것이 전도의 네트워크 효과이다.

이 현상은 종종 사이비처럼 언급되는 소울사이클*이 추천을 통해 새로운 회원을 모집하는 것과 같은 방식으로 발생한다. 실제로 코로나19 셧다운 이전 소울사이클 신규 가입자의 80%가 개인 추천을 통해 유입되었다. 우리가 회중에게 복음을 전파하고 네트워크 효과를 활성화하면 그들은 자신과 가장 비슷한 사람들을 구별하기 때문에 개종할 가능성이 있다고 믿는 사람들을 세분화하고 목표로 삼는다.

NBA팀 네츠를 살펴보자. 이 농구팀은 1977년 뉴저지 네츠라는 이름으로 설립되었다. 35년의 역사를 통틀어 NBA 결승전에 단 두 번 출전했으며, 일반적으로 리그에서 경쟁력 있는 팀으로 여겨지지 않았다. 2009년 9월 미하일 프로호로프가 뉴저지 네츠를 인수했다. 다른 소수 지분 소유주 중에는 힙합계의 거물 제이지가 있었는데 그는 이 팀의 지분 0.67%를 가지고 있었다. 네츠를 인수하기 위한 프로호로프의 입찰에는 뉴욕 브루클린에 팀을 위한 경기장(지금의 바클레이 센터)을 건설하는 데 필요한 초기 자금도 포함되어 있었다. 이 경기장은 브루클린의 상징적 지역인 애틀

* 입소문 마케팅 전략을 중심으로 성장한 미국의 피트니스 클럽

랜틱 터미널 중심부에 있었다. 물론 이것은 뉴저지 네츠가 뉴저지를 떠나 브루클린으로 이동해 브루클린 네츠가 된다는 것을 의미했다. 새로운 브루클린 경기장에서의 팀의 첫 시즌은 2012년 11월로 정해졌다. 네츠의 새 CEO인 브렛 요르마크는 당시 팀의 크리에이티브 에이전시였던 우리, 트랜슬레이션에 "맨해튼에 닉스가 있어야 하는 것처럼 브루클린에 네츠가 있어야 한다"라고 말했다. 꽤 쉽지 않은가? 아니다!

바클레이 센터 개발을 방해하는 많은 논란이 있었다. 여기에는 이 지역에 미칠 잠재적인 환경적 영향과 건설을 지속하기 위한 공공 자금 부족 등이 포함되어 있었다. 가장 큰 문제는 브루클린 지역 주민들의 항의였다. 브루클린 지역 주민에게, 브루클린에 바클레이 센터를 짓는다는 것은 대변동과 고급 주택화로 인해 그 지역의 오랜 사업체와 주택 소유자들이 이동해야 함을 의미했다. 그들의 논쟁은 지역 언론에 자주 보도되었고 호평을 받은 다큐멘터리 「브루클린 전투」가 탄생했다. 경기장 건설에 대한 저항은 자연스럽게 농구팀에 대한 무관심으로 이어졌고, 이 측면에서도 네츠는 패배했다.

2012년 11월 개막전이 시작할 때 네츠를 '브루클린 팀'으로 만들려는 요르마크의 임무는 불가능까지는 아니지만, 점점 어려워 보였다. 하다못해 우리가 어떻게 이 문제를 해결할 수 있을까 고민하면서 업무 개요를 들여다보며 한 생각이었다. 이전에 잘 알려지지 않은 제품을 다루고 대중의 비웃음을 사는 브랜드를 도와주었지만, 대중의 멸시를 받는 브랜드의 의심스러운 제품 문제에 직면한 적은 한 번도 없었다. 브랜드나 제품에 집중하는 대신 브루클린 시민들부터 시작하기로 했다.

브루클린 사람들은 정말 자랑스러운 무리다. 뉴욕시 5개 자치구 주민 중 브루클린에 거주하는 사람들은 자신의 고향에 대한 헌신에 단연 가장 큰 목소리를 내고 있다. 힙합 아티스트들이 관중들의 환호를 불러일으키기 위해 종종 "브루클린에서 오신 분들은 어디에 있나요?"라고 묻는 것은 놀라운 일이 아니다. 브루클린의 자부심은 어마어마하다. 그래서 우리는 에드워드 버네이스의 선전 이론을 참고해서 브루클린 사람들이 가진 그 자부심을 이용해 주의 적을 선포함으로써 한 집단 사람들이 단결해서 행동하게 만들기로 했다.

우리는 브루클린 대 맨해튼이라는 본질적인 경쟁 관계를 바탕으로 전체 캠페인을 전개했다. 브루클린에 살고 있다면 평일마다 도시로 오가며 출퇴근하는 어려움에 대해 알 것이다. 여러 면에서 두 자치구 사이에는 긴장감이 고조되고 있다. 예전 브루클린 거주자로서 나는 맨해튼에서 꼬박 하루를 보내고 집에 돌아오면 도시로 돌아가는 게 너무 힘들었다. 그래서 주말이 시작되면 월요일 아침까지는 많은 브루클린 주민이 맨해튼으로 가지 않을 거라고 증명할 수 있다. 내 말을 못 믿겠는가? 일요일 아침에 브루클린 사람과 함께 맨해튼에서 브런치를 즐길 계획을 세워보라. 꽤 어려울 것이다.

이 점을 염두에 두고 먼저 브루클린에 대한 자부심을 불러일으키는 작업에 노력을 쏟았다. 우리는 한때 브루클린 왕족이었던 비스티 보이즈가 사용하고 나중에는 브루클린 출신인 제이지가 샘플링한 언어를 빌렸다. 그 문구는 물론 "헬로 브루클린"이다. 이 언어를 확인한 다음 전설적인 라디오 진행자 앤지 마르티네스와 짐 클래스 히어로즈의 선두 주자인 트래비스 맥코이 같은 다른 유명한 브루클린 사람들에게 팀에 대한 언급 없이 "헬로 브루클린"이라는 문구를 사용하여 자신이 사랑하는 브루클린에 대해 트윗하도록 요청했다. 여기서 바란 것은 단지 씨앗을 심고 다음에 올 것을 위해 그 용어를 다시 맥락화하는 것이었다.

그런 다음 브루클린에서 교통량이 가장 많은 지역에 "우리와 함께하지 않으면, 다리는 바로 저기에 있다. #헬로브루클린"이라는 헤드라인이 붙은 광고판을 붙였다. 또 다른 광고판에는 "브루클린은 항상 배짱(balls)*이 있었는데, 이제 공식적으로도 그렇게 되었다. #헬로브루클린"이라고 쓰여 있었다. 이 광고판은 브루클린 사람들의 마음속에 존재하는 뿌리 깊은 자부심을 자극하기 위한 것이었다. 광고판에는 문구와 함께 나중에 새로운 브루클린 네츠 로고의 실루엣으로 공개될 빈 방패 모양이 그려져 있었다. 화려하고 매력적인 원래의 뉴저지 네츠 로고를, 보다 더 생생한 느낌을 주도록 새로운 글꼴에 꼭 필요한 것만 남긴 색상(흑백)을 사용해 브루클린의 개성에 더 가깝게 새로 디자인했다. 하지만 방패는 그대로 유지했다. 이번 론칭은 팀이 아닌 브루클린 사람들에 관한 것이었기 때문에 우리는 로고에서 투명 무늬 역할을 하는 방패를 제외한 모든 것을 빼기로 했다. 그렇게 해서 새로운 로고를 공개할 준비가 되었을 때, 사람들은 그것이 줄곧 우리였다는 것을 알게 될 것이다.

브루클린에서 몇 주 동안 비밀 광고판을 운영한 후 우리는 다리 건너편의 경쟁자들을 목표로 삼았다. 브루클린에서 맨해튼까지 교통량이 가장

---

* 농구팀이기 때문에 공이라는 뜻도 가지고 있는 단어 ball의 중의성을 활용했다.

많은 기차역을 찾아내 "다리를 건너게 될 것이다. #헬로브루클린"이라고 쓰인 광고판을 내걸었다. 다른 광고판에는 "물론, 이건 개인적인 일이다. #헬로브루클린"이라는 메시지를 보내 브루클린 시민들이 가진 브루클린의 자존심을 라이벌의 발판으로 가져갈 수 있게 했다. 얼마 지나지 않아 우리는 방패가 들어 있는 새 광고판과 "브루클린에 이제 홈팀이 생겼다. #헬로브루클린"과 "1957년 이후 첫 홈경기 #헬로브루클린"이라고 적힌 새 광고판을 걸었다. 1957년은 브루클린 다저스가 LA 다저스로 연고지를 옮겼던 때를 말한다.

이 광고가 브루클린 지역에 국한되어 진행되었음에도 이 시점에 브루클린 네츠는 트위터에서 전국적으로 인기를 끌었다. 무엇보다 중요한 것은 브루클린이 주목했다는 사실이다. 팀 명단이 발표되기도 전에 브루클린 네츠 장비의 첫 이틀 동안 총판매량은 뉴저지 네츠의 일반적인 연간 총판매량의 10배였다. 사실 뉴저지 네츠의 이전 시즌(2011~2012년) 상품 판매 매출은 30위에 머물렀지만, 브루클린 네츠의 첫 시즌(2012~2013년)이 끝날 무렵에는 4위를 기록했다.

무슨 일이 있었던 걸까? 브루클린 시민들이 브루클린 네츠의 장비를 사들인 것은 그들의 열성팬이라서가 아니라 팀이 대표하는 것 때문이었다. 팀이 아직 첫 경기를 치르지도 않았는데 매장에서는 상품이 매진되고 있었다. 이유가 뭘까? 브루클린 네츠는 브루클린 거주의 상징이 되었고 브루클린 주민들은 자신의 정체성을 알리기 위해 장비를 구매했기 때문이다. 뉴스 및 엔터테인먼트 웹사이트 버즈피드조차도 '당신이 브루클린 출신이라는 19가지 신호' 목록에서 "네츠가 브루클린에 왔을 때, 분명히 그들에게 사랑을 보여줬습니다"라고 언급했다. 이것은 팀과는 아무 관련이 없으며, 모두 브루클린 주민들에게 팀이 의미하는 바와 관련이 있다. 이것이 사람들의 정체성, 신념, 이념이 일치할 때 발휘되는 복음의 힘이다. 제품, 조직, 독립체, 운동은 회중에게 새로운 의미를 부여하며, 회중은 이를 문화적 산물로 채택하여 자신의 정체성을 세상에 알리는 데 사용한다.

원리와 노하우

문화가 우리가 사는 것과 우리가 하는 모든 일에 미치는 영향은 비할 게 없을 정도로 크다. 우리는 '그 제품이 무엇인지'나 '무엇을 하는지' 때문에 제품을 사고 행동을 하는 것이 아니라 '우리가 누구'이며 '세상을 어떻게 보는지'에 따라 소비하고 행동한다. 문화의 영향력을 통해 마케팅 담당자는 제품을 판매하고, 조직은 회원을 모집하며, 리더는 팀에 동기를 부여할 수 있다. 이러한 영향력은 거의 모든 사람에게 집단이 행동을 채택하도록 자극하는 데 도움을 줄 수 있다. 그러나 영향력을 행사하려면 먼저 우리가 세상을 바라보는 방식을 파악하고, 우리와 세상을 비슷하게 보는 사람들을 찾아야 한다.

이것이 당신의 회중, 당신이 마케팅하는 대상이 될 네트워크로 연결된 부족들의 집합체다. 당신의 부족, 당신의 네트워크, 당신의 공동체… 가장 적합한 명칭으로 불러라. 명칭은 크게 중요하지 않다. 사실 나는 이 용어들을 자주 번갈아가며 사용한다. 왜냐하면 모두 '우리 사람들'이라는 같은 의미로 귀결되기 때문이다. 그리고 당신의 사람들에게 전할 때 제품의 장점과 기능을 강조하지 마라. 그 대신, 당신의 신념과 세상을 보는 방식에 관한 복음을 전하라. 복음은 감정을 자극하고 궁극적으로 행동을 촉진하는 뇌 부분을 활성화함으로써 사람들과 교감한다.

우리는 이 장에서 '옵트 아웃사이드', '저스트 두 잇', '싱크 디퍼런트'와 같은 복음이 전파되는 예를 살펴봤다. 이 단어들을 단순한 구호로 오해해서는 안 된다. 이것은 분명한 신념의 표현이다. 해당 브랜드가 세상을 보는 방식의 표현이고, 이는 세상을 비슷하게 보는 사람들을 강하게 끌어당긴다. 이 끌어당김은 너무 강렬해서 사람들이 행동을 취하도록 영감을 줄 뿐만 아니라 그들과 같은 다른 사람들도 행동을 취하도록 격려하며 동기를 부여한다.

이 점을 고려하면서 회사나 조직의 세계관을 어떻게 전달할 것인지 자문해보자. 회중들에게 어떻게 복음을 전할 것인가? 위협적인 창작 활동처럼 보일 수 있으니 단어에 너무 집중하지 마라. 이 부분은 연설문 작성자와 광고주에게 맡기자. 대신 2장 끝부분에서 했던 것처럼 진리를 진술하는 것부터 시작해라. "우리는 [   ]을 믿는다." 이것이 영혼이다.

영혼을 전달한 후에 판매를 마쳐라. "우리는 [   ]을 믿기 때문에, 이 믿음을 실현하기 위해 (제품 또는 조직)을 만들었다." REI는 야외 활동을 즐기는 것이 잘 사는 삶이라고 믿기 때문에 사람들이 실내에서 쇼핑하는 대신 야외 놀이를 선택하도록 장려하기 위해 블랙 프라이데이에 문을 닫았다. 나이키는 모든 사람의 몸이 운동선수라고 믿기 때문에 사람들이 최고의 운동능력을 발휘할 수 있도록, 즉 그냥 하기만 할 수 있도록 돕는 제품을 만들었다. 애플은 현 상황에 도전해야 한다고 믿었다. 그래서 사람들에게 다르게 생각하고 전통적 규범에 벗어나는 것을 고려하라고 도전했다. 당신은 무엇을 믿는가? 당신 회사의 세계관은 무엇인가? 이것이 바로 당신이 전파할 복음이다. 이것은 사람들을 움직이게 하기 위해 당신이 전달할 단어이다. 그러나 말만으로는 충분하지 않다. 우리가 하는 말을 사람들이 항상 듣지는 않기 때문이다. 그러므로 사람들이 우리 말을 어떻게 해석하고 의미를 만드는지 또한 고려해야 한다. 이 주제는 다음 장에서 다루겠다.

제 4 장

의미 만들기

미시간대학교 로스 경영대학원에서 MBA 과정을 하던 중 아내 알렉스를 만났다. "'MBA' 학위를 받으러 오는 사람도 있지만, '부인(Mrs.)' 호칭을 받으러 오는 사람도 있다"라는 MBA 과정 학생에 관한 오래된 농담이 있다. 실제로 경영대학원을 다니면서 연애하는 학생들이 많고 결혼으로 발전하는 경우도 많다. 당시 알렉스도 나도 결혼에는 관심이 없었다. 알렉스는 학업에 열중하고 있었고 나는 전에 5년 반이나 사귀던 전 여자친구와의 헤어짐에서 여전히 헤어 나오지 못하고 있었다.

알렉스는 우리가 일반적으로 경영대학원에서 볼 수 있는 사람들과는 조금 달랐다. 거의 매일 검은색 또는 남색 옷을 입었는데, 나중에야 이게 뉴욕 스타일이란 것을 알게 되었다. 알렉스가 학교 옷을 입은 적을 한 번도 본 적이 없었다. 미시간만큼 의욕적인 학교에서 이것은 이례적인 일이었다. 경영대학원 모든 학생과 친구가 되어 '네트워크를 넓혀라'라는 경영대학원의 암묵적 의무를 무시하면서 특별히 사교적이지도 않았다. 주로 자기 자신에게 충실했고, 소수의 친구와 친하게 지냈으며 "나 할 일 많으니까 좀 내버려둬"라는 분위기를 풍겼다. 그래서 자연스럽게 나는 1990년대 로맨틱코미디처럼 그녀에게 매력을 느꼈다. 처음에는 알렉스의 그런 태도가 그다지 달갑지 않았지만, 알렉스와 교류할 기회가 생기자, 그녀가 꽤 사랑스럽다는 것을 알게 되었다. 나는 틈만 나면 어떻게든 알렉스와 친해지려고 의식적으로 노력했고 의도적으로 유혹을 해서 본격적으로 연애를 시작했다. 몇 년 후, 이제 다음 단계로 나아가 알렉스에게 청혼해야겠다고 결심했다. 두 가지 중요한 문제가 바로 떠올랐다. (1) 청혼을 어떤 방식으로 할까, (2) 반지를 어디서 살까?

청혼 아이디어는 꽤 빨리 떠올랐다. 그 무렵 나는 소셜 미디어 마케팅 분야에서 몇 년간 일했기 때문에 오래된 방식에 의존했다. 잘 모르겠을 때는 크라우드소싱*을 활용하라! 이 점을 염두에 두고 나는 사귀기 초반 시절인 앤아버에서부터 미국의 끝과 끝에 살던 시절(알렉스는 뉴욕에 살고 나는 베이 지역에 살았을 때), 뉴욕 브루클린에서 지내고 있는 지금까지 우리 관계의 일부였던 서로의 친구에게 비밀리에 연락을 취했다. 나는 친구들에게 알렉스가 모르게 그녀에게 청혼하는 가장 좋은 방법을 자세히 추천하는 간단한 동영상을 보내달라고 부탁했다. 몇몇 친구들은 알렉스를 파리 여행에 데려가 에펠탑에서 청혼하라는 등 기발한 아이디어를 보냈다. 일부 아이디어는 예측할 수 있었는데, 그녀를 저녁 식사에 데려가고 샴페인 잔에 반지를 넣어두는 것이었다. 미시간 스타디움의 50야드 라인으로 데리고 가서 미시간 행진 밴드를 배경으로 청혼하라는 의견도 있었다. 친구들로

---

* 대중(crowd)과 아웃소싱(outsourcing)의 합성어로, 대중을 대상으로 한 기업 활동의 일부 과정에 대중을 참여시키는 것

부터 많은 영상을 받았고, 나는 청혼의 애피타이저가 될 동영상 편집 작업을 시작했다. 알렉스의 언니 도리가 알렉스와 점심을 먹기 위해 회사에서 그녀를 만나고 알렉스에게 꼭 봐야 할 웃긴 영상이 있다고 하면서 친구들의 의견이 모인 프러포즈 영상을 유튜브로 보여주는 것이 내 계획이었다. 나는 비디오가 끝난 바로 그 순간 결혼해달라는 말을 하려고 알렉스의 사무실 밖에서 기다리고 있었다. 멋지지 않은가?

청혼 방법에 대한 아이디어는 금세 떠올랐지만, 반지를 어디서 사야 할지는 더 많이 생각해야 했다. 둘만의 행사인 청혼과는 달리 반지는 훨씬 눈에 잘 띌 것이다. 결혼식을 하기까지 최소 1년 동안, 그리고 결혼 이후에도 착용하게 될 유물이다. 반지는 그녀가 누군가와 약혼했다고 세상에 알리는 상징이며, 알렉스가 친구와 동료들에게 우리가 약혼했다는 사실을 발표할 때 내가 평가받는 척도가 될 것이다. 나는 이 점을 분명히 해야 했다. 다행히도 예비 장모님이 알렉스를 위해 몇 년 동안 간직하고 있던 다이아몬드를 주셔서 걱정을 많이 덜 수 있었다. 이제 나는 돌멩이에 많은 돈을 쓰지 않고도 장모님께서 주신 그 다이아몬드(상태도 매우 좋았다)로 새 약혼반지를 만들 수 있게 되었다. 할렐루야!

내가 남자친구들에게 이 이야기를 하면 보통 "야, 너 정말 운이 좋네!"라는 말을 듣곤 한다. 왜 그럴까? 그 친구들도 나처럼 반지를 사는 것과 반지를 살 때 고려해야 하는 사항에 대해 스트레스를 많이 받았기 때문이다. 커팅은 어떻게 하지? 무슨 색으로 하지? 반지 치수는 몇으로 해야 하지? 투명도는 어떤 걸 사야 하지? 물론 비용이 얼마나 드는지까지 고민해야 한다. 이 질문들은 청혼을 하려는 사람들의 주요 걱정거리다. 그리고 이런 고민을 하게 된 것에 대해 드비어스 회사에 감사를 표한다.

1940년대 후반 국제적인 다이아몬드 회사인 드비어스는 미국에서 '다이아몬드는 영원하다' 캠페인을 발표했다. 이 캠페인은 거의 80년이 지난 지금까지도 우리가 청혼하는 방식에 영향을 미치는 일련의 사건을 촉발시켰다. 드비어스 캠페인 이전에는 사람들이 다이아몬드 반지로 청혼하지 않았다. 별거 아니었다. 하지만 드비어스가 모든 것을 바꿔놓았다. 이 캠페인은 대공황 이후 청년들에게 "그녀에게 사랑을 보여주고 싶다면 다이아몬드로 말하라"라고 지시했다. 당신과 당신의 연인이 공유하는 독특한 유대를 상징하는 희귀하고 귀중한 보석인 다이아몬드는 당신의 사랑이 영원한 것처럼 영원히 간직되어야 했다. 정말 사랑스러운 감정이다. 한 가지 문제는 다이아몬드가 전혀 희귀하지 않다는 점이다.

드비어스는 사실상 다이아몬드 산업을 독점하고 있었기 때문에 다이아몬드가 희귀해 보이도록 공급을 억제했다. 아, 그럼 '영원한' 그 부분도? 그렇다. 다이아몬드는 재판매할 때 가치가 끔찍하게 낮아지기 때문에 드비어스는 당신이 다이아몬드를 영원히 간직하기를 원한다. 실제로 드비어스의 전 회장인 니키 오펜하이머는 "다이아몬드는 그것이 채워주는 깊은 심리적 욕구를 제외하면 본질적으로 가치가 없다"라고 말한 적도 있다. 이 캠페인은 역대 가장 성공적인 광고 중 하나임이 틀림없다. 드비어스가 1948년 이 캠페인을 시작한 이래로 '다이아몬드 반지를 들고 청혼'하는 의식을 하는 사람들이 기록적으로 증가했다. 베인앤컴퍼니 컨설팅 회사에서 한 조사에 따르면 1960년대 미국 결혼의 50%가 다이아몬드 반지 청혼으로부터 시작되었으며 1990년대에 그 숫자는 80%까지 치솟았다. '다이아몬드는 영원하다' 캠페인은 일본에서도 비슷한 효과를 보여, 1960년대 후반 캠페인이 시작된 이후 5%에 불과했던 다이아몬드 반지 청혼 비율이 1981년에는 거의 60%에 달했다.

무슨 일이 일어나고 있는 걸까? 다이아몬드는 품질은 낮고 공급은 많은데 왜 그렇게 비싼 가격에 팔리는 걸까? 그리고 도대체 왜 우리는 아직도 다이아몬드 반지를 주면서 청혼하는 걸까? 이유를 알려주겠다. 드비어스의 마케팅 캠페인 덕분에 다이아몬드 반지는 더 이상 단순히 (사실 그렇지는 않지만) 희귀한 보석이 아니다. 대신에 다이아몬드 반지는 영원히 지속되는 사랑과 사회적 지위의 상징이 되었다. 회사의 촉매제에 반응하여 우리가 다이아몬드 반지와 관련된 의미를 총체적으로 재작업했기 때문이다. 이에 우리는 자발적으로 참여하기로 한 문화 의식을 의미하는 다이아몬드 반지로 청혼한다. 이것이 의미의 힘이며, 우리가 경험한 현실의 번역이며, 우리가 세상을 보고 이해하는 것은 바로 이런 틀을 통해서다. 그리고 앞에서 논의했듯이, 세상을 보는 방식은 우리가 세상에서 행동하는 방식에 영향을 미친다. 하지만 문제는 우리 모두가 사물을 같은 방식으로 보지 않기 때문에 사람마다 해석하는 의미도 다르다는 사실이다.

당신이 누군가에게 큰 소리로 말하지 않고 "오케이"라고 말하고 싶다고 생각해보자. "오케이"를 손으로 어떻게 전달할까? 검지 끝부분을 엄지손가락 끝부분에 대고 원을 만들고 나머지 세 손가락을 부채처럼 밖으로 뻗을 것이다. 이것은 일반적으로 "알았어"를 나타내는 신호로 알려져 있다. 그러나 이 손동작은 백인우월주의의 상징으로도 알려져 있다. 만약 당신이 대학 캠퍼스에 있다면 젊은 흑인 남성 집단이 이 기호를 사용해서 '카파 알파 프사이'라는 흑인 그리스 문화 단체의 회원임을 표시하는 것을 볼 수 있다. 반면 당신이 로스앤젤레스 중남부에 있고 어떤 흑인 청년이 이 동작을 사용하는 것을 본다면, 이것은 완전히 다른 소속, 즉 블러드 갱단을 의미할 수도 있다. 또는 당신이 브라질에 있다면 이 손동작은 미국에서의 가운뎃손가락 욕에 해당한다. 즉 의미(현실에 대한 해석)는 객관적이지 않다. 의미는 주관적이며, 그 해석은 우리가 어떤 문화와 세계관을 가졌는지에 따라 결정된다.

2011년 글로벌 은행 HSBC는 다양한 국가에서 사업을 할 때 문화적 차이를 이해하는 것이 중요하다는 점을 강조하는 광고 캠페인을 시작했다. 이 캠페인은 의미가 다른 세상을 탐색하기 위해 노력하는 전 세계의 다양한 사람을 보여주었다. 한 텔레비전 광고에서는 중년의 아시아 남성이 지하철에서 잠든 모습이 담겨 있었다. 그는 격자무늬, 단추로 장식된 카라 셔츠, 회원 전용 재킷 등 평범한 일상복으로 보이는 옷을 입고 있다. 그가 천천히 꿈나라로 빠져들면서 옆에 앉아 있던 건장한 백인 미국인의 어깨에 머리를 떨궜다. 그 백인 남자는 지금 일어난 일에 깜짝 놀랐다. 이 아시아 남자가 아시아 국가에서 지하철을 타고 있지 않다는 점이 분명해졌다. 그는 뉴욕의 혼잡한 지하철 안에 있다. 남자가 잠이 드는 순간 광고 내레이터는 이렇게 말한다. "일부 아시아 지역에서는 통근자가 자다가 낯선 사람에게 기대는 일이 충분히 있을 수 있습니다. 뉴욕에서는 전혀 그렇지 않죠. 물론 언제든지 익숙해질 수 있습니다. 우리는 현지 문화를 잘 아는 게 얼마나 중요한지에 대해 절대로 과소평가하지 않는 글로벌 은행입니다."

이 캠페인과 함께 사용하기 위해 HSBC는 세 가지의 다른 문화적 의미를 지닌 하나의 대상을 보여주는 인쇄 광고를 제작했다. 한 포스터에는 '가죽'이라는 글자가 겹쳐진 소가 그려져 있었다. 이 그림 옆에는 '신'이라는 단어가 겹쳐진 같은 소가 그려져 있었다. 그리고 두 번째 그림 바로 오른쪽에도 같은 소가 있었는데, 그 위에는 '저녁 식사'라는 단어가 겹쳐 있었다. 같은 소지만 서로 다른 의미를 지닌다. 또 다른 포스터에는 양탄자가 그려져 있었는데, 하나는 그 위에 '장식', 다른 양탄자에는 '기념품', 세 번째 양탄자에는 '기도 장소'라고 적혀 있었다. 같은 양탄자지만 서로 다른 의미를 지닌다. HSBC의 캠페인은 '오케이'라는 신호의 차이가 의미하는 것, 즉 의미 해석이 객관적이지 않다는 점을 정확히 강조했다. 우리는 세상을 다르게 보기 때문에 그 의미도 다르다. 의미는 보편적으로 고정되어 있지 않다. 의미는 사회적으로 구성되고 문화적으로 매개된다. 어떤 사람에게는 받아들일 수 있는 일이 다른 사람에게는 공격으로 보일 수 있다. 사물은 그 자체 모습 그대로가 아니라 우리의 모습이기 때문이다. 우리를 있는 그대로 이해하려면, 우리가 의미를 만드는 방식을 이해해야 한다.

여러 학문 분야의 연구자들은 사회적 삶이 가지는 의미와 중요성을 연구한다. 특히 기호학의 한 분야는 기호와 상징, 그리고 그 해석된 의미를 조사한다. 페르디낭 드 소쉬르와 찰스 퍼스 같은 학자들의 선구적 연구는, 공유된 의미를 표현하고 이해하는 힘 덕분에 의사소통하고 집단적 결과를 달성하는 인간의 능력에 대해 우리가 알고 있는 많은 것을 밝혀냈다. 이 능력의 중요성은 아무리 강조해도 지나치지 않다. 공유된 의미가 없다면 사회생활은 불가능할 것이다. 그건 기념품인가 아니면 예배 장소인가? 저녁 식사인가 아니면 신적 존재인가? 시위인가, 반란인가? 좋은 건가, 나쁜 건가? 부족 내에서 질서 있게 생활하는 것은 세상을 비슷하게 보는 능력에 달려 있으며, 이를 위해서 집단적인 의미 형성이 필요하다. 이는 우리 주변의 모든 게 본질적으로 의미가 없다는 사실을 고려하면 특히 중요하다. 당신의 주위를 둘러보라. 바로 이 순간 당신 눈에 보이는 모든 것(심지어 이 단어들조차)에는 본질적인 혹은 내재한 의미가 없다. 대신 우리는 집단으로 협상하고 의미를 결정한다.

빨간색을 예로 들어보자. '빨간색'은 무슨 뜻일까? 이상한 질문처럼 들리는가? 나도 안다. 빨간색은 색인데, 무슨 뜻이냐니? 고유한 의미가 없다. 그러나 도로에서 운전하고 있을 때 교차로에서 빨간불을 본다면, 이 경우 빨간색은 '멈춤'을 의미한다. 왜냐고? 초록색이 '가다'를 의미하거나 노란색이 '천천히'를 의미하는 것과 마찬가지로 빨간색은 '멈춤'을 의미한다는 데 집단으로 동의했기 때문이다. 당신이 나와 같지 않아서 노란색이 실제로는 '빨리'를 의미하는 것이 아니라면 말이다. 하지만 빨간색은 '열정'을 뜻하기도 한다. '위험'이라는 뜻도 있다. 그리고 '뜨겁다, 화가 나다, 관능적이다'라는 뜻이기도 하다. '빨간색'에는 다양한 의미가 있지만, 그 어떤 의미도 이 단어에 내재해 있지 않다. 다이아몬드 반지가 오래 지속되는 사랑을 의미한다는 데 우리가 집단으로 동의한 것처럼, 이 빨간색의 여러 뜻은 우리가 한 사회로서 빨간색이 상징하도록 구성한 의미이다.

1980년대 텍사스주는 쓰레기 처리 문제로 골머리를 앓았다. 텍사스 주민들이 자동차를 타면서 창문 밖으로 버린 빈 맥주캔과 여러 쓰레기를 치우기 위해 매년 약 2,000만 달러를 지출하고 있었다. 주 정책 입안자들은 "쓰레기를 버리지 마세요"라는 표지판으로 구성된 캠페인을 통해 이러한 행동을 억제하려고 했다. 그러나 텍사스 사람들에게 이런 표지판은 주를 깨끗하게 하자는 요구라기보다는 의무처럼 여겨졌다. 당신이 텍사스 사람들에 대해 조금 안다면 그들은 무엇을 해야 한다고 지시받는 것을 좋아하지 않는다는 점을 알 것이다. 캠페인의 기호학이 제대로 들어맞지 않아 그 캠페인은 효과를 거두지 못했고 말할 것도 없이 쓰레기 버리기가 계속되었다. 그래서 텍사스 교통부는 텍사스에 기반을 둔 광고대행사 GSD&M과 협력하여 다른 캠페인을 구상했다. 이 캠페인의 기호학은 텍사스 사람들이 해석하는 방식과 일치하는 바람직한 의미를 나타냈다.

텍사스 주민들에게 해야 할 일을 알려주는 듯한 캠페인을 만드는 대신, 텍사스 주민들이 자신의 정체성을 투영하는 데 사용할 수 있는 언어를 만들어 텍사스인들이 텍사스 주민으로서 가지고 있는 큰 자부심을 이용하기로 했다. 그리고 그 정체성과 함께 자신을 텍사스 주민으로 구별한 사람들에게 예상되는 일련의 암시적 행동들이 나타났다. 캠페인 메시지는 간단하지만 강력했다. "텍사스를 괴롭히지 마세요."

이 캠페인은 의무적 행동에 관한 것이 아니었다. 정체성 일치에 관한 것이었다. 텍사스 주민들에게 새로운 캠페인은 "우리를 괴롭히지 말고, 우리 주를 괴롭히지 마세요"라는 의미를 담고 있었다. 이 언어적 상징은 의미의 변화를 나타내며 이후 행동 변화로 이어졌다. 그 결과 1987년에서 1990년 사이 텍사스 도로에 널브러진 쓰레기는 72% 감소했다. 실제로 의미는 중요하며, 우리가 세상을 바라보고 의미를 부여하는 렌즈는 우리가 채택한 문화에 의해 구성된다. 기호학 연구와 마찬가지로 '의미'는 인류학 분야에 깊은 뿌리를 두고 있다. 우리를 인간으로 만드는 것이 무엇인지 이해하기 위해 인류학자들은 사람들이 받아들인 문화를 기반으로 세상을 해석하고, 이해하고, 탐색하는 방법을 만들고 전달하는 것을 포함해 인간 경험의 다양한 측면을 연구한다. 바로 이런 이유로 많은 학자가 기호학과 인류학이 불가분의 관계에 있다고 주장해왔다. 기호학이 의미의 해석과 전달을 연구하는 학문이라면, 인류학은 우리가 의미를 만드는 이유와 방법에 영향을 미치는 역사적 맥락을 탐구한다. 특히 문화인류학자들은 규범, 가치, 상징을 조사해서 하나의 종으로서 우리가 현재와 과거의 존재 모두에서 어떻게 의미를 만들어내는지 밝힌다.

의미의 이동에 관한 문화인류학자이자 학자인 그랜트 맥크래켄의 획기적인 연구는 동시대적 의미가 어떻게 만들어지며, 그것이 문화적 산물에서 문화적 소비로 어떻게 이동하는지에 대한 창을 제공한다. 맥크래켄은 "의미란 우리가 일상 경험을 구성하고 세상을 이해하기 위해 사용하는 신념과 이념에서 비롯된다"라고 썼다. 문화적으로 구성된 이 세계에서 의미는 광고, 뉴스 매체, 높이 평가받는 개인, 주변 사회 등 네 가지 독특한 의미 형성 체계를 통해 제품에 내재해 있으며 소유, 교환, 치장, 발산 등 네 가지 독특한 의례화된 관행을 통해 우리 정체성으로 재작업된다. 이 가정은 의미가 어떻게 만들어지고, 어떻게 의미가 한 개체에서 다른 개체로 이동하는지에 대한 사실상의 설명으로 마케팅 및 기타 주변 학문의 세계에서 널리 받아들여지고 있다.

첫 번째 의미 형성 체계는 창의성과 광고에서 비롯된다. 여기서 문화적 특성은 메시지 전달과 장식물을 통해 소비재에 내재되어 의미를 부여한다. 드비어스와 다이아몬드 반지, 그리고 '텍사스를 괴롭히지 마세요' 쓰레기 투기 방지 캠페인에서 전통적인 상거래를 벗어난 이런 의미 형성 체계의 힘을 볼 수 있다. 마찬가지로 디자이너들은 제품에 문화적 특성을 반영하여 그렇지 않았으면 그냥 스웨터였을 것에 특별한 의미를 부여한다. 디자이너들의 문화적 이상을 반영한 패턴, 대형 로고, 슬로건 등을 사용한 스트리트웨어에서 이런 현상을 볼 수 있다. 예를 들어 예술가이자 디자이너, 활동가인 셰퍼드 페어리가 설립한 스트리트웨어 브랜드인 오베이는 일반적으로 사회적 선전에 대한 냉소적 비판의 의미로 옷의 가슴에 '복종(obey)'이라는 단어를 표시한다. 오베이 브랜드 제품의 의도된 의미는 펑크 록과 스케이트 선수들의 저항 문화에 뿌리를 두고 있다. 이러한 문화적 틀 속에서 행해지는 관습, 상업 마케팅, 대중 정치에 대한 무시를 전달하고 이를 제품에 주입해 보통의 티셔츠를 대체한다.

　두 번째 의미 형성 체계는 뉴스와 잡지 미디어를 포함한다. 여기서 출판물, 신문, 블로그, 팟캐스트는 브랜드와 조직을 바라보는 관점을 만드는 데 도움을 준다. 예를 들어 「보그」, 「코스모폴리탄」, 「엘르」 같은 잡지는 전통적인 여성미의 틀을 제시하고, 「GQ」, 「에스콰이어」 같은 잡지는 전통적인 남성미의 틀을 제시한다. 2019년 11월 「뉴욕 매거진」의 지능적인 쇼핑 전용 콘텐츠인 '더 스트래티지스트'는 아마존에서만 독점 판매하는 누빔 패팅 코트에 대한 기사를 실었다. 오롤레이에서 만든 여성용 두꺼운 오리털 재킷은 일반적인 오버사이즈 파카였다. 큰 주머니 두 개와 술이 달린 지퍼를 제외하면 코트는 눈에 띄지 않았다. 그러나 이후 「뉴욕타임스」는 브루클린 멋쟁이 엄마들에 대한 기사에서 이 코트에 관해 썼는데, 이 기사는 흔히 '아마존 외투'로 알려진 옷을 단순한 외투 그 이상으로 만들었다. 이

오롤레이 재킷은 뉴욕에서 가장 유행에 밝은 엄마들을 상징하는 유물이 되었다.

세 번째 체계는 존경받는 사람이 형성하는 체계이다. 이 체계는 특정 제품에 대한 오피니언 리더, 인플루언서의 관점이나 언급이 제품에 새로운 의미를 부여하는 것이다. 다시 비욘세를 살펴보자. 비욘세는 2016년 6번째 정규 앨범 《레모네이드》를 발매하면서 이 앨범에 수록된 곡 〈포메이션〉으로 첫 무대를 펼쳤다. 이 곡에서 비욘세는 "그 남자가 날 만족시키면 난 그를 레드랍스터*로 데려가겠어. 왜냐면 난 죽여주거든"이라고 노래한다. 한때 엄청난 인기를 끌었던 체다 베이 비스킷으로 유명한 해산물 체인점 레드랍스터가 이제는 커플들이 성관계를 마치고 찾는 장소로 자리잡았다. CNN 비즈니스에 따르면 〈포메이션〉 발매 이후 레드랍스터의 매출이 33% 증가했는데, 이 새로운 의미에 기인한 문화적 소비 효과가 상당 부분을 차지했다고 한다.

마지막 네 번째 체계는 비주류 사회 형성 체계이다. 이는 사회의 주변부에 존재하는 사람들의 집단으로 구성되어, 공동체의 문화적 특성을 바탕으로 새로운 의미를 부여하기 위해 제품을 총체적으로 재작업한다. 예를 들어 맥크래켄이 중요한 논문을 썼던 1986년, 비주류로 여겨졌던 LGBTQ+커뮤니티**를 예로 들 수 있다. LGBTQ+커뮤니티는 무지개를 게이의 자부심을 뜻하도록 총체적으로 재구성했다. 1978년 미국 최초의 공

---

* 미국 전역에 있는 대형 프랜차이즈 해산물 음식점

** 성소수자를 지칭하는 약어로, LGBT는 각각 레즈비언, 게이, 양성애자, 트랜스젠더를 의미한다.

개 동성애자 선출직 공무원 하비 밀크의 의뢰로 미국 예술가이자 동성애

권리 운동가인 길버트 베이커가 무지개 깃발을 디자인했다. 길버트는 이렇

게 말했다. "게이로서 우리의 임무는 내 정체성을 밝히고, 눈에 보이며, 거

짓말에서 벗어나 진실 안에서 사는 것입니다. 이 깃발은 그 임무와 정말

잘 어울립니다. 왜냐하면 그것은 당신의 탁월함을 알리고 '이것이 바로 나

입니다!'라고 말하는 방법이기 때문입니다." 베이커와 더 넓은 범위의 게이

공동체를 통해 무지개는 이제 자부심이라는 새로운 의미를 갖게 되었다.

　이것이 마케팅 담당자가 대중에게 소통할 때 제품에 의미를 부여하기

위해 사용하는 네 가지 의미 형성 체계이다. 마찬가지로 이러한 형성 체계

는 회중에게 복음을 전할 수 있는 다양한 방법이다. 어쩌면 당신은 인스타

그램 게시물을 통해 복음을 전하는 광고 의미 형성 체계를 활용할 수도

있다. 아니면 잡지와 뉴스 의미 형성 체계를 이용해 작가가 당신의 후보자

에 대해 블로그에 작성한 기사를 통해 복음을 전할 수도 있다. 아니면 트

위치에서 당신이 만든 제품에 대해 이야기하는 게이머를 통해 복음을 전

하기 위해 높은 평가를 받는 사람이 형성하는 체계를 활용하거나, 비주류

사회 의미 형성 체계를 활용해서 복음을 전할 수도 있다. 어느 쪽을 선택

하든 이러한 체계는 개인적으로나 집단적으로나 당신의 제품, 회사, 조직

을 대신해 의사소통하거나, 의미를 부여하고 전달하기 위해 사용할 수 있

는 모든 수단이다.

　이러한 체계는 우리가 사는 문화적으로 구성된 세계에서 우리가 소비

하고 나중에 문화적 관행의 일부로 받아들이는 브랜드로 의미를 전달하

는 수단 역할을 한다. 광고, 뉴스와 잡지, 인플루언서 등 높은 평가를 받는

사람, 비주류 사회 같은 이러한 각각의 의미 형성 체계는 조직, 회사 또는 방향성에 대한 메시지를 전달하고 복음을 전하는 방법을 제공한다. 이 체계들은 개별적으로 작용할 수 있지만, 능숙한 전달 전문가들은 함께 적용할 수 있는 전략을 고안한다. 예를 들어 정치인은 자신이 출마한다는 광고판을 도시 곳곳에 설치하고(광고가 형성하는 체계), 홍보대행사를 통해 지역 간행물에 자신에 대한 기사를 써달라고 요청할 수 있으며(뉴스 및 잡지가 형성하는 체계), 사회의 저명한 구성원에게 지지를 구할 수 있다(높은 평가를 받는 사람이 형성하는 체계). 이러한 노력이 함께 작용하면 제품이나 브랜드가 소비되고 잠재적으로 사람들이 문화적 사실로 받아들일 수 있도록 의도된 의미의 연금술을 알리는 데 도움이 된다. 그러나 이렇게 원하는 업적을 이루기 위해서는 극복해야 할 마지막 장애물이 하나 있다. 바로 사람들이 자기 스스로 의미를 만들어야 한다는 사실이다.

의미 만들기

우리가 방금 제시한 의미 형성 체계를 활용해서 문화의 의미를 브랜드로 옮길 수 있다. 일단 브랜드가 원하는 대상에 의미를 부여해 그 의미가 진정으로 자리를 잡으려면 해당 공동체의 정체성 안에 엮어 넣어야 한다. 이는 브랜드를 우리 삶에 적용하기 위해 겪는 일련의 의식을 통해 발생한다. 첫 번째는 소유 의식으로, 우리는 우리가 누구인지를 겉으로 드러내기 위해 물건을 산다. 즉, 새로운 사무실을 꾸미거나 자동차에 범퍼 스티커를 붙이는 걸 생각해보자. 두 번째는 교환 의식으로, 제품이 선물로 주어졌기 때문에 새로운 의미를 갖는 것이다. 선물은 한때는 단순한 셔츠에 불과했던 것을 선물 주는 사람의 모든 감정적 의도가 배어 있는 무언가로 바꾼다. 나는 거의 20년 전에 친한 친구가 준 티셔츠를 아직도 가지고 있다. 이제는 너덜너덜하고 유행에 뒤떨어져서 거의 입지 않지만, 내가 아끼는 사람이 준 선물이기 때문에 절대 버릴 수가 없다. 세 번째는 몸치장 의식으로, 우리는 준비를 통해 대상의 의미 있는 속성을 함양함으로써 자아를 표현하는 데 시간과 노력을 투자한다. 오래된 차를 새로운 차처럼 바꾸기 위해 세차, 광택, 왁스 작업같이 자동차를 꾸미는 데 투자하는 에너지를 생각해보라. 이는 개인이 자동차의 잠재적인 의미(예: 좋아 보인다)를 자신의 출세주의 정체성 프로젝트의 소유물 가치 강화로 재작업하는 치장 의식이다. 마지막은 매각 의식으로, 제품에서 의미를 비우고 이전 소유자와의 관계를 몰아내거나 원래 마케팅 담당자가 의도한 의미를 모두 없애는, 실제로는 철거 의식이다. 이런 이유로 집을 사거나 빌릴 때 새로운 소유자가 마음대로 칠할 수 있도록 백지상태인 흰색으로 집을 칠해놓는다거나, 제품이 의도한 용도로 전달되면 사람들이 완전히 다른 용도로 재작업하는 경우가 많다. 이러한 다양한 의식을 통해 우리는 우리가 구매하는 제품, 가입하는 조직, 자주 방문하는 기관이 모두 우리가 스스로 확립한 정체성과 일치하는지 확인한다.

따라서 마케팅 담당자와 리더의 목표는, 이러한 의미 형성 체계를 통해 전달하는 의도된 의미가 사람들이 자신의 정체성 속으로 의식화하는 의미와 같다는 것을 보장하는 것이다. 이것이, 즉 일치가 이루어지면 마법 같은 일이 생긴다. 셔츠는 더 이상 단순한 셔츠가 아니게 된다. 운동화는 더 이상 단순한 신발이 아니게 된다. 자동차는 나를 여기에서 저기로 데려다 주는 단순한 탈것 이상의 무언가가 된다. 대신 그들은 훨씬 더 위대한 것의 상징이 된다.

다시 한번 말하지만, 이것을 종교적 측면으로 생각해보는 게 도움이 된다. 종교 문헌에서는 한때 흔했던 것이 신성시되거나 구별되는 과정을 신성화라고 부른다. 대량 생산된 제품을 사람들이 신성한 것으로 여기는 게 이상해 보일 수도 있다. 그러나 신경과학자에 따르면 그것은 터무니없는 생각이 아니다. 2011년 연구진들은 애플 팬들에게 애플 브랜드의 메시지를 전달한 후 그들의 뇌에 관한 자기공명 영상 연구를 시행했다. 연구진은 애플 팬들이 각자의 유물에 노출되었을 때 종교인과 똑같은 뇌 영역에서 자극을 경험한다는 사실을 발견했다. 예배 중 종교인들의 마음에서 활성화되는 것과 같은 감정과 반응, 흥분이 애플이라는 브랜드에 참여할 때 애플 숭배에 동조하는 열성팬의 마음에도 떠오른다. 의미 일치가 이루어지면, 브랜드는 정말로 신성화되며 숭배물 지위로 격상될 수 있다. 애플과 같이 우리가 매우 좋아하고 사랑하는 브랜드는 많다.

신성화 행위는 인간에게 의미 형성이 얼마나 강력한지, 그리고 의미 있는 브랜드가 개인과 집단 모두에게 얼마나 중요한지를 보여준다. 이것이 잘 이루어지면 우리가 브랜드와 연관 짓는 의미와 이미지가 공동체의 마음속에서 공유되고 뚜렷해지며, 그 과정에서 브랜드가 전통적으로 만드는 제품을 넘어서는 존재를 허용하는 약칭을 만들어낸다. "나이키가 호텔 체인을 시작한다고 상상해보자"라는 오래된 문구를 비교해보자. 나이키가 만든 호텔이 어떤 모습일지 상상이 되는가? 아마 그럴 거다. 하지만 내가 웨스틴 호텔이 운동화를 만들기로 했다고 말한다면, 상상하기가 훨씬 더 어려울 것이다. 우리 마음속에서 웨스틴은 호텔일 뿐 다른 것이 아니기 때문이다. 웨스틴의 집합적 의미는 거기서 멈춘다. 반면에 나이키는 훨씬 더 많은 것을 의미한다. 나이키에 대해 생각할 때 제품을 넘어서는 풍부한 이미지와 관련한 연관성을 상상하게 된다. 이러한 기억 구조는 나이키가 전하는 복음과 사람들이 자신의 정체성으로 의식화한 의미 사이의 일치로 인해 생기며, 이를 통해 브랜드는 사람들이 인식하는 방식과 일치하는 한 어떤 분야를 선택하든 진출할 수 있다. 이것은 정말 강력하다.

그러나 여기에 당신이 이미 알아차렸을지도 모르는 비결이 있다. 브랜드와 리더는 제품에 의미를 부여하기 위해 복음을 전하는 능력이 있지만, 실제로 의미를 만드는 건 그 브랜드와 리더가 아니다. 바로 사람들이다. 마케팅은 우리가 이용할 수 있는 의미 형성 체계를 통해 의도한 의미를 알리지만, 의미를 만드는 것은 사람들이다. 철학자 롤랑 바르트는 "작가는 자기 말에 주권을 갖지 않는다. 그것을 해석하는 것은 독자의 몫이다"라고 말했다. 마케팅 담당자들은 브랜드 마크를 소유하고, 브랜드 표현 방식을 제어하고, 회사가 어떤 상품을 제공할지 결정한다. 하지만 브랜드가 표현하는 것이 무엇을 의미하는지, 그것이 그들의 문화적 정체성에 맞는지를 결정하는 것은 바로 **사람들**이다. 유일한 의미 제작자는 사람들이며, 마케팅 담당자가 의도한 의미가 사람들이 부여한 의미와 같을 때 의미 일치가 이루어진다. 즉 의미는 사회적으로 구성되며, 따라서 그것은 사람들에게 달려 있다.

학자로서 나는 의미 만들기의 개념과 이것이 소비에 미치는 영향에 매료되었다. 템플대학교에서 박사학위 과정을 밟는 동안 나는 브랜드와 브랜드 제품이 사회적 전염(동료 영향력의 효과)과 집단적 의미 형성을 통해 공동체 안에서 어떻게 확산하는지를 탐구했다. 공동체 안에서 사회적 전염이 발생하면, 브랜드는 공동체에서 받아들여질 뿐만 아니라 표준화되고 실용적인 기능을 갖춘 제품에서 정체성 표지로 승격된다. 이에 대한 예로 앞 장에서 PBR 맥주, 파타고니아, 브루클린 네츠의 수용을 살펴보았다. 이 브랜드와 유사한 다른 브랜드들은 제품의 기능을 뛰어넘어 문화적 의미로 중요한 요소가 되었다. 그리고 브랜드가 문화적 초월을 이루기 위해 개인에서 개인으로 퍼져나가는 것과 마찬가지로, 의미도 집단적 일치를 이루기 위해 개인에서 개인으로 퍼져나간다.

평가와 정당화

공동체 안에서 브랜드와 브랜드 제품을 확산하려면 구성원 간의 조율이 필요하다. 이러한 조율은 일반적으로 권위 있는 인물이나 집단을 이끄는 지휘자의 지시 없이 이루어진다. 오히려 집단적 판단(어떤 것이 '좋은'지 '나쁜'지 결정하는 사람들)과 공유된 수용성(뭔가를 '포함시킬' 것인지 '포함시키지 않을' 것인지를 결정하는 사람들)을 통해 일어난다. 사회학에서는 이러한 과정을 각각 평가와 정당화라고 부른다. 하버드 사회학자 미셸 라몽은 "어떻게 예술품, 문학 작품, 과학 이론이 신성화되고 정경에 통합될 정도로 가치를 얻을 수 있을까?"라고 질문했다. 어떻게 제품이 문화적 시대정신에 통합될 정도로 가치를 얻을 수 있을까? 이를 알아보기 위해서는 평가와 정당화의 관계를 살펴보고, 어떻게 이들이 함께, 우리가 집단으로 어떤 의미를 부여하도록 도움을 주는지 살펴볼 필요가 있다.

평가란 말 그대로 무언가의 가치를 판단하는 것이다. 그리고 모든 공동체가 그렇게 한다. 그것이 물리적 대상이든 행동이든 제도든 심지어 다른 사람이든, 우리는 무의식적으로라도 "이게 나 같은 사람들의 문화적 특성에 들어맞을까?"라는 간단한 질문에 답하기 위해 끊임없이 가치를 평가하고 있다. 이 운동화 멋있어? 이 재킷 좋아 보여? 이거 '나이가 좀 있는 사람'들이 타는 차야? 이 학교 좋은 학교야? 이 춤은 좀 웃긴가? 이러한 질문과 이와 비슷한 질문에 대한 대답은 본질적으로 주관적이며, 거의 전적으로 공동체가 해당 질문에 부여하는 의미에 기초한다. 평가 과정에는 개인이 참여하지만, 대상을 평가하는 것은 공동체의 사회적 사실을 바탕으로 그 대상이 멋있는지 아닌지를 결정하는 공동의 노력이다.

의미 만들기와 마찬가지로 평가도 사회적으로 구성된다. 회사나 제품, 운동에 대한 내 의견은 다른 사람들, 특히 나와 비슷한 다른 사람들의 의견에 따라 편향되기 때문이다. 우리는 모두 어울리고 싶은 욕구와 소속되고 싶은 욕구를 가지고 있다. 그렇게 하는 데 의견 조율이 도움이 된다. 따라서 브랜드에 대한 내 의견은 내가 속한 부족의 의견이 누적됨에 따라 영향을 받는다. 어울리고 싶지만, 또 한편으로는 돋보이고 싶어 하는 인간의 역설을 고려해, 누군가가 공동체 안에서 자신을 구별하려고 다른 의견을 제시하더라도 말이다. 다른 사람의 판단이 이 사람이 하는 판단에 정보를 주고 영향을 미친다. 평가는 정당화와 마찬가지로 사회적 과정이다.

정당화는 우리가 공동체 구성원 또는 더 넓게는 사회 구성원으로서 무엇이 괜찮은지 결정할 때 일어난다. 예를 들어 30년 전만 해도 눈에 보이는 문신을 하는 것은 반항적인 록 음악가, 폭주족, 기타 비주류 집단의 전유물이었다. 사회에서 용납할 수 없는 것으로 여겨졌기 때문에, 당신이 문신이 있다면 면접을 볼 때는 문신을 가리려고 했을 것이다. 면접관이 문신을 보면 뭐라고 생각할지 신경이 쓰이기 때문이다. 그러나 요즘은 사람들이 문신을 자유롭게 하고, 문신을 했다고 해서 타락한 사람으로 보지 않는다. 문신을 하는 것이 일반적으로 '낙오자'라는 뜻에서 '보통'이라는 의미로 수년에 걸쳐 바뀌었다. 이는 정당화의 부산물이다.

운동복은 한때 운동이나 요가를 할 때만 입는 옷으로 여겨졌고, 공공 장소나 사교 행사에서는 절대 입지 않았다. 하지만 이제 우리는 애슬레저 룩*을 입은 사람들, 즉 요가 바지와 끝이 점점 가늘어지는 조거 바지를 입은 사람들을 다양한 환경에서 볼 수 있다. 애슬레저룩의 정당화로 인해 이 산업은 2021년 4,110억 달러 규모의 시장이 되었고 2028년에는 7,930억 달러 이상으로 성장할 것으로 예상된다. 캐나다에 본사를 둔 운동복 소매 업체인 룰루레몬과 같이 이런 현상을 초기에 활용한 기업은 경제적으로 매우 큰 이득을 본 반면, 언더아머처럼 발 빠르게 움직이지 못한 운동 브랜드는 기회를 놓쳤다. 불행하게도 이런 후발주자들은 문화적 소비의 변화에도 불구하고 다른 곳에 전략적 투자를 했고, 이들 브랜드는 여전히 그 대가를 치르고 있다.

또 다른 좋은 예로 온라인 데이트를 들 수 있다. 20년 전에는 잠재적 연

---

* 일상에서 입을 만한 가벼운 운동복

인을 온라인에서 만난다는 생각이 절망의 신호로 여겨졌다. 당시에는 온라인에서 누군가를 만난다는 것이 '현실 세계'에서 누군가를 만날 수 없다는 것을 뜻한다는 게 통념이었다. 그러나 이러한 인식은 이후 바뀌었다. 2020년 무렵, 초기 데이트 만남의 30%가 온라인 데이트를 통해 이루어졌는데 이는 2010년 3%에서 많이 증가한 수치다. 10년 동안 우리는 온라인 데이트를 완전히 정당화했다. 한때 '패배자'를 의미했던 것이 이제는 '정상'을 의미한다.

"나 같은 사람도 이런 일을 할까?" 일상생활을 하면서 우리 자신에게 던지는 질문이다. 규범 및 관행과 같은 사회 구조가 사회적 행동에 대한 기준으로 확립되는 방식을 이해하기 위한 이론적 틀을 제도 이론이라고 한다. 이 이론에 따르면, 정당화 과정은 모방에 의해 형성된다. 우리는 우리가 받아들일 수 있는 행동이 무엇인지 결정하기 위해 우리와 비슷하다고 생각하는 다른 사람들을 관찰한다. 사회심리학 및 영향력 분야에서 세계적으로 유명한 학자 로버트 치알디니는 이 현상을 사회적 증거라고 불렀다. 우리는 적응하기 위해 다른 사람의 행동을 모방한다. 사회적 증거는 사람들 사이에서 허용할 수 있는 행동으로 간주되는 것에 대한 신호를 제공하며, 결과적으로 우리는 해당 행동을 허용할 수 있는 것으로 받아들이고 사회적 연대를 촉진하기 위해 함께 행동한다.

정당화는 사회적으로 구성되며 의미를 만드는 과정에서 중요한 역할을 한다. 공동체에 새로운 제품, 새로운 음악, 또는 뉴스피드와 화면을 통해 전달되는 속보 같은 시스템에 관한 외생적 충격 등 새로운 것이 소개될 때마다 공동체의 구성원들은 집합적으로 그것을 이해하고(의미를 만들고), 자신의 문화에 통합할지와 어떤 방식으로 통합할지를 결정한다. 회중들이 당신의 브랜드를 정당화하면, 모든 준비가 완료된다!

　흡연이 우리 몸에 좋지 않다는 명백한 증거가 있다. 흡연은 중독성이 강하고 우리의 신경화학을 바꾼다. 그리고 가장 나쁘게는 우리를 죽일 수도 있다. 그러나 수십 년 동안 흡연은 미국인들 사이에서 '정상'으로 여겨졌다. 의사들은 진료실에서 담배를 피웠다. 음악가들도 담배를 피웠다. 출산을 앞둔 엄마들 역시 아이와 함께 있으면서 담배를 피웠고 그 누구도 눈 하나 깜짝하지 않았다. 미국 질병통제예방센터에 따르면 1965년 당시 미국인의 42% 이상이 '흡연자'였다. 수십 년 전에는 그 비율이 훨씬 더 높았을 것이다. 담배의 여러 부작용에도 불구하고 미국인들의 마음에 흡연은 부정적으로 여겨지지 않았다. 대신 다른 의미를 담고 있었다. 흡연은 '결국에는 죽음'이라는 의미 대신 반항을 나타내는 남자다움의 상징이었다. 그 당시의 문화적 산물은 의미의 이동을 통해 담배와 남자다움의 연관성에 영향을 미치는 데 일조했다. 예를 들어 1955년 영화 「이유 없는 반항」에서 제임스 딘이 연기한 캐릭터나 1992년 영화 「원초적 본능」에서 샤론 스톤이 연기한 것처럼, 높은 평가를 받는 사람의 의미 형성 체계는 흡연이 멋진 반항아를 보여주는 신호임을 나타낸다. 수많은 다른 영화들도 미국인들 사이에서 흡연을 정당화하는 해석을 보여주었다. 그러나 아마도 담배의 의미를 전달하는 데 있어서 광고 의미 형성 체계보다 더 큰 영향력이 있는 의미 형성 체계는 없을 것이다. "의사 2만 679명이 '럭키 스트라이크 담배가 덜 자극적이다'라고 말합니다"라고 적힌 라벨과 함께 의사 그림을 넣은 럭키 스트라이크 담뱃갑은 확실히 흡연의 치명적인 결과를 전복시키

는 능력에 영향을 미쳤다. 하지만 실제로 큰 차이를 만든 것은 '말보로맨'
이었다.

1954년에 출시된 말보로맨은 남성성이 목표로 삼는 모든 것, 즉 모험
심, 강인함, 선구자를 의미했다. 말보로맨은 서부 시대에서 갓 나온 것 같
은 옷을 입고, 말을 타고 광활한 땅을 가로지르며 늘 담배를 물고 있는 카
우보이였다. 말보로맨이 처음 나왔을 당시의 미국 생활은 말보로맨의 세계
와 정반대였다. 미국 백인들은 서부 개척 시대를 길들이는 대신 제2차 세
계대전 이후 경제 호황을 따라 교외로 이주해 흰 말뚝 울타리를 치고 가
정적인 삶을 살고 있었다. 담배를 피우는 것은 남성들에게 유순한 삶에 대
한 반항심을 불러일으켰다. 말보로는 말보로맨의 신화를 통해 이 의도한
의미를 알렸고 미국인들은 이 이야기가 의미하는 바를 이해했다. 미국인
들은 이 이야기에 공감했고, 이와 더불어 흡연도 정당화되었다. 말보로맨
캠페인은 45년 동안 진행되었으며 상징적인 문화 아이콘으로서 행동에 영
향을 미치는 능력으로 인해 역사상 가장 영향력 있는 광고 캠페인 중 하
나로 꼽힌다.

철학자 마샬 맥루한은 다음과 같은 유명한 말을 했다. "모든 미디어는
우리를 완전히 사로잡는다. 미디어는 개인적, 정치적, 경제적, 미적, 심리적,
도덕적, 윤리적, 사회적 결과에 너무나 널리 퍼져 있어서, 우리의 어떤 부
분도 영향받지 않고 변하지 않게 남겨두지 않는다." 그리고 그가 옳았다.
미디어는 우리를 완전히 압도한다. 즉, 문화 제작자들이 우리에게 들려주
는 이야기와 우리가 다양한 형태로 자신에게 말하는 후속 이야기는 무엇
이 정당화되고 무엇이 정당화되지 않는지를 상당 부분 결정한다. 더욱이

브랜드나 조직이 공동체가 공유하는 문화적 틀(구성된 사회적 현실과 집단적 의미) 안에서 정당화되면, 그 대상은 상징적으로 공동체의 문화적 관행에 통합된다. 이렇게 되면 공동체 안에 있는 사람들은 소비, 투표, 구독 같은 문화 행위를 하게 된다.

평가와 정당화는 항상 실시간으로 우리 주변에서 끊임없이 일어나고 있다. 이러한 과정을 통해 사람들은 의미를 만들고 그에 따라 조화롭게 행동한다. 따라서 문화의 탁월한 영향력을 활용하여 사람들을 움직이려면 단지 회중에게 복음을 전하는 것만으로는 충분하지 않다. 또한 사람들이 어떻게 의미를 만드는지를 이해해야 한다. 이 도발은 내 박사학위 논문의 발판이 되었다. 사회적 전염에 대한 이해와 의미 형성에 대한 호기심을 바탕으로 브랜드와 브랜드 제품이 문화적 맥락에서 어떻게 평가되며, 어떻게 정당화되는지 연구하기로 했다. 좀 더 구체적으로 나는 나음과 같은 실문에 답하기 시작했다. 특정 공동체 안에 브랜드가 퍼질 때(내 연구에서는 힙합 공동체를 다뤘다) 평가와 정당화의 메커니즘은 무엇인가? 나는 힙합 공동체 구성원들이 레딧에서 교류를 통해 의미를 만드는 것을 보면서, 40개월 동안 1,200만 줄이 넘는 텍스트와 4.8기가바이트에 달하는 과거 데이터를 분석했다.

레딧은 커뮤니티 기반의 온라인 플랫폼으로 스스로를 '인터넷 첫 페이지'라고 칭하는데, 이는 인터넷에서 가장 흥미롭고 관련성이 높은 콘텐츠로 가는 관문임을 시사한다. 사용자들이 직접 만든 레딧의 콘텐츠는 커뮤니티에서 흥미와 관련성을 기준으로 추천(업보트) 및 비추천(다운보트)을 할 수 있게 구성되어 있다. 업보트는 사용자가 제출한 콘텐츠가 커뮤니티에 의해 평가되고 커뮤니티 및 집단 승인 대표자의 심사를 거쳐 검증된 것으로 인증되는 한편, 다운보트는 그 반대를 뜻한다. 레딧의 콘텐츠는 나중에 페이스북 및 트위터 같은 다른 인기 플랫폼에서 교환되고 논의되는 주제, 발견, 밈의 촉매제가 되는 경우가 많다. 레딧에는 실제로 다양한 관심 주제에 전념하는 사람들의 커뮤니티인 '서브 레딧'이 있으며, 여기에는 4억 3,000만 명이 넘는 월간 활성 사용자가 있다. 이 서브 레딧은 대화가 주제에 맞게 진행되고 커뮤니티의 규범에 부합하는지 확인하는 중재자가 관리하고 감독한다. 중재자는 또한 서브 레딧 커뮤니티에 질문을 올려 회원들 간의 대화를 장려한다. 이런 식으로 레딧은 구성원들이 커뮤니티의 문화적 특성을 구성하고 협상하는 '커뮤니티의 커뮤니티'이다. 플랫폼에 관한 2년간의 연구를 통해 나는 직장에서 평가 및 정당화의 네 가지 메커니즘, 즉 대응, 재맥락화, 조정 및 강화를 발견했다.

첫 번째 메커니즘 - 대응

대응 메커니즘은 공동체의 구성원들이 평가와 정당화 과정에 참여하는 방식이다. 그리고 명시적이든 암묵적이든 공동체 구성원의 언어 선택은 브랜드나 기업에 대한 의미가 어떻게 만들어지고 태도가 형성되는지를 알려준다. 내가 연구한 레딧 대화에서 멘션[*]의 41.5%는 **암묵적**인 판단 진술로 사람들이 가사, 인물, 사건, 심지어 다른 브랜드의 맥락에서 언급함으로써

---

[*]   소셜 미디어에 올리는 단문 메시지

브랜드나 브랜드 제품에 대한 의견을 제시했다는 것을 의미한다. 다음은 온라인 비디오 게임 포트나이트에 대한 예시이다.

위지 f 베이비. 여기서 f는 포트나이트를 의미한다 (사용자: excrowned, 2019년 9월 30일, r/Kanye)

이 게시물에서 사용자 excrowned는 포트나이트와 관련하여 힙합 아티스트인 릴 웨인(일명 위지 F. 베이비)을 서정적으로 언급했다. 릴 웨인은 2003년 발표한 자신의 곡 〈다 드라우트(Da Drought)〉에서 "내 이름은 마침 위지 F. 베이비야. 'F'는 네가 알아내야 할 거야"라고 말한다. 후속곡에서 웨인은 "'F'는 비행, 'F'는 신선함, 'F'는 패션을 의미해"라고 덧붙였다. 어떤 경우든 'F'는 좋은 것이나 바람직한 것을 암시하는 상징이다. 따라서 "'F'는 포트나이트다"라고 말하는 것은 포트나이트가 바람직하거나 좋다고 말하는 암시적인 표현이다.

반면 커뮤니티에서 언급된 브랜드 중 약 44%는 사람들이 브랜드나 브랜드 제품에 대한 자신의 의견을 명확하고 분명하게 표현하는 명시적 판단 진술이라는 사실을 발견했다. 다음은 포트나이트에 대한 또 다른 예시이다.

포트나이트 = 안 멋지다(UN-wavey) (사용자: Jacksokool, 2019년 2월 18일, r/Kanye)

커뮤니티 회원 Jacksokool은 구어체를 사용했지만, 그의 의견은 분명한 의미를 드러낸다. '웨이비(wavey)'라는 용어는 "밖에 나갈 때 계속 웨이 브를 유지해야 해"라는 말처럼 멋있거나 보기 좋다는 뜻을 나타내는 은어 다. 따라서 이 커뮤니티 회원은 "포트나이트＝언웨이비"라며 포트나이트 는 멋지지 않다고 말하고 있다.

요점은 이렇다. 브랜드나 브랜드 제품에 관해 이야기할 때 암시적인 판 단 진술을 사용하면 브랜드를 비판하는 동시에 잠재적인 위험도 완화할 수 있다. 그들은 브랜드에 대한 의견을 전달함으로써 대화에 참여할 수 있 지만, 진술의 암시적 특성으로 인해 자신의 견해가 커뮤니티의 나머지 사 람들과 조화롭지 않다는 걸 발견했을 때 자신의 입장을 바꾸는 유연성을 가질 수 있다. 따라서 마케터와 리더는 사람들이 자신의 브랜드나 조직에 대해 이야기할 때 사용하는 부호화된 언어에 주의를 기울여야 하는데, 그 들이 사용하는 언어에는 의미가 가득하기 때문이다. 대화 주제가 좀 더 개 인적인 것일 때는 더욱 그렇다. 내 연구에서 밝힌 바와 같이 토론 주제가 제품의 가치 제안과 같이 겉보기에 양호한 경우 사람들은 공동체의 다른 구성원들과 갈등을 유발할 가능성이 상당히 낮아서 명시적 진술을 사용 할 가능성이 더 높았다. 그러나 나이키의 캐퍼닉 지지에 동의하는지와 같 이 논란이 많은 주제는 사회적 불일치의 위험이 더 크기 때문에 사람들은 대화에서 암시적 진술을 사용하는 경향이 있었다.

이 메커니즘은 내가 디트로이트에서 자라면서 동네 아이들이 더블 더 치 줄넘기를 하는 것을 지켜보던 일을 떠올리게 한다. 더블 더치는 긴 줄넘 기 두 개가 서로 반대 방향으로 돌아가는 가운데, 아이들이 줄에 걸리지 않도록 회전하는 줄 안에서 능숙하게 합을 맞춰 뛰는 게임이다. 많은 기술이 필요하며 구경꾼들의 사회적 압력으로 인해 게임은 더욱 치열해진다. 게임에 뛰어들기 전 언제 들어갈지 완벽하게 파악하기 위해 회전하는 줄의 속도를 주의 깊게 연구해야 한다. 공동체 구성원이 평가와 정당화에 참여하는 방식도 비슷하다. 대화에 참여할 때 의도를 가지고 언어를 사용한다. 성공적으로 끼어들지 못하면, 사회적 결과가 초래할 위험을 완화하는 방식으로 현재 진행 중인 주고받는 대화(돌아가는 줄)에 대응한다.

두 번째 메커니즘 - 재맥락화

재맥락화 메커니즘은 부족 구성원이 하나의 맥락에서 제품을 가져와서 자신과 더 관련이 있는 다른 맥락에 배치함으로써 평가하고 정당성을 갖는 방식을 말한다. 이에 대한 좋은 예는 밈의 사용과 아이디어, 패션, 신념을 모방하는 문화 복제를 들 수 있다. 한 남자가 애인으로 보이는 사람과 길을 걸으면서 다른 여자에게 눈길을 주는 장면을 포착한 '한눈파는 남자친구'라는 제목의 밈이 있다. 한동안 유행이었기 때문에 당신도 봤을 가능성이 크다. 이 사진은 '연인과 함께 있으면서 다른 여자에게 눈길을 주는 불성실한 남자친구'라는 직설적인 설명으로 한 스톡 사진 사이트에 올라왔지만, 네티즌들은 해당 사진에 자신이 생각하는 의미를 담아 다시 맥락화하기 시작했다. 한 가지 재맥락화는 오늘날 젊은이들이 자본주의보다 사회주의를 선호한다는 개념을 전달하기 위해 남자친구 사진 위에 '청년'이라는 단어를, 여자친구 위에는 '자본주의'라는 단어를, 지나가는 다른 여성 위에 '사회주의'라는 단어를 겹쳐놓았다. 또 다른 재맥락화는 남자친구 위에 '나'라는 단어를, 여자친구 위에 '다양하고 절박한 문제와 책임', 다른 여자 위에는 '낮잠'이라는 단어를 사용해 다른 어떤 것보다 낮잠을 우선으로 하는 경향을 전달했다. 인터넷 사용자들은 밈을 자신과 비슷한 사람들의 미묘한 특성을 전달하는 문화적 산물로 재작업하고, 사람들은 자신의 정체성을 투영하는 방법으로 이 밈을 공유한다. 재맥락화 행위는 의미를 만들기 위해 관련 있는 부호화된 언어를 사용하는 암시적 판단 진술을 통해 공동체에서 반복적으로 일어나는 것으로 보인다.

힙합 공동체의 경우 구성원들은 제품이 표현하는 의미를 한 맥락에서 다른 맥락으로 옮기기 위해 랩 가사를 참고로 사용하는 경우가 많다. 카니예 웨스트의 〈노 모어 파티 인 엘에이(No More Parties in LA)〉 가사를 생각해보자. "내 이지스를 신는 날도 있고, 반스를 신는 날도 있지. 너희에게 계획이 다 있다는 걸 알았다면 난 자낙스를 하지 않았을 거야." 이 가사에서 카니예는 자신이 아디다스와 공동으로 설립한 운동화 브랜드인 이지스를 신을 때도 있고 다른 브랜드 운동화를 신을 때도 있다고 공표한다. 재맥락화는 일반적으로 두 번째 문장에서 이루어지는데, 여기서 그는 저녁에 계획이 있었다는 걸 알았다면 불안을 줄이는 자낙스라고 알려진 브랜드 진정제를 복용하지 않았을 것이라고 인정한다. 레딧 힙합 공동체 구성원들 간의 교류에서 누군가가 "이 영화를 보고 기분 좋아진 사람 있어?"라고 물었다. 이에 공동체의 다른 구성원이 "너희 모두 이 영화를 볼 계획이 있다는 걸 알았더라면 자낙스를 하지 않았을 거야"라고 대답했다. 여기서 언급된 가사는 노래나 브랜드 제품과 전혀 관련이 없어 보이는 상황에 대한 반응으로 재구성되었다. 게다가 이렇게 무심한 방식으로 자낙스 브랜드를 반복적으로 사용하는 것은 해당 브랜드를 긍정적으로 평가하거나 최소한 중립적으로 평가함을 의미한다. 이는 처방 약을 기분전환용으로만 사용한다는 인식에 대한 금기를 잠식할 수 있다. 재맥락화 메커니즘으로 참조를 사용하면 공동체가 평가와 정당화 과정에 집단으로 참여할 때 공동체 구성원들은 자신의 표를 행사할 수 있다. 마찬가지로 밈이나 가사 같은 참조 코드를 사용하면 공동체 구성원들이 그들의 공유된 문화적 틀을 통해 세상에 대한 의미를 만들고 자신의 의견을 표현할 수 있다.

세 번째 메커니즘 - 조정

조정 메커니즘은 공동체 구성원의 행동이 공동체의 문화 규범과 맞지 않을 때 인지적 조화를 추구함으로써 평가와 정당화 과정에 참여하는 것이다. 조정하는 행위는 개인의 신념 및 행동과 공동체의 신념 및 행동 사이의 불일치를 해소하는 데 도움이 된다. 문화적 사건이 발생하여 공동체 구성원의 행동이나 신념과 부족의 행동이나 신념 사이에 갈등이 발생하는 경우 구성원은 평가의 초점을 전환해서 불협화음을 조정하고 균형 상태로 되돌릴 수 있다. 이는 현대 정치에서 개인이 비판을 직접 반박하거나 해결하는 대신 논쟁의 초점을 전환하여 비판의 신빙성을 떨어뜨리는 '서로 비난하며 과거 언급하기'가 자주 사용되는 것과 유사하다. 이런 경우에 조정은 공동체 구성원이 현재 소비 행위를 계속하면서 인지적 조화를 유지하기 위해 평가 위치를 잘못 지정할 수 있다. 반면 일부 공동체 구성원은 자신의 행동과 미리 확립된 문화적 의미 체계의 부조화로 인해 어려움을 겪고 있으며, 부조화를 조정하기 위한 수단으로 자신의 신념이나 행동을 변경하는 것을 선택한다. 이 과정은 그들이 네트워크로 연결된 부족 안에서 브랜드 또는 브랜드 제품의 평가 및 정당화 과정에 어떻게 참여하는지 알려준다. 레딧 대화의 다음 게시물은 이러한 형태의 조정을 보여준다.

> **카니예가 트럼프 대통령을 지지한다는 게 충격적이며, 나는 양심상 이지를 신을 수 없다. 나는 트럼프의 편협함과 인종차별 운동을 대변해 공개적으로 변호하는 사람을 지지할 수 없다.** (사용자: blowinmoneyfast, 2018년 9월 30일, Yeezy, r/Hiphopheads)

> **이 친구는 끝났네. 이지도 팔아버려야지.** (사용자: Confucius_said, 2018년 10월 1일, Yeezy, r/Hiphopheads)

> **난 이제 카니예 팬 그만할래. 안녕, 이지.** (사용자: ProstheticPoetics, 2018년 5월 1일, Yeezy, r/Hiphopheads)

위 예시에서 커뮤니티 구성원들은 조정 메커니즘을 사용해서 자기 행동과 신념을 변경한다. 커뮤니티 회원 blowinmoneyfast는 카니예가 한 행동을 고려해 카니예 웨스트를 지지하는 것과 커뮤니티의 문화적 특성 사이의 갈등을 명시적으로 전달한다. "나는 양심적으로 이지를 신을 수 없다"라는 말은 공동체의 문화적 특성과 카니예의 행동, 더 나아가 이지 브랜드와 맞지 않는다는 점을 표현한다. 그리고 커뮤니티 회원

Confucius_said와 ProstheticPoetics가 올린 두 게시물은 인지적 갈등을 해결하기 위한 수단으로 소비를 중단하고 심지어 이전에 산 제품을 팔아 버리겠다는 선언을 전달하는데, 이는 제품의 평가와 정당성에 투표하는 것이다.

네 번째 메커니즘 - 강화

강화 메커니즘은 공동체 구성원이 반복을 통해 대상 평가에 대한 신호를 보냄으로써 평가와 정당화 과정에 참여하는 방식이다. 공동체 구성원은 암시적이거나 명시적인 진술을 통해 대상에 대한 본인의 견해를 드러낸다. 더 많은 구성원이 같은 일을 할수록, 이는 합의된 것처럼 보이는 집단의 동의를 전달한다. 이를 관찰하는 사람들은 이 제안을 받아들이고 사회적 연대 행위로서 이 공감대에 동의하는 경향이 있다. 다음의 예를 살펴보자.

진짜 이지든 가짜 이지든 누군가 이지를 신고 있는 것을 한 번이라도 못 본 적이 언제가 마지막인지 모르겠다. (사용자: Nicefroyo, 2018년 9월 8일, Yeezy, r/Hiphopheads)

내가 캠퍼스에서 보는 아디다스 신은 사람 수와 카니예가 나이키에 있을 때 아 디다스 신은 사람 수는 정말 어마어마하다. 지금은 나이키보다 아디다스가 훨 씬 더 많이 보이는 것 같은데, 예전에는 완전히 반대였다. (사용자: XXX_is_my_granddaddy, 2018년 5월 13일, Adidas, r/Hiphopheads)

나는 인구의 95%가 에어팟을 가지고 있다고 확신한다. 그렇다고 나 역시 에어

팟을 가지고 있을 거라고 판단하지 마라. 근데 젠장, 정말 여기 에어팟이 있네.

(사용자: Bobokins12, 2019년 1월 13일, AirPods, r/Kanye)

위 예시에서 커뮤니티 구성원은 세상에서 어떤 브랜드가 자주 사용되는 것을 관찰했으며, 이는 암묵적으로 그 브랜드에 대한 긍정적 평가와 정당성을 나타낸다. 힙합 공동체의 비회원이라고 주장할 수 있는 사람들이 이러한 제품을 사용하는 것이 관찰된 경우에도 공동체 회원이 브랜드의 인기에 대해 다른 회원과 대화를 나눌 때 이는 동의의 증거를 보여준다. 공동체 구성원이 브랜드를 더 많이 착용하거나 사용할수록 해당 브랜드 또는 브랜드의 제품은 공동체에서 '좋음' 및 '포함'으로 간주되는 평가를 받기 때문에 신뢰도가 높아진다.

네 번째 메커니즘인 강화는 사람들이 특정 브랜드를 눈에 띄게 표현하거나 이에 대해 긍정적으로 말할 때 본질적으로 그 브랜드의 평가와 정당성에 투표한다는 것을 보여준다. 공동체 구성원이 어떤 브랜드를 착용하거나 그 브랜드에 대해 긍정적 관점으로 이야기할수록 공동체의 다른 구성원들은 그 브랜드를 더 광범위하게 '멋지고', '받아들일' 수 있다고 인식한다. "군중만큼 군중을 끌어모으는 것은 없다"라는 속담이 있다.

강화 메커니즘은 개인이 수행하고 다른 공동체 구성원이 관찰하는 일을 촉진하며, 그 결과는 공동체 안에서 사회적 전염이 일어나는 데 필요한 사회적 조정을 추진하는 데 도움이 된다. 공동체 구성원이 온라인에 게시하는 콘텐츠를 통해 자신의 정체성 프로젝트를 전시할 때 제시하는 문화

적 영수증을 더 잘 볼 수 있게 해주는 페이스북, 인스타그램, 틱톡과 같은 소셜 네트워킹 플랫폼의 보급으로 인해 강화 메커니즘이 더 증가하고 있다. 이것에 대해서는 다음 장에서 더 자세히 살펴보겠다.

동료 의미 형성 체계

맥크래켄이 의미 이동을 위한 수단으로 소개한 의미 형성 체계는 겉보기에는 철저해 보이지만 힙합 공동체 및 이와 유사한 공동체에서 의미가 만들어지는 방식은 네 가지 체계 중 어떤 것에도 잘 들어맞지 않는다. 힙합 공동체는 제3자가 아닌 사람들로 구성되어 있다. 비록 공동체 구성원이 광고, 뉴스, 높은 존경을 받는 사람 등 제3의 주체가 생성한 미디어 메시지를 받아들이지만, 이러한 체계는 부족 구성원 사이에서 일어나는 의미 생성의 공동적 측면을 포착하지는 못한다.

힙합 공동체의 구성원이 의미 형성에 참여하는 방식을 설명하려면 맥크래켄의 기념비적인 연구에다 더 미묘한 의미 형성 체계를 도입할 필요가 있다. 이런 변형된 의미 형성 체계는 집단의 공동체적 성격과 비주류 사회의 그림자를 넘어서는 매력을 설명해야 한다. 내가 한 연구는 내가 '동료 의미 형성 체계'라고 부르는 추가 의미 형성 체계에 대한 정당성을 제공한다. 동료 의미 형성 체계 안에서는 사회적 전염이 발생할 때 공동체 구성원들이 평가와 정당성의 협상과 구축에 관여하면서 의미가 만들어진다.

1986년을 배경으로 한 맥크래켄의 연구는 소셜 네트워킹 플랫폼과 기타 디지털 매개 통신 시스템 같은 현대 기술의 발전을 설명하지 못했다. 당시에는 이런 게 존재하지 않았기 때문이다. 그러나 이러한 기술은 사람들이 브랜드와 브랜드의 제품, 그리고 일상생활의 거의 모든 측면을 집단으로 평가하고 정당화하는 의미 형성 과정을 촉진하고 영향을 미친다. 예를 들어 2021년 오스카상 시상식에서 악명 높았던 윌 스미스의 '뺨 때리기 사건'을 생각해보자.

여느 때와 크게 다르지 않았던 시상식 방송은 대스타 윌 스미스가 무대에 올라 코미디언 크리스 록의 뺨을 때리면서 빠르게 논란이 되었다. 이 사건은 록이 윌 스미스의 아내인 제이다 핀켓 스미스를 비웃으며 그녀의 짧은 머리에 대해 농담을 한 직후에 발생했다. 윌 스미스가 보여준 행동은 그의 평소 모습과 전혀 달랐고, 다들 정장을 챙겨 입은 시상식에서 발생하리라고 예상하기에는 너무나 비정상적인 행동이었기 때문에 나는 이 사건이 연출된 것이라고 생각했다. 오스카상 시상식을 보면서 내 텔레비전에서 나오는 생방송의 오디오가 조용해지기 전까지 그게 코미디라고 확신했다. 물론 나중에 우리는 그 사건이 정말 실제로 일어난 일이라는 사실을 알게 됐다. 그러나 내가 가장 흥미로웠던 것은 그 사건 이후에 엄청난 양의 논평이 쏟아졌다는 점이다.

뉴스 보도부터 해설 기사, 유명 인사의 의견, 트위터를 통한 사회적 논평에 이르기까지 우리는 이 나라가 집단으로 의미를 만들어가는 모습을 지켜보았다. 진짜였을까 가짜였을까? 사랑하는 사람을 보호하고자 할 때 폭력이 적절한 대응인가? 아카데미 시상식 같은 행사가 권위를 가지려면 이런 행동을 금지하는 일련의 규범이 필요할까? 이것은 흑인 여성을 보호하기 위한 행동이었을까, 아니면 가부장제로 인해 지속되는 안 좋은 남성성의 행위였을까? 우리가 너무 '물렁한' 나라가 된 건가, 아니면 농담으로 받아들이기에는 정치적으로 너무 올바른 것일까? '뺨 때리기 사건'은 모든 각도에서 심문받고, 사방에서 논의되는 것처럼 보였다. 공개 담론에 대한 이런 모든 기여는 행동이 괜찮은지(평가), 궁극적으로 수용 가능한지(정당화) 결정하는 데 도움이 되므로 우리는 '우리' 같은 사람들이 '이것'과 비슷한 행동을 하는지 알 수 있다. 이것은 우리가 실질적으로 모든 것에 대해 의미를 협상하고, 의미를 구성하며, 문화적 관행에 채택할 것과 금지할 것을 결정하는 방법에 대한 축소판이다.

이것이 새로운 제품, 새로운 후보, 새로운 음악, 새로운 아이디어에 무엇을 의미하는지 상상해보자. 우리가 나누는 대화와 소비하는 미디어는 의미를 만들며, 무엇을 사야 할지, 누구에게 투표할지, 무엇에 참여할지, 무엇을 시도할지 결정하는 데 도움이 된다. 의미를 만드는 관행에서 동료 행동을 관찰하는 데 내재하는 투명성과 사회적 증거를 고려하면, 이렇게 관찰된 개인의 행동은 이를 보는 사람들에게 의미가 성립되는 문화적으로 구성된 세계에 정보를 제공하고 영향을 미친다. 자신의 의미 형성 틀을 표출하는 행위가 공동체 안 다른 구성원의 정서, 행동, 인지, 욕구에 영향을 미치는 문화적 수용 또는 공론화 진행률 막대 역할을 하는 순환 관계로 귀결된다. 즉, 강화기제는 평가와 정당화에 내재된 의미 형성 과정을 사회적 전염 발생으로 연결하는 다리 역할을 한다.

의미 만들기를 활용하기

맥크래켄의 연구에서 소개된 광고, 뉴스와 잡지, 높은 평가를 받는 사람, 비주류 사회 같은 의미 형성 체계와 내 연구에서 소개된 동료 의미 형성 체계 모두 사람들이 브랜드의 의미를 만들 때 함께 작용한다는 사실은 주목할 가치가 있다. 부족 구성원들이 문화계에서 브랜드로 의미를 옮기는 동안, 동일한 브랜드와 연관된 의미는 광고, 블로그, 인플루언서를 통해 알려지고 있다. 이러한 다양한 커뮤니케이션 수단은 때때로 다른 의미를 전달할 수 있다. 예를 들어 광고는 브랜드에 대해 한 가지를 말하고, 기사는 다른 것을 말하며, 인플루언서는 이 두 가지와 완전히 다른 점을 전달할 수도 있다. 이렇게 의미 혼란이 있으면 브랜드의 잠재적 의미와 다른 구성원이 이것을 어떻게 인식할지에 대한 모호함으로 인해 해당 브랜드를 자신의 정체성으로 의식화하는 것과 관련해 공동체 구성원에게 어려움을 초래할 수 있다.

의미를 만드는 과정이 선형적이지 않다는 점도 유의할 필요가 있다. 우리는 광고를 보거나 기사를 읽지 않고, 볼링공이 핀을 넘어뜨리기 위해 레인을 내려가는 것처럼 '그냥 그렇게' 의미가 만들어지고 재작업되어 우리의 정체성을 형성한다. 아니, 이 과정은 오히려 핀볼 게임기와 훨씬 더 유사하다. 개인의 정체성이 다양한 의미 형성 체계를 통해 브랜드나 브랜드의 제품에 스며드는 여러 의미, 때로는 상충하는 의미와 끊임없이 충돌하고 부딪치기 때문이다. 어떤 제품이 있다. 광고에서는 이 제품이 훌륭하다고 말하지만, 기사에서는 별로라고 이야기한다. 샤킬 오닐이 이 제품을 보증하지만, 레딧에서는 혹평받았고, 아마존 후기에서는 적당하다는 평가를

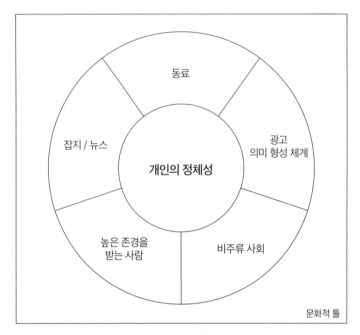

동료

광고
의미 형성 체계

잡지 / 뉴스

개인의 정체성

높은 존경을
받는 사람

비주류 사회

문화적 틀

그림 3. 의미-정체성 일치

받았다. 무슨 뜻일까? 이와 관련하여, 어떤 대상과 관련한 다양한 의미 형성 체계 및 그 이후의 의미와 개인의 정체성 사이의 관계는 내가 의미-정체성 일치 모델이라고 부르는 그림 3에 설명되어 있다. 사람들은 공동체의 문화적 틀 안에서 다양한 의미와 자신의 정체성과 일치되는 부분을 찾는 과제를 안고 있다.

이것이 마케팅 담당자나 행동을 자극하려는 사람들에게는 어렵고 통제할 수 없는 시나리오처럼 보일 수 있지만 실제로는 이 상황이 다른 어떤 것보다 더 큰 힘을 실어준다. 의미를 알려주는 다양한 의미 형성 체계는 마케팅 담당자들이 잠재적 의미를 알리는 방식으로 통일성을 관리할 기회를 준다. 각각의 의미 형성 체계는 하나의 체계가 다른 체계를 반영해 원하는 일관된 의미를 지닌 중복되고 단일하며 두드러진 브랜드 메시지를 만들어내기 위해 함께 작동하도록 조정할 수 있다. 공동체 구성원이 광고든 인플루언서의 인증이든 해당 메시지에 노출되지만, 이 개인이 상반되는 정보를 해석할 필요가 없으므로 의미를 부여하는 과정은 더욱 쉬워진다. 따라서 마케팅 담당자와 관리자 모두 이런 의미 형성 체계를 개인의 의미 형성 과정과 지역사회 내 평가와 정당화에 대한 사회적 협상을 쉽게 하는 데 쓸 수 있는 제어 가능한 수단으로 간주해야 한다.

강화 메커니즘은 마케팅 담당자가 행동에 대한 가시적 수용을 드러내는 공공 유물 제작에 투자할 기회를 제공한다. 예를 들어 구매자들이 개인 판매자가 파는 탐나는 제품에 입찰하는 온라인 애프터마켓 웹사이트 스탁엑스를 생각해보자. 브랜드로서 스탁엑스는 투명성을 중시한다. 운동화와 스트리트웨어가 소매점에서 판매된 이후 2차 시장에서 구매할 때 발생할 수 있는 불투명성을 제거함으로써 이러한 확신을 보여주고 있다. 이베이나 다른 경매 웹사이트와 달리 스탁엑스는 27가지 다양한 지표를 사용하여 제품이 위조품이 아닌 '진짜'인지 평가하는 수동 독점 인증 절차를 제공한다. 이것이 소비자를 위한 스탁엑스의 핵심 차별화 가치 제안이다. 재판매 시장에 위조품이 엄청나게 많다는 점을 고려하면, 이 인증 절차는 스탁엑스가 제안하는 매력적인 기능이다.

어떤 제품이 스탁엑스의 인증 절차를 성공적으로 통과하면 "이 제품은 정품이야"라고 말하는 것처럼 '좋은 가정용품 인증' 역할을 하는 태그로 정당성을 인증받는다. 이것은 온라인에서 낯선 사람으로부터 제품을 살

때 일반적으로 발생하는 일반 구매자의 불안을 줄여준다. 스탁엑스에서 산 제품은 정품임이 보장된다. 이런 투명성으로 인해 사용자들은 더 정확한 정보에 근거해 쇼핑을 할 수 있다. 엘리트주의적인 교묘한 속임수의 세계에서 스탁엑스는 정면을 관통하고, 소비자에게 지식과 접근 권한을 부여한다. 이것이 회사 신념의 핵심이다. 그래서 나이키 운동화나 다른 브랜드 제품에 있는 스탁엑스 표시의 기호학은 그것이 진짜임을 뜻한다. 운동화가 정품이라서 그런 것이 아니라 그 유물이 정품이라는 의미에 사람들이 동의했기 때문이다. 말할 것도 없이 일반적으로 구경꾼에게 알려지지 않은 것, 즉 신발을 산 곳을 대중에게 공개하고, 소매업체를 통해 사적인 것을 공적인 것으로 만들면서 정체성 프로젝트를 만든다.

이러한 의미의 구축은 무엇이 멋지고 무엇이 허용되는지를 결정할 때 공동체 구성원들이 협의하고 만든다. 예를 들어 제품을 사용하고 어떤 브랜드에 대해 의견을 표현하는 건 공동체에서 '멋지다'고 간주하며 받아들일 수 있다고 여겨지는 것을 알리는 진행률 막대 역할을 한다. 이 공개 진행률 막대를 반복적으로 관찰하면 공동체 안에서 편재성을 인식하게 되고 다른 공동체 구성원들의 정서, 행동, 인지, 욕구에 영향을 미친다. 이것이 사람들을 행동하게 한다. 강화 메커니즘이 작동하면서 광고주, 잡지, 인플루언서, 동료가 제품에 의미를 부여하는 문화적으로 구성된 세계에 정보를 알려준다. 의미 만들기를 이해하면 마케터는 인스타그램 조회수 증가, 트위터에서 인기 주제가 되는 것 같은 인위적인 공개 진행률 막대를 잠재적으로 예상해서 부족에게 "모두가 그렇게 하고 있다"라는 신호를 보낼 수 있다. 이런 활동의 결과는 사회적 전염의 중요한 과정인 평가와 정당화 과정을 촉진하는 데 도움이 된다.

더욱이 이런 함의는 상업적 소비 맥락을 넘어 확장된다. 마케터가 사람들에게 재활용, 투표, 마스크 착용 및 기타 비재무적 행동을 유도하기 위해 많은 양의 자원을 소모하는 산업들이 많이 있다. 이러한 행동을 채택하는 우리의 성향은 우리가 의미를 만드는 방법에 따라 달라지며, 의미는 문화적으로 매개된다.

원리와 노하우

이것이 문화의 힘이다. 문화는 우리가 세상을 보는 방식과 세상에서 우리가 행동하는 방식을 결정한다. 당신과 동일한 신념과 이념을 따르는 사람들의 모임 안에서 의미 일치를 활용할 수 있다면, 복음을 전할 때 사람들이 행동을 취하게 할 가능성이 크게 높아진다. 그런 공동 합의가 생기면, 사람들은 우리(브랜드)라는 존재 때문에 소비하거나 가입하는 게 아니다. 사람들은 자신이 누구인지(공동체) 때문에 소비하고 가입한다. 브랜드나 조직은 사람들이 자신의 정체성을 표현하는 방식이 되었다. 이럴 경우, 브랜드나 조직은 그 효용 기능(나이키처럼 단순히 신발 한 켤레 그 이상)에서 벗어나 공동체 안에서 신성화될 수 있다.

게다가 우리가 종종 본질적으로 특정 문화에 속한다고 가정하는 것들은 많은 경우 그 문화 외부에서 유래한 것이다. 스칸디나비아 문화를 예로 살펴보자. 우리가 '스칸디나비아 문화'라고 생각하는 것의 대부분은 사실 차용되고 재맥락화된 것이다. 스웨덴 미트볼은 스웨덴에서 온 것이 아니다. 튀르키예에서 온 것이다. 우리가 덴마크식으로 알고 있는 페이스트리는 덴마크에서 온 것이 아니라 오스트리아에서 왔다. 우리 문화는 우리가 새로운 아이디어, 새로운 제품, 새로운 사람들과 교류하고 접할 때마다 매일 구성되고 재구성된다. 공동체 구성원이 겪는 이러한 협상과 구축 활동은 그들이 의미를 만드는 방식이며, 세상에 나타나는 방식을 좌우한다. 평가와 정당화는 제품, 광고, 파트너십 및 우리 주변의 모든 것에 대한 의미를 만드는 데 중요한 과정이다. 이것을 이해하는 건 문화의 힘을 활용해 집단행동 채택을 촉진하는 데 매우 중요하다. 다음 장에서는 의미에 대한 이해가 부족하고 문화 코드를 잘못 해석하면 어떤 일이 일어나는지 알아보겠다.

제5장

코드 누락

스탠리 빈튼은 1935년 4월 16일 펜실베이니아주 피츠버그 외곽에서 태어났다. 빈튼의 부모인 스탠과 도로시는 그가 어렸을 때부터 빈튼의 음악적 관심을 격려해주었고, 이는 그의 일생에 큰 도움이 되었다. 청소년기 내내 밴드 활동을 했던 스탠리는 지역 공연에서 돈을 모아 대학 등록금을 마련했으며, 대학에서 작곡을 공부했다. 졸업 후 음악계에서 경력을 쌓았고 마찬가지로 음악계에서 일하던 아버지와 헷갈리지 않게 중간 이름인 '로버트'에서 '바비 빈튼'이라는 예명을 따왔다. 바비 빈튼은 미국에서 잠시 군 복무를 하기 전에 여러 음악적 모험을 시도했다. 음반사가 처음에는 거절했던 자장가 같은 팝송인 빈튼의 데뷔곡 〈로즈 아 레드(Roses Are Red)〉는 1962년 그의 음반사 최초의 빌보드 1위 히트곡이 되었다. 그러나 바비 빈튼은 훨씬 더 많은 가능성을 숨기고 있었다. 이듬해 8월 그는 〈블루 벨벳〉이라는 또 다른 히트곡을 차트에 올렸으며, 곧 또 다른 히트곡이 나올 예정이었다.

1964년 1월 바비 빈튼이 부른 〈데어! 아이브 새드 잇 어게인(There! I've

Said It Again)〉은 빌보드 100에서 4주 동안 1위를 지켰다. 빈튼의 부드러운 테너 목소리는 당시 동시대 미국 문화의 음향적 윤곽을 포착했다. 그러나 리버풀에서 온 네 명의 젊은이 존, 폴, 조지, 링고가 왕성한 에너지, 영리한 뻔뻔스러움, 독특한 헤어스타일로 현장에 등장하면서 불과 몇 주 만에 상황이 급격하게 변했다. 비틀즈로 알려진 그들이 미국 공중파에 데뷔한 후, 영국에서 들어온 음악과 패션이 미국의 대중적인 시대정신을 지배하는 브리티시 인베이전이라는 문화 현상이 시작되었다. 비틀즈의 〈아이 원 투 홀드 유어 핸드〉는 1964년 2월 빈튼을 제치고 1위를 차지했으며 음악계를 완전히 바꿔놓았다.

이 사실은 글을 읽는 어떤 독자에게도 그다지 놀라운 일이 아닐 것이다. 어쨌든 비틀즈니까. 그들은 틀림없이 역사상 최고의 록밴드다. 그러나 그것은 1964년에는 당연하지 않았다. 비틀즈라는 시스템은 많은 사람에게 충격적이었다. 「시카고트리뷴」은 "비틀즈는 엄청난 농담, 엉뚱한 개그, 완전한 속임수임이 틀림없다"라고 비꼬았다. 「보스턴글로브」는 "비틀즈는 그저 끔찍할 뿐만 아니라 나는 그들이 끔찍하지 않다고 말하는 것은 신성모독이라고 생각한다"라고 언급했다. 「워싱턴포스트」는 "비틀즈를 생각하는 것만으로도 정신적인 혼란을 불러일으키는 것 같다. 그들은 언급할 가치조차 없어 보이는 평범하고 지루한 행동을 하고 있다"라고 썼다. 「뉴스위크」는 "비틀즈의 겉모습은 악몽이다. 꽉 조이는 과장된 스타일의 에드워디안-비트닉 정장과 거대한 푸딩 그릇 같은 머리 모양"이라고 썼다. 심지어 엘비스조차 "비틀즈는 더럽고 너저분한 외모와 선정적인 음악으로 오늘날 우리와 젊은이들이 겪고 있는 많은 문제의 토대를 마련했다"라며 한탄

했다. 맞다, 엉덩이춤을 추던 그 엘비스 프레슬리다. 모순적이지 않은가?

어떻게 사회에서 그토록 두드러지면서 앞으로 수십 년 동안 점점 더 널리 유명해질 무언가를 놓쳤을까? 답은 매우 간단하다. 명백한 것은 일반적으로 누군가가 그것을 지적하기 전까지는 명백하지 않다. 특히 문화를 이해하는 데에서는 더욱 그렇다. 문화는 미묘하고 의미는 바뀌기 쉽다. 그것들을 이해하려면 큰 친밀감이 필요하다. 어떤 사람에게는 미친 것처럼 보이는 일이 다른 사람에게는 정상일 수도 있다. 비틀즈를 '이해'하지 못한 사람들은 먼저 물살을 탄 얼리어답터 군단과 가깝지도 않았고, 밴드가 그들에게 미치는 중력을 이해하기 위해 그들의 관점에서 세상을 바라볼 만큼 충분히 호기심이 있지도 않았다. 그래서 사람들이 힙합을 그저 유행으로 착각하거나 소셜 네트워킹 플랫폼을 그저 나르시시즘의 표현 수단으로 착각한 것처럼 그것을 놓치고 말았다. 이런 현상과 이와 같은 많은 문화적 현상들은 그것을 구성하는 부족의 문화적 틀을 소유하지 않은 사람들에게는 미친 것처럼 보인다. 그 결과는 불일치를 의미한다.

의미 불일치

앞 장에서 논의한 것처럼 의미는 현실을 해석하거나 번역하는 것이다. 당연히 이 번역은 우리가 세상을 바라보는 문화적 렌즈에 근거하기 때문에 주관적이다. 따라서 한 사람에게는 이상해 보이는 것이 다른 사람에게는 그들의 세계관을 구성하는 신념, 이념, 규범에 따라 정상으로 느껴질 수 있다. 따라서 의미 불일치는 한 사람의 현실이 다른 사람의 현실과 일치하지 않거나 동의하지 않을 때 발생한다. 이러한 상황에서 두 사람은 같은 것을 관찰해도 완전히 다른 두 가지 의미로 인식할 수 있다. 예를 들어 2021년 1월 6일 워싱턴DC에서 발생한 국회의사당 습격 사건을 자유롭고 공정한 선거를 뒤집으려는 반역적인 대통령이 선동하고 국내 테러리스트들이 저지른 반란으로 보는 사람들이 있었다. 그러나 다른 사람들은 이 사건을 미국의 애국자들이 부패한 선거에 반대하여 빼앗긴 표와 자유를 되찾는 것으로 보았다. 이 폭도들이 피를 흘리고 민주주의를 잠식할 의도로 국회의사당을 무지막지하게 점거했다는 점에서 그 문제의 경험적 사실은 분명하지만, 이 사건에 대한 사람들의 해석은 객관적이지 않다. 아름다움이 보는 사람의 눈에 달린 것처럼, 의미는 해석하는 사람의 마음에 달려 있다. 해석의 차이는 우리가 누구인지, 어떤 부족에 속해 있는지를 구분하는 데 도움이 된다. MSNBC*와 폭스 뉴스가 이를 명확하게 보여준다. 두 언론 매체는 같은 정치적 사건과 사회적 사건을 보도하지만, 두 가지로 다르게 해석해서 보도한다. 일부에서는 이를 '각도' 또는 '특정 견해'라고 부르지만, 이는 본질적으로 우리가 세상을 번역하는 데 사용하는 의미 프레임과 동일하다.

1951년 다트머스 축구팀은 연례 경기에서 프린스턴과 경기를 펼쳤다. 이런 아이비리그 전투는 지금의 빅 텐 축구**와 오늘날의 동남부 콘퍼런스의 마지막 결전보다 앞서 있었으며, 이런 게임은 이 캠퍼스에 거주하는 젊은

---

* 미국과 캐나다에서 24시간 뉴스를 제공하는 케이블 뉴스 채널
** 미식축구가 다른 학교에 비해 유명한 10개 학교

지식인(물론 동문도 포함)에게 큰 자랑거리였다. 이 게임은 특히 논쟁의 여지가 많았으며 심리학자인 알버트 하스토프와 해들리 캔트릴은 이 게임의 진상을 파헤치고 싶어 했다. 하스토프와 캔트릴은 다트머스와 프린스턴 학생들이 각각 같은 게임 영상을 보고 관찰한 내용을 보고하도록 요청하는 연구 프로젝트를 고안했다. 같은 경기를 봤음에도 불구하고 각 집단의 학생들은 경기를 다르게 인식했다. 프린스턴 사람들은 다트머스 축구팀이 자기네 팀보다 두 배나 더 많이 반칙했다고 생각하는 반면, 다트머스 사람들은 경기에서 두 팀이 보여준 체력이 비슷하다고 여겼다. 분명하게 실제로는 그렇지 않았지만, 각 집단이 가진 그 게임에 대한 견해는 상대 집단이 가진 견해만큼이나 그들에게 사실이었다. 각 집단은 같은 사건을 객관적으로 보았다고 믿었지만, 사건에 대해 서로 다른 설명을 하고 있었다. 실제로 사물은 있는 그대로의 모습이 아니라 우리의 모습에 따라 달리 보이며 그에 따라 의미도 달라진다.

사회심리학자들은 이 현상을 소박한 실재론이라고 부른다. 사람들은 자신의 세계관이 객관적이라고 믿으며, 반대 의견을 가진 사람들은 잘못된 정보를 갖고 있거나 비합리적이라고 생각한다. 세상은 우리가 보고 해석하는 방식대로이며, 다르게 말하는 것은 명백히 잘못된 것으로 여긴다. 당연하게도 이것은 복음을 전하려는 사람들에게 의사소통을 어렵게 만든다. 의사소통에서 당신이 의미하는 바가 사람들이 받아들이는 것과 다를 수 있기 때문이다. "당신이 말하는 것이 아니라 사람들이 듣는 것이다"라고 정치 여론조사원 프랭크 런츠가 말했듯이 말이다. 따라서 마케터, 활동가, 정치인, 리더 등은 그들이 의도하는 바를 이해하는 것뿐만 아니라 자신이 전달하는 바가 사람들에게 어떤 의미로 다가갈 수 있는지를 이해하는 게 중요하다. 이 두 가지가 일치하지 않을 때 우리는 의미 불일치 상태에 빠지게 된다.

2017년에는 카다시안과 관련한 모든 게 유행이었다. 카다시안 가족의 삶을 보여주는 리얼리티 TV쇼 「4차원 가족, 카다시안 따라잡기」는 텔레비전에서 많이 시청된 쇼 중 하나였다. 그 무리 중 가장 인기 있는 스타인 킴 카다시안은 인스타그램의 수많은 팬과 팔로워로부터 그녀의 낭만적인 삶에 이르기까지 그녀를 중심으로 도는 자신만의 세계를 가지고 있었다. 킴의 어머니 크리스 제너의 두 번째 결혼부터 당시 브루스 제너(현재는 케이틀린 제너)까지 재혼 가족을 포함한 카다시안 가족 전체가 잡지 표지에 실리고 언론 헤드라인을 장악했으며, 소셜 네트워킹 플랫폼 전반에서 사용자들의 게시물에 올라왔다. 카다시안 제너 부부는 대중문화 시대정신에서 엄청나게 큰 영향을 미치는 존재였다. 카다시안 제너의 명성을 활용하기 위해 펩시는 켄달 제너를 최신 마케팅 광고의 빛나는 얼굴로 선정했다. 그녀 자체로도 스타였던 켄달은 언니들보다 인지도는 낮았지만, 수요가 많은 슈퍼모델이었다. 펩시 광고는 켄달을 시위대와 경찰 사이의 대립을 이끄는 주인공으로 지정했다. 광고에서 켄달은 수많은 시위대를 뒤로한 채 경찰에게 다가가면서 경찰 지휘관으로 보이는 사람에게 자신 있게 펩시 캔을 건넨다. 기대감에 찬 백인 경찰관의 반응을 지켜보는 시청자들의 긴장감이 고조된다. 경찰관이 캔을 따 콜라를 한 모금 마시고, 상큼한 펩시 맛에 얼굴이 환하게 빛나자, 한때 위협적이었던 그의 자세가 사르르 녹는다. 군중은 축하의 뜻으로 환호하며, 축제 분위기로 광고는 끝이 난다.

의심의 여지 없이 개요를 서술한 그 광고 장면은, 당시 흑인 공동체와 흑인에 대한 조직적 인종차별과 잔혹 행위의 오랜 역사를 가진 경찰이라는 권위 기관 사이에 고조된 사회적 불안을 아주 잘 반영하고 있었다. 그러나 펩시 광고와는 달리 흑인들에게는 그들을 대신해 중재하고 상황을 진정시키기 위해 경찰에 펩시 캔을 내미는 켄달 제너가 없었다. 이 광고는 즉각적으로 반발에 직면할 수밖에 없었다. 분명히 이 광고를 승인한 펩시 경영진의 의도는 누구에게도 불쾌감을 주려는 것이 아니었다. 적어도 나는 그렇게 생각하고 싶다. 그들은 당시의 '매력적인 젊은' 소녀를 주연으로 시대를 낙관적으로 반영하는 광고를 만들었다. 어떻게 그렇게까지 잘못될 수 있었을까?

대중이 펩시 광고를 해석하는 의미 틀은 전혀 다른 현실을 반영했다. 펩시는 대중의 의미 형성 틀을 통해서 가족이 흑인 문화를 전용했다는 평가를 받는 유명인을 섭외해(자세한 내용은 7장 참조) 그녀를 흑인 사회를 구제하는 '백인 구세주'의 전형으로 묘사했다. 이런 비유는 미국 대중 커뮤니케이션에서 일반적으로 사용되는 비유이긴 하다. 이 광고는 의미 불일치의 명백한 사례로, 이 광고로 인해 펩시 사람들은 골치 아픈 일을 많이 겪어야 했다.

소통의 기술을 연구하고 실행하는 사람들은 이 사실을 너무나 잘 알고 있다. 우리가 소통에서 의미하고자 하는 것과 사람들의 마음에 실제로 전달된 의미가 일치하지 않는 경우가 많다. 효과적인 소통을 위해서는 전달자의 의도와 수신자의 해석이 일치해야 한다. 이 역학은 섀넌-위버 모델로 알려진 커뮤니케이션 문헌의 가장 기본적인 모델 중 하나로 거슬러 올라

간다(다음의 그림 4). 이 모델은 효과적인 의사소통을 가능하게 하는 메시지 송신자와 수신자 사이의 관계를 간단하게 설명한다.

송신자 또는 정보 출처는 전달할 정보를 가지고 있는 사람, 회사, 조직 또는 단체다. 특정 주제에 대해 자신의 견해를 밝히려는 정치인일 수도 있고, 비슷한 이념을 가진 사람들에게 자신의 신념을 전달하려는 브랜드일 수도 있다. 송신자는 광고 같은 송신기 또는 부호기를 통해 아이디어를 암호화한다.

메시지는 이후 채널이나 매체를 통해 전달되어 원하는 청중에게 도착한다. 매체는 송신자를 대신해 메시지를 전송하고 전달하는 수단 역할을 한다. 매체는 텔레비전, 인쇄물, 광고판, 팟캐스트, 소셜 네트워킹 플랫폼, 또는 여러 전달 기술일 수 있다. 심지어 대면 의사소통도 중요하다. 잡음은 말 ⏌대로 방송이나 인터넷 연결 끊김을 통해 채널에 유입될 수 있으며, 비유적으로는 메시지의 논점을 흐리는 비방하는 사람들의 의견 같은 형태

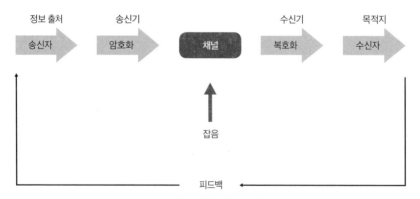

그림 4. 섀넌-위버 모델

출처: Claude E. Shannon and Warren Weaver, *The Mathematical Theory of Communication*(1949)

로 유입될 수도 있다.

일단 암호화된 메시지가 채널을 통해 송신자로부터 전달되면 수신자는 받은 내용을 이해하기 위해 메시지를 복호화한다. 사람들은 채널을 통해 메시지를 전달받으면 방금 듣고, 보고, 경험한 내용의 의미를 자신의 세계 관을 바탕으로 이해할 수 있는 내용으로 번역한다. 자연스럽게 여기에서 도 의미 불일치가 발생한다.

우리는 모두 이것을 직관적으로 알고 있는데 이건 사회과학의 장점이 자 도전 과제이다. 우리는 의미를 만들 수 있기 때문에 태어날 때부터 이 런 의사소통 과정을 경험해왔으며, 송신자나 수신자로서 하루에 수천 번 이 역동적인 과정을 겪는다. 그러나 우리는 생활 속에서 그렇게 자주 경험 하는 현상에 대해 멈춰서서 평가하는 경우는 거의 없다. 이게 바로 사회과 학이 '우리'를 이해하는 데 매우 중요한 이유다.

예를 들어, 아내 알렉스가 나에게 식기세척기에서 깨끗한 그릇을 꺼내 고 싱크대에 있는 더러운 그릇을 식기세척기에 넣어달라고 부탁했다고 가 정해보자. 나(송신자)는 식기세척기의 그릇을 바꾸는 데 동의한다는 뜻으로 말로 "알았어, 자기야"(암호화)라고 대답할 수도 있다. 내 목소리(채널) 톤이 다정하고 사랑스럽게 들릴지 모르지만, 내 표정(잡음)은 내가 얼마나 그것 을 하기 싫은지를 전달함으로써 나를 배신할 수도 있다. 알렉스(수신자)는 내 말을 들었겠지만, 내 표정도 고려했을 가능성이 높다. 내 전반적인 소 통에 대해 알렉스는 내가 의도한 바는 아니지만 그녀가 요청한 것에 내가 짜증이 났다고 번역할 수도 있다. 이는 불일치를 의미하며, 그 결과는 우리 를 포함한 대부분의 가정에서 쉽게 논쟁으로 이어질 수 있다.

226

이런 종류의 오해는 부부간, 또는 친구나 가족 간의 사회적 관계에서는 몇 차례의 대화를 통해 해결될 수 있다. 하지만 시장은 일반적으로 의미 불일치에 대해 눈감아주거나 관대하지 않다. 사람들은 거래 기반 관계만 가지고 있는 대부분의 브랜드 수신자가 번역한 내용이 수신자가 세상을 보는 방식과 맞지 않을 때 그들 자신을 설명할 수 있는 '두 번째 기회'를 줄 만큼 충분히 투자하지 않는다. 그 결과 소비자의 반발, 대중의 조롱, 그리고 어떤 경우에는 브랜드, 유명 인사, 기관이 신성한 지위에서 내쫓기는 위치로 강등될 수도 있다. 하워드 딘 전 버몬트 주지사를 예로 들어보자. 딘은 앨 고어 전 부통령과 저명한 상원의원, 대사 및 정치적으로 영향력 있는 단체들로부터 많은 지지를 얻었다. 모든 일이 그의 뜻대로 흘러갔고, 딘은 자신이 소속된 당의 후보로 지명될 거라고 예상했다. 두 명의 다른 유명한 싱대의 지지율이 급상승한 후, 일반직으로 후보자가 전국 선거에서 어떤 결과를 얻을지 보여주는 지표로 간주되는 지역 선거 행사인 아이오와 전당대회에서 딘은 3위로 미끄러졌다. 전당대회에서 부진한 성적을 거둔 후보자는 경선에서 탈락할 가능성이 높으므로 3위를 차지한 건 그에게 위태로운 상황이었다.

다음 경선을 위해 지지자들을 결집하고자 딘은 열정적인 연설을 했고, 패배에도 불구하고 잃어버린 기반을 만회할 더 많은 기회가 있을 거라고 자신의 지지자들을 격려했다. 딘은 지지자들에게 장담했다. "1년 전에 우리가 아이오와에서 3위를 할 줄 알았더라면 우리는 전당대회를 위해 무엇이든 했을 겁니다. 하지만 아시다시피 우리는 뉴햄프셔뿐만 아니라 사우스캐롤라이나에도 갈 예정입니다! 그리고 오클라호마! 애리조나! 노스다

코타! 뉴멕시코! 캘리포니아에도 갈 거예요! 텍사스! 뉴욕! 사우스다코타에도 갑니다! 오리건! 워싱턴하고 미시간까지!"

이 모든 것은 정치적 연설에서 흔히 있는 일처럼 보였지만, 마지막에 일이 잘못되었다. 찢어질 듯한 마이크 음량으로 딘은 "그러고 나서 우리는 백악관을 되찾기 위해 워싱턴DC로 갈 것입니다. 이야아아아아!"라고 마지막 선언을 하며 단호한 후렴구를 마무리했다. 이 순간은 나중에 '딘 비명'으로 알려지게 되었는데, 현장에 있던 기자들이 말한 것처럼 군중의 에너지와 일치하는 열정적인 언어 표현을 의도한 내용이 텔레비전 시청자들과 온라인 시청자들에게는 미쳐버린 한 남자로 해석되었다. 적어도 그의 행동을 보고 여기 대통령이 되기에 부적합한 사람이 있다고 해석한 것이다. 딘의 행동은 (페이스북이나 유튜브가 존재하기 전) 사람들 입에 오르내렸고 토크쇼 진행자, 정치 전문가, 스탠드업 코미디언 사이에서 농담의 대상이 되었다. 이러한 의미 불일치의 결과로 딘은 민주당 예비선거에서 11위가 되었으며, 대선에 출마하지 못했고 이는 정치적 파문으로 이어졌다.

신성화와 마찬가지로 '파문'이라는 용어 역시 종교계에서 유래한 것으로, 기관이 개인이나 집단을 공동체에서 제거하는 배제 관행을 뜻한다. 본질적으로 누군가가 그 집단의 사회적 규범을 어길 때 집단에서 제외하는 행위이다. 이 관습은 기독교 교회에서 유래되었을 수도 있지만, 현대 사회의 집단 안에서 관습적으로 일어나는 일이다. 실례를 보고 싶다면 영화 「퀸카로 살아남는 법」을 찾아보자.

2002년에 발간된 로잘린드 와이즈먼의 자기계발서 『여왕벌인 소녀, 여왕벌이 되고 싶은 소녀』를 원작으로 하며, 영화작가이자 「새러데이 나잇

라이브」와 「30 Rock」의 스타인 티나 페이가 각본을 담당한 「퀸카로 살아
남는 법」에서는, 한 무리의 소녀들이 받아들여지고 사회적 소외, 즉 파문
을 피하려고 열심히 노력하는 시간을 보여준다. 못된 소녀 무리를 이끄는
레지나 조지는 학생들의 부러움을 사고 있으며, 자신과 '어울릴' 가치가
없다고 생각되는 사람을 무자비하게 베어버리는 능력이 있다. 못된 소녀들
은 영화에서 '플라스틱'이라고 언급되는 '그들'과 같은 사람들이 어떻게 옷
을 입고, 행동하고, 이야기하고, 데이트하는지에 따라, 그리고 사회생활의
거의 모든 역학을 결정하는 일련의 불문율과 기타 사회적 사실에 따라 생
활한다. 본질적으로 이 영화는 고등학교 사회 집단의 역학, 학교 내 괴롭
힘, '적절한 사람들'과 어울리고자 하는 내재된 욕망에 관한 이야기다. 성
인의 삶과 거리가 멀어 보일 수도 있지만, 이는 오늘날 우리 부족 연합과
매우 흡사하다. 요즘 우리는 이것을 (친구, 팔로우 등을) 거절당했다고 하거나
블랙 트위터*가 애칭으로 말하는 것처럼 "그들은 더 이상 바비큐에 초대
받지 않습니다"라고 말할 수도 있다. 브랜드, 리더, 기관 등도 마찬가지다.
당신이 하는 행동과 말의 해석된 의미가 회중 사이에서 용인될 수 있다고
간주하는 것과 일치하지 않는다면, 당신은 더 이상 멋진 친구들이 있는 테
이블에 앉을 수 없는 위험에 처하게 될 것이다.

---

* 트위터에서 활동하는 흑인 공동체의 관심 사항에 초점을 맞춘 흑인들로 구성된 인터넷 커뮤니티

미묘한 차이를 놓치다

그럼 이러한 불일치를 어떻게 방지할 수 있을까? 내가 전하는 메시지가 목표한 대상에게 전달되는지 확인하는 데 훨씬 더 큰 어려움이 있기 때문에 이 작업은 상당히 까다롭다. 다른 사람들이 세상을 어떻게 바라보고 의미를 부여하는지 이해해야 하는데, 이것은 매우 미묘하다. 앞에서 말했던 '오케이' 사인이나 "유 스트레이트"라는 문구를 기억하는가? '오케이' 사인과 '백인우월주의' 사인을 구별하는 의미의 미묘한 차이는 포착하기가 어렵다. "유 스트레이트"가 "괜찮아"라는 뜻으로 사용되는지 아니면 "뭐 도와줄까?"라는 뜻으로 쓰이는지의 차이는 전적으로 맥락과 정확성에 달려 있다. 이것은 너무 미묘해서 헷갈리기 쉬운, 다양한 색조를 지닌 흰색 페인트 같다.

수신자가 메시지를 해독할 때 수신자 본인이 의도한 것처럼 해석하도록 송신자가 메시지에 의미를 삽입하기 위해서는 수신자의 마음을 이해하는 놀라운 능력이 요구된다. 이렇게 하려면 송신자가 수신자가 선택할 메시지의 가능한 해석을 알아야 할 뿐만 아니라 수신자가 선택할 수 있는 의미의 다양한 순열도 알아야 한다. 그래야 신호를 보낼 때 그것을 피할 수 있다. 극작가나 시나리오 작가의 원고를 검토해보면 이 연습이 매우 복잡하다는 사실을 분명히 알 수 있을 것이다.

시나리오 작가는 관객들의 의미 형성 렌즈를 통해 해석되는 인물에 대한 이야기를 쓴다. 이 작업을 성공적으로 수행하기 위해 작가는 관객이 영화에서 관찰하는 내용의 의미를 해독하는 데 사용하는 설정(맥락), 대화(언어), 기타 기호학적 단서에 대해 정확한 결정을 내린다. 가장 작은 결점은 누군가 '이해하는' 것과 그 장면이나 영화가 '의미하려고 했던' 것 사이의 차이일 수 있다. 당연히 관객들이 보거나 들은 것을 어떻게 해석할지를 이해하는 것은 사람들에게 감동을 주기 위한 노력의 하나로 복음을 전하는 데 매우 중요하다.

그러나 불행하게도 기업과 리더는 사람들에게 의미를 부여하는 미묘한 뉘앙스를 놓치는 경우가 너무 많다. 그리고 나중에야 이들 기업은 자신의 의도가 사람들의 해석과 맞지 않는다는 사실을 알게 된다. 그 결과 좋지 않은 성과가 나올 수 있다. 정치인들이 "그런 의도로 한 말이 아니었다"라는 이유로 사과문을 발표하는 것을 수도 없이 봐왔다. 이런 실수는 대체로 의미의 미묘한 차이를 놓쳐서 생긴 불일치 때문이기도 하다. 이런 불일치는 피할 수 있지만, 그러려면 사람들이 의미를 만드는 방식을 먼저 이해해야 한다.

2019년 추수감사절에서 연말까지 피트니스 및 미디어 회사인 펠로톤은 고가의 고정식 자전거 광고를 선보였다. '되돌려주는 선물'이라는 제목의 이 32초 광고에는 남편으로 보이는 남자로부터 펠로톤 자전거를 받은 한 여자가 등장한다. 이 여성은 2,000달러나 되는 깜짝 선물을 받고 기분이 좋아 보인다. 누가 그녀를 비난할 수 있겠는가? 이야기가 진행되면서 그녀는 펠로톤 자전거를 타는 모습을 휴대전화로 촬영해 동영상으로 기록하기 시작한다. 그녀는 자전거에 앉아 카메라를 똑바로 바라보며 이렇게 말한다. "자, 첫 번째 라이딩이야. 조금 긴장되긴 하지만 신나. 해보자." 또 다른 영상에서 퇴근 후 집에 돌아온 듯한 일상 근무복 차림의 그 여성은 현관문을 박차고 들어와 카메라를 향해 "5일 연속으로 타고 있어. 놀랐지?"

라고 말한다. 누구한테 말하고 있는 건지 확실하지 않지만, 이런 짤막한 장면들이 진행 상황을 알리기 위한 것임은 분명하다. 새벽 6시에 일어나 신나게 자전거를 타는 영상도 있다. 또 다른 영상에서 그녀는 의기양양한 모습으로 "이렇게 탈 만한 가치가 있어"라고 말한다. 시간이 조금 흐른 후, 한 강사가 그녀를 크게 부르는 소리를 듣고 우리는 그녀의 이름이 그레이스며 보스턴 출신이라는 사실을 알게 된다.

그리고 이 광고는 그레이스가 찍은 짧은 동영상이 실제로 그녀가 만든 '고마워'라는 영상의 작은 클립들이었다는 것을 보여준다. 이 사실은 그레이스와 그녀의 파트너가 펠로톤 자전거를 타는 그레이스의 경험을 1년 동안 기록한 비디오를 함께 시청하면서 밝혀진다. 그레이스는 카메라를 향해 이렇게 말한다. "펠로톤으로 인해 이렇게까지 내가 변할 줄 몰랐어. 고마워." 그제야 우리는 그레이스가 찍은 영상을 시청하는 대상이 그녀의 남편이라는 사실을 알게 된다. "이번 연말에는 펠로톤을 선물하세요"라는 목소리로 이 광고는 마무리된다.

표면적으로 그 광고는 아무 문제가 없어 보였다. 그러나 그렇게 의미를 해석하는 사람들이 많지 않았고, 그 결과 인터넷, 뉴스, 다른 문화 제작자의 논평을 통해 일반 대중들이 엄청나게 반발했다. 대중들은 이 광고에서 나오는 남자를 이미 몸매가 좋은 아내에게 더 좋은 몸매를 갖춰야 한다고 말하는 사람으로 인식했다. 한 트위터 사용자는 "이미 날씬한 인생 파트너에게 펠로톤을 선물하는 것은 '당신 살 좀 더 빼야 할 거 같은데'라고 말하는 것과 같다"라고 썼다. 이 광고는 명확한 의미 불일치를 보여주는 사례이다. 나는 펠로톤 직원들과 몇 가지 프로젝트를 함께했었는데, 내가 함께 일할 수 있는 특권을 누린 사람들은 모두 좋은 의도를 가진 좋은 사람들이었다고 분명히 말할 수 있다. 불행히도 이 펠로톤 광고의 경우에 의미 불일치는 의도와는 아무런 관련이 없고, 의미의 미묘한 차이와 관련이 있다. 그리고 많은 사람의 마음속에 그 광고는 성차별적이고 외모 수치심을 주는 것으로 여겨졌다.

펠로톤의 광고는 문화 시대정신의 담론이 가부장제, 여성의 대상화, 임금 격차 및 수십 년 동안(수 세기까지는 아니더라도) 여성을 소외시켜온 여러 사회 제도를 둘러싼 관습에 도전하고 있던 시기에 방송되었다. 이러한 관습에 대한 고발이 야간 뉴스와 인터넷상 거의 모든 곳에서 일어나고 있었으며 마땅히 그래야 했다. 이제 미국에서 이러한 문화적 규범이 재평가되어야 할 시점이었다. 직장 내 여성들이 겪는 성희롱과 괴롭힘에 맞서 싸운 '미투' 운동이 본격적으로 시작된 지 불과 1년 남짓한 시기였다. 그리고 바로 이런 문화적 배경이 펠로톤 광고를 보고 나서 해석하는 틀을 만들어냈다. 펠로톤으로서는 아주 억울할 것이다.

언론 매체에 따르면 해당 광고를 둘러싼 반발로 펠로톤 주가는 9% 하락했다. 회사는 다음과 같은 성명을 발표했다. "우리가 만든 휴가 광고는 건강과 웰니스 여정을 기념하기 위해 만들어졌습니다… 우리는 일부 사람들이 이 광고를 잘못 해석한 것에 실망했습니다." 그러나 사실 이것은 관객이 의미를 잘못 읽었거나 이해하지 못하는 '오역'의 문제가 아니었다. 오히려 광고가 어떻게 번역되고 이후에 의미가 어떻게 만들어지는지 회사가 이해하지 못해서 생긴 문제였다. '그 틀을 읽고' 의미가 만들어지는 방식과 일치하도록 의미를 알리는 것은 광고를 전달하는 사람의 책임이다.

이 이야기를 읽고 "맞아, 하지만 펠로톤이 의도한 것과 다르게 광고를 본 사람들이 목표한 시청자가 아니었을 수도 있어"라고 혼잣말할 가능성이 있는 마케팅 업무 담당자를 위해 부차적으로 설명하겠다. 이것은 정당한 논쟁으로, 이에 대해 또 다른 트위터 사용자의 말을 인용하겠다. "저는 남편에게 크리스마스 선물로 펠로톤을 선물받고 너무 좋았던 이상한 사람 중 하나입니다. 저는 이 광고가 마음이 아파서 너무 싫어요. 그 점을 분명히 하고 싶었어요. 저는 정확히 광고의 목표 고객이고 이것이 「블랙 미러」(넷플릭스의 SF 시리즈) 에피소드의 시작이라는 점에 동의합니다." 유감스럽게도 웹 전반에 이와 유사한 댓글이 '목표 시청자' 주장을 강하게 반박한다.

대중의 항의로 인한 펠로톤의 재앙이 또 다른 마케팅 담당자의 관심을 끌었으며, 그는 이를 자기 제품을 홍보하는 기회로 활용한 점도 주목해야 한다. 그 마케팅 담당자는 세계적인 A급 배우이자 사업가인 라이언 레이놀즈다. 레이놀즈는 소셜 웹의 역동성을 이용한 파괴적인 마케팅 전략으로 명성을 얻었고 그가 주연을 맡은 마블 영화 「데드풀」의 프랜차이즈를 성공으로 이끌었다.[*] 사람들이 광고에서 본 내용에 의미를 부여하는 데 사용한 많은 밈(지난 장에서 논의한 것처럼 재맥락화를 통해) 중에서, 자기 몸이지만 통제할 수 없는 상태로 갇혀 있다는 조던 필의 공포 영화 「겟 아웃」에서 차용한 밈이 가장 인기가 많았다. 사람들은 자전거 위에서 절망하는 '보스턴의 그레이스' 모습을 필의 영화에 등장하는 몸을 '빼앗긴' 인물 중 한 사람의 모습과 비교했다. 이것이 바로 레이놀즈가 그 순간을 이용하는 데 필요

---

[*] 레이놀즈는 당시 '데드풀' 마케팅 담당자와 함께 광고 영상을 만들어 적극적으로 영화를 홍보했다.

했던 것이었다.

펠로톤 광고에 출연했던 원래 여배우(맞다, 보스턴에 사는 그레이스)를 고용한 레이놀즈는 그녀를 두 명의 '친구'와 함께 바에 앉혔다. 그레이스의 친구들이 위로의 말을 찾으려고 노력하는 동안 카메라는 그레이스만 비추고 있다. 세 명 앞에 술잔이 한 개씩 놓여 있고 그레이스는 침묵을 깨며 "이 진정말 부드럽다"라고 말한다. 그녀의 친구들은 동의하면서 그녀에게 "여기는 안전해"라고 안심시킨다. 그런 다음 세 여성은 잔을 들고 '새로운 시작'을 위해 건배한다. 두 친구가 한 모금을 마실 때 그레이스는 한 잔을 쭉 들이켜고, 친구들이 이를 걱정스러운 표정으로 바라본다. 그다음에 광고 화면은 지금 이 순간의 혜택을 누리고 있는 브랜드 제품인 레이놀즈의 에비에이션 진으로 전환된다. 그리고 광고의 마지막 직전에 친구 중 한 명이 그레이스에게 "그나저나 너 지금 보기 좋아*"라고 말하면서 레이놀즈가 농담을 하고 있다는 것을 암시한다. 레이놀즈는 원래 광고가 갖는 의미를 이해했고, 그의 '광고'는 단순한 광고가 아닌 문화적 담론에 대한 기여가 되었다. 여기에 대해서 더 자세히 설명하고 다음 장에서는 그 방법에 대해 자세히 다루겠다.

이 펠로톤 이야기에서 불운한 점은 많은 경우 대부분은 피할 수 있었다는 사실이다. 대본을 조금만 수정했다면 세상이 완전히 달라졌을 수도 있다. 그레이스의 남편이 "여보, 당신이 갖고 싶어 했던 펠로톤을 준비했

---

* 광고 대상인 에비에이션 진이 좋아 보인다는 의미도 있고, 주인공 여성의 모습 그대로가 좋다는 말이기도 하지만, "지금 모습이 보기 좋아"라고 말함으로써 펠로톤 광고를 의도적으로 저격한 것으로 해석할 수도 있다.

어"라거나 "당신이 사달라고 했던 선물 여기 있어"와 같은 말을 했다면 광고에 대한 해석은 아마도 달라졌을 것이다. 대본을 이렇게 약간만 조정해도 그레이스가 선택한 선물인 것을 알았을 텐데, 그렇게 하지 않았기 때문에 사람들은 이 광고가 여성을 더 광범위하게 소외시키는 사회 체계에 기여한다고 해석했다. 아주 미미한 변화지만 의미에 미치는 영향은 상당하다. 그리고 사람들이 행동을 취하게끔 하려는 이들이 이런 미묘한 색상 차이를 깨닫는다면 세상을 완전히 변화시킬 수 있다.

그렇긴 하지만 의미의 미묘한 차이를 이해하는 게 어렵다는 점에는 의심의 여지가 없다. 의미 일치를 성공적으로 달성하는 메시지를 실제로 만드는 것, 다시 말해 복음을 전하는 것보다 의미 불일치가 발생했을 때 '결과론자'가 되어 경기를 비판하는 게 훨씬 쉽다. 사람들이 무대에 올라 아이디어를 공유하거나, 음악을 세상에 선보이거나, 영화를 개봉하거나, 심지어 자신이 의도한 의미가 사람들이 해석하는 것과 다를 수 있다는 점을 알면서 트윗을 보내는 것에는 많은 용기가 필요하다. 더군다나 해석된 의미는 파문으로 이어질 수 있으며 이는 사회적 동물인 우리 모두가 두려워하는 일이다. 브랜드나 조직에 미칠 수 있는 경제적 결과와 홍보상 결과는 말할 것도 없다.

내가 본 최고의 광고 캠페인 중 일부를 돌이켜보면 스프라이트의 "갈증에 복종하라(Obey Your Thirst)"가 높은 순위를 차지한다. 이 캠페인에 대해 잘 모른다면 힙합이 미국에서 가장 많이 소비되는 음악 장르임은 고사하고 합법적인 예술 형식으로 대중들에게 받아들여지기 훨씬 전인 1990년대로 돌아가보자. 당시 미국 청소년들에게 인기를 끌었던 주류 텔레비전의 지배적인 문화상품은 10대 청소년들을 대표하는 전형적인 원형을 갖고 있었다. '운동선수', '동경의 대상', '특이한 사람', '예쁜 소녀', 예쁜 소녀와 가장 친한 친구, '흑인'이라는 상징도 있었다. 만약 출연진에 흑인이 있었다면 말이다. 기본적으로 10대들은 「베이사이드 얄개들」의 스냅사진으로 묘사되었다. 그러나 코카콜라 회사에 소속된 레몬 라임 맛 탄산음료 브랜드인 스프라이트는, 대표성을 띠지 않거나 본질적으로 무시당했던 미국 10대들의 환심을 사기 위해 다른 길을 선택했다.

틈새 브랜드인 스프라이트는 힙합 분야에서 잠재 고객을 찾았다. 이전 캠페인에서 스프라이트는 쿠티스 블로우, 헤비 디, 키든 플레이 같은 유명한 힙합 아티스트를 선보였지만, 브랜드는 이 문화를 대표하지는 못했다. 색상은 밝았고 음악은 듣기 좋게 울렸으며 모두가 너무 행복해 보였다. 이것은 힙합 부족이 옷을 입고, 말하고, 행동하는 방식을 반영하지 못했다. 스프라이트의 브랜드 관리자 대릴 코빈이 문화의 뉘앙스에 집중하기 시작하면서 모든 게 바뀌었다. 코빈은 "나는 광고에서 힙합이라는 측면의 실제 진정성을 알리고 싶었다. 우리는 음악과 문화에 존경을 표하고 싶었다. 중요한 것은 이미지로서뿐만 아니라 소통 방법으로서 힙합 문화의 가치이다"라고 말했다. 코빈이 진두지휘하면서 스프라이트는 그 자체로 인기가 많지는 않지만, 다른 브랜드들이 할 수 없었던 방식으로 힙합 부족들 사이에서 브랜드를 인정받는 일종의 문화적 자본을 보유한 힙합 아티스트들을 영입했다.

이 힙합 아티스트 중에는 피트 록, 씨엘 스무스, 그랜드 푸바, 라지 프로페서 등이 있었는데 이들은 문화에 깊은 관심을 가진 사람들만이 진정으로 그 의미를 이해할 수 있는 이름이다. 이 광고는 기존의 스프라이트 광고에서는 볼 수 없었던 근성을 보여주기 위해 흑백으로 촬영했다. 제일 먼저 눈에 띄는 부분은 "스튜디오에서 또 다른 세션이 끝난 후…"라는 문구로 당신이 경험하게 될 것에 대한 맥락을 제공한다. 바로 그때, 힙합 음악에서 사용되는 소울 샘플을 연상시키는 드럼 비트가 반복된다. 카메라가 좌우로 회전하자 피트 록과 씨엘 스무스가 믹싱 보드에 앉아 비트에 맞춰 프리스타일로 랩을 하고 있고, 스프라이트 캔은 마치 거기에 속한 것처럼 콘솔 위에 놓여 있다. 내 예전 동료 중 한 명인 아비가일 웨인트럽은 "그 순간이 너무 자연스럽게 느껴졌기 때문에 스프라이트 캔이 투박해 보일 수도 있다"라고 말한 적이 있다. 또 다른 영상에서는 라지 프로페서와 그랜드 푸바가 사이퍼 비트(동료들과 구경꾼들 사이에서 그들의 랩 실력을 보여주는 자유형 즉흥 연주 세션)에 맞춰 랩을 하는 모습이 나온다. 광고가 끝나갈 무렵, 푸바는 "먼저 갈증에 복종하라. 스프라이트, 알겠지?"라고 말한다. 그리고 이렇게 "갈증에 복종하라"가 탄생했다.

이 캠페인이 방송되었을 때 마치 광고가 나에게 직접 말하는 것 같은 느낌을 받았다. 이런 느낌이 처음이라 그 광고가 매우 생생하게 기억난다. 스프라이트는 과제를 완벽하게 이해했다. 아티스트 캐스팅부터 음악, 설정, 언어, 유물까지 모든 게 완벽했다. '갈증에 복종하라'는 단순한 슬로건이 아니라 힙합 공동체의 정신을 대표하는 문화적 언어였다. 갈증(갈망)에 복종한다는 건 역경 속에서도 자신이 관심을 두고 있는 것을 추구한다는 것을 의미했다. 당신이 원하는 게 무엇이든, 갈증이 무엇이든, 가서 그걸 가져와라.

이 복음은 힙합 문화의 이념과 직결되어 스프라이트 브랜드를 새로운 경지로 끌어올렸다. '갈증에 복종하라'가 본격적으로 시작될 무렵에 스프라이트는 레몬 라임 카테고리의 선두 주자인 세븐업을 제치고 틈새 카테고리에서 완전히 벗어났고 1996년에는 매출이 10억 달러가 넘는 주류 브랜드가 되었다. 스프라이트 캠페인에는 나스, 케이알에스 원, 트라이브 콜드 퀘스트, 커먼 같은 아티스트와 코비 브라이언트, 그랜트 힐, 앤퍼니 하더웨이 같은 운동선수가 출연했다. 나중에는 믹스테이프, NBA 슬램덩크 대회 후원, 어린 10대들이 마케팅을 원하지 않는다는 점을 인식한 전통 광고의 패러디가 포함되었다. '갈증에 복종하라'는 10년에 걸쳐 여러 번 반복되었지만, 어느 시점에선가 스프라이트는 길을 잃었다. 그래서 2013년 스프라이트는 다시 그 길로 돌아갈 수 있도록 도와달라고 내가 일하던 대행사로 연락을 했다.

브리핑은 매우 간단했다. 스프라이트가 '갈증에 복종하라'는 정신을 다시 도입해서 요즘 젊은이들 사이에서 문화 아이콘으로서의 위치를 되찾도록 도와달라는 내용이었다. 마치 꿈이 이루어진 것 같았다. 나는 어렸을 때부터 이 캠페인을 좋아했고, 이번이 캠페인의 부활을 도울 기회였다. 우리 팀은 스프라이트의 브랜드 관리자와 협력해서 '오직 갈증 나는 사람들을 위해'라는 캠페인을 기획했다. 이 아이디어는 '갈증에 복종하라'를, 사람들에게 자신의 열망을 따르라고 말하는 선언에서 "꿈을 좇는다면 당신은 우리 중 하나다"라고 말하는 초대장으로 발전시키는 것이었다. 어디서나 통할 수 있는 아이디어였다. 유일한 걸림돌은 원래 캠페인 이후 문화적 지형이 바뀌었다는 점과 '갈증(thirst)'이라는 단어가 완전히 다른 의미와 함축성을 갖게 되었다는 점이었다. 1990년대와 2000년대 초반 힙합 문화에서 '갈증'은 욕망이나 꿈을 의미했을지 모르지만, 2013년에 당시 '갈증'은 "왜 그렇게 절박해? 가서 다른 사람 만나"의 경우와 같이 끌리는 상대에 대한 간절함을 의미하기도 했다. 갈증은 이제 야망이 아니라 당신이 한심하다는 것을 의미했다.

슬픈 점은 대행사에 있는 우리가 모두 그 사실을 알고 있었지만, 새 캠페인을 작업할 때 방정식에 이를 고려하지 않았다는 것이다. 바로 직전인 2012년 여름 라디오와 대중문화에서 가장 인기를 끌었던 노래는 카니예 웨스트의 〈머시〉였는데, 이 노래는 후렴구에서 이런 어휘 변화를 강조했다. "람보르기니 머시, 네 여자친구가 날 원해(She so thirsty), 난 네 여자친구와 2인승 람보르기니에 타고 있어, 그녀가 나를 휙 잡아당기려고 해." '갈증'이라는 단어의 의미 변화는 분명했다. 변명의 여지가 없었다. 우리는 그저 충분히 주의를 기울이지 않았을 뿐이다.

그럼에도 불구하고 우리는 농구계의 슈퍼스타인 르브론 제임스와 '갈증'에 복종하며 두려움 없이 자신을 표현하는 수많은 비연예인이 등장하는 새로운 광고를 공개했다. 이 광고는 "스프라이트, 오직 갈망하는 사람들을 위해(Only for the thirsty)"라는 내레이션이 카피와 함께 나가면서 끝났다. 그리고 인터넷은 신이 나서 떠들어댔다. "난잡한 얘들아, 그 이야기 들었어? 감히 한마디 하자면 스프라이트가 너희 절박함에 대해 다뤘어"라는 트윗이 올라왔고 "절박한 사람을 위한 스프라이트. 너희 매춘부들은 모두 마셔야 해"라는 트윗도 있었다. 그나마 이 정도는 양호한 피드백이었다.

당황스러운 일이었고 고객사는 광고가 나온 지 24시간 만에 광고를 내렸다. 우리가 실제로 목표를 놓친 이유는 광고 자체가 나빴기 때문이 아니라 우리가 의도한 의미와 광고가 해석된 방식이 일치하지 않았기 때문이다. 사람들이 '절박한 매춘부' 또는 한심하고 절박한 사람으로 여겨지고 싶지 않았기 때문에 (적어도 공개적으로) 스프라이트를 마시는 것은 그들이 해서는 '안 되는' 일이었다.

샘샘이다

지금까지 우리는 문화가 사람들이 집단행동을 하도록 촉진하는 중력을 가지고 있는 이유와 문화에 대한 새로운 이해를 바탕으로 사람들이 구매하고, 투표하고, 재활용하고, 기부하도록 문화의 영향력을 활용할 수 있는 방법에 대해 살펴보았다. 그러나 지금까지 우리는 문화의 영향력을 사실상 문화를 활용하는 능력에 가치를 부여하는 것과는 반대되는 부분으로 살펴보았다. 우리는 문화의 힘을 휘두르는 것과 관련한 '좋은 것'과 '나쁜 것'에 대해 아직 논의하지 않았다. 이를 무시하는 건 무책임한 행동이며, 누군가를 총으로 무장시키지만, 총을 사용하는 데 필요한 적절한 안전 예방 조치를 알려주지 않는 것과 같다. 여성의 권리를 지지하도록 사람들에게 영향을 미칠 수 있는 문화를, 동일하게 사용해서 사람들이 낙태 금지를 지지하도록 영향을 미칠 수 있다. 한마디로 샘샘(same, same)이다.

내 딸 조지아가 어린이집에 다닐 때 배운 말이 있는데 그 말을 들으면 나는 늘 재밌었다. 바로 "샘샘"이라는 말이었다. 어린이집 선생님들이 언제 상황이 비슷한지를 알게 해주려고 조지아에게 이 말을 알려주었다. 예를 들어 아내가 파란색 셔츠를 입고 있고 나도 파란색 셔츠를 입고 있으면 조지아는 우리 둘을 가리키며 "샘샘"이라고 말했다. 물론 우리 셔츠가 똑같지는 않았지만, 연관이 있었다. 더 정확하게 말하자면 같았지만 달랐다. 흥미롭게도 이 말은 동남아시아, 특히 캄보디아, 베트남, 싱가포르, 태국 사람들에게 그 뿌리를 두고 있다. 이 문구의 정확한 유래는 알려지지 않았지만, 일부 사람들은 태국인들이 영어를 배우는 방식에서 탄생한 관용어 혹은 '팅글리시*'에서 탄생한 관용구라는 이론을 세웠다. 어느 쪽이든 "같고, 같지만, 다르다(Same, same, but different)"는 태국에서 문화적 언어가 되어 티셔츠나 마케팅 슬로건에서 볼 수 있을 정도로 인기를 끌었다. 이것은 최고의 문화적 산물이다.

문화의 힘, 그리고 사람들이 은퇴 이후를 위해 저축하거나 자선단체에 기부하는 것처럼 '좋은' 일을 하도록 촉진하는 문화의 능력에 대해 생각할 때, 같은 전략과 전술이 과소비를 하거나 범죄를 저지르는 것 같은 '나쁜' 일을 하도록 부추기는 데도 사용될 수 있다는 점을 명심해야 한다. 상황과 관계없이 사람들이 움직이도록 영향을 미치는 동일한 근본적인 문화의 물리학이 작용한다. 따라서 유사한 전술과 전략이 서로 다른 평가 결과를 촉진할 수 있다. 이게 "샘샘"이다. 예를 들어 스토리텔링을 생각해보자. 마케팅 담당자, 리더, 성직자, 정치인은 복음을 전하고 목표 대상과 연결하기 위해 이야기의 힘을 자주 활용한다. 전략적 전술로서의 스토리텔링은 그 자체로는 좋지도 나쁘지도 않다. 그러나 그것은 다른 맥락에서 사용될 수

---

* 'Thailand'와 'English'의 합성어

있다.

고등학교 3학년 때 사회 선생님이었던 알렌 셸턴 선생님은 스토리텔링의 힘을 사용해서 제2차 세계대전 이후 미국 전역에 반향을 일으킨 반유대주의로 인해 유대계 미국인들이 직면했던 어려움을 설명해주셨다. 당시 대부분의 반 친구들처럼 나도 홀로코스트의 잔혹함에 대해서 알고는 있었지만, 홀로코스트가 지속해서 미치는 영향에 대해서는 잘 알지 못했다. 알렌 셸턴 선생님은 우리가 이러한 현실을 인식할 뿐만 아니라 문화적 틀을 통해 그 의미를 이해할 수 있게 영화 한 편을 보여주셨다. 선생님과 친구들의 멸시를 피하려고 자신이 유대인이라는 사실을 숨겨야만 했던 사립학교 학생에 관한 이야기를 담은 「스쿨 타이」라는 영화였다.

그 영화는 내 눈을 뜨게 해주었다. 영화를 보면서 주인공의 고군분투를 미국 흑인들의 분투에 비유했고, 어떤 측면에서는 이야기 속에서 나 자신을 볼 수 있었기 때문에 주인공과 연결되는 느낌을 받았다. 이 영화는 내게 강렬한 영향을 미쳤고, 그 효과는 오래 지속되었다. 나는 종종 나와 다르거나 혹은 유사한 곳에서 온 사람들의 경험을 이해할 수 있도록 도와준 그 영화 그리고 그 영화와 비슷한 것들에 감사한 마음이 든다. 반면에 이야기는 사람들을 훨씬 더 불리한 관점으로 보는 데 사용될 수도 있다. 백인우월주의 혐오 집단인 쿠 클럭스 클랜(이하 KKK)을 예로 살펴보자.

널리 알려진 바와 같이 KKK단은 1860년대 시작된 이래로 미국의 유색인종, 특히 흑인을 위협하고 살해해왔다. 이 단체는 백인은 신성하며, 미국 사회는 백인 개신교 국가 정체성에 맞지 않는 것이라면 무엇이든, 누구든 정화해야 한다고 믿는다. KKK는 1950년대에 본격적으로 자리를 잡기까지 몇 번의 우여곡절을 겪었다. 첫 번째 우여곡절은 남부 주 전역에 걸쳐 여러 구획으로 분절화되어 있어서 같은 이념을 공유하고 있음에도 각각의 독특한 유물(다양한 색의 가운)과 행동(흑인을 대상으로 한 다양한 형태의 표적 폭력)을 가지고 있었다. 그러나 1915년 흑인을 통제해야 할 야만적인 짐승으로 터무니없이 묘사한 데이비드 그리피스 감독의 무성 영화 「국가의 탄생」 덕분에 KKK는 존재를 신화화하는 데 도움이 되는 이야기를 얻을 수 있었다. 그리피스의 영화는 KKK의 복음을 전하는 데 도움이 되는 완벽한 수단이었다. 이는 근본적으로 잘못된 것이었지만, 실제로는 테러리스트 단체를 위한 군대를 결집해 새로운 신병의 유입으로 이어졌다. 복음을 전한다는 건 바로 이런 거다. 복음은 우리 감정을 조절하는 뇌의 한 부분인 변연계를 공명해서 사람들의 감정(이 경우에는 두려움과 자부심)을 불러일으켜 사람들이 세상을 비슷하게 보며 행동을 취하게 만든다.

「국가의 탄생」이나 그 문제와 관련된 영화를 보는 것은 수동적인 행동이 아니다. 미국 문화평론가 비비안 숍책의 주장처럼 영화는 항상 그것을 보고 참여하는 인간과 통합해 살아간다. 영화를 보는 것은 주체-객체 관계가 협력적이고, 공동구성적이며, 역동적 의미와 은유의 구조 안에서 이루어진다. 불행하게도 KKK(그리고 이 나라에서 흑인들이 수 세기 동안 겪어온 공포)에 유리하게 많은 백인 미국인은 백인 인종이 우월한 인종이라는 유사한 믿음을 공유했고, 「국가의 탄생」은 그 세계관에 걸맞은 완벽한 이념적 이야기를 제공했다.

완벽히 무기화된 이야기를 손에 넣은 KKK는 십자가 불태우기 같은 의식을 만들고 'K'로 시작하는 단어를 자신들의 언어에 도입해 새로운 언어를 만들었다. 알다시피 이 단체는 부족의 일부가 된다는 게 무엇을 의미하는지를 지배하는 사회적 사실을 지닌 회중 역할을 하기 시작했다. 1920년쯤 KKK는 전국적으로 400만 명 이상의 단원을 가진 단체로 성장했으며 1960년대까지 흑인, 유대인 및 기타 미국인들의 삶을 지옥으로 만들었다.

복음 전파를 돕기 위해 우리가 하는 이야기는 우리 자신과 서로에게 들려주는 이야기이며, 그 이야기가 좋든 나쁘든 세상을 번역하고 해석하는 의미 프레임을 형성한다. 이야기는 문화에 중요하다. 우리는 우리와 비슷한 사람들이 해야 할 일을 전달하고, 선전하고, 사회화하기 위해 이야기를 활용한다. 그리고 수년 동안 우리가 들었던 이야기에 따라, 그리고 그에 반대해 영향을 받아왔다.

우리는 스토리텔링을 통해 세상(신념)과, 우리가 누구인지(정체성), 세상에 어떻게 적응하는지(이념)를 배운다. 이야기는 우리가 도덕(전통)을 가르치고 아이들이 사회에서 올바른 시민이 될 수 있도록 설명하는 방법이다. 어린 시절 나는 다니엘과 사자굴, 이스라엘 사람들의 이집트 탈출 같은 이야기를 통해 내 종교에 대해 배울 수 있었다. 이런 이야기들은 쉽게 받아들일 수 있고, 쉽게 떠올릴 수 있어서 자주 공유되었다. 이야기는 문화적 가치를 사회화하고 공동체의 결속력을 키우는 데 도움이 되는 놀라운 수단이기 때문에 예수가 비유로 말씀을 전한 건 놀라운 일이 아니다.

스토리텔링은 인류의 오랜 관습이다. 그게 바로 우리가 하는 일이다. 과학이 존재하기 훨씬 오래전부터 이야기가 있었고, 이야기는 우리가 증거를 포착하고 사회화하는 방식이었다. 오늘날까지 증인이나 피해자의 선서 증언은 법원에서 특정 상황에서 어떤 일이 일어났을지에 대한 의미를 종합하는 '증거'로 사용된다. 마찬가지로 이야기는 공동체에서 의미를 만들고 주변 세계와 그 안에서 함께 사는 사람들을 이해하는 데 사용된다. 커뮤니케이션 문헌에서는 이것을 공공 교육이라고 하는데, 미디어 소비로 수집하는 이야기를 통해 우리 자신이 아닌 사람들에 대해 배우는 방식이다. 당신이 사우디아라비아에 가본 적이 없다면, 사우디아라비아에 사는 게 어떨지에 대한 의미 프레임을 가지고 있을 것이다. 당신이 브라질에 가본 적이 없다면, 브라질에서 사는 건 어떨지 머릿속으로 그려볼 수 있을 것이다. 그런 의미 프레임은 어디서 비롯된 걸까? 어떻게 머릿속에서 그 그림을 발전시켰을까? 당신이 본 영화, 시청한 TV쇼, 읽은 이야기나 들은 이야기를 통해서다. 언론과 기사는 우리를 완전히 사로잡는다.

자, 지금부터가 흥미롭다. 우리는 어떤 이야기를 더 많이 들을수록 그 이야기가 사실이라고 믿게 된다. 즉, 이야기가 반복되면 우리는 그걸 현실이라고 받아들이게 된다. 이게 바로 가짜 뉴스가 사회의식을 그토록 무거운 중력으로 끌어당기는 이유다. 사람들은 무언가를 반복해서 들으면 너무 많은 사람이 말했기 때문에 그것이 사실임이 틀림없다고 생각한다. "사람들에게 거짓을 믿게 하는 꽤 확실한 방법은 자주 반복하는 것이다. 친숙함은 진실과 쉽게 구분되지 않기 때문이다. 권위주의적 기관과 면밀한 관찰자는 항상 이 사실을 알고 있었다"라고 노벨경제학상을 수상한 심리학자 대니얼 카너먼이 말했듯이 말이다.

이야기의 반복은 우리가 진실이라고 생각하는 것을 굳건하게 믿게 할 뿐만 아니라 우리의 선호도에도 영향을 미친다. 들을수록 친근함을 느끼기 때문에 더 좋아하게 된다. 그것은 쉽고 우리가 이미 알고 있는 것을 다시 확인해준다. 심리학에서는 이 과정을 단순 노출 효과라고 부른다. 이는 사람들이 반복적으로 노출되는 것을 선호하는 경향을 지칭하는 말이다. 즉 본질적인 가치 때문이 아니라 단순히 그게 익숙해서 선호한다는 것이다. 나는 MBA 과정을 시작하는 학생들과 대화할 때 늘 이것을 언급한다. 학생들이 처음 캠퍼스에 오면, 일부 여학생들은 MBA 과정에 귀엽고 데이트할 만한 남자가 없다고 실망하는 경향이 있다. 하지만 학기가 시작하고 같은 반 남학생들을 계속해서 보다 보면 분위기가 약간 바뀌면서 '음, 걔 좀 귀여운 거 같아'라고 생각하기 시작한다. 얼마 지나지 않아 그 감정은 '쟤 진짜 귀여워'로 바뀌고 그 남자와 데이트를 한다.

그러나 그녀가 남자친구를 자기 친구들에게 소개해주기 위해 집에 데려가면 그녀의 친구들은 그 남자가 귀엽다고 생각하지 않는다. 그들은 그를 자주 보지 못했고, 따라서 단순 노출 효과를 경험하지 못했기 때문에 그에게 매력을 느끼지 못한다. 라디오에서 처음 들었을 때 끔찍하다고 생각했던 노래를 좋아하게 되는 이유도 마찬가지다. 라디오 방송국에서 하루에 5,000번씩 그 노래를 틀어주면, 머지않아 자신도 모르게 하루 종일 그 멜로디를 흥얼거리는 것을 발견하게 되며 나중에는 즉흥적으로 변주까지 하게 된다. 좋아서라기보다는 계속해서 들었기 때문이다. 이것이 미디어가 작동하는 방식이다. 미디어는 우리를 교묘하게 지배한다. 우리가 반복해서 듣는 이야기는 우리가 믿는 경향이 있는 이야기이다. 우리가 이런 이야기를 더 많이 들을수록 우리는 그 이야기를 더 선호하게 되고 이것이 궁극적으로 그 이야기가 정당성을 얻는 방법이다.

야스민 그린은 구글의 모기업인 알파벳에서 기술을 통한 글로벌 보안

과제 해결에 주력하는 직소의 CEO다. 야스민은 2018년 TED 강연에서, 이 란에서 자란 경험과 극악무도한 테러 행위와 대량 학살을 저지르는 것으 로 알려진 ISIS(이라크 레반트 이슬람 국가) 같은 폭력적인 극단주의 집단에 관한 자신의 연구에 대해 자세히 말했다.

ISIS는 극단적인 보수 이슬람 조직으로 서방세계에 대해 폭력적인 이념 을 갖고 있으며, 자신들의 대의명분을 위해 무장한 민병대와 유사한 세력 을 훈련하고 있다. ISIS는 특히 서방세계에 사는 미국 같은 국가들의 시각 에서 급진적으로 보일 수 있지만, 이 조직은 서양인들을 성공적으로 모집 해 자신의 대원으로 탈바꿈시켜 대열에 합류하게 만들고 다른 서양인들 과 전쟁을 벌이고 있었다. 온라인에서 ISIS에 의해 '급진화'되고 시리아의 새로운 부족에 합류하기 위해 집을 떠나는 사람들에 관한 헤드라인이 점 점 더 많아졌다. 이 문제는 미국과 서유럽 전역에서 국가안보 문제가 될 정 도로 널리 퍼졌다.

야스민의 연구와 후속 강연을 통해 어떻게 이런 일이 그렇게 수많은 사 람에게 일어날 수 있는지 자세히 살펴볼 수 있다. 급진화된 서구 시민들과 많은 대화를 하면서 야스민은 ISIS의 신념을 신격화하고 많은 사람을 개종 하는 데 도움을 준 것이 바로 ISIS의 스토리텔링이라는 사실을 발견했다. 야스민이 주장한 것처럼 ISIS가 사람들의 마음과 정신을 사로잡을 수 있었 던 건 높은 기술력 때문이 아니었다. "그들이 바꾸려고 하는 사람들의 편 견, 취약성, 욕구에 대한 통찰력이 있었기 때문이다." ISIS는 정의와 영웅주 의에 대한 명확한 이념을 가지고 있었고, 그것이 바로 ISIS가 영어, 아랍어, 독일어, 러시아어, 프랑스어, 튀르키예어, 쿠르드어, 히브리어, 중국어로 전

하는 이야기다. 청각 장애가 있거나 난청이 있는 사람들을 위해 수어로도
마케팅 자료를 만든다.

급진화는 '예/아니오'의 선택이 아니다. 이념적 포용으로부터 시작되는
인지 과정이다. 뭔가를 듣고 '그 사람 말이 일리가 있어'라고 생각할 때 느
끼는 감정이다. 아니면 어떤 내용을 읽고 "아, 진짜 그렇구나"라고 말할 수
도 있다. 세상이 무엇인지 또는 무엇을 하는지가 아니라 당신 자신이 누구
인지, 어떻게 세상을 보는지에 관심을 두기 때문에 당신의 마음을 편하게
해준다.

ISIS가 사람들에 대해 분명히 알고 있는 것은 우리가 이 책에서 논의해
온 것과 정확하게 같다. 사람들을 행동하게 만드는 건 인구 통계나 주요 판
매 제안이 아니라 우리의 문화적 소속을 고정시키는 신념과 이념이다. 그
러니 사람들을 움직이게 하고 싶다면, 조금이라도 당신과 비슷한 방식으
로 세상을 보는 사람들을 찾는 것부터 시작하라. 아주 조금밖에 없을지라
도 말이다. 그리고 복음을 전하라. ISIS에서 작동해온 방식은 브랜드, 군대,
정치적 제휴에서 작동하는 방식과 동일하다. 미국의 철학자 찰스 샌더스
퍼스는 이렇게 말했다. "신념은 우리가 행동에 나서도록 하는 기능을 가지
고 있다." 샘샘이다.

소셜 웹의 초연결성 덕분에 아마추어에서 신진 전문가에 이르기까지
더 많은 미디어 제작자가 더 많은 이야기를 전할 수 있게 되었고, 동시에
이러한 이야기들이 믿을 수 없는 속도와 빈도로 인터넷을 통해 확산될 수
있었다. 그 결과 문화의 변화 속도가 빨라지고 마케팅 담당자, 콘텐츠 제작
자, 또는 의사전달을 원하는 모든 사람이 의미를 만드는 것이 더 어려워졌

다. 웹 전반의 비주류 인터넷 문화를 연구하는 「뉴욕타임스」의 기술 칼럼
니스트 케빈 루즈는 '이 집단을 하나로 묶는 것은 정보를 찾고 처리하는
그들의 방식'이라는 사실을 깨달았다고 말했다. 정보를 찾는 행위 자체가
이들 집단 내에서 하나의 문화적 행위가 된 것이다. 사람들이 말하는 것처
럼 '숙제'를 해야 하는데 이는 종종 구글 검색이나 유튜브 음모 추적에 정
신없이 빠져드는 것과 같다. 물론, 루즈에 따르면 이런 관행은 '무엇이 진
실인지 알아내는 방법은 전문가나 주류 언론의 말을 듣는 게 아니라 인터
넷에서 스스로 알아내는 것'이라는 신념에 기초하고 있다.

이 전제는 백신 반대론자부터 거슬러 올라가 영화 「루즈 체인지」에서
묘사된 것처럼 9.11 테러가 미국 내부 소행이라고 믿었던 사람들로 구성된
집단에 산소를 공급했다. 심지어 음모 운동을 조롱하는 풍자적 음모 운동
인 '새들은 진짜가 아니다*'로 뭉친 부족도 있다. 거의 모든 것에 대한 서
브 레딧이 있는 것처럼, 모든 것에는 부족이 있다. 이러한 세계관과 정보의
확산으로 인해 더 많은 이야기와 복음이 문화의 변화 속도를 가속화하고
부족의 소속을 더욱 세분화할 수 있게 되었다. 다음 장에서는 이 부분을
더 자세히 살펴보고 문화의 힘을 활용해 집단행동을 촉진하고자 할 때 이
러한 변화를 탐색하기 위한 권장 사항을 제시할 것이다.

---

* 지금 보이는 새들은 미국 정보당국이 진짜 새를 몰살시킨 뒤 만든 새 모양의 드론이라는 음모론. 카메라를 탑재한 가짜
  새들이 하늘을 날아다니며 시민들을 감시한다고 주장한 이 음모론은 2017년 미국의 한 대학생 주도로 시작해 미 전역
  으로 퍼졌다. 이 주장은 사실 허무맹랑한 음모론을 조롱하는 사회풍자 운동이었던 것으로 밝혀졌다.

원리와 노하우

앞서 살펴본 것처럼 문화는 우리 삶의 거의 모든 측면에 영향을 미치는 실현된 의미 형성 체계이며, 우리는 세상을 우리와 비슷한 방식으로 보는 사람들에게 복음을 전함으로써 이 영향력을 활용할 수 있다. 하지만 그 영향력을 활용하기 위해서는 회중이 우리가 하는 말과 행동을 우리가 의도한 방식대로 해석할 수 있도록 의미를 만드는 방법을 이해해야 한다. 중요한 것은 우리가 말하는 내용이 아니라 사람들이 듣는 내용이다. 겉보기에는 간단해 보일 수 있지만 회중이 세상을 해석하는 방식을 중재하는 사회적 사실에 대한 미묘한 이해가 필요하며, 이건 생각보다 더 어렵다.

목표로 삼은 부족에게 어떻게 복음을 전할 것인지 생각할 때, 공동체의 언어와 유물에 주의를 기울여라. 특히 이 두 가지 문화적 특성은 단어와 상징 및 그에 상응하는 의미와 관련된 역동성으로 인해 신념과 행동보다 변화에 더 취약하다. 어떤 문구가 오늘은 이런 뜻을 가지지만 내일은 다른 뜻으로 사용될 수 있다. 어떤 종류의 옷이 이번 달에는 시원하지만, 다음 달에 입기에는 적합하지 않을 수 있다. 그렇기 때문에 복음을 전하거나 어떤 제품을 세상에 선보일 때는 의미가 일치하는지 면밀하게 확인해야 한다.

제 6 장

문화의 속도

나는 1980년대에 어린 시절을 보냈다. 마이클 잭슨, 「비버리 힐스 캅」, 아타리 비디오 게임, 바트 심슨, 토요 아침 만화…. 당신이 말할 수 있는 거의 모든 80년대 유물이 내 성장기의 좋은 추억들을 떠올리게 한다. 형 유진과 내가 쿵푸 극장을 보기 위해 밤늦게까지 깨어 있곤 했던 토요일 밤, 릭 플레어가 과연 헐크 호건을 이길 수 있을지에 대해 논쟁하던 일, 우리가 좋아하는 아티스트의 뮤직비디오를 「요! 엠티비 랩스(Yo! MTV Raps)」에서 본다는 기대감을 분명히 기억한다. 그 모든 게, 마치 끝없는 경이로움의 고리처럼 느껴졌다. 우리의 미디어 식단에는 건강에 좋지 않았지만 1980년대 엄청난 인기를 끌었던 스탠드업 코미디도 포함되어 있었다.

물론 우리 부모님은 지금까지 모르시겠지만, 유진은 어떤 식으로든 비디오테이프에 담긴 에디 머피의 HBO 스탠드업 코미디 특집인 「약 맞은 것처럼(Delirious)」과 후속 스탠드업 영화인 「로(Raw)」의 복사본을 구해 왔다. 우리는 너무 어려서 농담의 대부분은 이해할 수 없었지만, 우리가 이해한 부분은 우리가 들어본 것 중 가장 재미있는 것들이었다. 우리는 완전히 매료

되었다. 불경스러운 말만으로도 영화는 금기시되기에 충분했고 유진과 나 같이 교회에 열심히 다니는 두 소년의 호기심을 자극하기 충분했다. 말할 필요도 없이 에디 머피가 흉내를 낸 미스터 T, 스티비 원더, 제임스 브라운, 재키 글리슨은 너무 과장되었지만 부적절하지 않았고 영화는 너무 재미있었다. 우리는 그 영화들을 자주 반복해서 봤기 때문에, 그다지 잘하지는 않았지만 각 영화를 기억해서 따라 할 수 있었다.

2017년으로 다시 거슬러 올라와서 나는 넷플릭스 스트리밍 서비스에서 「약 맞은 것처럼」과 「로」를 모두 볼 수 있다는 사실을 알고 향수를 느꼈다. 내 마음속에 코미디의 정점으로 간직된 이 쇼에서 내가 제일 좋아했던 부분을 떠올리며 바로 어린 시절로 돌아갈 수 있었다. 정주행하기 위해 텔레비전을 켜면서 기대감에 미소 짓고 있는 나를 발견했다. 그러나 몇 분이 지나 내 미소는 희미해지기 시작했다. 사실 나는 보는 내내 충격을 받고 있었다. 농담은 똑같았지만, 나는 그렇지 않았다. 더 정확하게 말하자면 같은 농담이었지만 그것을 경험하는 문화적 틀이 달랐기 때문에 의미가 달라졌다. 당시에는 웃겼던 농담이 지금은 불쾌하게 느껴졌는데, 정치적 정당성에 대한 의무감 때문이 아니라 30년이 지난 지금 내가 가지고 있는 신념과 이념 때문이었다. 에디 머피의 스탠드업 클래식에 대한 좋은 기억은 여전히 남아 있지만, 이 경험은 모든 다른 것들과 마찬가지로 문화도 변한다는 사실을 증명해주었다.

수 세기 전 고대 그리스 철학자 헤라클레이토스가 그토록 통렬하게 언급했듯이 삶에서 유일하게 변하지 않는 것은 변화이며, 이는 문화도 마찬가지다. 문화는 끊임없이 변한다. 새로운 아이디어로 인해 공동체 구성원이 집단으로 협상하고 의미를 구성하게 되면서 신념, 유물, 행동, 언어는 계속해서 재가공된다. 남성용 스키니진이나 마리화나 합법화 등의 새로운 아이디어가 공동체에 소개되면 이것이 공동체의 사회적 사실에 부합하는지 그리고 어떻게 부합하는지에 대한 대화와 논쟁이 촉발된다. 스키니진은 공동체의 남성성 개념에 들어맞는가? '우리 같은' 사람들이 마리화나를 피우는 게 허용될까? 윌 스미스와 크리스 록 사건의 경우, 전국으로 방송이 나가는 정장 차림의 주요 행사에서 배우자의 기분을 상하게 했다는 이유로 누군가를 때리는 건 과연 괜찮은가? 좋은가, 나쁜가(평가)? '우리 같은' 사람들이 이런 일을 하는가(정당화)? 5장에서 논의한 것처럼 이것은 전염되는 방식으로 사람들이 의미를 만들고 행동을 채택하는 메커니즘이다. 이런 대화와 논쟁은 문화적 변화를 밀고 당기는 힘이다. 우리가 가지고 있는 신념과 우리가 들은 이야기를 다시 생각해보게끔 하며, 이에 따라 우리의 행동, 언어, 특정 유물의 사용이 바뀐다.

더욱이 문화적 이념과 관행의 이런 변화는 음악, 영화, 문학, 무용, 패션, 브랜드 등 문화적 산물에도 유사한 변화를 불러온다. 그래서 개봉한 지 수십 년이 지난 에디 머피의 영화를 본 내 반응이 그랬던 것이다. 성적 지향, 여성 혐오, 성별을 둘러싼 사회적 신념과 이념이 변해서 한때 우리가 일반적으로 사용하던 'f'로 시작하는 단어*가 'n'으로 시작하는 단어**의 심각성과 같아졌다.

---

*   'fuck'을 의미한다.
**   흑인을 비하하는 표현인 'nigga'를 의미한다.

이것은 자연스럽게 새로운 문화적 산물의 창작에 반영되고 마찬가지로 기존에 창작된 문화작품의 재평가에도 반영된다. 이상하게도 비속어의 사용은 반대 방향으로 옮겨갔다. 그 당시 미국은 방송에서 사람들이 하는 말과 복장에 대해서는 훨씬 더 보수적이었지만 특정 집단 사람들을 묘사하는 데 사용하는 명명법에 대해서는 훨씬 덜 관심을 가진 것 같다. 텔레비전 방송을 규제하는 연방통신위원회는 미국 대중에게 불쾌감을 줄 수 있다는 이유로 텔레비전에서 욕설을 사용하는 것을 허용하지 않았다. 그러나 오늘날, 미국의 전 대통령인 도널드 트럼프조차도 방송에서 저속한 말을 포함한 욕설을 사용했다. 사실 어떤 면에서 미국인들은 언어에 관해서는 우리의 목줄을 느슨하게 했지만, 다른 면에서는 상황을 더욱 엄격하게 강화했는데, 이 모든 게 우리의 문화적 산물에 반영된다.

2장에서 살펴본 바와 같이 문화적 산물은 공동체가 공유하는 관점을 표현하는 창의적인 결과물이다. 이것은 종종 시스템에 대한 충격으로 시작된다. 즉, 신제품 출시, 새로운 음악, 새 캠페인, 미디어 속보와 같이 아직 공동체에서 정당화되지 않은 집단 외부에서 발생하는 일에 대한 반응이다. 일단 이런 충격에 직면하면, 부족은 그 의미를 파악하기 위해 집단으로 협상과 구축 과정에 들어간다. 물론 이러한 의미는 안정적이지 않으며, 따라서 문화 제작자가 의도한 것(즉, 미디어에서 부호화된 것)이 항상 부족 구성원에 의해 해석(또는 해독)되는 것은 아니다.

예를 들어 2020년 4월 힙합 아티스트 트래비스 스콧은 포트나이트라는 가상 세계에서 예상치 못한, 전례 없는 콘서트를 했다. 콘서트에 대한 소식은 힙합 공동체와 게임 공동체 모두에게 외생적인 충격을 안겨주었고 이는 구성원들 간의 대화를 촉진했으며 결과적으로 각자의 문화 안에서 의미를 구성하는 데 도움이 되었다. 어렸을 땐 담배 모양 사탕을 먹으면서 담배 연기 흉내를 내려고 설탕 가루를 내뿜었고 빅리그츄 풍선껌 뭉치를 입에 물었다. 그 시대에는 이런 행동이 흔했다. 그러나 시간이 지나면서 논의와 재평가를 통해 이런 제품에 다른 의미가 부여되었고 이제는 합법이 아니게 되었다. 이에 대해서는 이 장의 뒷부분에서 자세히 다루겠다.

시스템에 대한 이러한 충격은 사회도덕과 제품 소비를 넘어 확장된다. 심지어 달러 지폐 같은 통화 자체도 포함된다. 달러가 가치 있는 것은 단지 글로벌 사회로서 전체적으로 우리 모두 달러가 가치 있다는 데 '동의' 했기 때문이다. 달러는 우리가 다른 것을 상징하기 위해 교환하는 종이일 뿐이다. 달러는 무역을 통해 하루 24시간 내내 협상되고 구성되는 화폐적 가치를 나타내는 상징이다. 문화 자체와 마찬가지로 통화도 전 세계 사람들과 기관이 그 의미를 결정함에 따라 끊임없이 변동한다.

그러나 비트코인 같은 새로운 화폐들은 시스템에 외생적 충격을 가져왔고 이제 사회는 담론, 교환, 관찰을 통해 그것이 의미하는 바가 무엇인지, '가치'가 있는지에 대해 협상하고 있다. 트위터의 공동 창립자이자 스퀘어의 창립자인 잭 도시는 비트코인이 앞으로 미국 달러를 대체할 것이라고 예측했는데, 이는 분명 말이나 패션의 유행보다 훨씬 더 큰 문화적 변화를 의미할 것이다. 이러한 변화는 일반적으로 표면 아래에서 일어나며 우리의 신념과 가치가 대상의 의미를 변화시킴에 따라 천천히 그리고 조용히 구축된다. 이것을 '느린 문화'라고 부른다.

빠른 문화, 느린 문화

느린 문화는 우리가 하는 방식, 즉 공유된 신념과 가치를 행동하게 만드는 요인이며 빠른 문화는 사회가 어떻게 기능하는지에 대한 공동체의 신념을 반영한다(의식, 언어, 예술, 음악, 영화에서 가장 자주 볼 수 있다). 빠른 문화는 일반적으로 일시적이며(새로운 다이어트 경향 또는 은어), 느린 문화는 오랜 시간에 걸쳐 발생한다. 이것이 트렌드 관찰이 잘못된 부분이다. 당신이 제일 좋아하는 마케팅 간행물이나 대중문화 잡지를 생각해보면 현재 유행하는 것, 즉 인기 있는 헤어스타일, 수요가 많은 유물, 모두가 따라 할 만큼 인기 있는 최신의 무언가를 확실히 발견할 수 있다. 이러한 경향은 인구 전체에 퍼져 있는 관찰 가능한 문화적 표현을 이해하는 데 큰 가치가 있지만 사람들이 '무엇'을 하는지만 알려주는 반면, 느린 문화는 그들이 '왜' 그 일을 하는지 알려준다. 즉, 빠른 문화의 특성을 이해하는 것은 느린 문화의 기능을 더 잘 이해하는 데 도움이 될 수 있다.

빠르든 느리든 이러한 문화 변화는 공동체 구성원들 사이에서 일어나는 대화와 문화적 담론의 산물이며, 특히 시스템에 대한 외생적 충격에 대응하는 것임을 주목할 필요가 있다. 세상을 탐색하면서 우리는 '우리'와 같은 사람들이 해야 할 일과 하지 말아야 할 일을 구별하는 자기 자신, 사람들, 기관에 의문을 제기하게 만드는 일들에 부딪히게 된다. 이러한 도발은 명시적이든 암묵적이든 우리 같은 사람들 사이의 대화를 촉발하며, 이는 결과적으로 집단으로 의미를 결정하는 과정, 그것이 정당한지 아닌지 그리고 궁극적으로 어떻게 행동할 것인지를 활성화한다.

지금이 2003년 여름이고 당신이 바비큐나 나이트클럽, 결혼식 피로연이나 가족 모임 장소에 있는데 R.켈리의 노래 〈이그니션-리믹스〉가 스피커를 통해 울려 퍼진다고 가정해보자. 그다음에는 어떻게 될까? 당신이 그 당시 나라면 아마 사람들이 댄스 플로어로 미친 듯이 달려가는 모습을 봤을 거다. 데뷔한 1992년부터 2000년대까지 켈리의 성공적인 경력을 확장한 그의 인기곡 중에 〈이그니션-리믹스〉가 그해 엄청난 히트를 쳤기 때문에 이는 놀라운 일이 아니다. 그러나 2019년 1월 이후 이 노래를 튼다면, 반응이 완전히 다를 것이다. 노래가 오래되었거나 인기가 없어서가 아니라 R.켈리의 사회적 평판이 떨어졌기 때문이다. 그는 수차례에 걸쳐 미성년자를 성적으로 학대한 혐의로 사회에서 용인되지 않았으며 나중에 유죄 판결을 받게 된다. 라디오에서는 더 이상 그의 노래를 들을 수 없었다. 콘서트 주최 측은 공연장에서 진행될 'R.켈리 음악 *끄기*(Mute R.Kelly)' 시위의 압력에 결국 투어 일정을 취소했다. 촉매제는 무엇이었을까? 미국인들은 2019년 1월 라이프타임 케이블 채널에서 방영된 다부작 다큐멘터리로 R.켈리의 범죄 및 피해자와 직접 마주했다.

그러나 문제는 이 다큐멘터리에서 다룬 내용에는 대중이 알지 못했던 새로운 사실만 있었던 것은 아니라는 사실이다. 1995년 「바이브」 잡지에 기고된 충격적인 기사로 인해 우리는 R.켈리가 27살에 당시 15살이었던 R&B 가수 알리야와 결혼했다는 것을 알았다. 물론 그 결혼은 미성년자였던 알리야의 법적 동의 연령 때문에 결국 무효가 되었다. 2002년에는 「시카고선타임스」의 보도 덕분에 R.켈리가 미성년 소녀와 성관계하는 장면이 담긴 비디오가 유출된 사실을 알게 되었다. 이 사건으로 켈리는 2건의 아동음란물 범죄 혐의로 기소되었지만, 1년 후 기소가 취하되었다. 얼마 지나지 않아 데이브 샤펠은 자신의 히트 코미디 쇼인 「데이브 샤펠 쇼」에서, 유출된 비디오테이프에 나오는 음담패설과 같은 과장된 표현을 사용해 켈리의 〈이그니션-리믹스〉 뮤직비디오를 패러디해서 대중에게 '그 음란 테이프'를 상기시켜주었다. 이후 2005년 카툰 네트워크에서 방송하는 성인 애니메이션 「분덕스」에서 R.켈리가 기소된 모든 범죄 혐의와 음란물 영상에 대해 우리에게 상기시켜주었다. 그러나 R.켈리는 2019년 1월이 되어서야 공식적으로 방송계에서 손절당했다. 1995년과 2019년의 가장 큰 차이는, 우리가 어깨를 맞댄 채 함께 다큐멘터리를 볼 수 있었고, 트위터, 페이스북, 레딧과 같은 소셜 네트워킹 플랫폼 덕분에 다큐멘터리에 대한 담론에 집단으로 참여했다는 것이다.

이런 기술을 통해 우리는 우리의 정체성을 지지하는 부족과 회중의 구성원들 사이에서 일어나고 있던 담론에 기여할 수 있었다. 우리는 친구들이 "음, R.켈리 끝났네"라고 트윗하는 것을 보았다. 내가 속한 공동체의 사람들이 더 이상 그의 음악을 듣지 않을 것이며 그와 관련된 어떤 소비도 하지 않을 거라고 표를 행사하는 것을 보았다. 타임라인과 뉴스피드에서 이런 평가하는 진술을 관찰하면서 우리는 집단으로 의미를 만들고 '정상'이라고 믿는 것, 즉 '우리와 같은' 사람들이 하는 일을 강화했다. 그리고 R.켈리는 그렇게 사라졌다. 이것이 작동하는 정당화 과정이다. 제인이 했고, 존도 했고, 샐리도 했고, 헨리도 했다면 이제 나도 해야 한다. 이것이 우리가 세상을 이해하는 사회적 과정이다. 왜일까? 특정 문화를 지지하는 구성원들은 사회적 결속을 도모하기 위해 공동으로 행동하기 때문이다.

R.켈리를 손절한 행위는 '갑자기'(빠른 문화) 일어난 것처럼 보일 수 있지

만, 그가 그렇게 된 이유는 오랜 신념과 이념(느린 문화)을 반영했기 때문이다. 당시에는 지금처럼 공개적으로 그리고 동시에 이 주제를 토론할 수 있는 장을 갖지 못했을 뿐이다. 새로운 기술은 투명성을 제공하고 기록을 보관할 수 있게 해서 부족 구성원 간의 협의 과정을 모든 구성원이 볼 수 있게 하며, 마찬가지로 모든 구성원이 담론에 기여할 수 있도록 민주화하기 때문에 빠르고 느린 문화가 이동하는 속도를 높인다. 미국 의회도서관은 이렇게까지 말했다. "트위터 아카이브는 이 세대가 미래 세대에게 남긴 매우 중요한 유산이 될 수 있다. 미래 세대는 우리 역사 속에서 이 풍요로운 시기, 정보의 흐름, 현세대를 정의하는 데 도움이 되는 사회적, 정치적 세력에 대해 많은 것을 배울 것이다."

회중 안에서 이루어지는 담론을 관찰하면 공동체에 대한 사회적 사실을 밝히는 데 도움이 되며, 이를 통해 마케팅 담당자와 리더는 공동체 구성원의 행동 방식에 영향을 미치는 문화 코드를 더 잘 이해할 수 있다. 문화 코드를 이해하면 변연계를 활성화하고 움직이게 하는 방식으로 회중을 참여시킬 준비가 완료된다. 만약 우리 목표가 문화의 영향력을 활용하여 집단행동을 채택하도록 촉진하는 거라면 공동체를 지배하는 사회적 사실에 대한 깊은 이해가 필요하다.

문화 현상을 이해하려면 특정 관심 공동체에 몰입할 필요가 있다. 예를 들어 소설, 만화책, 비디오 게임, 텔레비전 쇼의 등장인물로 코스프레를 하는 사람들의 문화적 특성에 대해 알고 싶다면 국제 만화 컨벤션인 코믹콘에 참석하는 것을 고려해볼 수 있다. 그곳에 가면 코스플레이어의 문화적 행위에 몰입하고, 그들의 행동을 직접 관찰할 수 있다. 할리데이비슨 오토바이 소유주 모임(H.O.G.s)의 문화적 특성을 알아보려면 할리데이비슨을 타고 모임에 참석하고, 잡지와 소식지를 구독하며, 자전거만큼 많은 상품을 판매하는 수많은 할리데이비슨 대리점에서 쇼핑해보라. 실제로 두 명의 연구진이 그 이상으로 시도했다.

H.O.G.s의 소비 행태에 호기심을 느낀 존 쇼튼과 제임스 맥알렉산더는 H.O.G.s 공동체의 구성원이 되어 해당 공동체를 연구하는 데 3년이라는 시간을 보냈다. 그들은 H.O.G.s와 이야기하고, 어울리고, 함께 오토바이를 타며, 여러 면에서 H.O.G.s 그 자체가 되었다. 이렇게 가까운 거리에서 공동체의 문화적 관행을 관찰함으로써 쇼튼과 맥알렉산더는 사회적 역동성과 소비 행동(빠른 문화)을 알리는 근본적인 신념과 이념(느린 문화)을 이해하는 데 도움을 받을 수 있었다.

탐사보도 기자들이 이야기를 얻기 위해 '잠입'하는 것처럼 당신 역시 이 사람들이 진짜 누구며, 어떻게 의미를 만들어내는지에 대한 이야기를 얻기 위해 공동체에 깊이 들어가야 한다. 문화 연구는 자신의 관점이 아닌 공동체의 관점을 통해 세상을 탐구하는 학문으로 질적 연구에 의존하는 해석학적 과학이다. 이런 종류의 연구를 민족지학이라고 부른다. 맥칼레스터대학교의 민족지학자이자 인류학 교수인 제임스 스프래들리는 민족지학을 "우리의 좁은 문화적 배경에서 벗어나 사회적으로 물려받은 민족중심주의를 잠시나마 제쳐두고, 다른 의미 체계로 살아가는 다른 사람들의 관점에서 세상을 이해할 수 있는 기회"라고 설명한다. 우리가 특정 공동체의 문화를 진정으로 이해하려면 우리도 자신을 이런 식으로 보아야 한다.

포럼이나 소셜 네트워킹 플랫폼과 같은 디지털 통신 기술 보급이 증가하면서 새로운 연구 사이트와 이에 버금가는 방법들이 생겨났다. 연구에 있어서 이러한 새로운 혁신은 초보자들이 더욱 쉽게 '현장'에 진입해 민족지학 연구를 수행할 수 있도록 해주었다. 1995년 서던캘리포니아대학교 마셜 경영대학원의 마케팅 교수인 롭 코지네츠는 '네트노그래피'라고 부르는 혁신을 제안했으며, 그 영향력은 형세를 완전히 변화시키는 게임체인 저였다.

네트노그래피

네트노그래피 연구는 텍스트, 밈, 비디오 및 다양한 멀티미디어 형식을 통해 온라인에서 교환되는 공개 정보를 사용해 사람들이 사회적 환경에서 '자연스럽게 행동'하는 방식을 관찰한다. 일반적으로 네트노그래피는 사회를 이해하는 수단으로 온라인 커뮤니티와 그에 따른 교류를 관찰하는 데 있어서 눈에 띄지 않는다. 이를 통해 연구자들은 자연스럽고, 만들어지지 않았으며, 자발적인 '야생' 환경에서의 소비자 상호작용을 관찰할 수 있고 편견 없는 소비자 영향, 행동, 인지 및 욕구에 대한 '근거 있는' 이해를 할 수 있다. 문화가 공공 문제라면 네트노그래피는 연구자들이 '벽 위의 파리'처럼 행동하면서 사람들의 평소 행동을 관찰함으로써 공동체의 역동성에 대한 현실적인 시각을 제공한다.

일부 마케팅 담당자는 이러한 형태의 연구를 소셜 네트워킹 플랫폼을 통해 사람들 간의 사회적 교류를 관찰하거나 듣는 '소셜 리스닝'이라고 부른다. 그러나 네트노그래피는 단순히 행동을 관찰하는 데만 초점을 두지 않기 때문에 훨씬 더 엄격하고 이해하기 쉬운 작업이다. 네트노그래피는 문화적 의미 만들기를 이해하는 것과 관련이 있다. 사람들을 '직접' 관찰하는 것은 그들이 어떻게 세상을 이해하는지 이해하는 것과 같지 않으며, 사람들을 '온라인'으로 관찰하는 것 또한 마찬가지다. 네트노그래피 연구는 '소셜 리스닝'을 넘어 사회문화적 이해 과정에 참여한다.

오늘날 사람들은 쇼핑하고, 데이트하고, 아이디어를 교환하고, 프로젝트 공동작업을 하는 등 대체로 온라인에서 생활한다. 더 이상 '온라인 세상'과 '오프라인 세상' 같은 것은 없다. 저녁 식사 때 사람들은 틱톡에서 본 것을 이야기하고 먹은 것을 인스타그램에 올린다. 코지네츠는 다음과 같이 말하면서 이 사실을 더 강조한다.

온라인 커뮤니티는 가상이 아니다. 우리가 온라인에서 만나는 사람들은 가상 인물이 아니다. 진짜 사람들이 살고 있는 실제 커뮤니티다. 그래서 많은 사람이 실제로 만나게 된다. 우리가 온라인 커뮤니티에서 이야기하는 주제는 중요한 주제다. 그렇기 때문에 우리는 온라인 커뮤니티를 통해 듣는 사회적, 정치적 원인에 관심을 가지고 자주 배우고 계속해서 배운다. 온라인 커뮤니티는 공동체다. 이 주제에 대해서는 더 이상 논쟁의 여지가 없다. 이런 사회 집단은 참여자들에게 '실제' 존재이므로 행동의 많은 측면에 결과적인 영향을 미친다.

네트노그래피 연구는 온라인에서 사회적 행동을 관찰하고 사람들의 취향, 욕구, 의사결정에 영향을 미치는 요인을 파악하는 데 가장 효과적인 접근 방식을 제공한다. 이를 통해 연구자는 사회 집단의 복잡한 문화적 관행을 연구하고, 근거 있고 추상적인 아이디어, 의미, 사회적 관행, 관계, 언어 및 상징 체계에 관심을 집중할 수 있다. 예를 들어 코지네츠는 네바다주 블랙록 사막에서 열리는 버닝맨 페스티벌*의 공동체 구성원인 '버너'의 문화적 특성을 이해하기 위해 네트노그래피를 진행했다. 이 연구에서 코지네츠는 대중 매체 채널과 인터넷을 통해 이용할 수 있는 버닝맨과 관련한 사진, 기사, 문서, 기타 문화 데이터를 다운로드받아서 분석했다. 그는 커뮤니티 구성원 간의 담론을 관찰하기 위해 온라인 커뮤니케이션 공공 포럼과 플랫폼에 몰두했다. 3년간의 데이터 보관 및 분석 끝에 코지네츠는 버닝맨 행사에 참석해 커뮤니티의 문화적 관행을 가까이서 목격하기도 했다. 이 사람들의 삶과 그에 따른 문화적 관습에 몰입함으로써 코지네츠는 이 부족이 세상을 번역하고 그 안에서 행동하는 의미 틀에 대한 통찰을 얻을 수 있었다. 이러한 종류의 정보는 이 커뮤니티를 모집하여 그 대의에 동참하기를 원하는 조직이나 이러한 사람들이 투표하도록 유도하려는 정치인들에게 특히 유용할 것이다. 이런 연구에서 연구자들은 친밀함을 통해 지역사회에 중요한 것이 무엇인지, 지역사회가 직면한 과제가 무엇인지 정확히 파악할 수 있다. 그 결과는 조직이나 정치인이 복음을 전하는 데 도움이 될 뿐만 아니라 사람들에게 가장 잘 봉사할 수 있는 제안과 정책을 알리는 데도 도움이 된다.

비록 네트노그래피의 데이터가 그다지 체계적이지 않을 수 있지만 이

---

* 사람 모양의 거대한 나무 구조물을 태우는 의식을 하는 전위적인 종합 예술 축제

를 체계적으로 처리하는 방법이 있다. (1) **데이터 검색** - 연구진의 개인적인 관찰에서 얻은 자료뿐만 아니라 사용자의 의견 및 게시한 콘텐츠에서 데이터를 검색함으로써 온라인 커뮤니티 및 문화적 맥락에 몰두, (2) **데이터 분석** - 자동화된 소프트웨어 및 수동 코딩 방법을 통한 데이터 분석, (3) **사용자 개인 정보 보호** - 사용자 개인 정보 보호와 관련된 사회 연구의 윤리적 지침을 준수, (4) **집계** - 조사 결과와 그에 관한 고찰을 집계. 나는 규모가 크고 작은, 자원 가용성 측면에서 단편적이거나 강력한, 일정과 시간 범위 측면에서 짧거나 긴 다양한 네트노그래피를 수행했다. 상황과 관계없이 네트노그래피는 한 집단을 지배하는 사회적 사실을 이해하는 데 매우 유용할 수 있다.

공동체의 사회적 사실을 연구할 때 당신은 사람들의 관심사와 친밀감을 배우는 보다 전통적인 시장 조사 접근 방법을 버려야 한다. 왜냐하면 그것들은 공동체 구성원들 사이에 공유된 문화적 의미를 드러내는 암호화된 기호, 약간의 힌트, 희미한 그림자를 감지하는 정도에 그치기 때문이다. 네트노그래피에서는 새로운 대화가 기존 대화의 새로운 측면을 밝혀주기 때문에 데이터를 샅샅이 뒤져 기존 대화를 다시 살펴봐야 한다. 이런 방식은 줄거리가 밝혀지면서 새로운 정보를 찾은 후 영화 초반에 일어난 일을 더 잘 이해하기 위해 영화를 앞으로 되감아 다시 보는 것과 같다. 이렇게 계속되는 '재방문' 행위는 관객이 영화가 의도하는 의미 전체를 더 잘 이해할 수 있도록 도와준다. 이에 비해 이러한 유형의 연구는 사람들이 누구인지, 그리고 왜 그들이 그 일을 하는지를 지배하는 더 넓은 신념과 이념을 이해하는 데 도움이 된다. 귀찮게 들리겠지만, 문화를 이해하는 데 충분한 수준의 친밀감은 설문조사, 빅데이터, 인공지능을 통해서는 얻을 수 없다. 이런 정보들이 얻기 더 쉽지만 말이다.

우리는 그 어느 때보다 더 많은 데이터가 수집되는 초연결 세상에 살고 있다. 모든 구글 검색, 모든 신용카드 정보, 작성된 모든 트윗은 엄청난 양의 데이터에 해당하는 부스러기 정보를 남긴다. 온라인 기사를 읽는 것처럼 수동적인 행동조차도 사용한 기기, 위치 정보, 사용 시간 및 기타 입력 정보에 대한 데이터를 제공한다. 이 방대한 데이터의 가용성은 시간이 지남에 따라 기하급수적으로 증가했으며 이론적으로 마케팅 담당자들이 사람들을 더 잘 이해할 수 있게 해주었다. 그러나 아이러니하게도 해당 데이터에서 통찰을 뽑아내는 능력은 아주 미미하게 증가했다. 이 역설은 대부분의 사람들에게 단순하지만 중대한 실수, 즉 정보를 친밀감으로 착각하는 결과를 낳게 한다.

사건을 사실적으로 표현한 게 정보다. 사이트 트래픽, 소셜 네트워킹 플랫폼 전반에 걸친 참여, 구매 및 검색어 등은 소비자의 관심, 선호도, 욕구를 상당 부분 드러낼 수 있다. 주요 기업과 기업가들이 이런 종류의 정보를 탐내는 것은 놀라운 일이 아니다. 그러나 이 모든 정보를 가지고 있음에도 우리는 여전히 소비자를 이해하는 데 어려움을 겪고 있다. 왜 그럴까? 검색 행동, 구매 내역, 사이트 트래픽은 사람이 아니기 때문이다. 이것들은 단지 그들이 누구냐에 따라 그들이 하는 행동일 뿐이다. 사람들이 누군지 이해하려면 훨씬 더 가까이 다가가야 한다. 친밀해져야 한다.

중요한 회의를 하기 전에 링크드인에 들어가서 대화할 사람들의 현재 회사 및 직책, 이전 근무 경력, 졸업한 학교 및 상호 연결 관계 등에 대해 알아볼(기웃거릴) 수 있다. 이러한 사실로 무장하고 있음에도 불구하고 그들과 교류하고, 의견을 교환하고, 그들의 태도를 관찰하기 전까지는 그 사람을 실제로 알 수 없다. 상대방에 대한 세부 사항은 통계 세부 정보를 넘어선 후에야 밝혀진다. 마찬가지로 어떤 사람이 데이트 프로필에서는 완벽하게 매력적으로 보일 수 있지만, 그 사람을 만나고 나서야 그 사람이 누구인지 더 잘 알 수 있다. 사람들을 잘 알기 위해서는 전통적인 데이터 지표가 결코 제공할 수 없는 친밀감이 필요하다. 우리는 이 사실을 직관적으로 알고 있지만, 회의실에 들어서면 '마케팅 모자'를 벗는 대신 '인간 모자'를 벗고 모든 인간성을 문 앞에 놔두고 간다. 그러나 우리가 한 부족 사람들을 지배하는 사회적 사실을 이해하려면 우리는 더 인간적으로 되어야 한다. 범위가 크든 작든 네트노그래피는 실제로 누구나 사람과 사람이 의미를 만드는 방법을 더 잘 이해하는 데 도움이 될 수 있다. 하지만 그것들은 우리 무기고에 있는 하나의 도구일 뿐이다. 사람을 진정으로 이해하려면 그들에게 가까이 다가가야 한다.

가까이 다가가기

지구상 최고의 시장조사원은 의심의 여지 없이 코미디언이다. 디미트리 마틴, 사라 실버맨, 하산 미나즈, 제로드 카마이클 및 이들과 비슷한 사람들은 모두 본질적으로 사람들을 관찰하는 전문가다. 대부분의 사람들과 달리 그들은 목적을 지니고 끝없는 호기심을 가지고 사람들을 지켜본다. 그들은 누군가 예상치 못한 행동을 한다는 것을 알아차릴 때까지 일상생활에서 사회적 행위자의 행동을 눈에 띄지 않게 관찰한다. 그 행동은 코미디언의 관심을 끌게 되며 더 많은 사람이 바로 그 일을 한다는 것을 알아차리기 전에 현상을 조사하기 위해 좀 더 가까이 다가간다. 어느 시점에서 그들은 무슨 일이 일어나고 있고 왜 그 일이 일어나는지 이해하기 위해 사회과학자 모드로 들어간다. 그런 다음 코미디언은 무대에 올라 이렇게 말한다. "사람들이 식료품점에 가서 x, y, z를 하는 거 보셨나요?" 우리는 모두 웃음을 터뜨리고 숨을 고르며 "그거 바로 난데. 내가 완전히 그래요"라고 말한다. 물론이다. 이 진실은 문화적 근접성을 통해 드러난다.

코미디언의 경우와 마찬가지로 호기심은 우리에게 뭔가를 더 자세히 보도록 강요하지만, 이론은 우리가 관찰한 내용을 이해하도록 돕는다. 이것은 실무자, 특히 마케팅 담당자에게 가장 어려운 부분일 것이다. 왜냐하면 우리는 이론의 중요성을 과소평가하도록 길들여졌기 때문이다. 우리는 현실과 이론이 공존하지 않는다는 점을 암시하는 것처럼 "이론적으로는 된다"라는 말을 자주 사용한다. 이것은 이론이 실제로 무엇인지에 대한 우리의 오해를 드러낼 뿐이다. 이론은 사물이 무엇이며, 왜 존재하는지를 설명하는 아이디어와 원리 체계이다. 만약 현실과 이론이 일치하지 않는다면 그것은 우리가 잘못된 이론을 사용했기 때문인 경우가 많다. 문제는 이론이 아니다. 좋은 이론이 부족한 게 문제다. 우리 주변의 현상세계를 가장 정확하게 설명하는 종류의 이론 말이다. 이것이 내가 박사학위를 따는 게 꼭 필요하다고 생각했던 이유 중 하나다. 나는 사람들을 더 잘 이해하고 그들이 자기 삶의 경험을 어떻게 의미화하는지를 더 잘 이해하기 위해 이론 레퍼토리를 심화시키고 싶었다. 이론적 레퍼토리가 깊어질수록 세상을 더 생생하게 볼 수 있고 사람들을 움직이게 하는 것들을 세상에 성공적으로 넣을 수 있는 능력이 더 뛰어나다는 것을 발견했다.

그러나 아무리 호기심이 많고 이론 레퍼토리가 많아도 우리의 일반적인 공감 부족을 극복할 수는 없다. 문화와 마찬가지로 공감도 우리가 자주 사용하지만 실제로는 이해하지 못하는 단어 중 하나이다. 내 친구이자 기업가인 마이클 벤처는 수년 동안 공감을 연구했으며, 이를 자신이 설립한 대행사 서브 로사에서 하는 작업에 성공적으로 적용했다. 그곳에서 마이클은 GE와 존슨앤드존슨 같은 브랜드들이 공감을 문제 해결과 아이디어 창출 엔진으로 사용하도록 도왔다. 그는 공감을 사람, 장소, 사물에 대한 더 풍부한 이해를 얻기 위해 자기 인식적 관점을 취하는 것이라고 정의한다. 나는 이 정의를 구체적이며 실행하기 쉽기 때문에 좋아한다. 조망 수용은 당신이 세상을 바라보는 렌즈를 벗고 다른 사람이 그들의 세계관을 구축하는 틀을 기반으로 의미를 어떻게 만드는지를 이해하기 위해 그들의 렌즈를 끼는 것이다.

공감에는 세 가지 형태가 있다. 첫 번째는 신체적 공감이다. 신체적 공감은 거울 뉴런 시스템(다른 사람의 행동이나 태도를 비슷하게 따라 할 때 특화되는 뉴런의 집단)이라고 불리는 뇌의 부분이 자극받을 때 반응하는 물리적 운동 반응과 마찬가지로 무의식적이다. 하품이 전염되는 이유는 바로 이 때문이다. 누군가가 하품하는 모습을 보면 우리 뇌는 "그거 재미있어 보인다"라고 혼잣말하며 머지않아 우리도 하품을 하기 시작한다. 이게 바로 거울 뉴런 시스템의 작동이다. 지그문트 프로이트가 주장한 것처럼 우리 생각은 우리가 보는 것을 흉내 내도록 자극하는 예행연습 행동이다. 공포 영화를 볼 때 심장이 뛰거나 아내가 영화 「노트북」을 15번이나 봐도 눈물을 흘리는 것은 거울 뉴런 시스템 때문이다. 상대방을 따라 하는 행동을 통해 우리는 다른 사람들의 경험을 공유하며, 이를 통해 우리는 그들의 관점에서 세상을 볼 수 있다. 신체적 공감은 사람들을 관찰할 때 신체가 반응하는 것이다.

두 번째 형태의 공감은 정서적 공감으로 다른 사람의 감정을 이해하는 것이 여기에 포함된다. 정서적 공감(혹은 일부에서 감정적 공감이라고 부르는 것)을 통해 우리는 다른 사람들과 함께 감정을 느낀다. 결혼식장에서나 영화를 보다가 우는 것처럼 거울 뉴런 시스템은 우리가 누군가와 함께 느낄 수 있게 해준다. 이런 정서적 공감을 통해 우리는 다른 사람의 입장에서 생각해 볼 수 있다. 저명한 심리학자이자 감성지능 학자인 다니엘 골먼은 정서적 공감을 사람에서 사람으로 전달되며 사람들 사이에 강한 공유적 유대감을 형성할 수 있는 연결을 촉진하는 정서적 전염이라고 언급했다.

공감의 세 번째 형태는 인지적 공감으로 감정뿐만 아니라 지성을 통해 상대방의 감정을 아는 데 관심을 기울이는 것이다. 골먼은 이런 종류의 공감적 조망 수용은 다른 사람의 다양한 관점을 이해할 수 있게 해준다고 설명했다. 인지적 공감을 한다고 하더라도 우리는 그들의 경험을 더 잘 이해하기 위해 그들의 눈을 통해 세상을 보는 것만큼 '상대방의 입장에서 생각하지' 않는다. 정서적 공감과 인지적 공감의 결합은 문화와 특정 문화 특성을 실천하는 부족을 연구할 때 연구자를 매우 강력하게 만든다. 누군가의 입장에서 생각해보는 건 그들의 고통을 느끼는 데 도움이 된다. 하지만 그것만으로는 충분하지 않다. 우리는 또한 그들이 세상을 보는 방식에 따라 그들의 경험을 의미화하는 방식을 이해해야 한다. 왜냐하면 이것은 궁극적으로 그들이 세상에서 어떻게 행동할 것인지를 알려줄 것이기 때문이다.

마찬가지로 이것이 바로 우리가 부족 구성원들 사이에 교환되는 문화 텍스트에 내재한 의미를 이해하기 위해 네트노그래피를 수행하는 동안 소비자, 유권자 및 기타 이해관계가 있는 공동체를 검토해야 하는 방법이다. 결국 우리는 느린 문화를 더 잘 이해하기 위해 빠른 문화를 연구한다. 그러기 위해서는 우리 자신, 즉 연구자를 문화적 의미를 해석할 수 있는 실질적 연구 도구로 생각해야 한다. 인류학자이자 노트르담대학교 마케팅학과의 존 셰리 교수는 연구자를 '잊혀진 도구'라고 지칭하며 연구자 자신이 연구 주제의 문화적인 미묘한 차이를 잘 이해해야 한다고 강조했다. 물론 이를 위해서는 엄청난 수준의 문화적 친밀감과 공감이 필요하다. 인류학자이자 「파이낸셜타임스」의 저널리스트인 길리안 테트는 연구자들에게 낯선 것에서 익숙한 것을 찾고, 익숙한 것에서 이상한 것을 찾아 편견을 버리고 다른 사람의 렌즈를 통해 세상을 바라보라고 촉구함으로써 이 아이디어를 강조했다.

2장에서 문화를 설명했던 방식으로 다시 돌아가면 문화는 실현된 의미 형성 체계이며, 우리가 세상을 보고 해석하는 것은 문화라는 렌즈를 통해서이다. 문화와 의미 만들기는 마치 스웨터의 실이 엮인 것처럼 본질적으로 연결되어 있다. 우리는 세상에 대한 어떤 진리를 가지고 있으며, 우리가 구성하는 이념은 세상이 어떻게 작동하고 무엇을 의미하는지에 대해 우리 자신에게 들려주는 이야기다. 독일 철학자 마르틴 하이데거는 인류가 스스로 설명할 수 없는 세상으로 '던져진' 존재라고 설명한다. 따라서 우리(인류)는 주변 세계를 이해하기 위해 우리 자신에게 그리고 서로에게 이야기를 전한다. 그러나 브랜드의 이야기(메시지 또는 복음)가 우리의 이야기와 일치하지 않을 때 우리는 브랜드와 그 이야기 모두를 거부하는 경우가 많다. 따라서 사람들을 움직이게 하려는 노력에서 성공적으로 의미 일치를 달성하려면 집단이 의미를 만드는 문화적 렌즈를 이해해야 한다. 이 정도의 이해는 타인의 관점으로 세상을 바라볼 수 있어야만 가능하다.

나는 사람들이 문화적 관습에 참여하는 것을 보면서 무슨 일이 일어나고 있는지 결론을 내리기 전에 나에게 세 가지 질문을 던진다. 첫 번째 질문은 "왜?"이다. 사람들은 왜 이런 식으로 행동하며, 왜 사물을 특정한 방식으로 보는가? "왜"라고 물으면 대답은 일반적으로 사람들에 대해 어떻게 생각하는지에 대한 당신의 편견을 드러낸다. 그 편견을 넘어설 수 있도록 밖으로 끄집어내는 게 중요하다. 편견을 뛰어넘기 위해 자신에게 두 번째 질문인 "무엇?"을 물어라. 이 사람들이 이런 식으로 행동하거나 특정한 방식으로 사물을 보도록 자극하는 감정은 무엇인가? 이것은 당신이 자신에게서 벗어나 그들의 입장에 서는 데 도움이 될 것이다. 마지막으로 자신에게 "어떻게?"라고 물어라. 그들은 인생이라는 이야기 속에서 자신을 어떻게 보고 있는가? 주변 세상을 어떻게 바라보는가? 이것은 실제로 무엇인지가 아니라 인식한 게 무엇인지에 관한 것이다. 이것은 당신이 그들의 눈을 통해 세상을 볼 수 있도록 도와줄 것이다. 그것에 동의할 필요는 없다. 공감은 그게 다가 아니다. 그 대신 목표는 그것을 이해하는 것이다. 왜냐하면 당신이 그것을 더 잘 이해할수록, 더 잘 활용할 수 있기 때문이다.

2016년 7월 넷플릭스는 친구 중 한 명이 실종된 후 연달아 일어나는 초자연적인 사건들 속에서 다양한 미스터리를 밝히기 위해 나서는 어린 친구들에 관한 공상과학 공포 드라마 「기묘한 이야기」를 선보였다. 이 드라마는 1980년대 인디애나주 호킨스라는 가상의 마을을 배경으로 한다. 총책임자인 맷 더퍼와 로스 더퍼는 1980년대에서 영감을 받은 이 시리즈가 10년 동안의 모든 향수를 불러일으킬 수 있도록 세부 사항에 많은 관심을 기울였다. 「구니스」에서부터 「스탠바이미」, 「던전 앤 드래곤」에서 「고스트버스터즈」에 이르기까지 1980년대 그 자체가 사실상 「기묘한 이야기」의 또 다른 출연진이었다. 1980년대 문화 유물 중에는 멤버스 온리 재킷, 슈윈 자전거, 에고 와플 같은 브랜드가 있었다. 그리고 에고 와플은 상황에 맞는 제품 배치 그 이상이었다. 드라마에서 사랑받는 주인공 중 한 명인 일레븐이 가장 좋아하는 음식이었다. 일레븐이 이 브랜드를 정말 좋아했기 때문에 또 다른 주인공 마이크는 애정의 표시로 일레븐의 방문 앞에 와플을 선물로 놔두곤 했다. 이 모든 사실은 첫 번째 시즌이 방송되기 전까지 에고의 직원들에게 알려지지 않았다.

이 드라마가 인기를 얻자 에고의 마케팅 관리자가 놀랄 정도로 에고 와플의 판매가 급증했다. 이에 따라 에고는 2017년 슈퍼볼에서 첫선을 보인 「기묘한 이야기」 시즌 2 광고 홍보에 참여하게 되었다. 시즌 1과 마찬가지로 시즌 2가 방송된 이후 판매량이 증가했지만, 기대했던 만큼은 아니었다. 「기묘한 이야기」가 전 세계적으로 인기를 끌었기 때문에 에고 브랜드는 「기묘한 이야기」와의 공식 파트너십을 통해 더 큰 효과가 나타날 것으로 기대했지만 그렇지 않았던 것이다. 에고는 「기묘한 이야기」가 만들어낸 문화적 여파로부터 이익을 얻기 위해 '광고'를 뛰어넘는 무언가를 해야 했다. 그 브랜드는 광고를 만드는 것 이상의 일을 해야 했는데, 그것은 바로 문화적 산물을 만들어내는 것이었다.

이를 염두에 두고 에고는 「기묘한 이야기」 팬들이 시즌 3 출시와 에고 브랜드에 흥미를 느낄 수 있는 경험을 만들기 위해 나섰다. 그러나 이번에 에고는 넷플릭스와 공식적인 협력을 하지 않았기 때문에, 버거킹, 배스킨라빈스, 코카콜라 같은 다른 브랜드들이 이 드라마에서 통합되어 성공을 거두기 위해 상당한 돈을 지급한 것과 달리 「기묘한 이야기」와 관련한 지식재산권 사용이 제한되었다. 당시 에고의 브랜드 매니저이자 내 오랜 친구였던 아마니 브라운은 드라마의 팬덤과 그와 연관된 문화를 에고가 활용할 수 있도록 도와달라고 내게 연락을 해왔다.

나는 이미 「기묘한 이야기」 두 시즌을 모두 시청했고 주변 사람들에게 여러 번 이 시리즈를 추천했다. 하지만 나 자신을 열렬한 팬이라고 부르지는 않는다. 팬의 경우, 그들의 헌신은 신성화를 중심으로 하며, 그들의 열정을 공유하는 다른 사람들과 함께 하위문화 공동체를 발전시키는 경우가 많다. 우리 팀과 나는 이 시리즈를 좋아했지만, 진정한 팬의 기준을 충족하지는 못했다. 즉, 이 사람들이 누구인지, 공동체를 자극하는 요인이 무엇인지 이해하기 위해서는 훨씬 더 가까이 다가가야 한다는 점을 의미했다. 이 공동체가 모여 교류하는 많은 장소 중에서 레딧이 이를 관찰하기에 가장 좋은 장소인 것 같았다.

이 사실을 염두에 두고 레딧 플랫폼 전반에 걸쳐 「기묘한 이야기」와 관련된 모든 서브 레딧을 확인하고, 부족의 복잡성에 대해 배울 수 있도록 이 커뮤니티 구성원이 공통으로 공유하는 다른 서브 레딧을 확인했다. 「기묘한 이야기」의 열렬한 팬이 HBO의 공상과학 드라마인 「왕좌의 게임」과 넷플릭스의 다크 시리즈인 「블랙 미러」의 열렬한 팬이라는 사실은 놀라운 일이 아니었다. 그러나 우리가 몰랐던 것은 이 사람들이 드라마에 몰두한 시청자일 뿐만 아니라 이 프로그램 속 숨겨진 메시지와 의미를 알아내기 위해 에피소드를 프레임 단위로 분석하는 탐정이라는 사실이다. 그들은 시즌 2의 9번째 에피소드의 한 장면(26분 13초 지점)을 참고하고 이것을 시즌 1의 7번째 에피소드에 연결해서 시즌 3에서 어떤 일이 일어날지 예측할 수 있었다. 이를 수행할 수 있는 능력은 공동체 구성원의 팬덤에 대한 몰입을 보여주며, 이것은 사회학자 피에르 부르디외가 구체화한 문화자본이라고 부르는, 즉 한 사회에서 사회적 이동을 촉진하는 데 도움이 되는 자산을 팬들에게 제공한다. 조각들을 더 잘 조합할수록 당신은 더 날카로운 통찰력을 가진 것처럼 보이며 더 많은 문화적 자본을 얻게 된다. 부족에 대한 이러한 사실은 에고가 공동체에 기여함으로써 공동체를 활성화하기 위해 추구할 수 있는 흥미로운 기회를 열어주었다.

우리는 호킨스에서부터 시작하기로 했다. 드라마에 등장하는 가상의 호킨스가 아니라 조지아주 호킨스, 위스콘신주 호킨스 등 북미 전역에 존재하는 11개의 실제 호킨스다. 우리는 이 중 10곳에서 구글 어스 이미지를 가져와 1980년대 복고풍의 에고 포장 광고판으로 포토샵 처리를 했다. 에고 로고의 'E'에서 이 드라마의 주인공 일레븐의 시그니처인 코피가 떨어지는 모습이 특징이었다. 그런 다음, 이 이미지를 페이스북, 트위터, 인스타그램에 퍼뜨렸다. 가짜 광고판과 함께 우리는 "기묘한 일들이 다가오고

있다"라는 비밀스러운 메시지를 넣었다. 「기묘한 이야기」의 열렬한 팬들이
이를 주목하고 탐정처럼 조각들을 하나로 모으기 시작할 것임을 알고 있
었기 때문이다.

예상대로 그들은 조각을 맞추기 시작했고 구성원들이 유기적으로 게시
된 이미지에서 집단으로 의미를 구성하기 시작하면서 커뮤니티 안에서 담
론이 촉발되었다. 광고판 이미지들이 레딧에 게재되었는데, 레딧은 가장 열
광적이고 통찰력이 있는 「기묘한 이야기」 팬들이 모인 곳이다. 이 비밀스
러운 광고판 이미지는 레딧의 팬 네트워크 안에서 좋은 반응을 얻었으며
그 결과 코카콜라, 나이키, 배스킨라빈스, 버거킹의 「기묘한 이야기」 유료
캠페인보다 35배나 더 많은 추천을 얻었다. 부족들 가운데 사로잡힌 청중
들과 함께 우리는 에고 브랜드에서 사라진 1980년대 광고 안에 이스터에
그*를 배치했다. 그리고 「기묘한 이야기」 팬들을 인스타그램의 '에고버스
(Eggoverse)'로 초대해서 그들의 내면에 살고 있는 탐정을 만족시켰다. 한 팬
이 이스터에그 하나를 발견하면 그것이 또 다른 이스터에그로 이어지고,
그게 또 다른 이스터에그로 이어지면서 이걸 끝까지 완주한 팬에게는 영
광의 배지를 수여했다.

전체적으로 이 캠페인은 인스타그램 팔로워 수 6,000% 증가, 참여율
11%, 50만 건 이상의 팬 상호작용을 일으켰다. 그러나 무엇보다 중요한 것
은 이 프로그램의 팬덤 사이에서 에고의 입지를 공고히 하는 데 도움이
되었고, 크로거와 월마트에서 에고 판매가 30%나 급증하는 등 이전 시즌

---

* 콘텐츠의 제작자가 콘텐츠 속에 재미로 몰래 숨겨놓은 메시지나 기능

보다 훨씬 높은 증가율을 보였다는 점이다. 우리가 「기묘한 이야기」 팬들의 세계에 몰입하여 그들이 보는 방식으로 세상을 볼 수 없었다면 이것은 불가능했을 것이다. 그들에게 세상은 수수께끼로 가득 차 있으며, 그것을 해결하는 능력은 매우 높이 평가된다. 그들이 누구인지에 대한 이러한 진실을 이해하는 것은 브랜드가 커뮤니티와 의미 있는 방식으로 연결될 기회를 창출한다.

이것이 집단적 관점과 의미 만들기의 힘이다. 공동체와 자신의 정체성을 동일시하는 사람들은 세상을 비슷하게 보기 때문에 공동체의 문화적 특성에 맞게 행동한다. 공동체의 세계관과 그에 상응하는 문화적 특성에 대해 제대로 이해하고 있는 관리자와 리더에게는 이러한 사람들을 움직이게 할 좋은 기회가 있다. 이런 종류의 공동체는 텔레비전 쇼, 가수, 브랜드 제품, 스포츠팀 및 상상할 수 있는 모든 것에 대해 존재한다. 이 연합은 단순히 팀에 충성하는 것이 아니라 우리가 정체성을 부여하는 부족에 소속되는 것이며, 이후에 공동체의 신념, 이념, 유물, 행동, 언어를 고수한다. 이러한 부족들은 우리가 누구인지 투영하고 문화상품 교환을 통해 '우리와 같은' 사람들을 찾을 수 있도록 도와준다.

스케이트 선수 문화에 뿌리를 둔 뉴욕 스트리트웨어 패션 브랜드 슈프림은 스타일, 반항, 진정성을 기반으로 한 정체성을 가진 강력한 글로벌 브랜드가 되었다. 슈프림은 유행을 열심히 따르고 최첨단에 있다고 여겨지거나 멋있다고 여겨지는 옷, 신발, 액세서리를 수집하는 사람들, 즉 '하이프비스트'의 사랑을 받는 브랜드다. 이 사람들은 옷이나 눈에 보이는 유물에 슈프림 로고를 붙이기 위해 상당한 프리미엄을 기꺼이 지불한다. 슈프림은 이를 알고 미술계의 방식을 참고해 자사 제품을 한정 수량으로 제작해서 온라인에 선착순으로 출시한다.

하이프비스트 세계에서는 이것을 '드롭*'이라고 부른다. 슈프림의 브랜드 대변인에 따르면 제품 출시 당일 사이트 트래픽이 16,800%까지 증가할 수 있다고 한다. 미디어 기업 LSN에 따르면 "슈프림과 같은 브랜드들은 제품을 한정 수량으로 출시해 사람들이 '지금이 아니면 절대 못 산다'라고 생각하게 만들어서 평소라면 하지 못했을 충동구매를 하게 만드는 드롭을 완전히 숙달했다"라고 말했다. 드롭은 하이프비스트의 마음속에 이러한 포모(FOMO, fear of missing out, 놓치는 것에 대한 두려움) 시나리오를 촉진하는 메커니즘이다. 나는 스스로를 하이프비스트라고 생각하지 않지만, 특정 드롭 하나가 내 관심을 끌었고 내 고객사인 팜랜드(돼지고기 제조업체)에 소용돌이를 일으켰다.

2018년 8월, 하이프비스트와 스트리트웨어 애호가들이 숨을 죽이고 드롭을 기다리는 동안 슈프림은 신제품 출시를 앞두고 있었다. 이런 열정적인 소비자 집단 중에는 멋진 운동화와 스트리트웨어 패션을 좋아하는 20대 청년 닉 나베타 역시 포함되어 있었다. 그는 전에도 슈프림 제품을 자주 구매했다. 이 특별한 드롭이 닉에게 전혀 다를 것이라는 어떤 징후도 없었다. 어쩌면 그는 제품이 출시되고 몇 분 만에 물량이 바닥나기 전 셔츠를 살 수 있는 운 좋은 몇 안 되는 사람 중 하나일지도 모른다. 아니다. 이날은 전혀 새로운 느낌이 들지 않았다. 닉은 자신이 소셜 미디어 전략가

---

* 협업 한정판이나 컬렉션을 특정 요일이나 시간대에 한정 수량으로 공개해서 판매하는 방식

로 일했던 디트로이트의 풀 서비스 광고대행사인 도너의 자기 자리에 앉아 드롭을 기다렸다. 이번 드롭으로 인해 드롭을 쫓던 자신의 값비싼 취미가 본업에서 성과를 거두게 해줄 거라는 사실을 그때까진 전혀 알지 못한 채 말이다.

슈프림의 신제품이 출시되자마자 닉은 야구 모자에서 이상할 정도로 친숙한 무언가를 알아차렸다. 5개의 패널에 챙이 있는 야구 모자의 중앙에는 고객사인 팜랜드의 로고 패치가 붙어 있었다. 하지만 로고 아래 가로로 적힌 것은 '팜랜드'가 아닌 '슈프림'이었다. 닉은 깜짝 놀라서 곧바로 담당 광고 총책임자에게 달려가 이 사실을 알렸다. 슈프림의 문화적 비중을 알지 못한 그 총책임자는 슈프림을 날려버리고 누군가가 로고의 저작권을 침해하고 있다는 사실을 팜랜드에 알리자고 제안했다. 총책임자가 눈앞에 있는 문화적 기회의 잠재력을 보지 못하자 닉은 나에게 왔다. 도너의 최고 소비자 연결 책임자로서 나는 브랜드가 소비자들이 움직이도록 영감을 주는 마케팅 캠페인을 만드는 데 도움을 주기 위해 데이터, 행동과학에 대한 깊은 이해, 문화에 대한 친밀한 근접성을 집단으로 활용하는 복합 마케팅 담당 부서를 운영했다. 슈프림과의 이 상황은 우리 부서에서 해결해야 할 문제였기 때문에 닉은 내가 일을 진전시킬 사람이라는 사실을 알고 있었다. 닉이 이 상황에 대해 알려주자마자 내가 제일 처음으로 한 말은 "이건 지금까지 팜랜드에 일어난 일 중 가장 멋진 일이야. 뭔가를 해야만 해!"였다. 나는 우리 대행사의 경영진들에게 긴급상황임을 알리며 이 순간이 고객과 우리 회사에 얼마나 중요한 순간인지를 각인시켰고, 팀은 작업에 착수했다.

팜랜드에는 처음 생긴 일이긴 했지만, 슈프림이 위법 행위를 한 건 이번이 처음이 아니었다. 슈프림은 타인의 지식재산권을 불법적으로 탈취해온 오랜 역사가 있다. 슈프림 로고 자체는 사실 예술가 바바라 크루거의 작품을 따라 한 것이다. 크루거는 1970년대에 그래픽 디자이너로 일할 때 푸투라 글꼴을 처음으로 사용했으며, 이를 사람들의 동기를 암시하는 소비생활 사진과 결합했다. 이것이 크루거의 가장 유명한 작품인 「나는 쇼핑한다, 고로 존재한다」에 영감을 주었다. 슈프림은 크루거의 디자인 미학 전체를 자기 것으로 활용했다. 이 경우 슈프림에게 지식재산권을 침해당한 피해자는 기본적으로 다음과 같이 세 가지를 할 수 있었다. (1) 중단하거나 중지시키는 형식으로 행동을 취하거나, (2) 아무것도 하지 않고 그냥 넘어가거나, (3) 문화적 담론을 유발하는 것. 세 번째 방법이 바로 우리가 택한 방식이었다.

먼저, 우리는 위반 행위를 발견한 직후 트윗으로 이렇게 반응했다. "이봐 @슈프림, 저 모자 로고 정말 낯익네. 우리가 이번 드롭을 놓쳤는데, 모자 남는 거 있으면 좀 보내줄 수 있어? #팜랜드×슈프림" 이 트윗은 게시한 지 24시간 만에 좋아요 1만 3,000개 이상, 댓글 200개 이상, 리트윗 4,000개를 기록했다. 게시물에서 10개 이상의 상호작용을 거의 볼 수 없었던 팜랜드로서는 주목할 만한 상승세였다. 스트리트웨어 공동체의 인플루언서들은 "품위 있는 대응이야, 팜랜드"라고 평가했다. 팜랜드는 배우 세스 로건과 유튜브 인플루언서 케이시 니스태트까지 참여시키면서 여러 계정에서 1,000만 개가 넘는 노출 수를 기록했다. 그 영향은 심지어 '재고품 판매시장'인 스탁엑스에서도 볼 수 있었다. 스탁엑스 판매 데이터에 따르면, 애프터마켓* 판매가 눈에 띄게 증가하면서 소매가 44달러였던 이 제품의 수요는 호가 최대 149달러까지 오르기 시작했다.

그 이후 우리는 한 걸음 더 나아가 그다음 주에 있을 슈프림 드롭에 맞춰 그 어떤 룩북과도 다른 완벽한 모델, 즉 우리 농부들이 등장하는 룩북을 만들었다. 룩북에는 팜랜드 로고가 있는 새로운 슈프림 제품을 완벽하게 착용하고 지난주에 출시된 아이템들로 흠잡을 데 없이 조화롭게 멋을 낸, 햇빛에 그을린 피부를 가진 나이 지긋한 농부들이 모델로 등장했다. 그리고 이 룩북은 광택이 나는 고품질 사진으로 만들어졌다. 노란색 네온 박스 로고가 그려진 슈프림 후드티, 편평한 청 재질의 슈프림 스냅백 야구 모자, 청바지를 입고 헛간에 서 있는 할아버지를 상상해보면 룩북의 주제를 짐작할 수 있을 것이다. 노년의 농부들과 현대 스트리트웨어의 이러한 결합은 인터넷에서 폭발적인 인기를 끌었는데 특히 하이프비스트 사이에서 인기가 높았다. 우리가 올린 대응 트윗은 140만 건의 리트윗을 기록했고, 검색 트래픽은 20% 증가했으며 온라인 대화는 736%나 급증했다. 언론에서도 이 내용을 많이 다뤘다. 우리가 만든 룩북은 모든 주요 광고 거래 1면에 게재되었고, 콤플렉스, 페이더, 에스콰이어 같은 문화 사이트에서 화제가 되었다.

내가 이 캠페인에서 가장 좋아했던 점은 그 안에 진실함과 정직함이 가득했다는 점이었다. 슈프림은 탐나는 제품을 만들기 위해 지식재산권을 가져다 쓰는 자신들의 방식대로 행동했다. 팜랜드는 농부들과 함께 작업

---

* 제품 판매 이후 추가로 발생하는 수요에 의해 형성되는 시장

하며 그들만의 방식대로 행동했다. 그리고 우리는 대행사로서 훌륭한 마케터들이 하는 일을 했다. 대화를 촉발하고 궁극적으로 사람들을 움직이는 문화적 촉매제를 만드는 방법을 생각해낸 것이다.

어떻게 돼지고기 생산처럼 전혀 '섹시하지 않은' 일이 회중 문화에 그렇게 큰 파장을 일으킬 수 있었을까? 답은 간단하다. 문화에 영향을 미치려면 공동체를 지배하는 사회적 사실에 대한 예리한 이해를 바탕으로 끊임없이 변하는 문화의 속도에 맞춰 운영해야 한다. 우리는 팜랜드를 멋지게 만들려고 노력하지 않았다. 그랬다면 어울리기 위해 노력하는 브랜드에 매우 차별적인 경향이 있는 하이프비스트에게 즉시 거절당했을 것이다. 사실 우리는 정반대로 행동했다. 우리는 슈프림 탄생의 원동력이 된 스케이터 문화의 "우리를 건드리지 마세요"라는 정신을 잘 활용했고 농부들을 스타일링하는 방식으로 하이프비스트 문화에 대한 풍부한 이해를 보여주었다. 담론을 통해 하이프비스트를 하나로 모으는 촉매제로 그들의 문화에 기여함으로써 우리는 그 문화에 참여할 자격을 얻을 수 있었다. 우리는 광고를 만든 것이 아니라 공동체의 구성원이 자신의 문화적 소속을 표현할 수 있는 수단인 문화적 산물을 만들었다. 슈프림에 대한 우리의 반응을 검토함으로써 공동체 구성원들은 그들의 정체성을 투영하고 그들이 얼마나 '하이프비스트'인지를 보여주었다. 이는 공동체 육성에 도움이 되는 교류를 더 촉진할 수 있었다.

닉이 하이프비스트 문화에 친숙했던 덕분에 우리는 팜랜드×슈프림 캠페인에 성공했다. 문화의 미묘한 특성에 대해 깊이 이해하고 있었고 문화에 참여하고 있었던 덕분에 그런 일이 일어났을 때 드롭을 포착할 수 있었다. 민족지학이나 네트로그래피 같은 연구 방법은 문화적 사건을 체계적으로 관찰하고 이러한 미묘한 차이를 우리 스스로 이해해서 사람들을 움직이게 하는 문화적 산물을 만드는 방법을 제공한다. 더욱이 우리는 단순히 패션 브랜드, 예술가, 유명 인사 같은 문화 생산자의 행동에 반응하는 것을 넘어서 네트워크로 연결된 부족 자체에 의지하여 그 구성원이 자신의 문화 콘텐츠를 만드는 데 활용할 수 있는 대상인 광고, 브랜드 제품, 유물 등을 만들 수 있다. 버락 오바마의 2008년 '희망' 포스터부터 도널드 트럼프의 MAGA 모자까지, '흑인의 생명도 소중하다' 표지판부터 랜스 암스트롱의 '강하게 살아라' 팔찌까지, 우리 역시 공동체의 의견에 귀를 기울이며 무엇이 작동하는지 이해함으로써 정체성을 확인하고 사람들이 행동하도록 영감을 주는 문화적 산물을 적극적으로 만들 수 있다.

사후 대응에서 사전 대응으로

1995년 창립 이래 맥도날드는 세계에서 가장 인정받는 브랜드가 되었다. 맥도날드는 곳곳에 자리 잡으면서 실질적으로 패스트푸드 산업을 확립했고 행복을 위한 목적지로 미국인들의 마음속에 들어왔다. 어렸을 때 맥도날드를 저녁으로 먹거나 가족 여행 중에 맥도날드에 들르는 것만큼 내 삶에 큰 즐거움을 가져다준 일은 거의 없었다. 우리 초등학교 농구팀은 맥도날드에서 승리를 축하했고 학교 현장학습을 하다가 종종 맥도날드에 들렀으며, 몇몇 아이들은 실제로 맥도날드의 놀이 공간에서 생일을 축하했다. 해피밀에서 시작해 쿼터 파운더 콤보로 졸업했을 때도 맥도날드는 늘 자그마한 기쁨처럼 느껴졌다. 물론 이런 경험이 나에게만 국한된 것은 아니다. 이 글을 읽다 보면 아마 맥도날드에서의 개인적인 순간들을 떠올리며 마치 정신의 들로리언*처럼 시간을 거슬러 올라가 향수의 물결을 느낄 것이다. 맥도날드는 많은 사람에게 특별한 장소였다. 하지만 이 느낌은 2004년 이후 저예산 영화 「슈퍼 사이즈 미」 덕분에 사라지기 시작했다.

「슈퍼 사이즈 미」는 신인 영화감독 모건 스펄록이 만든 다큐멘터리로 그는 30일 동안 하루 세 끼 맥도날드에서 식사한 경험을 기록했다. 영화에 따르면 스펄록은 체중이 11kg 늘었고 콜레스테롤 수치가 증가했으며 간이 손상되었다. 그러나 스펄록이 자신의 실험 결과를 입증하기 위한 식사 기록을 전혀 작성하지 않았기 때문에 이런 결과에 대한 설명은 의문의 여지가 있다. 그럼에도 이 이야기는 미국 내 비만 확산에 대한 사람들의 인식이 높아진 상황과, 맥도날드 때문에 자신이 비만이 되었다고 비난한 두 명의 10대 청소년 애슐리 펄만과 재즐리 브래들리가 맥도날드를 상대로 제기한 계류 중인 소송과 완벽하게 맞아떨어졌다. 「슈퍼 사이즈 미」는 하나의 아이디어를 가져와 세상이 볼 수 있도록 실체화해서 이야기를 제공함으로써 사람들에게 퍼지게 했다.

미군 의무감에 따르면 비만은 미국을 괴롭히는 전염병으로 패스트푸드가 병원체고, 이 분야에서 가장 큰 기업인 맥도날드가 완벽한 숙주였다. 스펄록의 영화는 맥도날드를 비만 전염병의 악당으로 규정했고, 결과적으로 브랜드에 대한 호감도가 낮아졌으며 이에 따라 매장 방문과 전년 대비

---

* 영화 「백 투 더 퓨처」에 나오는 시간 여행 자동차

매출이 감소했다. 이것은 남은 2000년대와 2010년대 내내 맥도날드에 닥친 상황이었다. 2019년 초만 해도 브랜드에 대한 전망이 밝지 않아 보였는데, 바로 그때 우리 와이든앤케네디 뉴욕이 맥도날드를 만났다.

수년 동안 맥도날드는 사방에서, 즉 언론, 대중, 그리고 그 중간에 있는 모든 사람들에게서 나온 증오와 싸워왔지만, 그 싸움은 절대 끝나지 않을 것 같았다. 맥도날드 브랜드는 패스트푸드로 가는 지름길이 되었고 건강을 염려하는 비평가들의 표적이 되었으며 이 모든 게 맥도날드에게 불리한 명제임이 증명되었다. 자신을 비방하는 사람들의 증오심을 억제하기 위해 맥도날드는 음식의 조달 및 제조 방법을 투명하게 공개하고 샐러드같이 더 건강한 선택지를 넣어 메뉴를 업데이트하는 새로운 마케팅 캠페인을 시도했다. 그러나 그 결과는 예년과 크게 다르지 않았다. 상황은 말할 것도 없이 안 좋았지만, 브랜드가 고려하지 못한 한 가지 진실이 있었다. 맥도날드를 싫어하는 사람들이 많았음에도 불구하고 이 브랜드를 사랑하는 사람이 더 많다는 사실이다.

온갖 악의적이고 공개적인 비난에도 불구하고 수천만 명이 매일 식사할 만큼 맥도날드는 정말 많은 사랑을 받고 있다. 그렇다면 그들에게 집중하는 게 어떨까? 당신을 싫어하는 사람보다 당신을 좋아하는 사람에게 집중하는 게 어떨까? 팬들에게 집중하는 게 어떨까? 그게 바로 우리가 한 일이었다. 우리는 맥도날드와 파트너십을 맺고 브랜드가 세상에 나타나는 방식을 바꾸고 이후 많은 사람이 행동에 나서도록 영감을 주는 플랫폼을 만들었다. 이 모든 게 우리가 '팬 트루스(맥도날드 팬의 진실)'라고 부르는 것에서 시작되었다.

와이든에서 본격적으로 이 일에 뛰어든 팀에는 뛰어난 실무자들이 교대로 참여했지만, 핵심 팀원은 닐 아서(당시 전무 이사), 칼 리버만(당시 제작 총괄 이사), 댄 힐(전략 책임자이자 나의 전임자), 잭 스틸(당시 신사업 책임자), 잭 크롤리(당시 제작 총책임자)였다. 이 팀은 「기묘한 이야기」의 팬, 하이프비스트 공동체의 구성원, 기타 네트워크 부족들과 마찬가지로, 맥도날드 팬들 역시 모두 담론과 사회적 관찰을 통해 집단으로 협상하고 구축한 일련의 문화적 특징을 공유하고 있다는 점을 맥도날드 측에 알렸다. 맥도날드 팬덤의 사회적 사실인 이 '팬 트루스'를 이해하면 팬을 팬처럼 참여시키는 데 도움이 될 것이므로 우리는 좀 더 가까이 다가가야 했다.

다행스럽게도 우리는 케냐, 우간다, 탄자니아에서 비정부기관을 위한 현장 조사를 수행하는 데 수년을 보내고 광고계에 막 입문한 제닛 클라섹을 최근에 고용했다. 제닛은 그 어떤 곳에 떨어뜨려놓아도 탈출구를 찾을 뿐만 아니라 그 과정에서 10명의 새로운 친한 친구를 사귈 수 있는 사람이다. 그는 우리가 맥도날드 팬덤의 미묘한 차이를 알 수 있도록 도와주는 완벽한 사람이었다. 그래서 제닛은 당시 와이든앤케네디의 브랜드 전략 이사였던 타스 치토플로스와 함께 미국 중심부인 일리노이, 위스콘신, 인디애나, 켄터키, 앨라배마, 조지아 전역을 여행하며 진짜 팬 트루스를 밝히기 위해 실제 사람들과 이야기를 나누며 민족지학을 실시했다.

제닛과 타스는 2,100km에 걸쳐 8개 도시와 25개 마을을 방문했고, 맥카페 14개, 치킨 맥너겟 140개, 세계적으로 유명한 감자튀김 1,100개, 피시버거 3개, 쿼터 파운더 콤보 4개(디럭스 2개, 빵이 없는 걸로 1개), 빅맥 2개, 맥플러리 3개(기계가 작동할 때)를 먹으며 60명의 사람과 이야기를 나눴다. 그들의 연구를 통해 맥도날드 팬덤을 구성하는 일련의 신념, 유물, 행동 의식, 언어를 연대순으로 기록한 일종의 성경 『팬 트루스 책』이 탄생했다.

친숙하게 들릴 수 있는 몇 가지 사실은 다음과 같다. (1) 당신의 친구는 더 먹고 싶지 않다고 말한 뒤에도 계속 감자튀김을 먹을 것이다, (2) 물을 마시겠다고 컵을 받아 탄산음료를 채우는 것은 아슬아슬한 행동이다*, (3) 포장지에 붙은 치즈를 먹지 않는 사람이 있을까? 팀이 밝혀낸 많은 팬 트루스 중에서 내가 제일 좋아하는 건, 맥도날드에 셀 수 없이 많이 갔음에도 불구하고 카운터에 도착해서 주문할 순서가 되면 당신은 늘 "음… 뭐 먹지?"라고 말한다는 거다. 나는 이걸 제일 좋아한다. 왜냐면 뭘 먹을지 고민하면서 뜸을 들이는 건 너무나 변하지 않는 사실이며 부정할 수 없을 만큼 설득력 있기 때문이다.

문화적 관습에 대한 진실을 확인해 공식적이든 무언으로든 공동체 구성원에게 공개되면 구성원들은 눈에 보인다고 느낀다. 특히 이러한 관행이 너무 무의식적이어서 구성원 자신도 모르게 일어날 때 더욱 그렇다. 당시 여자친구이자 지금의 아내가 내 습관 중 하나를 들춰내며 "자기가 이런 행동 하는 거 알아차린 적 있어?"라고 묻곤 했던 것과 비슷하다. 나는 '내가 진짜 그렇게 한다고? 아, 정말 그렇네. 와, 알렉스가 그걸 눈치채다니 정말 놀랍군'이라고 생각한다. 그리고 그 순간 내 특이점을 그렇게 미묘하게 이해하는 데 필요한 친밀함을 느끼기 때문에 우리는 더 가까워진다.

이러한 뜻밖의 사실은 누군가가 '우리를 이해한다'라고 느끼게 하기 때

---

* 미국 맥도날드는 음료값을 내고 컵을 받아 원하는 음료수를 직접 따라 마시는 시스템이다.

문에 애정이 느껴진다. 코미디언이 관찰하고, 이해하며, 보고하듯이 마케팅 담당자는 사회 현상을 관찰하고 문화 코드를 이해하며 자신이 세상에 내놓은 문화적 산물을 통해 그에 대한 신호를 전달한다. 맥도날드 팬이라면 이 팬에 대한 진실을 읽고 나서 '와, 진짜 그래'라고 생각하면서 조금 더 가까이 다가선다. 와이든앤케네디에서는 "특정한 것에서 우리는 보편성을 찾는다"라고 자주 말하곤 한다. 한 부족의 문화적 관습에 대한 진실은 더 많은 회중 전체에 영향을 미치고 잠재적인 개종자들에게까지 영향을 미쳐 공동체의 성장을 촉진한다. 그게 바로 진실의 힘이다.

전국에서 낯선 사람 100명을 모아놓고 그들에게 생물학적인 공통점 외어떤 공통점이 있는지 물어봤을 때 그들이 모두 맥도날드에서 식사를 해본 적이 있을 확률은 대략 99.99%일 것이다. 이건 사실이다. 드물겠지만 누군가 이와 반대되는 내용을 보고한다면 우리는 그 사람을 믿을 수 없다는 표정으로 바라볼 것이다. 맥도날드에 한 번도 가본 적 없는 사람이 있을까? 실로 위대한 대중화다. 브랜드에 대한 공개 담론이 무엇이든 간에 우리는 모두 맥도날드에서 식사한 적이 있다. 그렇지 않은가? 사실 우리는 모두 나만의 메뉴를 가지고 있다. 나는 더블 치즈버거 세트에 피클을 추가하고 하이씨 오렌지 음료를 곁들인다.

그건 그 자체로 팬 트루스다. 우리 모두에게는 자신만의 주문 메뉴가 있다. 아무리 대단하고 유명한 사람이라도 그렇다. 이러한 팬 트루스를 염두에 두고 우리는 맥도날드 팬을 직접 겨냥한 슈퍼볼 광고를 시작했다. 치킨 맥너겟을 꿀에 찍어 먹는 킴 카다시안, 피시 버거를 먹는 매직 존슨, 쿼터 파운더를 주문하는 조 몬태나, 빅맥을 주문하는 우피 골드버그 등 유명한 팬들이 주로 무엇을 주문하는지 집중 조명했다. 광고에 대한 반응은 폭발적이었다. 사람들은 소셜 네트워킹 플랫폼을 통해 자신이 무엇을 주문하는지 올리고 광고에 등장하는 사람들을 포함한 다른 사람들의 주문이 얼마나 좋은지에 대해 토론했다. '페이머스 오더(유명한 사람들이 주문한 메뉴)'는 사람들에게 대중화 효과를 가져왔다. 세계적으로 가장 유명한 슈퍼스타 가운데 일부가 당신과 같은 메뉴를 주문한다는 것을 공유하면서 당신이 사람들과 연결되어 있다고 느끼게 하고 결과적으로 맥도날드가 공동체라는 느낌이 들게 했다.

와이든앤케네디의 제작 총책임자인 브랜든 헨더슨은 설명했다. "사람들이 다른 사람들의 식사 선택을 옹호하는 반응은 정말 미친 것 같았다. 우리는 '페이머스 오더'의 성공을 되돌아보며 '음, 여기에 뭔가 더 있을 수도 있겠군'이라고 생각했다." 맥도닐드에 있는 우리 파트너들은 운동 에너지가 솟아오르는 것을 느낄 수 있었다. 그래서 우리는 한 걸음 더 나아가 연예인들과 협력하여 그들이 주문한 메뉴를 한정된 기간에만 구매할 수 있는 실제 메뉴로 만들었다. 우리는 맥도날드 음식을 먹은 연예인을 찾는 게 아니었다. 우리는 모두 맥도날드 음식을 먹기 때문이다. 대신 우리는 그들의 팬덤에 대해 부끄러워하지 않는 적절한 맥도날드 팬을 찾고 있었다. 단순한 메뉴가 아닌 그들만의 특유한 독특함으로 구성한 메뉴를 가진 팬층. 미국 맥도날드의 브랜드 콘텐츠 및 참여 담당 부사장인 제니퍼 제이제이 힐란은 "이것이 그 아이디어를 정말로 특별하게 만드는 이유이고, 모든 주문에 약간의 변화를 줌으로써 맥도날드의 각 파트너에게 더 개인적으로 특화되게 만들었다"라고 상기했다.

우리의 첫 번째 파트너는 휴스턴에서 자란 힙합 아티스트이자 힙합 및 스트리트웨어 공동체에 엄청난 영향력을 미치는 창의적인 천재 트래비스 스콧이었다. 트래비스 스콧이 제이지나 에미넴만큼 '인기'가 많지 않을 수도 있지만 그의 영향력은 비교할 수 없을 만큼 컸다. 게다가 2019년 트래비스 스콧이 부가티*에 기대어 맥도날드 버거를 먹고 있는 유명한 사진은 그를 선택한 게 옳았음을 증명했다. 그가 주문한 메뉴는 고향인 텍사스주 휴스턴에서 즐겨 먹었던 것과 똑같았다. 베이컨을 추가하고 치즈와 양상추를 곁들인 쿼터 파운더 버거에 바비큐 소스를 곁들인 감자튀김과, 스프라이트였다. 누구나 언제든지 주문할 수 있었던 이 메뉴는 이제 한정된 시간 동안 트래비스 스콧의 시그니처 메뉴인 '캑터스 잭' 식사로만 주문할 수 있게 되었다. 이 메뉴의 천재성은 캑터스 잭이 '나, 마커스 콜린스'일 수도 있다는 것으로 맥도날드 팬덤 안에서 대중화 감각을 한층 더 키웠다는 사실이다. 이 메뉴와 함께 우리는 맥도날드의 풍부한 향수를 살리면서 현대 스트리트웨어의 개성을 불러일으키는 시각적 미학을 바탕으로 트래비스가 직접 디자인한 맥도날드 유물 컬렉션을 출시했다.

캠페인이 시작되자 마치 수문이 열린 것처럼 캑터스 잭 메뉴에 대한 수요가 폭발해 전국 맥도날드 레스토랑에서 소고기, 양파, 양상추, 심지어 스프라이트까지 바닥나는 일이 벌어졌다. 쿼터 파운더 매출은 첫 주에 두 배로 뛰었고 4주 만에 매출이 10% 늘어나면서 수익이 5,000만 달러 증가했다. 월스트리트 분석가들조차 맥도날드의 주가가 급등하고 시가총액이

---

* 수십억대의 초고성능 슈퍼카

100억 달러 증가하는 것을 보면서 이 캠페인의 영향력을 인지했다. 캑터스 잭을 갖고 싶어 하는 사람들이 너무 많아서 팬들은 시그니처 밀을 홍보하는 매장 내 간판을 훔쳐 이베이에서 포스터를 되팔 정도였다. 광고 총책임자인 헨더슨의 말이 정말로 옳았다. 여기에는 분명히 더 많은 것이 내포되어 있었다.

'페이머스 오더'는 유명 팬들의 시그니처 주문을 기념하는 지속적인 플랫폼 아이디어가 되었다. 트래비스 스콧과의 파트너십이 성공한 이후에, 우리는 라틴 음악 슈퍼스타인 '레게톤*의 왕자' 제이 발빈을 선택했다. 발빈의 주문은 피클이 없는 빅맥, 케첩을 곁들인 감자튀김 중간 크기, 오레오 맥플러리였다. 우리는 또 다른 시그니처 주문 파트너십으로 이 컬래버레이션을 계속 이어갔다. 케이팝을 전 세계적인 현상으로 만든 BTS와 함께했고, 이후에는 스타덤에 오른 힙합 아티스트 시위티와 또 다른 파트너십을 맺었다.

맥도날드는 '페이머스 오더'로 엄청난 성공을 거두었고, 팬덤 없이 베껴서 자신들만의 파트너십을 맺은 버거킹 같은 다른 패스트푸드 브랜드의 모방이 계속되었다. 그러나 '페이머스 오더' 캠페인의 핵심은 팬덤이었다. 이 캠페인은 유명 연예인 그 자체에 관한 것이 아니라 공동체의 팬덤을 중심으로 이루어졌다. 업계 언론에서는 '페이머스 오더'를 '유명인의 식사'라고 언급했지만 이건 정확한 설명이 아니었다. 닐 아서가 말했듯이 이건 "유명인의 식사가 아니라 공동체의 식사"였다. 맥도날드의 팬덤과 연예인 파

---

* 1980년대에 푸에르토리코에서 시작된 레게음악의 한 종류

트너의 팬덤이 결합된 식사였으며, 이 모든 게 기업과 소비자의 관점이 아닌 팬과 팬의 관점에서 상호작용하면서 팬들을 팬처럼 사로잡는 브랜드에 의해 촉진되었다.

이후 팬들은 광고, 메뉴 항목, 간판, 상품 등의 맥도날드 마케팅을 문화적 산물로 활용해서 자신의 정체성을 알리고 같은 공동체에 속한 다른 사람들을 찾아내기도 했다. 심리학자들이 동종 선호라고 부르는 이 현상은 사람들이 자신과 비슷한 사람들과 어울리려는 경향을 말한다. 맥도날드의 팬들은 집단으로 소셜 네트워킹 플랫폼에서의 대화와 이미지, 비디오, 밈과 기타 문화 텍스트를 전달하면서 의미 형성, 의식 관행, 소비자 태도 같은 공동체 및 소비자의 정체성을 구축했다. '페이머스 오더'는 문화의 광범위한 영향력을 활용해 맥도날드 팬들 모임과 회중을 구성하는 모든 부족이 행동을 취하도록 촉진한 시스템에 대한 외생적 충격이었다.

맥도날드라는 브랜드 및 그 놀라운 마케팅팀과 함께한 우리 작업이 그토록 성공적일 수 있었던 비결은 무엇이었을까? 바로 맥도날드 팬덤에 대한 진실성이었다. 팬 트루스, 즉 맥도날드 팬덤의 공동 관행을 구성하는 사회적 사실에 대한 깊은 이해는 팬들이 지닌 팬덤을 촉진해서 팬을 활성화할 수 있는 능력을 갖추게 했다. 우리는 비하이브와 마찬가지로 공동체를 만들지 않았다. 대신 가까이 다가감으로써 공동체가 하나로 모이도록 도왔다. 그들은 그들을 관찰했다. 그들은 그들과 이야기했다. 그들은 그들의 말을 들었다. 그리고 가장 중요한 것은 그들이 그들을 이해했다는 사실이다. 더 구체적으로 그들은 부족이 의미를 만들고 팬덤을 행사하는 방식을 이해했다.

이는 정보에 관한 것이 아니라 친밀감에 관한 것이었다. 팬, 부족, 새로운 부족(neotribes), 공동체, 네트워크, 소비문화, 그리고 다양하게 불리는 많은 별명은 모두 사람이라는 동일한 의미를 갖는다. 사람들을 움직이게 하려면 사람들과 그들의 연결 성향에 초점을 맞춰야 한다. 물론 해당 사람들을 지배하는 문화적 특성이 이러한 연결을 촉진하고 강화한다. 이 문화적 특성을 받아들이는 것은 집단행동을 촉진하고 사람들이 움직이도록 영감을 준다.

2장에서 살펴본 것처럼 최초의 브랜드들은 소비자가 어떤 제품이 어떤 회사에 속하는지 구분할 수 있게 하는 수단 역할을 했다. 브랜드 마크는 소유권에 대한 '법적 표시' 역할을 했다. 수년에 걸쳐 마케팅 담당자들은 심리학 연구에서 가져온 가치 제안과 포지셔닝 설명을 사용해 자사 제품을 경쟁사 제품과 차별화했다. 이를 통해 브랜드는 법적 상표에서 소비자의 불확실성을 흡수하는 메커니즘인 '신뢰 표시'로 진화했다. 이 경우 브랜드 마크는 소비자에게 제품의 성능을 신뢰할 수 있도록 보장하는 굿하우스키핑 마크를 제공했다. 이런 식으로 브랜드의 장점은 신뢰 표시였다. 나중에 마케팅 담당자들은 브랜드를 신뢰로 강화된 거래 관계에서 사랑을 바탕으로 한 친밀감 기반 관계로 끌어올리기 위해 소비자들 사이에서 감정을 불러일으키기 위한 마법을 부렸다. 광고대행사 사치앤사치의 회장이자 CEO인 케빈 로버츠는 이런 브랜드들을 '러브마크'라고 언급했다. 그러나 오늘날 문화 그리고 그에 따른 산업을 지배하는 브랜드는 우리가 누구이며, 계층화된 사회 세계에서 어디에 거주하는지 전달하는 데 사용하는 마크인 '정체성 마크'로 진화했다. 애플, 슈프림, 나이키, 칼하트, 벤앤제리스, 파타고니아, 버니 브로스, MAGA, 큐어넌과 같은 이러한 기호는 단순히 법적 표시, 신뢰 표시 또는 러브마크 그 이상이다. 이런 브랜드들이 지니는 의미와 이념적 연관성, 그리고 그 브랜드를 소비하는 사람들과의 일치성을 기반으로 사람들이 자신을 세상에 투영하기 위해 사용하는 정체성의 영수증이다. 문헌에서는 이를 자기개념 이론이라고 부르는데, 사람들은 자신의 개념과 일치하거나 자신의 개념을 나아지게 하거나 어떤 방식으로든 잘 맞는 브랜드를 구매한다.

이러한 현상의 결과는 의심할 여지 없이 브랜드를 진화의 다음 단계, 즉 브랜드의 미래, '부족의 상징'으로서 브랜드를 이끌게 될 것이다. 자연스럽게 사람들이 자신의 정체성을 전달하기 위해 사용하는 브랜드는 브랜드의 이념에 동의하는 사람들을 육성하고 촉진함으로써 '정체성 마크'에서 '부족 마크'로 승격할 수 있는 단계에 이르렀다. 이것을 예측하기 위해 마법의 수정구슬이 필요하지는 않다. 벽에 쓰여 있으니 말이다. 정부, 군대, 종교 등 세계에서 가장 오랜 역사를 가진 기관들은 태초부터 이를 이해해 왔으며 부족의 문화를 활용해 구성원들이 참여하도록 하고 집단행동을 촉진시켰다. 우리는 정체성에 기반한 정치 상태에 있지 않다. 우리는 사람들이 모여서 자신과 같은 사람들과 협력하여 행동하는 부족 정치에 맞서 싸우고 있다.

본질적으로 공통의 관심사와 소비활동을 기반으로 공동체에 가입한다는 개념은 새로운 현상이 아니다. 트레키즈*, 할리데이비슨 오토바이 소유

---

* 영화「스타트렉」의 열성적인 애호가를 지칭하는 용어

주 모임, 스니커헤드*, 힙합 공동체, 비하이브, 스위프티**, 심지어 사람들이 에드워드 팀 또는 제이콥 팀 회원이라고 주장하는 영화 「트와일라잇」의 팬들을 생각해보면, 사람들은 오랫동안 상업이라는 맥락 안에서 유사한 문화적 특징을 공유하는 집단 안에 모여들었다. 이것은 전형적인 인간의 행동이며 우리는 결국 사회적 동물이다. 그러나 오늘날과 다른 점은 소셜 네트워킹 플랫폼 같은 현대 기술은 물론 대체 불가능한 토큰(이후 NFT), 기타 웹 3.0 기술 같은 미래 기술이 내재적 인간 행동을 운용하는 더 많은 기회를 창출한다는 사실이다.

잭 도시가 미래에 대해 예측하지만, 나는 그렇게 통찰력이 있다고 생각하지 않는다. 내 마음대로 미래를 볼 수 있는 수정구슬은 없지만, 미래는 분명하다. 승리하는 브랜드, 회사, 조직이나 단체는 자신의 부족을 활성화하는 브랜드가 될 것이다. 마찬가지로 NFT의 미래는 본질적으로 브랜드의 미래와 연결되어 있다. 왜냐하면 NFT는 브랜드가 공동체를 활성화하고 구성원 간의 충성도를 높일 수 있게 하는 부족 회원으로서의 자격 수료증을 제공하기 때문이다. 표면적으로 '토큰'은 고유한 디지털 자산의 소유권이다. 하지만 이런 소유권의 수령은 훨씬 더 큰 것에 대한 접근성을 제공하기도 한다. 영화 「존 윅」에서 뉴욕 콘티넨털 호텔에 입장할 수 있는 금화와 마찬가지로 이 토큰은 소유자에게 공동체 내 회원 자격을 부여한다. 표면적으로는 당신이 '우리 중 하나'임을 인증하는 문화적 유물이다. 1932년작

---

* 열성적인 스니커즈 수집가
** 테일러 스위프트의 팬덤을 지칭하는 용어

영화 「프릭스」에 나오는 '구블 고블' 장면*을 예로 들 수 있다. 이것은 대중에 관한 것이 아니라 하위문화 공동체에 관한 것이다.

여기서 상황이 재미있어진다. 이 경우 'T'는 사실 '토큰(token)'을 의미하지 않는다. 오히려 '부족(tribes)'에 더 적합하다. NFT는 브랜드가 토큰 소유자에게 이익이 되는 로드맵을 설계할 수 있도록 부족 멤버십을 촉진하는 기술을 마케팅 담당자에게 제공한다. 특히 애플, 포드 F-150, 파타고니아, 스포츠팀, 비영리 단체, 심지어 정당 같은 부족 연합을 이미 가지고 있는 브랜드나 조직의 경우 실제 자산은 공동체 육성에서 비롯되는 가능성에 비해 중요하지 않다. 코트 바로 옆 좌석이든 맨 뒷좌석이든 프로농구 경기 후 코트에 접근할 수 있게 해주는 레이커스 NFT를 상상해보라. 이 글을 쓰는 이 시점 코첼라는 팬들에게 평생 코첼라 무대 제일 앞줄을 이용할 수 있는 NFT 컬렉션 판매를 시작한다고 발표했다. 기회는 정말 무궁무진하다. 그 자체로 얻을 수 있는 혜택뿐만 아니라 브랜드, 아티스트 또는 기관이 자신이 보는 방식으로 세상을 바라보는 사람들의 부족을 활성화하는 방식이다. 이것은 브랜드와 NFT를 위한 진정한 기회일 뿐만 아니라 분명히 브랜드의 미래이기도 하다.

세계 최고의 마케팅 담당자들은 대부분의 사람들보다 이 점을 더 잘 이해하고 있다. 그러나 그들의 직함에는 '마케팅'이라는 단어가 없다. 아, 이런. 대신 그들은 정치 세계에서 왔으며 부족(특히 공화당)의 문화적 영향력을

---

* "당신을 우리 중 한 명으로 받아들이겠어요. 구블 고블! 구블 고블!" 하면서 의식을 행하는 장면. 영화가 개봉된 이후 입회식 등에서 구호로 사용된다.

활용해 사람들을 움직이게 한다. 즉 투표하고, 비판적 인종 이론 같은 새로운 언어를 채택해 악랄한 것으로 만들고, 거짓말, 그것도 엄청난 거짓말을 받아들이고 옹호하거나 사망의 위험이 있음에도 마스크 착용이나 코로나19 백신 접종을 거부하도록 만든다.

이것은 과장이 아니다. 미국 공영 라디오 방송 조사에 따르면 2020년 대선에서 트럼프에게 30% 이상 투표한 카운티의 코로나 사망률은 바이든에게 투표한 카운티의 사망률보다 2.73배 높았다. 트럼프를 지지하는 비율이 더 높은 카운티에서는 코로나19 사망률이 훨씬 더 높았다. 왜 그럴까? 그 이유는 현재 공화당의 문화적 규범은 마스크 착용과 백신 접종에 반대하는 것이기 때문이다. 이것은 공화당 부족 구성원들의 기대였다. 부족이 이런 문화적 관행을 채택하자 도널드 트럼프 자신도 부족의 복음을 전파하는 대변인임에도 불구하고 그 노선을 바꿀 수 없었다. 사람들과 연결되어 그들을 움직이게 하려면 복음이 그 사람들이 세상을 보는 방식과 일치해야 한다. 해고된 폭스 뉴스 진행자 빌 오라일리와 함께한 대통령직 이후 순방에서, 트럼프는 보수주의자 군중에게 그들을 둘러싼 모든 공개 담론 가운데 백신의 보호 효과에 대한 공로를 인정받기 위해 백신을 접종해야 한다고 말했다. 군중들이 곧 트럼프에게 야유를 보내기 시작했다. 부족이 말을 했다.

이것은 미래가 아니라 오늘이다. 작가 윌리엄 깁슨은 "미래는 이미 여기에 와 있다. 단지 널리 퍼져 있지 않을 뿐이다"라고 말한 것으로 유명하다. 사람들이 행동하게끔 문화의 힘을 이용하고 그 영향력을 활용하는 능력을 모든 사람에게 제공하는 게 이 책의 전반적인 목표이다. 그러나 그렇게 하려면 책임에 대한 대화가 필요하다. 이 내용을 마지막 장인 다음 장에서 다루도록 하겠다.

원리와 노하우

세상은 끊임없이 움직이고 있으며 세상 안의 모든 것은 계속해서 변한다. 오늘날의 기술은 한때 상상조차 할 수 없었던 방식으로 이런 변화를 가속화한다. 서로 연결하고, 배우고, 영향을 미치는 사람들의 능력은 문화와 그에 따른 관행에 큰 영향을 미쳤다. 이러한 기술은 또한 비즈니스 리더와 아이디어 개발자들이 다른 사람들의 문화와 모든 역동성을 관찰하고 연구하여 이런 사람들을 행동하게 만드는 요소와 그들에게 가장 잘 다가갈 수 있는 방법을 배울 수 있는 엄청난 기회를 만들어냈다. 이렇게 하는 여러 가지 방법이 있지만, 여기 시작하는 데 도움이 되는 몇 가지 조언이 있다.

　나는 새로운 문화에 대해 탐구할 때 일반적으로 먼저 공동체와 관련한 언어 감각과 일반적인 관심사에 대한 이해에서부터 시작한다. 이를 위해 트위터에서 특정 주제, 단어, 해시태그, 사람, 날짜 등에 맞춰 맞춤 검색할 수 있는 무료 도구인 트위터 고급 검색 기능을 사용한다. 끝이 없어 보이는 주제에 걸쳐 트위터에서 일어나는 수백만 건의 대화들을 고려할 때 트위터 고급 검색은 당신의 연구와 가장 관련성이 높은 대화로 범위를 좁히는 데 도움을 준다. 나는 주로 주제나 해시태그로 검색하는데, 완전한 채식주의자(비건) 문화에 대해 알고 싶다면 #비건 또는 '채식주의자 되기'로 검색해보는 걸 추천한다. 검색 결과가 나오면, 비건에 대해 어떤 내용이 오가는지와 이와 관련하여 어떤 다른 내용이 이야기되는지 시간순으로 살펴볼 수 있다. 채식주의 문화에 대한 중요한 주제를 파악하려면 수백 개의 트윗을 읽어야 할 수도 있다. 그러나 일단 그렇게 하고 나면 이 주제와 관련해 논의되고 있는 내용에 대해 전반적으로 이해할 수 있게 된다. 그러면 다음 단계인 레딧을 시작할 준비가 된 것이다.

　레딧 플랫폼에 익숙하지 않은 경우 약간 겁나며 탐색하기가 어려울 수 있지만 낙담하지 마라. 풍부한 문화 정보가 당신이 가져가기만을 기다리고 있는 활기찬 환경이다. 이렇게 레딧을 사용하는 목적은 공동체가 문화를 채택하는 것을 관찰하고 공동체 구성원이 집단으로 의미를 만드는 담론에 참여하는 것을 '듣는' 것이다. 이 단계를 시작하려면 연구 중인 공동체와 관련된 서브 레딧을 찾아라. 비건이라면 '비건', '야채 기반 식단', '비건 피트니스', '비건 음식'과 같이 내용에 맞는 다양한 서브 레딧을 찾을 수 있다. 이 각각의 서브 레딧을 클릭하고 공동체 회원들 사이에서 오가는 대화 내용에 푹 몰입해보라. 트위터 고급 검색 기능을 통해 찾은 테마, 언어, 관련 주제 중 일부와 공동체 내 대화에서 이런 항목이 어떻게 논의되는지에 주목하라.

그저 관찰하고 듣기만 하는 게 아니라 내면화하고 이해해야 한다는 걸 명심해라. 공동체 구성원들의 교류를 읽으면서 자신에게 이 세 가지 질문을 해보자. 그들은 왜 이런 일을 하는 걸까? 그들은 무엇을 느낄까? 그들은 주변 세계를 어떻게 바라볼까? 이렇게 하는 목표는 조금씩 조금씩 이해를 해나가는 것으로 이것은 우리 자신만의 시각이 아닌 공동체의 시각으로 세상을 바라볼 수 있을 때만 가능하다. 이런 종류의 연구를 많이 하면 할수록 속도가 더 빨라지고 학습 능력도 향상되기 때문에 사수 하는 것을 추천한다.

제 7 장

문화적 산물의 의미

1785년 겨울, 메릴랜드의 어떤 마을에 살던 한 무리의 아이들은 엘리 케드워드라는 56세의 아일랜드 여성이 마법을 부린다며 비난했다. 지역 주민들은 분노했다. 마법에 대한 의구심은 거의 1세기 전, 마을에서 약 645km 북쪽에 있었던 세일럼 마녀 재판 이후로 완화되었지만, 마법은 여전히 악마적인 것으로 인식되며 환영받지 못했다. 소문에 따르면 케드워드는 마을에서 추방되어 나무에 묶인 채 피난처나 방어 수단 없이 극심한 겨울을 견뎌야 했다. 그녀는 그렇게 죽은 것으로 추정되었다.

처형이라고밖에 표현할 수 없는 사건이 발생한 지 불과 몇 주 후, 케드워드에게 유죄 판결을 내렸던 주민 모두와 마을 아이들의 절반 정도가 알 수 없는 이유로 행방불명되었다. 저주를 두려워한 나머지 마을 사람들은 다시는 그 일과 엘리 케드워드라는 이름을 입에 올리지 않겠다고 다짐하며 마을을 떠났다.

39년 후 이 마을에 다시 사람들이 정착했다. 새로운 주민들에 의해 이 마을은 원래 이름이었던 블레어가 아닌 메릴랜드주 버키스빌로 다시 설립되었다. 마을이 생긴 이후 수년 동안 버키스빌에서는 아이들이 의문의 죽음을 당하는 일이 잇따랐다. 마녀 같은 존재 때문이라는 목격자의 진술 외에는 설명할 수 없는 끔찍한 죽음이 이어졌다. 이 마녀는 엘리 케드워드의 영혼이며, 그 죽음은 블레어 마녀의 저주 때문에 발생한 거라는 전설이 떠돌았다.

이 전설에 호기심이 생긴 몽고메리대학의 영화학도 헤더, 조슈아, 마이클은 메릴랜드주 버키스빌에 있는 블랙힐스 숲에 들어갔지만 끝내 나오지 못했다. 1년 후 세 사람의 행방은 여전히 알 수 없었지만, 그들이 사용했던 장비와 소지품이 발견되었다. 사라진 세 명이 촬영한 영상과 기록을 통해 18세기에 블레어 마을 사람들이 마을을 떠난 이유와 버키스빌 주민들이 공포에 떨며 살게 된 원인이 알려지기 전까지는, 그들에게 무슨 일이 일어났는지 아무도 알지 못했다. 이것은 블레어 마녀의 소행이었다. 그리고 지금까지의 이야기는 「블레어 위치」라는 영화의 줄거리다. 세 명의 영화학도가 찍은 영상이 관찰 카메라 다큐멘터리 역할을 한 것이다.

그렇다. 엘리 케드워드는 없었다. 실종된 아이들도 없었다. 실종된 헤더와 조슈아, 마이클도 없었다. 그들이 찍었다는 다큐멘터리도 없었다. 그리고 블레어 마녀도 없었다. 그러나 영화의 정교한 배경 이야기를 만들어낸 「블레어 위치」의 감독인 다니엘 미릭과 에두아르도 산체스는 우리가 확실히 그렇게 생각하기를 원했다. 그들이 치밀하게 조작한 버키스빌의 블레어 마녀에 대한 우화는 확실하게 전달되었다. 왜냐하면 수천만 명의 사람들이 "이거 실화야?"라는 의문을 품게 했기 때문이다. 그리고 나도 그런 의문을 품은 사람 중 하나였다.

나는 1998년 가을 「블레어 위치」의 예고편을 처음 봤을 때를 기억한다. 대학교 2학년 때 무릎 위에 나초가 가득한 접시를 올려놓고 손에는 커다란 탄산음료를 든 채 스크린을 응시하면서 별 볼일이 없는 영화를 볼 준비를 하고 있었다. 그런데 「블레어 위치」 예고편이 화면에 나오는 순간 나는 푹 빠져버렸다. 내 기억에 나는 공포 영화를 좋아했다. 그 어떤 것과 비교할 수 없을 만큼 내가 제일 좋아하는 영화 장르다. 그러나 1990년대 후반에 이르러 공포 영화 장르는 갈 길을 잃어버렸다. 위대한 공포 영화 제작자 중 한 명인 故 웨스 크레이븐은 자신이 만든 10대 슬래셔 영화인 「스크림」에서 공포 영화 장르를 탁월하게 비평했다. 이 영화는 역설적이게도 한때 자신이 만들었던 전통적인 공포 영화의 이야기 패턴과 대결한다. 그러나 장르를 계속해서 재창조하라는 크레이븐의 단서를 얻기는커녕 다른 공포 영화 제작자들은 그 단서를 받지도 못한 것 같았다. 마치 공포 영화 장르가 모방하기의 온상이 된 것 같았다. 그러나 「블레어 위치」는 공포 영화 장르를 완전히 전복시켰다. 제니퍼 러브 휴잇, 조쉬 하트넷같이 아름답고 조각 같은 A급 배우들이 출연하던 할리우드 공포 영화에 「블레어 위치」는 무명 배우 세 명을 출연시켰다. 물론 이것은 헤더, 조슈아, 마이클이 정말로 숲속으로 들어갔다가 다시 돌아오지 못했다는 전설에 힘을 실어주었다. 만약 그들이 유명한 배우였다면 배경 이야기가 버텨낼 방법이 없었을 것이다.

호기심을 더 높이기 위해 세 명의 다큐멘터리 제작자를 찾는 수색 과정을 기록한 가짜 경찰 보고서가 올라온 웹사이트가 개설되었다. 세 사람의 '실종' 포스터는 대학 기숙사 게시판에 게시되었고 "증거가 있습니다…

www.blairwitch.com에 접속해서 로그인하면 더 많은 정보를 확인할 수 있습니다"라는 안내와 함께 대학 캠퍼스 주변 전신주에 부착되었다. 이 시기는 대부분이 전화 접속을 통해 웹에 접속했던 인터넷 초창기 시절이었다. 학생들이 고속 인터넷에 접속해서 웹 구석구석을 서핑하는 데 자유롭게 시간을 쓸 수 있었던 대학 캠퍼스를 제외하고는 말이다.

그 웹사이트를 방문하면 경찰 보고서, 뉴스 릴스, 텔레비전 인터뷰, 학생들의 영상이 담긴 손상된 통, 현장 메모를 기록한 더러운 공책 등을 볼 수 있었고, 이것들은 모두 그 이야기를… 진짜처럼… 보이게 했다. 불확실성을 더 높이기 위해, 공포 영화 콘텐츠 제작으로 유명한 케이블 방송사 사이파이 채널을 통해 「블레어 마녀의 저주」라는 모큐멘터리(가상의 사건을 실제처럼 묘사한 다큐멘터리 형식의 영화)가 방영되었다. 이 모큐멘터리에서는 엘리 게드워드와 실종된 학생들의 소작된 뒷이야기를 자세하게 묘사했다. 영화의 극장 개봉을 불과 이틀 앞둔 시점이었다. 「블레어 위치」가 스크린을 강타한 지 한 달 후인 1999년 8월까지 www.blairwitch.com의 방문자 수는 1억 6,000만 명이 넘었고 모든 사람이 이 전설이 사실인지 아닌지에 대해 논쟁을 벌이는 것처럼 보였다. 이것은 사람들이 직접 영화를 보기 위해 영화관으로 향하게 했다.

카네기멜론대학교 경제학 및 심리학 교수이자 행동결정연구센터 소장이기도 한 조지 로웬슈타인 교수는 이런 현상을 '지식의 격차'라고 표현했다. 그는 "호기심은 지식이나 이해의 격차를 알아차리면서 발생하는 인지적으로 유발된 박탈의 한 형태로 작용하며, 이는 결과적으로 우리가 격차를 좁히게끔 유도한다"라고 말했다. 우리가 별로 좋아하지 않는 쇼나 영화를 계속해서 보는 것도 같은 이유다. 우리는 단지 그게 어떻게 끝나는지를 알아야 한다. 지식의 격차를 줄여야 하기 때문이다. 마찬가지로 점점 더 많은 사람이 「블레어 위치」에 대해 이야기하고 그 영화의 배경 이야기가 진짜인지 가짜인지에 관해 토론하면서 사람들이 사회적으로 포함되고 사람들 사이의 문화적 담론(즉, 대화)에 참여할 수 있도록 영화를 보러 가게끔 부추겼다. 속담에도 있듯이 "군중만큼 군중을 끌어모으는 것은 없다."

그러나 가장 흥미로운 부분은 사람들이 실제로 그 전설을 실화라고 믿었다는 사실이다. 아마도 그것은 배경 이야기, 사이파이 모큐멘터리, 웹사이트, 실종자를 찾는 포스터, 가짜 경찰 보고서의 조합이었을 수도 있고, 이러한 유물이 여기저기 있었을 때 노출된 내용에 따른 이 요소의 몇 가지 조합이었을 수도 있다. 그게 뭐였든 간에 당신을 포함한 많은 사람이 거기에 흠뻑 빠졌다. 그래서 나는 개봉일에 직접 내 눈으로 확인하기 위해 일찌감치 영화 티켓을 샀다.

「블레어 위치」는 1999년 7월 14일에 북미 개봉했다. 무명 배우들이 출연했고, 감독들은 그다지 좋은 평을 받지 못했다. 영화는 흔들리는 캠코더로 찍은 것처럼 보였는데 이것은 이 영화 자체가 관찰 다큐멘터리로 여겨져야 했기 때문에 그 영상미를 나타내기 위해서였다. 두말할 필요도 없이 전통적인 통념 측면에서 볼 때 이 영화는 할리우드의 성공 공식을 별로 따르고 있지 않았다. 「블레어 위치」는 당시에 '유명' 커플이었던 톰 크루즈와 니콜 키드먼이 함께 주연을 맡은, 전설적인 영화감독 스탠리 큐브릭의 마지막 작품인 「아이즈 와이드 셧」과 개봉 시기가 겹쳤다. 「아이즈 와이드 셧」은 개봉하던 그 주말 2,400개가 넘는 상영관에서 상영돼 2,170만 달러의 티켓 판매액을 기록했는데, 이는 관람객 수가 크게 제한된 미성년자 관람 불가 등급 영화치고는 매우 높은 편이었다. 「블레어 위치」는 개봉 주말에 27개 상영관에서만 상영되었으며 150만 달러를 벌어들였다. 영화관에서 상영이 끝날 무렵, 제작비 6,500만 달러를 쓴 「아이즈 와이드 셧」은 전 세계적으로 1억 6,200만 달러의 흥행수익을 올렸다. 반면 6만 달러의 제작비를 들인 「블레어 위치」의 전 세계 흥행수익은 2억 8,900만 달러에 달했다. 제작 비용이 1,080% 차이가 났음에도 불구하고 수익 차이가 78%나 더 높았다. 일반적인 통념으로는 저예산 무명 영화가 고예산 A급 영화에 승리를 거뒀다고 말할 것이다. 하지만 그렇지 않았다. 이것은 영화의 장점 때문이 아니었다. 오히려 영화를 둘러싼 스토리텔링 때문이었다. 즉, 콘텐츠가 사람들을 움직이게 한 것이 아니었다. 사람들을 움직이게 만든 건 바로 사람들, 특히 우리와 같은 사람들, 즉 네트워크로 연결된 부족이었다.

마샬 맥루한이 주장했듯이 미디어는 우리를 완전히 조작하며 우리의 어떤 부분도 영향받지 않거나 변하지 않은 채로 남겨두지 않는다. 사실 미디어는 상당한 영향력이 있지만, 사람들이라는 미디어보다 더 영향력 있는 수단은 없다. 라디오로 듣거나, 텔레비전으로 보거나, 기사로 읽는 것보다는 친구 테런스에게 들은 내용을 그와 나의 관계 때문에 더 신뢰하는 경향이 있고 결과적으로 더 영향을 받는다.

우리는 어떤 형태의 마케팅보다 사람을 더 신뢰한다. 우리는 인쇄물, 라디오, 텔레비전, 광고판보다 우리 부족의 말을 더 신뢰한다. 왜냐하면 우리 부족의 말에는 묵시적인 신뢰가 있기 때문이다. 광고는 우리의 관심을 끌고, 사람들은 우리를 움직이게 만든다. 이 둘의 조합은 매우 강력하므로 둘을 함께 활용해야 한다. 이것이 바로 현명한 광고주들이 우리의 관심을 끄는 시스템(광고)에 대한 외생적 충격이 만들어낸 담론을 활용해 우리 부족 사람들의 영향력을 활용하고자 '문화 속에서 아이디어를 얻는 것'을 목표로 하는 이유이다.

지난 2년 동안 당신이 소비한 모든 새로운 것의 목록을 작성해보면, 그것이 당신이 본 새로운 프로그램이든 채택한 새로운 기술이든 아마 당신이 본 광고 때문만은 아닐 것이다. 대신 광고를 통해 알게 되었는데 직접적이든 간접적이든 다른 사람의 추천이 있었다면 여러분을 궁지로 몰아넣었을 가능성이 더 높다. 나는 이런 이유로 하루에 거의 10시간을 「타이거 킹」을 보면서 보낸 적이 있었고, 그만큼의 시간을 「오징어게임」을 보면서 보내기도 했다. 광고 때문이 아니라 내 주변 사람들이 이 프로그램에 대해 이야기했기 때문에 나는 사회적으로 포함되고 싶었다. 나는 사람들의 대화 내용에 대해 알고 싶었고, 지식 격차를 줄이고 싶었다. 사람들은 종종 "페이스북에서 들었어"라거나 "트위터에서 봤어"라고 말하곤 한다. 어떤 면에서는 이것이 사실일 수 있지만 더 정확한 설명은 "페이스북을 하던 중제인 도우한테서 들었어"이지 않을까 생각한다.

이는 아주 사소한 차이처럼 보일 수도 있지만 그것이 주는 의미는 크다. 페이스북은 컴퓨터 코딩 언어로 구축된 플랫폼이다. 이 언어는 우리가 자주 가는 술집, 교회, 공원과 같은 물리적 환경과 마찬가지로 사람들이 상호작용을 하는 환경을 형성한다. 연결되고자 하는 우리의 인간적 경향은 주변 세계를 의인화한다. 즉 인간의 특성이나 행동을 동물, 사물, 사건과 같은 인간이 아닌 것에 귀속시킨다.

미국 심리과학회에서 의학적으로 검토한 논문 「우리는 왜 의인화하는 가?」에서 릭 나워트 박사는 이러한 인간 특성을 가질 가능성이 더 높은 개체에 대해 자세히 설명했다. 나워트 박사가 이러한 개체가 인간과 가장 유사한 특성이 있다고 보이는 개체라고 제안한 것은 놀라운 일이 아니다. 우리는 반려동물을 인간의 틀 속에서 생각한다. 우리는 열대 폭풍과 자동차에 인간의 이름을 부여한다. 심지어 신을 인간의 형태로 만들기까지 하는데, 그 이유는 이러한 존재들을 우리와 같은 인간으로 생각할 때 우리 마음이 그들과 연결되고, 그들의 의도를 이해하고, 행동을 예측하기가 더 쉽다는 것을 발견했기 때문이다.

기술도 마찬가지다. 사람들이 구글 검색 기술에 대해 "음, 구글이 그러는데" 또는 "구글에 물어보니까"라고 말하는 것을 셀 수 없이 많이 들었다. 구글 검색은 정보를 쉽게 검색하고 얻을 수 있도록 인터넷상의 웹페이지에 대한 색인을 생성하는 컴퓨터 코드이다. 구글은 인간이 아니다. 구글은 아무것도 '말'하지 않았다. 대신 구글은 사람들이 작성한 정보를 제공했다. 구글이 색인을 생성하고 선별하는 정보는 사람들에 의해 작성되고 전파되기 때문에 우리는 구글을 의인화한다. 따라서 페이스북, 인스타그램, 트위터, 틱톡 또는 다른 소셜 네트워킹 플랫폼에 인간적 특성을 부여하는 것은 놀라운 일이 아니다. 이런 플랫폼들은 문화적으로 매개된 텍스트인 단어, 기호, 밈, 동영상 등의 교환을 통해 사람들이 대화에 참여하고 의미를 만드는 환경이기 때문이다. '승리를 위한 인터넷' 같은 문구는 온라인에서 다른 사람을 능가하는 밈이나 시의적절한 보도를 통해 상황을 완벽하게 요약했음을 알려주며, '인터넷은 절대로 실패하지 않습니다'와 같은 표현은 우리가 기술을 의인화하고 인류에 대한 의존성과 연결의 필요성에 대한 증거를 의인화하는 방식이다.

이런 연결에 대한 필요성이 너무 커서 네트워크로 연결된 부족을 넘어, 심지어 같은 신념을 따르는 사람들의 회중 너머로 확장되어 낯선 사람들과도 더 폭넓게 공감할 수 있다. 아마존에서 제품을 사기 전 내가 올바른 선택을 하고 있는지 확인하기 위해 완전히 낯선 다른 사람들이 해당 제품에 대해 어떻게 생각하는지를 살펴본다. 우리는 사람에게 의지한다.

사용자가 생성한 콘텐츠만 집계하는 기술 회사인 파워리뷰는 리뷰가 아예 없는 제품과 비교했을 때 단 하나의 리뷰(역시 낯선 사람의 리뷰)라도 있는 제품의 경우 사용자가 구매할 확률이 65% 더 높다는 증거를 연구로 보여주었다. 아무도 그 물건에 대해 보증하지 않는다면 정말 믿을 수 있을까? 이게 바로 결정을 내리고 그 후에 행동을 취할 때 우리가 겪는 계산법이다. 이것은 진화인류학자들이 학문의 시작부터 주장해온 내용, 즉 인류는 협력할 수 있는 능력 때문에 번성한다고 주장하는 내용을 반영한다. 비틀즈는 "우리는 친구들의 작은 도움으로 그럭저럭 해나간다"라고 노래했다. 프린스는 우리에게 "사랑하는 여러분, 우리는 인생이라는 이 일을 헤쳐나가기 위해 오늘 여기에 모였습니다"라고 상기시켰다. 사실이다. 우리는 사람들에게 의지한다. 게다가 우리는 우리 같은 사람들에게 의지한다. 낯선 사람들이 올린 후기, 팀 동료의 모든 게시물, 동료의 트윗, 친구의 사진 하나하나가 이야기로 전달되며 이러한 이야기는 우리를 연결하는 공유적 유대감을 강화하는 방법이다.

스토리텔링

이야기는 시간 순서에 따라 구성된 사건의 설명이다. 기본적으로 이야기
는 누구에게 무슨 일이 일어났는지, 언제 일어났는지, 그리고 이러한 사건
들이 어디서 발생했는지를 말해준다. 스토리텔링의 역사는 동굴 거주자들
이 그 당시 발생한 사건을 기록하는 방법으로 벽에 그림을 그리기 위해 물
감을 사용했던 수만 년 전으로 거슬러 올라간다. 동굴 벽화는 나중에 이
야기와 신화를 통해 구술로 재연되었다. 이러한 정보 수단은 너무 강력하
고 설득력이 있어서 17세기 현대 과학이 발명되기 전에는 사실로 인식되었
다. 그렇다. '옛날 옛적에'는 현상세계가 작동하는 방식에 대한, 즉 왜 어떤
것이 그런 식으로 존재하는지, 그런 방식으로 일어나는지에 대한 우리 설
명의 시작이었다. 그리스 신화는 우리가 살고 있는 혼란스러운 세계에 의
미를 부여하는 신, 신과 같은 존재, 인간, 생물에 관한 이야기를 통해 스토
리텔링 분야를 주도했다. 이런 이야기들은 우리 주변 세계와 그 안에 있는
우리의 위치를 이해하는 데 도움을 주었다. 그들은 무작위성에 대한 설명
과 인과관계를 제시하고 도덕과 교훈을 통해 우리가 그것을 어떻게 헤쳐
나가야 하는지에 대한 청사진을 제시했다.

만약 당신이 어떤 종교적 배경을 가지고 자랐다면 이 사실을 직접 알고
있을 것이다. 우리는 모두 이야기와 신화를 통해 각자의 종교에 대해 배웠
고 그것을 우리 자녀와 손주들에게 전하라고 교육받았다. 시인이자 학자
인 로버트 그레이브스는 이렇게 썼다. "신화에는 두 가지 주요 기능이 있
다. 첫 번째 기능은 '누가 세상을 만들었어요? 세상은 어떻게 끝날까요?
최초의 사람은 누구예요? 우리가 죽으면 영혼은 어디로 가나요?' 같은 아

이들이 묻는 일종의 곤란한 질문에 답하는 것이다. 두 번째 기능은 기존 사회 제도를 정당화하고 전통적 의식과 관습을 설명하는 것이다." 이야기는 우리가 공동체의 문화적 사실을 해석하고 사회화하는 방식이다. 이스라엘 하나님에 대한 믿음이 있으면 그 어떤 큰 장애물도 극복할 수 있다는 것을 내게 가르쳐준 다윗과 골리앗 이야기든, 어떤 힘든 상황에 있더라도 옳은 일을 행하라고 가르쳐준 불구덩이 속 히브리 소년 이야기든 이것을 통해 나는 하나님과 내가 속한 공동체에 대해 알게 되었고, 이 둘이 나에게 무엇을 기대하는지 배웠다.

종교 자체가 단순한 예배 행위를 넘어선 사회적 기능이기 때문에 나는 이 책 전반에 걸쳐 문화의 영향력과 행동의 집단적 수용을 설명하기 위해 종교와 관련한 문학, 참고문헌, 용어를 사용했다. '종교(religion)'라는 단어는 결속을 뜻하는 'religare'에서 유래했으며, 나중에는 의무를 의미하는 'religio'로 발전했다. 그러므로 우리가 종교적인 사람에 대해 말할 때 자신의 신앙에 묶여 있는 사람에 대해 이야기하고 있는 것이고, 누군가가 '종교적으로' 어떤 일을 한다고 말할 때 우리는 특정 활동에 전념하는 사람에 대해 말하는 것이다. 문화도 마찬가지다. 공동체의 사회적 사실을 고수하는 것은 우리를 우리와 비슷한 사람들에게 전념하고 밀접하게 연결되도록 해준다. 마치 우리 종교의 사회적 사실을 고수하는 것이 우리를 신 또는 신과 비슷한 존경의 대상과 가깝게 해주는 것과 같다. 문화는 인류를 지배하는 운영 체제이고, 이야기는 운영 체제의 코드가 공동체에 전파되는 수단이다. 또래에게서 또래로, 청년에게서 노인으로, 세대에서 세대로 이야기를 공유하는 것은 모두 공동체에서 일어나는 행동이다. 이야기는 우리가 지식과 가치를 공유해서 부족이나 회중과 일치하는 방식으로 삶을 헤쳐나갈 수 있도록 돕는다.

물론 이런 이야기는 '우리 같은' 사람들이 그러한 문제에서 무엇을 해야 하는지를 지시하는 공유된 신념과 이념에 기반한 문화적 틀을 통해 사람에게서 사람으로 공유되고 교환된다. 여러 면에서 스토리텔링은 실제 공동체를 구축하는 행위이며, 공유된 신념, 의미 있는 유물, 행동규범, 부호화된 언어 같은 공동체의 사회적 사실을 공유하기 위한 수단이다.

우리는 이야기를 하고, 다시 말하면서 공동체와 긴밀한 관계를 유지하고 파문으로부터 안전해지는 것을 목표로 삼는다. 이것이 네트워크로 연결된 부족 안에서 민간 전승(folklore)의 기능이다. 민간 전승은 주로 입소문을 통한 지식 전파로 한 집단 사람들의 정체성, 신념, 전통, 즉 문화를 사회화하는 것이다. 유명한 민속학자인 앨런 던데스는 '민중'이란 직업, 팬덤, 학교 등 적어도 하나의 공통적인 요소를 공유하고 그들이 자기 것이라고 부를 수 있는 전통을 통해 이 집단에 속해 있음을 행사하는 모든 집단을 의미한다고 주장했다. 그들은 당신이 그들 중 하나인지 아닌지, 그 집단에 속해 있는지 아닌지를 알려주는 일련의 관습, 즉 '우리가 여기서 일하는 방식'을 가지고 있다. 스토리텔링 행위를 통해 이 사람들 사이에 공유되는 전통과 지식의 집합체인 전승은 이들 공동체 구성원이 관습을 지키도록 보장한다.

던데스는 민간 전승을 우리가 일반적으로 스토리텔링을 정의하는 방식의 범위를 넓히는 광범위한 방식으로 설명했다. 던데스는 1965년 발표한 에세이 「민속이란 무엇인가?」에서 예술, 건축, 직물, 대량 생산품, 음악, 시,

설화, 도시 전설, 농담, 속담, 의식 및 기타 다양한 표현을 포함해 다양한
형태의 민속을 구성하는 수많은 표현을 나열했다. 물론 이 목록은 우리가
받아들인 문화를 표현하는 방식인 문화적 산물의 다양한 형태이기 때문
에 친숙해 보일 것이다. 그것들은 각각 사회적으로 구성된 의미를 부여하
는 이야기를 들려주며, 이는 공동체의 정체성 형성에 도움이 된다. 민간 전
승에 대한 이런 관점은 책 같은 도구든 입소문이든 다양한 형태의 스토리
텔링을 통해 정체성과 문화적 산물 사이의 관계를 개념화할 수 있게 해준
다. 그리고 문화를 구성하는 체계를 다시 살펴보면 문화적 표현과 정체성
사이의 거리를 시각화하여 이 변화 정도의 의미를 밝혀낼 수 있다.

우리가 선택한 정체성과 우리에게 부여된 정체성은 우리가 세상을 구
성하고 그 역동성을 이해하는 데 사용하는 신념과 이념을 알려준다. 이러
한 신념과 이념은 눈으로 볼 수 없는 우리 안에 자리 잡고 있다. 반면 문화

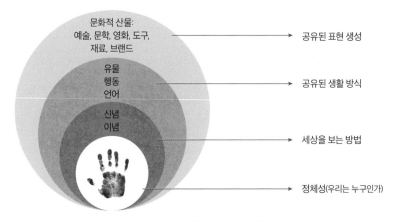

그림 5. 문화를 구성하는 체계

적 산물은 공동체의 문화를 채택했음을 가장 눈에 띄게 표현하는 것이다. 공동체의 음악, 영화, 문학, 예술, 패션, 자료는 모두 공개적으로 관찰할 수 있고 소비할 수 있다. 기독교인이 아니라도 기독교 성가를 들을 수 있다. 이슬람교도가 아니어도 코란을 읽을 수 있다. 그리스 사람이 아니어도 그리스 음식을 먹을 수 있는 것처럼 흑인 학생 클럽 소속이 아니더라도 스텝 쇼를 볼 수 있다. 서로의 문화에 관여하는 것은 우리가 더 가깝게 지낼 수 있게 도와준다. 문화는 서로에 대해 배울 수 있도록 공유되어야 한다는 것이 표준 관례인 이유라고 생각한다.

11살이었을 때 나는 '어린이 국제 여름 마을'이라는 프로그램에 참여해 스웨덴에서 여름을 보냈다. 이 프로그램은 아이들을 각 나라를 대표하는 4명의 대표단으로 구성했으며, 12개 정도의 다양한 대표단이 있었다. 우리가 그곳에서 지내는 동안 다른 나라에서 온 다양한 대표단이 자신들의 독특한 삶의 방식을 소개하기 위해 매일매일 다채로운 정보를 전해주었다. 예를 들어 루마니아 대표단이 지정된 날이면 우리는 아침, 점심, 저녁 하루 세끼를 루마니아 음식으로 먹고, 루마니아식 게임을 하고 노래도 배우며 그들의 문화에 흠뻑 빠져 하루를 보냈다. 우리는 차이점에 대해 더 많이 알아감과 동시에 비슷한 점에 대해서도 더 알게 되었다. 그것은 11살의 나 자신에게 강력한 경험이었고 최근에, 그러니까 30여 년이 지난 지금, 진정으로 감사하다고 느꼈다. 그 짧은 한 달 동안 나는 멕시코에서 온 두 명의 가장 친한 친구(세바스티안과 파비안), 이스라엘에서 온 새로운 동생(아니브), 브라질에서 온 여자친구(줄리아), 이집트에서 온 누나(마르와)와 네덜란드에서 온 형(올리)이 생겼다. 그리고 내 생각보다 훨씬 더 내 세계관을 넓혀준 시야도 얻을 수 있었다. 그들의 문화적 관행에 참여하고 그들의 문화적 산물을 소비하면서 우리는 이런 관행과 산물을 의미 있게 만드는 신념과 이념에 대해 알게 되었다. 그렇지 않았다면 우리 활동은 의미를 이해하지 못한 채 유물만 채택한 코스프레에 불과했을 것이다.

그 마을은 참가자들이 사람들이 속한 문화의 신념과 이념에 대해 배울 수 있도록 설계되었지만, 마을 밖에서의 우리 일상생활은 그렇게 잘 관리되지 않는다. 우리가 다른 사람의 문화에 참여한다고 해도 그 문화에 의미를 부여하는 신념과 이념에 대해 늘 잘 아는 것은 아니다. 민족 문화를 스토리텔링하면서 전해지는 이념과 공유된 신념에 대한 이해가 없다면 우리는 이 사람들이 왜 그런 일을 하는지 이해하지 못한 채 그저 문화적 관습과 문화적 산물만 보게 된다. 고작해야 서로에게서 배우며 세계 시민 사회로 더 가까워질 기회를 놓치는 결과로 이어진다. 그러나 최악의 경우 최근 몇 년 동안 많은 논쟁을 불러일으킨 주제인 문화 유용으로 이어지며, 이는 자격이 있는 일부 사람들의 날카로운 비판과 그렇지 않은 사람들에 대한 노골적인 조롱을 초래한다. 문화 유용에 대해 비평가들은 문화는 공유되어야 하는 것이므로 '유용'될 수 없다고 주장한다. 그러나 이런 주장은 매우 협소하며 문화 유용의 복잡성과 그것이 나타나는 다양한 방식을 설명하지 않는다.

문화 유용은 한 문화의 구성원이 의도적으로 또는 의도치 않게 다른 집단의 문화적 정체성이나 관련 표식의 요소를 차지하거나 소유할 때 발생한다. 학자들은 문화 유용을 다음과 같은 네 가지의 유형으로 분류했다. ⑴ 문화적 교류 – 사우스 브롱크스의 흑인과 히스패닉 청년들 간의 힙합 공동 창작과 같이 동등한 권력을 가진 동료 공동체 간의 사회적 사실의 상호 교환, (2) 문화적 이식-미국 문화의 불균질성과 같이 다양한 문화 요소로부터 공동으로 만들어진 문화적 요소, (3) 문화적 우위-스케이트 선수 문화를 채택한 힙합 어린이같이 덜 강력한 공동체가 지배적인 공동체의 사회적 사실을 이용하는 것, (4) 문화적 착취-지배적인 공동체가 상호주의나 허락 없이 공동체의 문화적 관행과 제품을 사용하는 것. 현재 주요 비평의 대상은 문화 유용의 네 번째 형태인 문화적 착취이다.

브루스 지프와 프라티마 라오는 『빌려온 힘(Borrowed Power)』이라는 문집에서 주로 원주민 문화와 지배적인 미국 흑인 문화에 대한 착취 형태의 유용을 전문적 식견으로 엄선하고 조사해 에세이집을 만들었다. 그들의 글모음은 특권층과 소외층 사이의 착취적인 문화 유용의 힘의 역학을 강조했다. 득권 공동체가 문화적 지표인 관행과 산물을 취해 자신의 의미 들을 통해 재정의하고 이를 자신이 엄선하고 조사한 사회적 산물이라고 주장함으로써 소외된 공동체를 지배한다.

착취 형태의 유용은 백인 미국인이 재즈, 로큰롤, R&B, 일렉트로닉 음악, 랩과 같은 흑인 음악 예술 형태를 보유하면서 흑인들의 민속을 차용할 때 가장 두드러진다. 이러한 형태의 문화적 산물은 이 예술 관행을 생성하고 의미를 부여하는 신념과 이념에 대한 이해 없이 헤게모니적 틀을 통해 차용하고, 모방하고 재작업해왔다. 역사적으로 백인 아티스트는 흑인 아티스트의 사운드, 스타일, 제스처를 모방해 허락이나 보상 없이 백인 관객들에게 팔았다. 이러한 권력 격차의 착취는 흑인 문화 제작자들에게 경제적인 불이익을 초래했을 뿐만 아니라 공동체 전체에게는 강탈당하는 느낌을 안겨주었다. 이런 도용 방식은 최근 틱톡과 같은 소셜 네트워킹 플랫폼에서도 볼 수 있다. 플랫폼에서 흑인 문화 제작자들이 혁신적인 춤을 창작하면 이를 백인 틱톡커들이 유용해 자신들의 춤으로 선보인다. 소외된 공동체의 관행과 산물을 이러한 형태로 '크리스토퍼 콜럼버스*'하는 것은 백인에게 보상을 주고 흑인을 악당화하는 체계적인 인종차별로 인해 더욱 악화된다.

예를 들어 콘로우 스타일을 생각해보자. 밭에 농작물이 줄지어 심겨 있는 것을 본떠 이름을 지은 것으로 두피에 매우 가까운 곳부터 연속적으로 촘촘하게 여러 가닥으로 딴 머리 스타일을 말한다. 콘로우라는 문화적 관행은 이 스타일을 정체성 표지로 사용했던 1500년대 초 아프리카 사회로 거슬러 올라간다. 식민주의와 노예 제도 시대에 노예가 된 흑인들은 효용성과 고국을 기억하는 상징으로 콘로우 머리 스타일을 했다. 그러나 그 이후에 흑인들이 콘로우 스타일을 하면 지배 문화에서는 이를 '게토(소수 인종이나 소수 민족이 거주하는 도시의 한 구역)'로 간주해서 문화적 풍요로움을 모두 빼앗았다. 1979년 흥행했던 영화 「텐」에서 보 데릭이 콘로우 스타일을 하자 지배적인 문화는 콘로우를 유행으로 여겼다. 약 40년이 지나 킴 카다시안이 MTV 영화 시상식 레드카펫에서 콘로우 스타일을 했지만, 킴은 콘로우라고 부르는 대신 '보 데릭처럼 땋은' 머리라고 불렀다. 콘로우를 착취적으로 모방해 헤게모니의 렌즈를 통해 그 의미를 재작업한 것이다. 이것은 문

---

* 원래부터 있던 것을 백인들이 유색인 문화의 진정한 기원을 인식하지 못한 채 유용하는 행위를 묘사할 때 쓰는 인터넷 속어

화 유용의 착취 방식의 일부이자 핵심이다. 소외된 공동체는 그 독창성 때문에 비판을 받지만, 지배적인 공동체는 새로운 의미 부여를 통해 타인의 작업을 명시적으로 또는 암묵적으로 자기 것이라고 칭하면서 소외된 사람들이 공동으로 선택한 창작물로부터 이익을 취한다.

음악, 영화, 텔레비전, 문학, 팟캐스트, 만화책, 패션, 헤어스타일, 댄스, 브랜드, 브랜드 제품 등 사람들이 특정 공동체에 대한 소속감을 표현하기 위해 사용하는 문화적 산물은 모두 그들이 누구인지, 그리고 그들이 세상에 어떻게 적응하는지에 대한 이야기를 전달하는 다양한 형태의 민속이다. 이러한 창작물들은 그들이 세상을 이해하고, 사람들과 협력하며, 세상을 탐색할 수 있도록 도와준다. 마케팅 담당자, 리더, 조직이 문화를 활용해 행동에 영향을 미칠 때, 여러 가지 방법으로 이런 공동체의 창작물과 이야기를 본질적으로 활용한다. 이런 제작물이 소외된 공동체의 작품인 경우, 창작물과 이야기의 활용은 쉽게 착취적인 문화 유용 행위로 인식될 수 있다. 따라서 마케팅 담당자, 리더, 조직은 특정 집단의 문화적 산물(외부에서 보기에는 멋지거나 '유행'으로 보일 수 있는 것)을 넘어서 그 이야기를 특별하게 만드는 의미를 반드시 이해해야 한다. 그렇게 하면 브랜드가 한 집단의 사람들을 불쾌하게 하고 잠재적으로 반발을 살 수 있는 위험에서 벗어날 수 있을 뿐만 아니라 브랜드가 해당 공동체의 사람들에게 힘을 실어줄 기회를 만들 수 있다.

2020년 5월 전 세계가 코로나19 팬데믹이라는 현실에 직면한 동시에 미국은 친숙한 '적 인종차별'이라는 현실에 직면해야 했다. 우리는 미니애폴리스 경찰관 데릭 쇼빈이 조지 플로이드를 잔혹하게 살해하는 장면을 그걸 지켜보던 행인이 휴대전화로 찍은 영상으로 목격할 수 있었다. 동료 경찰들이 수갑이 채워진 플로이드의 몸을 붙잡고 있는 동안 데릭 쇼빈은 플로이드의 목을 9분 넘게 무릎으로 짓눌렀다. 이 극악무도한 행위는 뉴스 매체와 뉴스피드를 통해 계속해서 방송되었다. 플로이드의 죽음에 관한 이야기가 반복되고 널리 퍼지면서, 국가가 특히 조직적인 인종차별과 제도적 권위와 관련하여 흑인들의 경험을 상세하게 조사하게 만드는 전국적인 담론을 촉발했다. 논쟁이 이어지고 시위가 시작되었다. 그리고 역사의 올바른 방향에 서려는 많은 브랜드와 단체들은 연대의 행위로 인스타그램에서 동맹 관계에 대한 공개 성명을 발표했고 흑인 프로필 사진을 통해 흑인들을 대변해 목소리를 높였다. 어떤 사람들은 자신의 플랫폼을 흑인 미국인이 자신의 이야기를 전할 수 있는 자원으로 사용하기도 했다. 이러한 지원은 너무 늦어지긴 했지만, 일반적으로 공동체에서 환영받고 높이 평가되었다. 그러나 2020년 여름 내내 공개 무대에서 인종을 둘러싼 이런 계산이 전개되는 동안, 기업과 조직의 수많은 발언, 제스처, 캠페인에도 불구하고 별개이지만 관련된 주제는 거의 언급되지 않았다. 비츠 바이 드레가 목소리를 높여 담론에 무게를 싣기 전까지는 말이다.

흑인들은 우리가 미국 땅에 발을 디딘 순간부터 이 나라에서 일어난 가장 악랄한 범죄의 희생자였다. 1619년부터 1960년대까지 미국에서 흑인의 존재는 악랄해 보이는 겉모습, 노예, 인간 이하의 존재 중 하나로 여겨졌다. 민권 운동은 흑인이 겪는 억압적 현실을 상당 부분 완화하는 대대적인 개혁을 끌어냈지만, 이를 완전히 근절하지는 못했다. 그러나 흑인 미국인을 억압한 사람들은 흑인들의 문화적 산물을 지속해서 채택하면서 자신들의 것으로 재작업했다. 이러한 문화적 전용 행위는 유럽에 뿌리를 두지 않은 최초의 미국 백인 엔터테인먼트 형태 중 하나인 민스트럴쇼에서 찾아볼 수 있다.

민스트럴쇼는 백인 배우들이 백인 관객들을 즐겁게 해주기 위해 얼굴을 검게 칠하고 흑인 노예들의 노래와 춤을 희화화하는 인기 있는 연극 형태였다. 흑인으로 분장한 배우들이 나오는 민스트럴쇼는 시간이 지나면서 시들해졌지만, 음악, 패션, 스타일, 비속어, 말씨나 동작 같은 독특한 버릇 등을 가져가 흑인 문화의 산물을 모방하는 행위는 계속되었다. 미국은 흑인 문화를 사랑하지만, 흑인 자체를 사랑하는 것 같지는 않다. 이것은 조지 플로이드가 살해된 이후까지 공개 담론에서 드러나지 않았던 미묘한 논쟁이었지만, 흑인들의 마음과 생각 속에는 분명히 자리 잡고 있었다.

이러한 상황에서 비츠 바이 드레는 흑인들 사이에서는 오랫동안 논의되었지만 더 많은 대중 사이에서는 거의 다루어지지 않았던, **당신은 내 문화를 정말 좋아하지만, 나는 사랑하나요?**라는 질문을 제기하는 영상을 공개했다. 이 광고 속에서 성우는 "당신은 내가 만드는 소리를 정말 좋아합니다. 내 목소리도, 이 비트도, 이 플로우도. 하지만 나를 좋아하지는 않죠? 당신은 내 모습을 좋아합니다. 내 머리, 이 피부. 그런데 나는? 아니죠"라고 말한다. 이 광고를 통해 비츠 바이 드레는 저녁 식사를 하는 식탁, 이발소, 바비큐, 여학생 클럽 모임 등 미국 흑인들이 모이는 사적인 공공장소에서 벌어지는 담론을 활용하고, 플랫폼을 이용해서 공동체를 대신해 조용했던 부분을 큰소리로 외쳤다. 그리고 그렇게 되자, 공동체는 묵인했다.

나는 텔레비전에서 이 「유 러브 미」 광고를 본 적이 없었고 비츠 바이

드레가 소유하거나 빌린 그 어떤 미디어 플랫폼에 게시된 것도 본 적이 없다. 이 이야기를 브랜드로부터도 전혀 듣지 못했다. 나는 사람들, 나와 비슷한 사람들에게서 이 이야기를 들었다. 나는 비츠의 「유 러브 미」 영상이 나와 비슷하게 생겼고 나처럼 흑인이라고 스스로 규정한 사람들의 타임라인과 소셜 뉴스피드를 통해 확산되는 것을 보았다. 내가 그 영상을 내 네트워크와 공유한 것은 놀라운 일이 아니다. 내가 닥터 드레를 너무 좋아해서가 아니다. 오히려 내가 속한 문화가 영상에 반영되어 있었기 때문에 공유했다. 이 이야기는 내 이야기였다. 그러나 그건 단지 내 것이 아닌 우리의 이야기였고, 다른 사람들이 자신이 누구인지 표현하기 위해 공유한 것처럼 내가 그 영상을 공유하는 것 또한 내가 누구인지를 표현하는 것이었다. 「유 러브 미」는 광고 그 이상의 의미를 지니고 있었다. 공동체가 자신의 정체성을 표현하고, 같은 생각을 가진 다른 사람들과 소통하는 데 사용하는 문화적 산물이었다. 그렇다. 실제로 이것은 광고 그 이상이었다. 민속의 한 형태였으며, 우리는 그것을 공동체의 행동으로 공유했다.

「유 러브 미」는 문화 유용과 문화 감상의 차이를 보여주는 단적인 예다. 문화 유용은 문화적 표식을 가져다가 본래의 의미를 무시하고 새로운 의미를 부여하는 행위다. 한편 문화 감상은 다른 집단의 문화를 존중하는 행위로, 먼저 그들이 누구인지를 존중하고 이러한 표시와 관행이 무엇을 의미하는지 배운다. 문화 유용은 마치 코첼라에서 깃털 달린 머리 장식을 한 아이들이나 백인 학생들의 사교 클럽에서 백인 대학생들이 현대의 흑인 분장의 한 형태로 과장된 코스프레를 하는 '핌프스 앤 호스' 파티 같은 코스프레 행위이다.

문화 감상은 호기심 행위로 공동체의 문화 작업의 역사와 맥락을 이해하고자 하는 욕구이다. 우리가 문화, 특히 다른 사람이 속한 문화의 강력한 영향력을 활용하려고 할 때 우리는 문화 측면을 어떻게 활용할 수 있는지 생각하기에 앞서서 먼저 그 문화에 감사하는 마음과 기꺼이 배우려는 의지를 가지고 이 신성한 땅에 접근해야 한다. 여기에서 증명하듯 비츠 바이 드레는 자신이 목표로 하는 공동체와의 근접성 때문에 문화의 힘을 성공적으로 활용한다. 브랜드는 사람들의 사회적 사실과 그들이 공동체에 의미하는 바를 이해한다. 비츠는 제품과 마케팅 커뮤니케이션을 사용해 공동체 구성원이 자신에 대해 말할 수 있도록 돕고 이를 통해 제품과 광고를 문화적 산물로 변화시킨다.

내 친구이자 소셜 미디어 전문가인 에릭 헐트그렌은 종종 문화의 힘을 활용하는 브랜드를 자동차 타기에 유용하게 비유하곤 한다. 당신은 자동차를 직접 운전할 수도 있고 조수석에 탈 수도 있으며, 배기관 연기나 마시고 있을 수도 있다. 나는 이 묘사가 마음에 든다. 추상적인 아이디어처럼 보일 수 있는 '문화 공략하기'를 설명하고 운영하는 데 도움을 주고, 그 힘으로부터 이익을 얻으려는 마케팅 담당자, 조직, 리더에게 명확한 역할을 제공하기 때문이다. 당신은 새로운 언어와 새로운 유물을 사용해서 사회적 사실에 기여함으로써 문화를 선도할 수 있다. '흑인의 생명은 소중하다', 나이키의 '저스트 두 잇', REI의 '옵트 아웃사이드', 스프라이트의 '갈증에 복종하라', 「블레어 위치」를 생각해보자. 또는 담론에 동참해서 공동체의 사회적 사실을 고양하는 방식으로 문화에 참여(조수석에 타기)할 수 있다. 「유 러브 미」 광고, 「기묘한 이야기」×에고 와플이 그 예다. 하지만 안타

깝게도 대부분의 경우에 브랜드들은 펩시의 켄달 제너 캠페인처럼 의미를
주는 근본적인 사회적 사실을 이해하지 못한 채 유행을 좇으면서 문화를
따른다(배기가스 마시기). 물론 제일 원하지 않는 일이 바로 배기가스를 마시
는 일일 것이다. 그러나 공동체의 사회적 사실에 기여하는 데에는 큰 책임
이 따른다.

스토리텔링의 책임

2010년 미국 인구조사 자료에 따르면 미시간주 디트로이트는 미국 내 모
든 주요 도시 중 흑인 거주자의 비율이 가장 높았다. 그러나 디트로이트
원주민이라면 누구나 알 수 있듯이 노골적으로 명백한 사실을 알려주기
위해 인구조사 통계학자가 필요하지는 않다. 내가 디트로이트에서 자랄 때
우리 반 친구들은 대부분 흑인이었고, 선생님들도 대부분 흑인이었고, 교
육 위원회도, 시의회도, 시장도 흑인이었고, 경찰서장도 흑인이었다. 대부
분의 경찰이 그랬듯 말이다. 나는 항상 도시의 '흑인'에 큰 자부심을 느끼
고 있었고 도시의 권위 있는 기관과 이러한 권력의 자리를 차지한 사람들
을 존경했다. 그들은 나한테 지역 유명인 같았다. 특히 블루 피그스라고 불
리는 경찰관 집단이 그랬다.

 이들은 평범한 경찰관이 아니었다. 블루 피그스는 도시 곳곳의 학교를
방문해서 당시 유행했던 모타운*의 히트곡과 R&B곡을 연주하는 음악 밴

---

* 자동차가 핵심 산업인 디트로이트를 '모터'와 '타운'의 합성어인 모타운이라고 부른다.

드였다. 당시는 80년대와 90년대 초였기 때문에 블루 피그스의 노래 곡목
은 뉴에디션의 〈캔 유 스탠드 더 레인〉과 템테이션의 〈마이 걸〉을 섞은 곡
들로 구성되었다. 블루 피그스는 초등학교와 중학교에서 큰 인기를 끌었
다. 이 밴드는 디트로이트 경찰국을 대표해 어린이들이 경찰이 누구고, 지
역사회에서 어떤 역할을 하는지 이해하게끔 도우려는 목적으로 1970년에
지역사회 관계 봉사활동으로 결성되었다. 경찰은 우리의 친구이며 보호하
고 봉사하기 위해 그곳에 있다는 사실이 내 마음에 깊이 새겨졌다. 심지어
나는 디트로이트 시내 경찰서 근처 경기장에서 열리는 경찰 체육 연맹에
서 농구를 하기도 했다. 경찰과 관련한 이런 각각의 경험이 '경찰은 믿고
의지할 수 있다'는 교훈을 지닌 큰 책을 구성하는 하나의 장이 되었다. 다
른 이야기가 나오기 전까지는 그랬다.

1991년 4명의 로스앤젤레스 경찰관 스테이시 쿤 경사, 시어도어 브리세
노 경사, 티모시 윈드 경사, 로렌스 파월 경사가 무장하지 않은 흑인을 잔
인하게 구타하는 장면이 담긴 동영상이 공개되어 대중의 손에 들어갔다.
피해자의 이름은 로드니 킹이었고, 구타 영상은 저녁 뉴스에서 계속해서
재생되었다. 코미디언들이 풍자하고, 랩에서 언급되었으며, 공개 담론에서
논의되었다. 당시 12살이었던 나는 이런 것들을 보면서 그 동영상에서 본
내용을 이해하는 데(의미를 만드는 데) 도움을 받았다. 나는 당시 인지부조화
상태에 빠졌다. 영상에 나타난 잔인함은 경찰에 대해 그때까지 내가 가지
고 있던 생각과 완전히 모순되는 것이었다. "저 사람들은 디트로이트 경찰
이 아니라 로스앤젤레스 경찰이야. 여기서는 절대 그런 일이 일어나지 않
을 거야"라고 자신에게 말하면서 내 마음속 갈등을 조정하려고 애썼다.

다시 세상의 모든 것들은 순조롭게 돌아가기 시작했다. 적어도 내 세상에서는 말이다. 경찰에 대한 신뢰도 회복했다. 내가 경찰에 관해 들었던 이야기는 여전히 마음속에서 그대로였다. 그로부터 1년 후 월터 버진 경사, 래리 네버 경사라는 경찰관 두 명이 비무장 흑인 남성인 멀리스 그린을 잔인하게 구타했다는 이야기가 나오기 전까지는 말이다. 그러나 이번 구타 사건으로 인해 그린은 사망했으며, 사건은 디트로이트에서 디트로이트 경찰에 의해 발생했다.

이 사건은 내가 경찰에 대해 가지고 있던 의미 틀과 전혀 맞지 않았다. 그 이야기는 앞뒤가 맞지 않았고 그 이후로 나 자신에게 말한 새로운 이야기를 떠올릴 수밖에 없었다. 모든 경찰관이 신뢰할 수 있는 대상은 아니며, 모든 경찰관이 당신의 친구는 아니라는 사실이다. 이 새로운 틀을 확립한 이후, 나는 그와 반대되는 사실을 암시하는 많은 증거에도 불구하고, 경찰에 대한 이 새로운 이야기를 뒷받침하는 많은 증거들을 마음속에서 보았다. 가족, 가족의 친구, 대학교 친목회 선후배에 이르기까지 나에게 큰 도움을 준 경찰관들이 많이 있었다. 하지만 내 생각에 이 경찰관들은 다른 경찰관들과 달랐다. 나는 그들은 믿을 수 있었지만, 다른 경찰관은 믿을 수 없었다.

여기서 흥미로운 점은 우리가 듣는 이야기가 우리 정신 구조에 영향을 미치는 방식이다. 어렸을 때 들었던 이야기 때문에 나는 어렸을 때부터 경찰을 매우 좋아했다. 청소년기에 나는 10대 초반에 들었던 이야기 때문에 경찰을 두려워했다. 오늘날 어른이 된 나는 경찰에 대해 들은 이야기와 그 결과 경찰에 대해 나 자신에게 들려준 여러 이야기로 인해 경찰을 불신하게 되었다.

우리가 말하는 이야기, 즉 우리가 전파하는 전통 문화는 우리가 세상을 보는 방식과 세상에 드러나는 방식을 구성한다. 현대 경찰의 치안이 1700년대 초 미국에서 도망친 노예를 단속하기 위해 설립되었다는 점을 고려하면 사실 그다지 놀라운 일이 아니다. 당시 남부에서 노예 순찰대라고 불렸던 이 부대는 백인 농장에서 노예로 잡혀 있던 흑인들의 봉기를 완화하기 위해 만들어졌다. 순찰대는 노예가 된 사람들을 통제하고 그들 사이에 기대되는 행동을 강요하기 위해 잔혹한 수단을 위협을 주는 체계로 사용했다. 이 기관은 이후 남부에서 남북 전쟁과 노예 제도를 폐지한 1863년(비록 실질적인 노예 해방은 2년 반 만인 1865년 6월 19일에 이뤄졌지만) 노예 해방 선언 이후 흑인이 평등한 권리를 가지면 안 된다는 데 찬성한 자경단과 민병대 형태의 집단으로 대체되었다. 한편 불과 수십 닌 선 보스턴, 뉴욕, 필라델피아 같은 북부 도시에서는 1829년에 설립된 영국 치안 기관과 유사한 정부 지원의 경찰 치안 모델을 채택하기 시작했다.

지금 우리가 경찰에 관해 듣는 '보호하고 봉사하는'이라는 이야기(모순적이게도 로스앤젤레스 경찰국이 1955년 창안한 구호)와 실제 경찰 조직 탄생에 관한 이야기는 거리가 멀다. 그러나 이 이야기는 이야기가 실제로 얼마나 영향력이 있는지를 보여주는 좋은 증거다. 앞서 논의한 것처럼 이야기는 신념과 이념을 사회화하는 놀라운 능력을 가지고 있으며, 이는 우리가 세상에 어떻게 드러나는지를 알려준다. 내 안에서 경찰에 관한 이야기가 충돌하기 시작했을 때, 나는 새로운 이야기를 채택했고 이 새로운 이야기 틀에 맞지 않는 경찰관들을 '타자화(othered)'했다. 그들은 나머지 경찰과 같지 않았다. 그들은 달랐다. 사회적 기억과 정체성 사이의 관계를 연구하는 문화지리학자 마이크 크랭은 '타자화'는 사람들이 자신과 같은 사람(내집단)과 그렇지 않은 사람(외집단)을 구성하는 불평등한 관계에서 정체성을 확립하는 과정이라고 설명했다. '타자화' 과정은 배제적이면서 동시에 통합적이다. 우리는 일련의 가정과 정형화된 오해를 부여받은 범주화된 집단에 '다른' 사람들을 분류한다. 우리는 그들을 우리가 속한 그룹에서 배제하기 위해 '타자화'하거나 우리가 외집단에 할당한 분류에서 제외하기 위해 '타자화'한다.

예를 들어 학부 시절에 백인이나 동인도계 미국인 동급생 중 몇 명이 내가 자신이 알았던 혹은 알고 지내는 '다른' 흑인들과는 다르다고 말하는 경우가 있었다. 그들은 이것을 칭찬이라고 생각했겠지만, 그들은 흑인들에 대해 가졌던 전형적 틀에 내가 맞지 않는다고 말하고 있었다. 이 과정에서 그들은 흑인들에게 부여한 가정, 즉 그들이 자신의 정체성에서 배제했던 일련의 가정과 고정관념에서 나를 제외했다. 그들의 의도는 좋았지만, 의식적이든 무의식적이든 그들이 한 행동은 상당히 해로웠다.

버클리 캘리포니아대학교 산하에 있는 하스공정통합사회연구소 소장인 존 A.파월은 '타자화'는 한 집단이 바람직하지 않다고 생각하는 다른 집단에 부여하는 특성에 기초한다고 말한다. 이런 선호되지 않는 집단은 일반적으로 다른 집단이 잘 알지도 못하는 사람들로 구성되어 있다. 대신 그들의 억측은 개인적인 경험이 아닌 미디어 시류를 통해 전해지고 전달되는 이야기에 의해 주도된다. 우리는 이것을 데이비드 그리피스 감독의 영화 「국가의 탄생」에서 살펴볼 수 있다. 이 영화는 백인 미국인, 특히 남부 지역의 백인들이 흑인들을 바라보는 방식에 대한 틀을 확립하는 데 도움을 주었다. 100여 년이 지난 후, 이런 틀은 오늘날 비슷한 이야기를 전하는 다른 미디어 제작자들에 의해 더 강화되었으며, 그로 인해 나는 나와 닮은 사람들에게 할당된 고정관념에 맞지 않았기 때문에 '타자화'되었다.

어떤 경우에는 학교, 박물관, 사원과 같은 공식 기관을 통해 이러한 '타자' 집단에 대해 알게 된다. 그러나 그런 것들이 매우 많다는 점을 고려할 때 우리는 주로 텔레비전, 영화, 뉴스, 저널리즘, 책, 그리고 물론 사람에게서 사람으로 전해지며 널리 퍼지는 이야기 같은 사람이라는 미디어 등 우리가 소비하는 미디어를 통해 세상과 그 안에 있는 다른 사람들에 대해 배운다. 이제 7장의 정당성에 대한 고찰과 6장의 단순 노출 효과에 대한 문헌을 통해 지금 알 수 있듯이, 우리가 이런 종류의 자극에 더 많이 노출될수록 우리는 그것들을 받아들이고 선호할 가능성이 더 커진다.

이 내용은 학습의 고전적 조건화에 관한 심리학 문헌에서도 확인할 수 있는데, 이 문헌에서는 이야기와 같은 자극에 반복적으로 노출(및 강화)되면 예상되는 행동과 일상적인 행동을 촉진하는 의미 틀과 기억 구조를 확립할 수 있다고 주장한다. 그렇기 때문에 이야기를 더 많이 들을수록, 우리는 그 이야기를 더 많이 받아들이고 선호하게 되며 사람들을 움직일 가능성이 더 커진다. 우리는 호명(가족, 부족, 학교, 종교), 문화적 산물(미디어, 문화, 예술, 마케팅, 커뮤니케이션), 고전적 조건화(관찰과 경험)를 통해 세상에 대해 배운다. 이러한 자극은 모두 우리가 스스로에게 말하고 서로에게 말하는 이야기가 만드는 문화적 렌즈를 통해 이해할 수 있고 고려할 수 있다. 우리는 이야기를 통해 회중, 즉 우리와 같은 방식으로 세상을 보는 사람들의 모임에 복음을 전한다. 이런 이유만으로도 우리는 스토리텔링을 복음을 전하는 수단으로 사용할 때 큰 책임을 지게 된다.

리브가 모드락은 예술, 행동주의, 비판적 디자인, 소비자 문화에 대한 창의적인 저항의 교차점에서 활동하는 예술가이자 작가이다. 모드락은 또한 미시간대학교의 페니 W. 스탬프스 아트 앤 디자인 학교의 교수이자 가끔은 나와 함께 학생들을 가르치는 친구이기도 하다. 나는 모드락의 작품과 가장 취약한 사람들의 눈으로 세상을 바라보는 그녀의 능력의 열렬한 팬이다. 나는 수년에 걸쳐 모드락으로부터 많은 것을 배웠고 그녀의 작업을 로스에서 한 강의, 와이든앤케네디에서의 리더십과 학교에서의 내 학업에 접목했다. 그녀가 수행한 여러 훌륭한 프로젝트 중에서 가장 유명한 것은 아마도 시놀라라는 회사에 대한 연구와 비평일 것이다. 시놀라는 텍사스에 본사를 둔 베드락 매뉴팩처링이라는 벤처캐피탈 회사를 설립했다. 베드락은 평범한 시계와 액세서리 브랜드인 포슬로 유명하지만, 2011년 시놀라를 설립하고 디트로이트에 회사를 세웠다. 베드락은 시놀라라는 이름을 원래 구두약 회사였던 시놀라에서 구입했다. 이 회사는 한때 비하하는 구어체로 말하는 흑인 캐릭터가 등장해서 흑인들은 해롭다는 고정관념을 지속시킨 인종차별적 광고를 제작했는데, 이 회사가 미국에서 가장 흑인이 많은 도시 디트로이트에 자리를 잡았다는 게 꽤 역설적이다.

모드락의 논문 「뷰지 크랩*」에 따르면, 베드락은 설문조사 응답자들이 파산한 도시(디트로이트가 직면한 현실)에서 생산한 제품에는 인내심을 가지고

---

* Bougie Crap. 부내를 풍기는 쓰레기

세 배나 더 많은 돈을 낼 의향이 있다고 대답했기 때문에 디트로이트에 회사를 세우기로 했다고 한다. '짓밟힌' 도시 이야기는 베드락이 이익을 얻을 수 있는 복귀 이야기로 활용되었고, 이 회사는 디트로이트에 매장을 차리고 전국 언론 매체에서 설명한 대로 '디트로이트를 구하는' 외부인 중 하나로 자리매김했다. 물론 이것은 마치 잘 차려입은 백인 구세주가 백인이 아닌 사람들의 공동체에 와서 구원받지 못한다면 가난하게 남겨질 사람들을 구원하는 것 같은 진부한 비유다. 그러나 모드락의 비평 '시놀라를 다시 생각하라'는 시놀라는 마케팅에서 "시놀라가 디트로이트를 구하고 있다"라는 표현을 전혀 사용하지 않았다고 밝혔다. 대신 디트로이트의 흑인 직원들에게 육체노동 작업을 하는 일자리를 제공하는 백인 지도자들을 묘사했다. 실제로 2019년 오스카 시상식에서 (인종차별에 대한 역사적 부정확성을 경시했다는 비판을 받은) 영화 「그린북」의 김독 피터 패릴리는 시놀라에게 상을 받을 때 소리를 질렀다. 불행히도 패럴리는 "시놀라는 대단합니다. 그들이 디트로이트를 구하고 있거든요"라고 선언하면서 조용히 다루던 부분을 소리쳐 말했다. 그로 인해 시놀라는 곧 다가올 여파를 누그러뜨리기 위해 트위터에서 서둘러 대응해야 했다.

시놀라는 도시 이름인 '디트로이트'를 자사 제품에 포함하고 회사 자체에 대한 은유적 표현으로 도시를 말할 때 근성과 회복력에 대한 이야기를 전한다. 그것이 회사가 전하는 복음이며, 사람들은 도시를 지원하거나 구하는 행위로 시놀라 제품을 산다. 그러면 이타심이 생기고 그에 따라 자신의 정체성을 투영할 수 있는 능력이 생기기 때문이다. 시놀라의 600달러짜리 시계는 내가 좋은 일을 했다는 것을 세상에 알리는 동시에 사람들의 소비를 자극하는 부의 지위를 보여준다. 이처럼 소비의 영수증은 정체성의 영수증이 된다.

우리가 스토리텔링을 통해 복음을 전하고 사람들을 행동하게 만드는 원리는 선하지도 악하지도 않지만(그 자체는 가치가 없다), 이 특별한 교환에서 착취당하고 보상받지 못하는 공동체를 고려할 때 시놀라는 주의 사항을 알려준다. 이것은 회사가 스토리텔링을 위해 도시를 활용했을 뿐만 아니라 브랜드를 단순한 시계 및 가죽 제품 회사 이상으로 만들기 위해 도시의 흑인 문화를 채택한 문화적 유용의 사례다. 게다가 시놀라는 더 많은 물건을 판매하는 데 사용한 흑인들의 신체와 얼굴, 이야기에 어떤 실질적인 보답도 주지 않고 이 작업을 수행했다. 다시 한번 우리는 발표된 지 거의 10년이 다 되어가는 비츠 바이 드레의 선언 「유 러브 미」의 설명을 생각해보게 된다.

웹을 통해 사회화되는 음모론이든, 쉬지 않고 돌아가는 뉴스 기사든, 다양한 미디어 플랫폼에서 진행되는 마케팅 캠페인이든, 우리가 말하는 이야기는 사람들을 연결하고 하나로 묶어주며, 행동을 취하도록 자극하는 세계관을 투영한다. 이 책은 당신의 회사, 기관, 조직, 대의를 대신해서 이러한 이야기를 전달하고 행동을 채택하도록 장려하는 지식과 능력을 제공한다. 이제 당신은 그 기술을 가지고 있으므로 그 기술을 윤리적으로 사용할 암묵적인 책임이 있으며, 우리 이야기의 파급효과가 사람들에게 오랫동안 지속되는 물질적 영향을 미칠 수 있다는 사실을 깨달아야 한다.

본질적으로 회색인 윤리의 모호함을 탐색하기 위해 나는 세 가지 요소를 고려하고자 한다. (1) 내 의도, (2) 다른 사람의 관점, (3) 잠재적인 결과물. 이게 바로 내가 말하는 윤리에 대한 'IPO(Intentions[의도], Perspective[관점], Outcomes[결과물])' 접근 방식이다. 내 의도를 고려함으로써 나는 내 도덕성을 염두에 두는 동시에 고객을 대신해서 달성하고자 하는 사업 목표와 마케팅의 필요성을 설명한다. 본질적으로 나는 내 신념과 이념에 따라 행동하고 있는지를 자신에게 묻는다. 나 같은 사람도 이런 일을 하는 걸까? 일상생활에서와 마찬가지로 나는 이 필터를 사용해서 내 행동을 알린다.

그러나 내가 참여시키려는 사람들의 관점을 고려해서 나는 그들이 브랜드의 스토리텔링을 해석(해독)할 수 있을지 파악하기 위해 그들의 문화적 틀을 통해 세상을 보려고 노력한다. 당신도 지금쯤 알고 있듯이, 우리가 하는 모든 일에는 의미가 있고, 그 의미를 이해하는 것은 문화의 힘을 이용하고, 문화에 참여하고, 특정 부족이나 회중들의 문화에 기여하는 데에 무엇보다 중요하다. 사람들의 관점을 이해하는 것은 행동을 고무하는 데 필수적이다. 사람을 더 잘 알수록, 그리고 우리 자신에 대해 더 잘 알수록 우리는 사람들을 더 잘 움직일 수 있다. 마찬가지로 사람들의 관점을 이해하는 것이 공감의 핵심이다. 펠로톤의 사례에서 보았듯이 사람들의 관점을 이해하지 못하면 의도가 아무리 좋더라도 잠재적으로 사람들의 마음을 상하게 할 위험이 있다. 누군가에게 상처를 주거나 해를 끼친 후에 사과하면서 "상처를 주려는 의도는 아니었어요" 또는 "해를 끼치려던 건 아니었어요"라고 말하는 것을 얼마나 많이 들었는가? 나는 내 아이들, 내 학생들, 정치인, 브랜드에서 그런 모습을 너무나 많이 봐왔다. 나 역시 그런 잘못을 저지른 적이 있다. 의도성만의 문제는 아니다. 우리는 복음을 전할 때 다른 사람들의 관점도 고려해야 한다.

가장 좋은 경우 우리 의도가 다른 사람의 관점과 일치한다. 그러나 그렇게 일치하는 경우일지라도 우리가 한 행동의 결과로 발생할 수 있는 잠재적인 결과를 고려해야 한다. 우리는 이런 모습을 1월 6일 국회의사당 습격 사건과, 말보로맨 스토리텔링 수단 덕분에 흡연이 정당화되고 채택된 사례에서 이미 보았다. 그러나 의도가 아무리 좋고 관점이 완전히 일치하더라도 결과는 해로울 수 있으며, 누군가가 자기 행동이 가져올 잠재적인 결과를 고려했다면 막을 수 있었을 것이다. 우리가 더 나은 이야기를 한다면 어떤 가능성이 있을지 상상해보라. 우리가 이 새로운 지식을 사용하여 더 큰 이익을 위한 방법으로 사람들을 활성화한다면 우리가 무엇을 정당화할 수 있는지 상상해보라. 흑인들에 대한 경찰의 잔혹 행위, 여성에게 동등한 임금 지급, 아시아인 혐오 종식, 더 공정한 투표 정책 등과 같이 소외된 지역사회에 불균형적인 영향을 미치곤 하는 사회의 어떤 부분을 개선하기 위한 이야기를 한다면 그 영향은 상당할 것이다.

가장 좋은 부분은 지금부터다. 우리는 자신에게 하는 이야기와 서로에게 하는 이야기를 바탕으로 이러한 것들을 바꿀 힘을 가지고 있다. 이러한 이야기들은 우리 그리고 우리와 비슷한 사람들이 다른 사람을 바라보는 방식과 우리가 집단으로 행동하는 방식을 바꾸는 새로운 문화적 틀을 확립하는 데 도움이 된다. 이것은 유토피아적인 사회나 그림 같은 삶의 전망을 보여주려는 것이 아니라 내 자녀, 그리고 내 자녀의 자녀가 자랐으면 하는 그런 세상이다. 그리고 나는 이 책에서 설명한 것처럼 문화의 힘을 이용하는 것만으로도 그런 세상을 만들 수 있는 도구가 우리에게 있다는 것을 알고 있다.

내 문화를 위해 이 일을 한다

20여 년 전 제이지는 2001년 정규앨범 《블루프린트》에 수록된 클래식 곡 〈Izzo(H.O.V.A.)〉에서 "나는 내 문화를 위해 이것을 한다"라고 선언했다. 이는 힙합에서 주류 언어가 되었고 나중에 더 위대한 대중문화 시대정신으로 전파될 문구로 자리 잡았다. 그러나 이 단어에 함축된 뜻은 커뮤니케이션과 소비와 관련하여 광범위하게 영향을 미치며, 아마도 오늘날 그 어느 때보다 훨씬 더 중요할 것이다. 한때 팬데믹으로 인해 우리의 사회적 상호작용 대부분이 전 세계의 소셜 미디어에 국한되었다. 소셜 네트워킹 플랫폼은 우리 같은 사람들의 생각, 감정, 행동을 표현하기 위해 미디어 식단을 관리하도록 알고리즘으로 설계되었다. 우리 같은 사람들이 공유하는 콘텐츠는 본질적으로 정치적 성향부터 스포츠 팬덤에 이르기까지 모든 것을 포함한 공동체 멤버십을 확인하는 역할을 한다. 그러므로 우리가 새로운 아이디어, 새로운 제품 등을 접하는 정도는 주로 우리 공동체가 받아들일 수 있다고 생각하는 것에 기초하고 그에 따라 결정된다. 이것은 오늘날 아이디어 창출자가 자신의 아이디어가 논의되고 채택되기를 원한다면 이러한 공동체를 지배하는 문화적 특성을 더욱 염두에 두어야 함을 의미한다. 이를 달성하기 위한 첫 번째 단계로, 문화를 생각하는 방식에 대한 관점을 넓히고 이러한 문화 활동에 참여하는 부족 구성원에 대한 이해를 심화해 회사나 조직 활동을 여기에 맞게 조정할 수 있어야 한다.

사실은 제이지가 선언했듯이 우리 역시 문화, 즉 우리가 자신을 동일시하는 독특한 문화를 위해 이 일을 하고 있다. 우리는 다들 우리가 무엇을 하고 누구와 함께하는지 관리하는 우리 자신의 집단 운영 체제를 운영하고 있다. 따라서 넓은 의미의 리더이자 마케터로서 우리가 소비하는 제품, 우리가 채택하는 행동, 우리가 숭배하는 브랜드에 대한 문화의 힘과 영향력을 충분히 활용하려면 우리는 문화에 대한 개념을 심화시켜야 한다. 이러한 문화적 특징을 더 잘 이해할수록 우리의 통찰력은 더욱 풍부해지고, 이것은 궁극적으로 사람들이 예측할 수 있는 방식으로 움직이도록 영감을 주는 종류의 아이디어를 창출하게 될 것이다. 자, 누가 그걸 원하지 않겠는가?

감사의 말

나는 책을 쓰기로 마음먹은 적이 없었다. 어쩌면 무의식적으로 '아, 그거 좋겠다'라고 생각했을 수도 있지만, 확실히 내 버킷리스트에는 없었다. 하지만 책을 쓰겠다고 결정했을 때에는 10년 전 사회과학을 처음 연구하기 시작했을 때 내가 읽었더라면 좋았을 책을 쓰겠다고 스스로 다짐했다. 내가 그 일을 성공적으로 해냈기를 진심으로 바란다. 그럼에도 불구하고 그때부터 지금까지 내가 알게 된 똑똑하고 관대하며 도전적인 많은 사람의 도움이 없었더라면, 이 모든 게 불가능했을 것이다. 책을 쓰는 것은 외로운 과정일 수 있지만, 나는 결코 혼자라고 느끼지 않았다. 그 점에 대해, 그리고 더 많은 것에 대해 정말로 감사하다.

가장 가까운 생각 파트너이자 친한 친구인 존 브랜치에게. 너 덕분에 연구하면서 많은 영감과 자극을 받고 성취할 수 있었어. MBA 학생 시절부터 지금 '이론적인 실무가'로 일할 때까지 너는 내 선생님이자 멘토였어. 너의 지지와 우정이 없었다면 이 모든 게 가능할 거라고 상상도 못 했을 거야. 정말 고마워.

템플대학교 폭스경영대학원 박사과정 논문을 지도해주신 분들께. 나에게 투자하시고, 내가 더 나은 연구자이자 학자가 될 수 있도록 도와주셔서 진심으로 감사드린다. 여러분의 지도와 격려 덕분에 내 아이디어가 읽을 만한 가치가 있다는 자신감을 가질 수 있었다. 다시는 세상을 전과 같은 방식으로 보지 않을 것이다.

제프 슈리브와 사이언스팩토리의 모든 팀원들께. 내게 기회를 주고 이 모든 게 가능하도록 도와준 것에 대해 감사의 마음을 전한다. 콜린 로리에게. 나조차 비전이 뚜렷하지 않았을 때 비전을 보고, 학문적 엄격성과 사람들이 소화할 수 있을 정도 사이에서 경계를 지킬 수 있도록 도와준 것에 감사를 전한다. 내 글을 의미 있는 유형의 것으로 바꾸는 업무를 담당해준 퍼블릭어페어의 많은 분들께. 책을 만드는 데 필요한 것을 모두 고려하다 보니 당신들에게 고마운 마음이 나날이 더 커지는 것 같다.

내가 길을 찾아 헤매던 경력 초기에 나에게 기회를 준 많은 분들께 이 자리를 빌려 감사를 전한다. 데릭 스콧, 클리프톤 브렌트, 권수진, 맷 피셔, 에드 수와난저, 튜이-안 줄리엔, 매튜 놀스, 아비 사바르, 스티브 스타우트, 로라 소이어, 멜라니 바넷 위버, 푸닛 만찬다, 제프 드 그래프. 여러분은 내 이력서에서 보이지 않는 뭔가를 보았다. 여러분이 내게 제공해준 경험들이 모여 이 책이 탄생했다.

내 와이든앤케네디 팀에게. 우리가 매일 하는 일이 사례 연구다. 내가 편안하게 느낄 수 있도록 도와주고, 이 책에 담긴 생각을 그 어느 때보다 구체적이고 적용할 수 있게 만들어준 것에 감사를 전한다. 이 책이 지금까지 내 삶에서 최고의 작품일 수도 있지만, 아직 최고의 작품은 나오지 않았다고 생각한다.

수년 동안 내가 세상을 더 명확하게 바라볼 수 있도록 도와준 협력자 여러분, 생각 파트너 여러분께 감사를 전한다. 러셀 핑크(광고계에서 나의 가장 가까우며 오래된 파트너), 존 그린, 존 맥브라이드, 초서 반스, 찰스 라이트, 수잔나 스와틀, 벤 글래드스톤, 조엘 로드리게스, 본 페티 3세, 제프 맥헨리, 샌디 프레스턴, 아비가일 와인트라우브, 이야나 사라피, 로비 이건, 티파니 하딘, 베카 비고리토, 마이클 스투팩, 닐스 페이런, 페이션스 램지, 로렌 갬지, 크리스 윌리스, 리앤 리히, 존 노먼, 크리스 세레다, 아담 칼, 윌 캐디, 제이슨 가보리우, 케이틀린 딜레이니, 올리비아 로스, 켈시 랜즈델, 맷 맥도넬, 제임스 워드, 브래드 에밋, 롭 스트라스버그, 롭 레가토, 앤드류 라마, 하지 플레밍스, 링컨 스티븐스, 제이다 블랙, 조 캔터, 알리마 트랩, 에릭 토머스, 저스틴 노먼, 말로우 스타더마이어, 조쉬 루버, 카툰 바이스, 마크 폴라드, 토비 다니엘스, 마이클 벤투라, 케이티 롱마이어, 켄 뮌치, 세드릭 로저스, 마크 코머포드, 헤이즐 스웨인, 이나키 에스쿠데로, 앤드류 졸티, 로렌 풀리아, 재클린 치아밀로, 스테판 웬딘, 제살린 램, 헤더 르페브르, 리사 페르토소, 맷 르메이, 마크 알트먼, 티파니 워렌, 크리스티나 파일, 다니 존스, 스테판 웰치, 알리샤 제프리스, 찰리 메츠거, 찰리 콘덱, 칼 헌터, 린디 그리어, 로히트 베리, 에이프릴 데이비스, 조이 존슨, 지케야 유잉, 미치 브룩스, 에릭 슈왈츠, 마이크 뮤즈, 폴 존슨, 브라이언 존슨, 채드 휴즈, 스티븐 스니드, 크리스토퍼 크로스비, 로 아데비, 존 로즈, 다리우스 매튜스, 데이비드 브라운 주니어, 조디 데첸, 롭 코지네츠, 그랜트 맥크래켄, 수잔 푸르니에, 바브 비카트, 리브가 모드락, 프레드 파인버그, 린디 그리어, 브래드 킬리, 폴라 카프로니, 진 메이지, 스콧 릭, 라지브 바트라, 제프리 산체스버크. 뮤직월드의 가족 여러분, 트랜슬레이션 팀, '헌신적인' 빅스피크 사람들, 하이퍼 아일랜드의 내 '가족', 미국 광고 연맹(특히 2020년 AHOA 클래스 여러분에게 큰 감사를 전한다)의 내 친구들, 로스 경영대학원의 내 동기들, 파이 베타 시그마 학생클럽의 형제들, 섹션4의 지지자들, 그리고 계속해서 나 자신을 측정할 수 있는 지표를 만들어준 애드위크의 내 '사람들'에게도 감사를 전한다.

내 부모님인 허쉘과 제닛 콜린스에게. 나를 위해 해준 모든 일에 말로 표현할 수 없을 만큼 깊이 감사를 전한다. 아빠, 아빠는 제게 꿈을 가르쳐준 기업가입니다. 엄마, 엄마는 제가 종사하는 일에 있어 실용적인 공부를 하도록 가르쳐준 학자예요. 두 분이 제게 근성과 감사의 마음을 심어주신 덕분에 내 모든 도움과 힘이 하나님의 은혜와 자비에서 나온다는 것을 깨달을 수 있었습니다. 아내 알렉스와 우리 딸 조지아와 아이비에게. 가족들의 사랑과 지지, 모든 희생에 감사함을 전한다. 무엇보다 나를 믿어줘서 정말 고마워. 하나님의 교회 이스라엘의 육체적 가족과 영적 가족 여러분, 많은 기도와 격려에 감사드린다. 내가 여러분 모두의 자랑이 되면 좋겠다.

내게 영감을 준 많은 고객, 팀 동료, 동료, 과거와 현재의 친구와 학생들 모두에게 감사를 전한다. 여러분 모두에게서 정말 많은 것을 배울 수 있었다. 이 책은 나의 연구와 업무를 상세히 기술했을 뿐만 아니라 지난 몇 년간 여러분과 함께 경험한 수많은 대화와 토론, 창의적인 작업의 부산물이기도 하다.

진심으로 깊은 감사를 전한다.

참고문헌

들어가며

McCracken, Grant D. *Chief Culture Officer: How to Create a Living, Breathing Corporation*. New York: Basic Books, 2011.

Hiscott, Rebecca. "The Real Reason Hipsters Love PBR." HuffPost. December 7, 2017. https://www.huffpost.com/entry/pbr-coolness-study_n_5399109.

Walker, Rob. "The Marketing of No Marketing." *New York Times*. June 22, 2003. https://www.nytimes.com/2003/06/22/magazine/the-marketing-of-no-marketing.html.

Passy, Charles. "Opinion: How Did Pabst Blue Ribbon Become a Hipster Favorite?" MarketWatch. July 18, 2015. https://www.marketwatch.com/story/whatll-you-have-not-a-pabst-blue-ribbon-2015-07-16.

Warren, Caleb, and Margaret C. Campbell. "What Makes Things Cool? How Autonomy Influences Perceived Coolness." *Journal of Consumer Research* 41, no. 2 (2014): 543–563.

De Mooij, Marieke. "The Future Is Predictable for International Marketers: Converging Incomes Lead to Diverging Consumer Behavior." *International Marketing Review* 17, no. 2 (2001): 103–113.

Ebony, David. "Oldest Photograph of a Human Is Back in the Spotlight." Artnet News.

November 27, 2014. https://news.artnet.com/art-world/oldest-photograph-of-a-human-is-back-in-the-spotlight-159766#:~:text=Taken%20in%201838%2C%20 Louis%20Daguerre's,extant%20photograph%20of%20human%20figures.

Peacock, James L. "Durkheim and the Social Anthropology of Culture." *Social Forces* 59, no. 4 (1981): 996–1008. https://search-proquest-com.libproxy.temple.edu/docview/839 149378?accountid=14270.

Weaver, Mark. "Weber's Critique of Advocacy in the Classroom: Critical Thinking and Civic Education." *PS: Political Science and Politics* 31, no. 4(1998): 799–801. https://doi.org/10.2307/420720.

Al-Attili, Aghlab. "1.1 What Is a Market? Unit 1: Small Agribusinesses and Markets." SOAS University of London. Accessed May 1, 2022. https://www.soas.ac.uk/cedep-demos/000_P538_MSA_K3736-Demo/unit1/page_06.htm.

Alsafran, Maryam. "Biology." Sites at Penn State. Accessed May 1, 2022. https://sites.psu.edu/isea/wp-content/uploads/sites/12499/2014/09/MIO-Biology.pdf.

Shutt, Eric. "Cultural Strategy Battle School—StrategyLabs." SlideShare. April 24, 2015. https://www.slideshare.nIt/ericshutt/cultural-strategy-battle-school.

Ginosar, Shiry, Kate Rakelly, Sarah Sachs, Brian Yin, and Alexei A. Efros. *A Century of Portraits: A Visual Historical Record of American High School Yearbooks.* arXiv.org. November 9, 2015. https://arxiv.org/abs/1511.02575v1.

Hakes, Heather. "The History of Dental Hygiene: Development Through the Years." Today's RDH. June 16, 2020. https://www.todaysrdh.com/the-history-of-dental-hygiene-development-through-the-years/.

Jeeves, Nicholas. "The Serious and the Smirk: The Smile in Portraiture." The Public Domain Review. September 18, 2013. https://publicdomainreview.org/essay/the-serious-and-the-smirk-the-smile-in-portraiture.

Anthony, Scott D. "Kodak's Downfall Wasn't About Technology." *Harvard Business*

Review. July 15, 2016. https://hbr.org/2016/07/kodaks-downfall-wasnt-about-technology.

Kotler, Philip. "Dr. Philip Kotler Answers Your Questions on Marketing." Kotler Marketing Group, Inc. Retrieved May 1, 2022. https://kotlermarketing.com/phil_questions.shtml.

Richter, Felix. "Infographic: The U.S. Wireless Headphone Market." Statista Infographics. February 8, 2017. https://www.statista.com/chart/7993/headphone-market-share/.

"World Selfie Day: Who Took the First-Ever Selfie?" *Economic Times.* Last updated June 21, 2018. https://economictimes.indiatimes.com/magazines/panache/world-selfie-day-who-took-the-first-ever-selfie/articleshow/64676143.cms?from=mdr.

Gundlach, Gregory T., and William L. Wilkie. "The American Marketing Association's New Definition of Marketing: Perspective and Commentary on the 2007 Revision." *Journal of Public Policy & Marketing* 28, no. 2 (2009):259–264.

Jones, Robert Alun. *Emile Durkheim. An Introduction to Four Major Works.* Beverly Hills, CA: Sage Publications, 1986, 60–81.

Wray, Matt, and Michele Lamont, eds. *Cultural Sociology: An Introductory Reader.* New York: W. W. Norton & Company, 2014.

Christensen, Clayton M. *The Innovator's Dilemma: The Revolutionary Book That Will Change the Way You Do Business.* New York: Harper Business, 2011.

Collins, Marcus. *Exploring Social Contagion Within a Tribe Called Hip Hop: Mechanisms of Evaluation and Legitimation.* Philadelphia, PA: Temple University Press, 2021.

제1장

"Budweiser—he Story of Whassup?!" This Is Not ADVERTISING. September 1, 2011. https://thisisnotadvertising.wordpress.com/2011/09/01/budweiser-the-story-ofwhassup/.

National Standards for Foreign Language Education Project. *Standards for Foreign Language Learning in the 21st Century.* Lawrence, KS: Allen Press, 1999.

Williams, Raymond. *Keywords: A Vocabulary of Culture and Society,* new ed. Oxford, UK: Oxford University Press, 2014.

Williams, Raymond. *Culture and Society, 1780–1950.* New York: Columbia University Press, 1983.

Reed, Americus, Mark R. Forehand, Stefano Puntoni, and Luk Warlop. "Identity-Based Consumer Behavior." *International Journal of Research in Marketing* 29, no. 4 (2012).

Vyain, Sally, Gail Scaramuzzo, Susan Cody-Rydzewski, Heather Griffiths, Eric Strayer, Nathan Keirns, and Ron McGivern. "Chapter 15. Religion." *Introduction to Sociology,* 1st Canadian ed. BCcampus Open Publishing. November 6, 2014. https://opentextbc.ca/introductiontosociology/chapter/chapter-15-religion/.

Burton, Tara I. *Strange Rites: New Religions for a Godless World*, 1st ed. New York: PublicAffairs, 2020.

Fiske, John. "Culture, Ideology, Interpellation." In *Literary Theory: An Anthology*, edited by J. Rivkin and M. Ryan, 305–311. Malden, MA: Blackwell, 1998.

McCracken, Grant. "Culture and Consumption: A Theoretical Account of the Structure and Movement of the Cultural Meaning of Consumer Goods." *Journal of Consumer Research* 13, no. 1 (1986): 71–84.

History.com editors. "Christianity." History. October 13, 2017. https://www.history.com/topics/religion/history-of-christianity.

"The Art of Fika." Swedishness. June 3, 2021. https://swedishness.ch/blogs/news/fika.

"Fika Like a Swede." Visit Sweden. Last updated March 26, 2021. https://visitsweden.com/what-to-do/food-drink/swedish-kitchen/all-about-swedish-fika/.

McCann Worldgroup. "Immunity Charm." Integrated Global Network of Specialty

Marketing Agencies. Accessed May 1, 2022. https://www.mccannworldgroup.com/work/immunity-charm.

"Making Immunization into a Tradition." The Immunity Charm. Accessed May 1, 2022. http://www.theimmunitycharm.org/.

A&E Television Networks. "Thanksgiving." History. August 21, 2018. https://www.history.com/topics/thanksgiving.

"Our story." Jimmy's Red Hots. Accessed May 1, 2022. https://www.jimmysredhotschicago.com/our-story.

Hafner, Josh. "Ketchup on Hot Dogs? Heinz's 'Chicago Dog Sauce' Tricks Purists." *USA Today*. July 19, 2017. https://www.usatoday.com/story/money/nation-now/2017/07/19/heinzs-new-chicago-dog-sauce-just-ketchup/491928001/#:~:text=Enter%20Heinz%2C%20the%20brand%20synonymous,It's%20%22Chicago%20Dog%20Sauce.%22.

Montell, Amanda. *Cultish: The Language of Fanaticism*, 1st ed. New York: Harper Wave, an imprint of HarperCollins Publishers, 2021.

National Standards for Foreign Language Education Project. *Standards for Foreign Language Learning in the 21st Century*. Lawrence, KS: Allen Press, 1999.

Collins, Marcus. *Exploring Social Contagion within a Tribe Called Hip Hop: Mechanisms of Evaluation and Legitimation*. Philadelphia, PA: Temple University Press, 2021.

Chang, Jeff. *Can't Stop Won't Stop: A History of the Hip-hop Generation*. London: Picador.

제 2 장

"Our Company History—atagonia." Patagonia Outdoor Clothing & Gear. Accessed May 1, 2022. https://www.patagonia.com/company-history/.

Paumgarten, Nick. "Patagonia's Philosopher-King." *New Yorker*. September 12, 2016.

https://www.newyorker.com/magazine/2016/09/19/patagonias-philosopher-king.

Holder, Andrew. "Patagonia: Yvon Chouinard." *How I Built This*. NPR. December 25, 2017. https://www.npr.org/2018/02/06/572558864/patagonia-yvon-chouinard.

Etymology. Etymonline. Accessed May 1, 2022. https://www.etymonline.com.

Crossman, Ashley. "How Do You Study the Sociology of Religion?" ThoughtCo. July 3, 2019. https://www.thoughtco.com/sociology-of-religion-3026286#:~:text=Since%20religion%20is%20such%20an,how%20they%20see%20the%20world.

Peck, Brielle. "Why Do Sociologists Study Religion?" Living by Example. October 3, 2021. https://www.livingbyexample.org/why-sociologists-study-religion/.

Nelson, C. Ellis, ed. *Congregations: Their Power to Form and Transform*. Louisville, KY: Westminster John Knox Press, 1988.

Chaves, Mark, Mary Ellen Konieczny, Kraig Beyerlein, and Emily Barman. The National Congregations Study: Background, Methods, and Selected Results. *Journal for the Scientific Study of Religion* (1999): 458–476.

Mishan, Ligaya. "What Is a Tribe?" *New York Times*. April 13, 2020. https://www.nytimes.com/interactive/2020/04/13/t-magazine/tribe-meaning.html.

Hardt, Michael, and Antonio Negri. *Empire*. Cambridge, MA, and London: Harvard University Press, 2000.

"Industrial Revolution." History. https://www.history.com/topics/industrial-revolution/industrial-revolution.

Dunbar, Robin. *Grooming, Gossip, and the Evolution of Language*. Cambridge, MA: Harvard University Press, 1998.

Dunbar, Robin. *How Many Friends Does One Person Need? Dunbar's Number and Other Evolutionary Quirks*. Harvard University Press, 2022.

Maffesoli, Michel. *The Time of the Tribes: The Decline of Individualism in Mass Society*. London: Sage Publications, 1996.

Maffesoli, Michel, and Charles R. Foulkes. "Jeux de masques: Postmodern Tribalism." *Design Issues* (1988): 141–151.

Reed, Americus, II, Mark R. Forehand, Stefano Puntoni, and Luk Warlop. "Identity-Based Consumer Behavior." *International Journal of Research in Marketing* 29, no. 4 (2012): 310–321.

Ross, Ivan. "Self-Concept and Brand Preference." *Journal of Business* 44, no. 1(1971): 38–50.

Beer, Jeff. "One year later, what did we learn from Nike's blockbuster Colin Kaepernick Ad?" *Fast Company.* September 4, 2019. https://www.fastcompany.com/90399316/one-year-later-what-did-we-learn-from-nikes-blockbuster-colin-kaepernick-ad.

Morris, Charles W. *Mind, Self and Society from the Standpoint of a Social Behaviorist.* Chicago, IL: University of Chicago Press, 1934.

Goffman, Erving. "Presentation of Self in Everyday Life." *American Journal of Sociology* 55 (1949): 6–7.

Yoo, Ryan. "The Origin of the Ohio-Michigan Rivalry." *Observer.* April 12, 2019. https://observer.case.edu/the-origin-of-the-ohio-michigan-rivalry/#:~:text=Since%20their%20first%20game%20in,states%20of%20Michigan%20and%20Ohio.

Sommers, Sam. *Situations Matter: Understanding How Context Transforms Your World.* New York: Riverhead Books, 2011.

Marshall, William J., Marta Lapsley, Andrew P. Day, and Ruth M. Ayling, eds. *Clinical Biochemistry: Metabolic and Clinical Aspects*, 3rd ed. London: Churchill Livingstone/Elsevier, 2014.

Zhang, Ming, Yuki Zhang, and Yazhuo Kong. "Interaction Between Social Pain and Physical Pain." *Brain Science Advances* 5, no. 4 (2019): 265–273. https://doi.org/10.26599/BSA.2019.9050023.

Fogel, Alan. "Emotional and Physical Pain Activate Similar Brain Regions." *Psychology*

Today. April 19, 2012. https://www.psychologytoday.com/us/blog/body-sense/201204/emotional-and-physical-pain-activate-similar-brain-regions.

Wanshel, Elyse. "Beyonce Fans Hilariously Slam Kid Rock for Making Offensive Comments About Her." HuffPost. November 30, 2018. https://www.huffpost.com/entry/beyonce-fans-kid-rock_n_5c016262e4b0249dce7487fc.

Friskics-Warren, Bill. "A Church Service Inspired by Beyonce, No Halo Required." *New York Times*. October 21, 2019. https://www.nytimes.com/2019/10/21/arts/music/beyonce-mass.html.

"Beyonce Mass." Accessed May 1, 2022. https://www.beyoncemass.com/#:~:text=Beyonc%C3%A9%20Mass%20is%20a%20womanist,their%20bodies%2C%20and%20their%20voices.

Smith, Wendell R. "Product Differentiation and Market Segmentation as Alternative Marketing Strategies." *Journal of Marketing* 21, no. 1 (1956): 3–8. https://doi.org/10.2307/1247695.

Williams, Madison. "Super Bowl Commercial Cost in 2022: How Much Money Is an Ad for Super Bowl 56?" *Sporting News*. February 13, 2022. https://www.sportingnews.com/us/nfl/news/super-bowl-commercials-cost-2022/v9ytfqzx74pjrcdvxyhevlzd.

Ives, Nat. "Facebook to Advertise in the Super Bowl for the First Time." *Wall Street Journal*. December 19, 2019. https://www.wsj.com/articles/facebook-to-advertise-in-the-super-bowl-for-the-first-time-11576728775.

Dua, Tanya "Inside the Making of Facebook's $11.2 Million Super Bowl Ad, an Epic Undertaking Spanning Several Months and Locations." *Business Insider*. February 4, 2020. https://www.businessinsider.com/inside-facebooks-first-ever-super-bowl-commercial-promoting-groups-2020-2.

Pentland, Alex. *Social Physics: How Social Networks Can Make Us Smarter*. New York: Penguin Press, 2015.

Christakis, Nicholas A., and James H. Fowler. *Connected: The Amazing Power of Social Networks and How They Shape Our Lives.* New York: Harper-Press, 2011.

Farris, Paul, Phillip E. Pfeifer, and Richard R. Johnson. "The Value of Networks. Darden Case No. UVA-M-0645." SSRN. https://ssrn.com/abstract=1420578 or http://dx.doi.org/10.2139/ssrn.1420578.

Public Broadcasting Service. (n.d.). "About Sarnoff." *American Experience.* PBS. Accessed May 1, 2022. https://www.pbs.org/wgbh/americanexperience/features/bigdream-about-sarnoff/.

Kirsner, Scott. "The Legend of Bob Metcalfe." *Wired.* https://www.wired.com/1998/11/metcalfe/.

Reed, David P. "The Law of the Pack." *Harvard Business Review.* August 1, 2014. https://hbr.org/2001/02/the-law-of-the-pack.

Avery, Jill. *Saving Face by Making Meaning: The Negative Effects of Consumers' Self-serving Response to Brand Extension.* Cambridge, MA: Harvard University Press, 2007.

Gutierrez, Joe. "Debunking the Myth that All Millennials Are the Same." *Fast Company.* August 21, 2014. https://www.fastcompany.com/3034593/debunking-the-myth-that-all-millennials-are-the-same.

제 3 장

Mainwaring, Simon "How REI Launched and Built a Movement Far Larger Than the Brand Itself." *Forbes.* January 11, 2017. https://www.forbes.com/sites/simonmainwaring/2017/01/10/how-rei-launched-and-built-a-movement-far-larger-than-the-brand-itself/?sh=714598e16761.

Beer, Jeff. "How REI Is Keeping #OptOutside a Black Friday Tradition." *Fast Company.*

2017, November 9, 2017. https://www.fastcompany.com/40493417/how-rei-is-keeping-optoutside-a-black-friday-tradition.

REI Staff. "The History of #OptOutside." Uncommon Path—n REI Co-Op Publication. October 2, 2018. https://www.rei.com/blog/social/the-history-of-opt-outside.

Rajmohan, V., and E. Mohandas. "The Limbic System." *Indian Journal of Psychiatry* 49, no. 2 (2007): 132–139. https://doi.org/10.4103/0019-5545.33264.

"The Limbic System." Queensland Brain Institute, University of Queensland. January 24, 2019. https://qbi.uq.edu.au/brain/brain-anatomy/limbic-system#:%7E:text=The%20limbic%20system%20is%20the,and%20fight%20or%20flight%20responses.

"The Concept of the 'Triune Brain.'" The Interaction Design Foundation. January 2, 2021. https://www.interaction-design.org/literature/article/the-concept-of-the-triune-brain.

SoP. "The Triune Brain." The Science of Psychotherapy. April 5, 2021. https://www.thescienceofpsychotherapy.com/the-triune-brain/.

MacLean, Paul D. "Triune Brain." In *Comparative Neuroscience and Neurobiology*. Boston, MA: Birkhauser, 1988, 126–128.

"Beyond Emotion: Understanding the Amygdala's Role in Memory." Dana Foundation. D. July 29, 2019. https://dana.org/article/beyond-emotion-understanding-the-amygdalas-role-in-memory/.

Bennett, Bo. Logically Fallacious. 2020. https://www.logicallyfallacious.com.

Nudd, Tim. "Ridiculously Nice Ad for a Crappy 1996 Honda Boosts the Asking Price by 300 Times." *Adweek*. November 5, 2017. https://www.adweek.com/creativity/ridiculously-nice-ad-for-a-crappy-1996-honda-boosts-the-asking-price-by-300-times/.

Sinek, Simon. *Start with Why: How Great Leaders Inspire Everyone to Take Action*. London: Portfolio Penguin, 2011.

Younge, Gary. "Martin Luther King: The Story Behind His 'I Have a Dream' Speech." *Guardian*. March 29, 2018. https://www.theguardian.com/world/2013/aug/09/martin-luther-king-dream-speech-history.

History.com Editors. "Mahalia Jackson Prompts Martin Luther King Jr. to Improvise 'I Have a Dream' Speech." History. January 18, 2022. https://www.history.com/this-day-in-history/mahalia-jackson-the-queen-of-gospel-puts-her-stamp-on-the-march-on-washington#:%7E:text=August%2028-,Mahalia%20Jackson%20prompts%20Martin%20Luther%20King%20Jr.%20to%20improvise%20%22I,basis%20of%20her%20musical%20legacy.

Chang, Rachel. "How Mahalia Jackson Sparked Martin Luther King Jr.'s 'I Have a Dream' Speech." Biography. July 28, 2021. https://www.biography.com/news/mahalia-jackson-i-have-a-dream-influence.

"Coca-Cola 'Happiness Machine' Wins Top Honors at the 2010 CLIO Awards." The Coca-Cola Company. May 28, 2010. https://investors.coca-colacompany.com/news-events/press-releases/detail/28/coca-cola-happiness-machine-wins-top-honors-at-the-2010.

"Dan Wieden." The One Club for Creativity. Accessed May 1, 2022. https://www.oneclub.org/adc-hall-of-fame/-bio/dan-wieden-adc.

Montag, Ali. "Nike's Steve Jobs for Apple's 'Think Different' Campaign 20 Years Ago—he Called Them 'the Best Example of All.'" CNBC. September 10, 2018. https://www.cnbc.com/2018/09/10/nikes-ads-inspired-steve-jobs-for-apples-think-different-campaign.html.

WeCrashed. Wondery. Accessed May 1, 2022. https://wondery.com/shows/we-crashed/.

Thomas, Daniel. "Theranos Scandal: Who Is Elizabeth Holmes and Why Was She on Trial?" BBC News. January 4, 2022. https://www.bbc.com/news/business-58336998.

Allyn, Bobby. "Elizabeth Holmes Verdict: Former Theranos CEO Is Found Guilty on

4 Counts." NPR. January 4, 2022. https://www.npr.org/2022/01/03/1063973490/ elizabeth-holmes-trial-verdict-guilty-theranos.

Stein, Joel. "The Great Schlep." *Los Angeles Times*. March 1, 2019. https://www.latimes.com/archives/la-xpm-2008-sep-19-oe-stein19-story.html.

Pilkington, Ed. "Young Make 'Great Schlep' to Persuade a Sceptical Generation to Vote Obama." *Guardian*. November 27, 2017. https://www.theguardian.com/world/2008/oct/13/uselection-vote-florida-obama.

The Great Schlep. YouTube. May 29, 2009. https://www.youtube.com/watch?v=PtBGXVKbEv4.

Schneider, Amy Beth. "Conversation for a Change: Power of the Great Schlep." eJewish Philanthropy. July 26, 2010. https://ejewishphilanthropy.com/conversation-for-a-change-power-of-the-great-schlep/.

Motes, Bart. "Tragedy, Tributes, and Triumph: Griffin Farley's Beautiful Minds." HuffPost. September 16, 2013. https://www.huffpost.com/entry/disappointment-tragedy-an_b_3600531.

Barro, Josh. "SoulCycle: You Say 'Cult.' I Say 'Loyal Customer Base.'" *New York Times*. August 7, 2015. https://www.nytimes.com/2015/08/09/upshot/soulcycle-you-say-cult-i-say-loyal-customer-base.

Sports Team. "New Jersey Nets Team History." Sports Team History. March 25, 2021. https://sportsteamhistory.com/new-jersey-nets.

Bernays, Edward L., and Mark Crispin Miller. *Propaganda*. New York: Ig Publishing, 2005.

Rovell, D. "Nets' Brooklyn Gear Sales Breaking Team Records." CNBC. June 18, 2012. https://www.cnbc.com/id/47831684.

Akhter, Tabir. "19 Signs You Are from Brooklyn." BuzzFeed. August 20, 2020. https://www.buzzfeed.com/tabirakhter/19-signs-you-are-from-brooklyn.

Swindler, Samantha, and Jeff Manning. "Columbia Sportswear CEO Tim Boyle Cuts Own Salary to $10K, Retail Employees Receive Regular Pay." Oregonlive. April 8, 2020. https://www.oregonlive.com/coronavirus/2020/03/columbia-sportswear-ceo-tim-boyle-cuts-own-salary-to-10k-retail-employees-receive-regular-pay.html.

제4장

Raden, Aja. "Modern Love: The Invention of the Diamond Engagement Ring." HuffPost. December 7, 2017. https://www.huffpost.com/entry/modern-love-the-invention_b_9234280.

Day, Meagan. "Is the $90 Million Lesedi La Rona Diamond Actually Worthless?" Medium. March 19, 2018. https://timeline.com/is-the-90-million-lesedi-la-rona-diamond-actually-worthless-b922eaba5cc1.

"The Incredible Story of How De Beers Created and Lost the Most Powerful Monopoly Ever." *Business Insider*. May 8, 2014. https://www.businessinsider.com/history-of-de-beers-2011-12?international=true&r=US&IR=T#de-beers-forged-new-international-markets-using-similar-advertising-campaigns-in-places-like-japan-germany-and-brazil-6.

De Saussure, Ferdinand. *Course in General Linguistics*. New York: Columbia University Press, 2011.

Nodjimbadem, Katie. "The Trashy Beginnings of 'Don't Mess with Texas.'" *Smithsonian Magazine*. March 10, 2017. https://www.smithsonianmag.com/history/trashy-beginnings-dont-mess-texas-180962490/.

"DMWT Case Study." GSD&M. Accessed May 1, 2022. https://www.gsdm.com/dmwt/.

Schwimmer, Eric. "Is Anthropology a Domain of Semiotics?" In *A Semiotic Landscape. Panorama semiotique: Proceedings of the First Congress of the International*

Association for Semiotic Studies, Milan June 1974. Berlin, Boston: De Gruyter Mouton, 2019, 1060–1063. https://doi.org/10.1515/9783110803327-204.

"Semiotics: The Study of Signs and Symbols in Human Communication." ThoughtCo. March 8, 2020. https://www.thoughtco.com/semiotics-definition-1692082.

McCracken, Grant. "Culture and Consumption: A Theoretical Account of the Structure and Movement of the Cultural Meaning of Consumer Goods." *Journal of Consumer Research* 13, no. 1 (1986): 71–84.

Schneider, Katy. "The Unlikely Tale of a $140 Amazon Coat That's Taken Over the Upper East Side." *Strategist*. March 27, 2018. https://nymag.com/strategist/2018/03/the-orolay-amazon-coat-thats-overtaken-the-upper-east-side.html.

Jennings, Rebecca. "The Orolay Amazon Coat, Explained." Vox. February 25, 2019. https://www.vox.com/the-goods/2019/2/25/18233597/orolay-amazon-coat-upper-east-side.

Desta, Yohana. "The Brand Beyonce Almost Name-Dropped Instead of Red Lobster." *Vanity Fair*. December 9, 2016. https://www.vanityfair.com/hollywood/2016/12/beyonce-formation-red-lobster.

Morgan, Thaddeus. "How Did the Rainbow Flag Become an LGBT Symbol?" History. June 22, 2020. https://www.history.com/news/how-did-the-rainbow-flag-become-an-lgbt-symbol#:%7E:text=The%20rainbow%20flag%20was%20created,San%20Francisco's%20annual%20pride%20parade.

Kua, Benson. "History of the Rainbow Flag." These Colors Run Deep. August 5, 2010. https://scholarblogs.emory.edu/lgbtflags/history/.

Riley, Charles. "Red Lobster: Sales Spike 33 Percent After Beyonce Endorsement." CNNMoney. February 9, 2016. https://money.cnn.com/2016/02/09/investing/red-lobster-beyonce-formation/.

Milian, Mark. "Apple Triggers 'Religious' Reaction in Fans' Brains, Report Says."

CNN. May 19, 2011. http://www.cnn.com/2011/TECH/gaming.gadgets/05/19/ apple.religion/index.html#:~:text=The%20neuroscientists%20ran%20a%20 magnetic,religious%20people%2C%20the%20report%20says.

Shontell, Alyson. "It's Official: Apple Fanboyism Is a Religion: Neuroscientists Find Both Trigger Same Reaction in Brain." *Business Insider.* May 21, 2011. https://www. businessinsider.com/apple-is-a-religion-neuroscientists-find-it-triggers-the-same- reaction-in-your-brain-2011-5?international=true&r=US&IR=T.

Belsey, Catherine. *Poststructuralism: A Very Short Introduction.* Oxford, UK: Oxford University Press, 2002.

Seymour, Laura. *An Analysis of Roland Barthes's* The Death of the Author. New York: Routledge, 2017.

Geertz, Clifford, and Robert Darnton. *The Interpretation of Cultures: Selected Essays*, 3rd ed. New York: Basic Books.

Lamont, Michele. "Toward a Comparative Sociology of Valuation and Evaluation." *Annual Review of Sociology* 38 (2012): 201–221.

Suchman, Mark C. "Managing Legitimacy: Strategic and Institutional Approaches." *Academy of Management Review* 20, no. 3 (1995): 571–610.

Dating App Wars: Are You Ready to Bumble? Wondery. Accessed May 1, 2022. https:// wondery.com/shows/business-wars/episode/5296-dating-app-wars-are-you-ready- to-bumble/.

Cialdini, Robert B. *Influence: The Psychology of Persuasion*, rev. ed. New York: HarperBusiness, 2006.

"U.S. Adult Tobacco Product Use Decreased from 2019 to 2020." CDC Newsroom. January 1, 2016. https://www.cdc.gov/media/releases/2022/p0318-US-tobacco- use.html#:%7E:text=This%20study%20shows%20that%20adult,reported%20 smoking%20cigarettes%20in%202020.

McLuhan, Marshall, and Quentin Fiore. *The Medium Is the Massage: An Inventory of Effects*. Berkeley, CA: Gingko Press, 2001.

Henley, Jon. "'What Is Truly Scandinavian? Nothing': Airline Clarifies Ad After Far-Right Criticism." *Guardian*. July 1, 2020. https://www.theguardian.com/world/2020/feb/13/what-is-truly-scandinavian-nothing-airline-clarifies-ad-after-far-right-criticism.

"Global Athleisure Market Forecast Report 2021–028—ising Trend of Sustainable Athleisure, Increased Demand from Millennials, Growing Penetration of e-Commerce—ResearchAndMarkets.com." Yahoo. August 31, 2022. https://www.yahoo.com/now/global-athleisure-market-forecast-report-092100644.html?guccounter=1&guce_referrer=aHR0cHM6Ly93d3cuZ29vZ2xlLmNvbS8&guce_referrer_sig=AQAAAKcC8C1qspTSBgwY0yUNr9Vxl3dRoqUfDLluhTPcon4jrutIEE13SMncDZikVbTJHUZIsafo38zxWpvFnXztM5mm3_83wZCHIvvXpEnVeLthxrNOcf6rzOp_y_cMTQP8w210SzR8KcPIAzbyhnT2GwGuwqjzYj-bMoaJP0zzhjtI#:~:text=The%20athleisure%20market%20is%20expected,9.9%25%20from%202021%20to%202028.

"Distracted Boyfriend." Know Your Meme. June 30, 2022. https://knowyourmeme.com/memes/distracted-boyfriend.

제5장

"Bobby Vinton Biography." Bobby Vinton. Accessed May 1, 2022. http://www.bobbyvinton.com/.

"Bobby Vinton." Pittsburgh Music History. Accessed May 1, 2022. https://sites.google.com/site/pittsburghmusichistory/pittsburgh-music-story/pop/bobby-vinton.

Puterbaugh, Parke. "The British Invasion: From the Beatles to the Stones, the Sixties Belonged to Britain." *Rolling Stone*. January 3, 2021. https://www.rollingstone.com/

feature/the-british-invasion-from-the-beatles-to-the-stones-the-sixties-belonged-to-britain-244870/.

Kamp, David. "An Oral History of the British Invasion." *Vanity Fair.* February 10, 2014. https://www.vanityfair.com/culture/2002/11/british-invasion-oral-history.

Nilsson, Jeff. "Why Early Critics Hated the Beatles." *Saturday Evening Post.* October 3, 2018. https://www.saturdayeveningpost.com/2014/01/why-the-beatles-bugged-the-critics/.

Hastorf, Albert H., and Hadley Cantril. "They Saw a Game: A Case Study." *Journal of Abnormal and Social Psychology* 49, no. 1 (1954): 129–134. https://doi.org/10.1037/h0057880.

Fish, Bill. "Naive Realism." Oxford Bibliographies. Last modified March 30, 2017. https://www.oxfordbibliographies.com/view/document/obo-9780195396577/obo-9780195396577-0340.xml.

D'Addario, Daniel. "Why the Kendall Jenner Pepsi Ad Was Such a Glaring Misstep." *Time.* April 5, 2017. https://time.com/4726500/pepsi-ad-kendall-jenner/.

Weaver, Warren, and Claude Elwood Shannon. *The Mathematical Theory of Communication.* Champaign: University of Illinois Press, 1963.

"Shannon and Weaver Model of Communication." Businesstopia. February 15, 2018. https://www.businesstopia.net/communication/shannon-and-weaver-model-communication.

Al-Fedaghi, Sabah. "A Conceptual Foundation for the Shannon-Weaver Model of Communication." *International Journal of Soft Computing* 7, no. 1 (2012): 12–19.

"Shannon and Weaver Model of Communication." Communication Theory. July 10, 2014. https://www.communicationtheory.org/shannon-and-weaver-model-of-communication/.

Murray, Mark. "As Howard Dean's 'Scream' Turns 15, Its Impact on American Politics

Lives On." NBC News. January 18, 2019. https://www.nbcnews.com/politics/meet-the-press/howard-dean-s-scream-turns-15-its-impact-american-politics-n959916.

Walsh, Kenneth T. "The Battle Cry That Backfired on Howard 'The Scream' Dean." *US News & World Report*. January 7, 2008. https://www.usnews.com/news/articles/2008/01/17/the-battle-cry-that-backfired.

Williams, Juan. "What Happened to Howard Dean?" NPR. February 9, 2004. https://www.npr.org/2004/02/09/1667239/what-happened-to-howard-dean.

Roberts, Joel. "The Rise and Fall of Howard Dean." CBS News. February 19, 2004. https://www.cbsnews.com/news/the-rise-and-fall-of-howard-dean-18-02-2004/.

"Excommunication." Catholic Encyclopedia. Accessed May 1, 2022. https://www.newadvent.org/cathen/05678a.htm.

"What Is Excommunication?" Catholic Straight Answers. A. May 21, 2013. https://catholicstraightanswers.com/what-is-excommunication/.

Witter, Brad. "Tina Fey Used Her Real Life as Inspiration for the Unforgettable Characters in 'Mean Girls.'" Biography. May 19, 2020. https://www.biography.com/news/tina-fey-mean-girls-characters.

Wiseman, Rosalind. *Queen Bees and Wannabes: Helping Your Daughter Survive Cliques, Gossip, Boyfriends, and the New Realities of Girl World*, 2nded. New York: Three Rivers Press, 2009.

Ortiz, Aimee. "Peloton Ad Is Criticized as Sexist and Dystopian." *New York Times*. December 4, 2019. https://www.nytimes.com/2019/12/03/business/peloton-bike-ad-stock.html#:%7E:text=Many%20social%20media%20users%20criticized,classes%20costs%20%2439%20a%20month.&text=The%20woman%20in%20the%20commercial,pointed%20out%2C%20was%20already%20fit.

Mautz, Scott. "A Peloton Ad Sparked Huge Controversy over Its Sexism. It's Also Just a Terrible Commercial." Inc.com. February 6, 2020. https://www.inc.com/scott-mautz/

a-peloton-ad-sparked-huge-controversy-over-its-sexism-its-also-just-a-terrible-commercial.html.

Steinberg, Brian. "Ryan Reynolds Hijacks 'Peloton Wife,' Wrings New Buzz from Old Ad Trick." *Variety.* December 7, 2019. https://variety.com/2019/tv/news/ryan-reynolds-peloton-wife-aviation-gin-advertising-1203428394/.

Hsu, Tiffany. "Peloton's Cringe-y Ad Got Everyone Talking. Its C.E.O. Is Silent." *New York Times.* December 9, 2019. https://www.nytimes.com/2019/12/09/business/media/peloton-ad-ryan-reynolds.html.

Holcombe, Madeline C. "The Peloton Actress Has Traded a Bike for a Cocktail in New Ryan Reynolds Commercial." CNN. December 7, 2019. https://edition.cnn.com/2019/12/07/us/peloton-ad-ryan-reynolds-gin-trnd/index.html.

Levine, Barry. "Sprite Highlights Hip-Hop Culture with 'Thirst for Yours' campaign." Marketing Dive. June 21, 2019. https://www.marketingdive.com/news/sprite-highlights-hip hop-culture-with-thirst-for-yours-campaign/557327/#:%7E:text=In%201994%2C%20a%20series%20of,Notorious%20B.I.G.%2C%20Nas%20and%20Rakim.

"Obey Your Thirst Campaign (1998)." Marketing Campaign Case Studies. May 24, 2008. http://marketing-case-studies.blogspot.com/2008/05/obey-your-thirst-campaign-1998.html.

Roque, M. "'Same Same, but Different': An Origin Story." Slumber Party Hostels. April 1, 2019. https://slumberpartyhostels.com/same-same-but-different -origin/.

Wotton, Chris. "'Same Same, but Different': The Origins of Thailand's Tourist Catchphrase." Culture Trip. January 9, 2019. https://theculturetrip.com/asia/thailand/articles/same-same-but-different-the-origins-of-thailands-tourist-catchphrase/.

KKK Series. Federal Bureau of Investigation. April 27, 2022. https://www.fbi.gov/history/famous-cases/kkk-series.

History.com Editors. "Ku Klux Klan." History. February 4, 2022. https://www.history. com/topics/reconstruction/ku-klux-klan.

Pfeiffer, Lee. *The Birth of a Nation.* *Encyclopædia Britannica.* Accessed May 1, 2022. https://www.britannica.com/topic/The-Birth-of-a-Nation.

History.com Editors. "'The Birth of a Nation' Opens, Glorifying the KKK." History. February 7, 2022. https://www.history.com/this-day-in-history/birth-of-a-nation-opens.

Sobchack, Vivian C. *The Address of the Eye: A Phenomenology of Film Experience.* Princeton, NJ: Princeton University Press, 1992.

Sandlin, Jennifer A., Brian D. Schultz, and Jake Burdick, eds. *Handbook of Public Pedagogy.* New York: Routledge, 2009.

Kahneman, Daniel. *Thinking, Fast and Slow.* New York: Macmillan, 2011.

Zajonc, Robert B. "Attitudinal Effects of Mere Exposure." *Journal of Personality and Social Psychology* 9, no. 2, pt. 2 (1968): 1–27. https://doi.org/10.1037/h0025848.

"Yasmin Green." TED. Accessed May 1, 2022. https://www.ted.com/speakers/yasmin_green.

Roose, Kevin, Daniel Guillemette, Rachel Quester, Eric Krupke, Clare Toeniskoetter, Rob Szypko, Mike Benoist, Marion Lozano, Dan Powell, and Brad Fisher. "'We're Going to Take Over the World.'" *New York Times.* September 10, 2021. https://www.nytimes.com/2021/09/10/podcasts/the-daily/911-conspiracy-theories-loose-change.html.

Lorenz, Taylor. "Birds Aren't Real, or Are They? Inside a Gen Z Conspiracy Theory." *New York Times.* December 9, 2021. https://www.nytimes.com/2021/12/09/technology/birds-arent-real-gen-z-misinformation.html.

제 6 장

"Obscene, Indecent and Profane Broadcasts." Federal Communications Commission. January 13, 2021. https://www.fcc.gov/consumers/guides/obscene-indecent-and-profane-broadcasts.

Ott, T. "How George Carlin's 'Seven Words' Changed Legal History." Biography. May 19, 2020. https://www.biography.com/news/george-carlin-seven-words-supreme-court.

Schrøder, Kim Christian. "Media Discourse Analysis: Researching Cultural Meanings from Inception to Reception." *Textual Cultures* (2007): 77–99.

McCracken, Grant. "Storytime 1: Fast Culture and Slow Culture on Oprah." Mapping the Future. September 23, 2021. https://mapping-the-future.com/2020/08/19/test-case/.

"Make Ethnography Better." CultureBy—rant McCracken. April 27, 2016. https://cultureby.com/tag/slow-culture.

Barnes, Kenyette Tisha. "R. Kelly Has Finally Been Silenced. Let's Keep It That Way." *Time.* September 29, 2021. https://time.com/6102538/r-kelly-conviction-mute/.

Grady, Constance. "20 Years After Aaliyah's Death, R. Kelly's Shadow Looms." Vox. August 30, 2021. https://www.vox.com/culture/22621692/aaliyah-death-20-year-anniversary-r-kelly-trial#:%7E:text=Court%20records%20show%20that%20Aaliyah,deny%20it%20at%20his%20trial.

Seidel, Jon. "Decades of Abuse Allegations Lead R&B Superstar R. Kelly Back in Front of a Jury." *Chicago Sun-Times.* August 9, 2021. https://chicago.suntimes.com/2021/8/8/22608334/r-kelly-trial-starting-decades-abuse-allegations-lead-rb-superstar-back-front-jury#:%7E:text=Early%20in%202002%2C%20a%2026,pornography%20charges%20in%20June%202002.

"Update on the Twitter Archive at the Library of Congress." Library of Congress. December 2017. https://blogs.loc.gov/loc/files/2017/12/2017dec_twitter_white-paper.pdf.

Schouten, John W., and James H. McAlexander. "Subcultures of Consumption: An Ethnography of the New Bikers," *Journal of Consumer Research* 22, no. 1 (1995): 43–61.

Spradley, James P. *The Ethnographic Interview*. Long Grove, IL: Waveland Press, 2016.

Kozinets, Robert V. " 'I Want to Believe': A Netnography of the X-Philes' Subculture of Consumption." *Advances in Consumer Research* 24 (1997): 470–475.

Kozinets, Robert V. "On Netnography: Initial Reflections on Consumer Research Investigations of Cyberculture." *NA—Advances in Consumer Research* 25 (1998): 366–371.

Kozinets, Robert V. "Utopian Enterprise: Articulating the Meanings of Star Trek's Culture of Consumption." *Journal of Consumer Research* 28, no. 1(2001): 67–88.

Kozinets, Robert V. "The Field Behind the Screen: Using Netnography for Marketing Research in Online Communities." *Journal of Marketing Research* 39, no. 1 (2002): 61–72.

Kozinets, Robert V. *Netnography: Doing Ethnographic Research Online*. Thousand Oaks, CA: Sage Publications, 2010.

Kozinets, Robert V. "Marketing Netnography: Prom/ot(ulgat)ing a New Research Method." *Methodological Innovations Online* 7, no. 1 (2012): 37-45.

Kozinets, Robert V., and Rossella Gambetti, eds. *Netnography Unlimited: Understanding Technoculture Using Qualitative Social Media Research*. New York: Routledge, 2020.

Ventura, Michael P. *Applied Empathy: The New Language of Leadership*. New York: Touchstone Books, 2018.

Bariso, Justin. "There Are Actually 3 Types of Empathy. Here's How They Differ—and How You Can Develop Them All." Inc.Com. October 7, 2020. https://www.inc.com/justin-bariso/there-are-actually-3-types-of-empathy-heres-how-they-differ-and-how-you-can-develop-them-all.html.

"What Is Empathy and Why Do I Need It?" Bungalow. February 1, 2022. https://bungalow.com/articles/what-is-empathy-and-why-do-i-need-it.

Raine, Adrian, and Frances R. Chen. "The Cognitive, Affective, and Somatic Empathy Scales (CASES) for Children." *Journal of Clinical Child & Adolescent Psychology* 47, no. 1 (2018): 24–37.

"Culture of Empathy Builder: Daniel Goleman." Accessed May 1, 2022. http://cultureofempathy.com/References/Experts/Daniel-Goleman.htm.

Goleman, Daniel. *Emotional Intelligence*. New York: Bantam Books, 1995.

Sherry, John F. "Postmodern Alternatives: The Interpretive Turn in Consumer Research," *Handbook of Consumer Behavior* 199 (1991): 548–591.

Tett, Gillian. *Anthro-vision: A New Way to See in Business and Life*. New York: Avid Reader Press, 2021.

Withy, Katherine. "Situation and Limitation: Making Sense of Heidegger on Thrownness." *European Journal of Philosophy* 22, no. 1 (2014): 61–81.

Fraade-Blanar, Zoe, and Aaron M. Glazer. *Superfandom: How Our Obsessions Are Changing What We Buy and Who We Are*, 1st ed. New York: W. W. Norton & Company, 2017.

Ohanian, Alexis. *Without Their Permission: How the 21st Century Will Be Made, Not Managed*. London: Hachette UK, 2013.

Bourdieu, Pierre. *Distinction: A Social Critique of the Judgement of Taste*. London: Routledge, 1984.

Stossel, John. " 'Super Size Me' Carries Weight with Critics." ABC News. January 6, 2006. https://abcnews.go.com/2020/Oscars2005/story?id=124265&page=1.

"How W+K Won McDonald's, Then Blew the Doors off with Travis Scott, as Told by Jennifer Healan of McDonald's and Tass Tsitsopoulos of Wieden." Apple Podcasts. February 12, 2021. https://podcasts.apple.com/us/podcast/how-w-k-won-mcdonaldsthen-blew-doors-off-travis-scott/id1494056579?i=1000508861492.

Sherwood, I-Hsien. "Jennifer Healan Drove Travis Scott Deal for McDonald's." *AdAge.* June 7, 2021. https://adage.com/article/special-report-agency-list/creativity-awards-brand-manager-jennifer-jj-healan/2341341/.

Levin, Tim "Travis Scott Reportedly Earned $20 Million Through His Partnership with McDonald's." *Business Insider.* December 1, 2020. https://www.businessinsider.in/retail/news/travis-scott-reportedly-earned-20-million-through-his-partnership-with-mcdonalds/articleshow/79520385.cms.

Brown, Abram. "How Hip-Hop Superstar Travis Scott Has Become Corporate America's Brand Whisperer." *Forbes.* December 1, 2020. https://www.forbes.com/sites/abrambrown/2020/11/30/how-hip-hop-superstar-travis-scott-has-become-corporate-americas-brand-whisperer/.

McPherson, Miller, Lynn Smith-Lovin, and James M. Cook. "Birds of a Feather: Homophily in Social Networks." *Annual Review of Sociology* 27, no. 1 (2001): 415–444.

Roberts, Kevin. *Lovemarks: The Future Beyond Brands*, 2nd ed., expanded ed. New York: PowerHouse Books, 2005.

Gecas, Viktor. "The Self-Concept." *Annual Review of Sociology* 8, no. 1 (1982): 133.

Wade, Peter. "The Anti-vaxx Movement Is Taking Over the Republican Party." *Rolling Stone.* September 30, 2021. https://www.rollingstone.com/politics/politics-news/republicans-vaccine-poll-disapprove-biden-mandates-1234921/.

"Data." MIT Election and Data Science Lab. March 17, 2022. https://electionlab.mit.edu/data.

Jones, Bradley. "The Changing Political Geography of COVID-19 over the Last Two Years." Pew Research Center—.S. Politics & Policy. April 22, 2022. https://www.pewresearch.org/politics/2022/03/03/the-changing-political-geography-of-covid-19-over-the-last-two-years/.

Merica, Dan. "Trump Met with Boos After Revealing He Received Covid-19 Booster." CNN. December 21, 2021. https://edition.cnn.com/2021/12/20/politics/donald-trump-booster-shot-boos/index.html.

Collins, Marcus. "NFTs Will Become the Ultimate Marker of Belonging." *Adweek*. February 25, 2022. https://www.adweek.com/commerce/nfts-will-become-the-ultimate-marker-of-belonging/.

Collins, Marcus. "Marketers Are Mistaking Information for Intimacy." *Adweek*. August 9, 2021. https://www.adweek.com/performance-marketing/marketers-mistaking-information-intimacy/.

제 7 장

Tenreyro, Tatiana. "The Terrifying True Story of How 'The Blair Witch Project' Was Made." Vice. July 16, 2019. https://www.vice.com/en/article/8xzy4p/blair-witch-project-oral-history-20th-anniversary.

"Blair Witch." Fandom. Accessed May 1, 2022. https://blairwitch.fandom.com/wiki/Blair_Witch.

Shelton, Jacob. "Decoding the Backstory of 'The Blair Witch Project.'" Ranker. April 13, 2022. https://www.ranker.com/list/blair-witch-project-backstory/jacob-shelton.

Kidd, Celeste, and Benjamin Y. Hayden, "The Psychology and Neuroscience of Curiosity," *Neuron* 88, no. 3 (2015): 449–460.

Loewenstein, George. "The Psychology of Curiosity: A Review and Reinterpretation." *Psychological Bulletin* 116, no. 1 (1994): 75.

Kring-Schreifels, Jake. "'The Blair Witch Project' at 20: Why It Can't Be Replicated." *New York Times*. August 6, 2019. https://www.nytimes.com/2019/07/30/movies/blair-witch-project-1999.html.

Carvell, Tim. "How the Blair Witch Project Built Up So Much Buzz: Movie Moguldom on a Shoestring." CNNMoney. August 16, 1999. https://money.cnn.com/magazines/fortune/fortune_archive/1999/08/16/264276/#:~:text=Its%20title%2C%20of%20course%2C%20is,had%20an%20average%20of%20%249%2C003.

Nauert, R. "Why Do We Anthropomorphize?" Psych Central. March 1, 2018. https://psychcentral.com/news/2018/03/01/why-do-we-anthropomorphize#1.

Vega, Nick. "Here's Why User Reviews on Sites Like Amazon Are Such a Big Deal." *Business Insider.* March 20, 2017. https://www.businessinsider.in/heres-why-user-reviews-on-sites-like-amazon-are-such-a-big-deal/articleshow/57742285.cms.

"This Ancient Cave Art Is the Oldest Known 'Storytelling.'" CBC News. December 12, 2019. https://www.cbc.ca/news/science/cave-art-indonesia-1.5393624.

Guarino, Ben. "The Oldest Story Ever Told Is Painted on this Cave Wall, Archaeologists Report." *Washington Post.* December 12, 2019. https://www.washingtonpost.com/science/2019/12/11/oldest-story-ever-told-is-painted-this-cave-wall-archaeologists-report/.

Guirand, Felix. *New Larousse Encyclopedia of Mythology.* London: Hamlyn, (1968) 1984.

Dundes, Alan. *Interpreting Folklore.* Bloomington: Indiana University Press, 1980.

Dundes, Alan. "The Study of Folklore in Literature and Culture: Identification and Interpretation." *Journal of American Folklore* 78, no. 308 (1965): 136–142.

Ziff, Bruce H., and Pratima V. Rao, eds. *Borrowed Power: Essays on Cultural Appropriation.* New Brunswick, NJ: Rutgers University Press, 1997.

Rogers, Richard A. "From Cultural Exchange to Transculturation: A Review and Reconceptualization of Cultural Appropriation." *Communication Theory* 16 (2006): 474–503.

"Episode 3: The Birth of American Music." *New York Times.* September 7, 2019. https://www.nytimes.com/2019/09/06/podcasts/1619-black-american-music-appropriation.

html.

Simeon, Aimee. "The Beautiful, Black History of Cornrows." Byrdie. Last updated April 28, 2022. https://www.byrdie.com/history-of-cornrows-5193458#:%7E:text=Cornrows%20dated%20far%20back%20to,slaves%2C%20where%20their%20customs%20followed.

Gabbara, Princess. "Cornrows and Sisterlocks and Their Long History." *Ebony.* January 20, 2017. https://www.ebony.com/style/everything-you-need-know-about-cornrows/.

Scott, Nateisha. "The History and Beauty of Cornrows." Popsugar Beauty. January 18, 2022. https://www.popsugar.com/beauty/cornrows-history-essay-48676516.

Payne, Teryn. "Kim Kardashian West Wore Cornrows to the MTV Movie & TV Awards, Despite Past Criticism." *Glamour.* June 19, 2018. https://www.glamour.com/story/kim-kardashian-cornrows-mtv-movie-tv-awards-2018.

"Census Releases Numbers on the Black Population in the U.S." Michigan Radio. October 25, 2011. https://www.michiganradio.org/arts-culture/2011-09-29/census-releases-numbers-on-the-black-population-in-the-u-s.

"The Origins of Modern Day Policing." NAACP. December 3, 2021. https://naacp.org/find-resources/history-explained/origins-modern-day-policing.

Ramirez, Charles E., "Last Original Blue Pigs Member Retires from Detroit Police Dept." *Detroit News.* September 25, 2019. https://eu.detroitnews.com/story/news/local/detroit-city/2019/09/25/detroit-police-blue-pigs-member-retires/2439327001/.

Varolli, Regina. "My Mom Wrote the Motto 'To Protect and to Serve.'" CulEpi. June 4, 2020. https://www.culinaryepicenter.com/my-mom-wrote-the-motto-to-protect-and-to-serve/.

Sastry, Anjuli, and Karen Grigsby Bates. "When LA Erupted in Anger: A Look Back at the Rodney King Riots." NPR. April 26, 2017. https://www.npr.org/2017/04/26/524744989/when-la-erupted-in-"anger-a-look-back

-at-the-rodney-king-riots.

Anderson, Elisha. "25 Years Ago, Malice Green Became the Face of Police Brutality in Detroit." *Detroit Free Press.* November 5, 2017. https://eu.freep.com/story/news/local/ michigan/detroit/2017/11/03/malice-green-police-brutality-detroit/823635001/.

Powell, John A. "Us vs Them: The Sinister Techniques of 'Othering'—nd How to Avoid Them." *Guardian.* November 30, 2017. https://www.theguardian.com/ inequality/2017/nov/08/us-vs-them-the-sinister-techniques-of-othering-and-how-to-avoid-them.

"Early Police in the United States." *Encyclopædia Britannica.* Accessed May 1, 2022. https://www.britannica.com/topic/police/Early-police-in-the-United-States.

Brons, Lajos L. "Othering, an Analysis." *Transcience, a Journal of Global Studies* 6, no. 1 (2015).

Cole, Teju. "The White-Savior Industrial Complex." *Atlantic.* June 6, 2021. https:// www.theatlantic.com/international/archive/2012/03/the-white-savior-industrial-complex/254843/.

Canales, Mary K. "Othering: Toward an Understanding of Difference." *Advances in Nursing Science* 22, no. 4 (June 2000): 16–31.

Sandlin, Jennifer A., Brian D. Schultz, and Jake Burdick, eds. *Handbook of Public Pedagogy.* New York: Routledge, 2009.

Crang, Mike. *Cultural Geography.* London: Routledge, 1998.

Mcleod, Saul. "Classical Conditioning: How It Works with Examples." Simply Psychology. Last updated November 22, 2021. https://www.simplypsychology.org/ classical-conditioning.html.

Bouton, Mark E., and Erik W. Moody. "Memory Processes in Classical Conditioning." *Neuroscience & Biobehavioral Reviews* 28, no. 7 (2004): 663–674.

"Rethink Shinola." Rethink Shinola. Accessed May 1, 2022. https://rethinkshinola.com/.

Modrak, Rebekah. "Bougie Crap: Art, Design and Gentrification." *Infinite Mile Detroit* 14 (February 2014). https://infinitemiledetroit.com/Bougie_Crap_Art,_Design_and_Gentrification.html.

Duggan, Daniel. "Fossil Founder Digs the D." Crain's Detroit Business. June 6, 2012. https://www.crainsdetroit.com/article/20120527/FREE/305279963/fossil-founder-digs-the-d.

Haddad, Ken. "'Green Book' Director Slammed for Claiming Shinola 'Saving Detroit' at Oscars." WDIV. February 25, 2019. https://www.clickondetroit.com/entertainment/2019/02/25/green-book-director-slammed-for-claiming-shinola-saving-detroit-at-oscars/.

Collins, Marcus. "We Must Redefine—nd Deepen Our Sense of—ulture." *Adweek*. February 22, 2021. https://www.adweek.com/creativity/e-must-redefine-and-deepen-our-sense-of-culture/.